W0191094

HTML5, CSS3 & JavaScript

J.D. Gauchat

HTML5, CSS3 & JavaScript

Die neuen Funktionen verstehen und sicher anwenden

Übersetzung aus dem Amerikanischen von
Dorothea Heymann-Reder

 SYBEX®

Bibliografische Information der Deutschen Nationalbibliothek

Die Deutsche Nationalbibliothek verzeichnet diese Publikation in der Deutschen Nationalbibliografie; detaillierte bibliografische Daten sind im Internet über http://dnb.d-nb.de abrufbar.

1. Auflage 2013

© 2013 WILEY-VCH Verlag GmbH & Co. KGaA, Weinheim

This edition of EL GRAN LIBRO DE HTML5, CSS3 Y JAVASCRIPT (Spanish version) and HTML5 FOR MASTERMINDS (English version) by J.D. Gauchat is published by arrangement with MARCOMBO, S.A. of Gran Via Corts Catalanes 594, 08007, Barcelona, Spain
Alle Rechte vorbehalten. Diese Übersetzung wurde von Wiley-VCH Verlag mit Genehmigung von MARCOMBO, S.A. durchgeführt.

ISBN der spanischen und englischen Ausgabe:
978-84-267-1770-2
970-1-463-0405-9

Copyright der spanischen Ausgabe:
© Juan Diego Gauchat, 2012
© MARCOMBO, S.A. 2012
  Gran Via de les Corts Catalanes, 594
  08007 Barcelona (España)
  www.marcombo.com

Wiley, das Wiley-Logo und das Sybex-Logo sind Marken oder eingetragene Marken von John Wiley & Sons, Inc., USA, Deutschland und in anderen Ländern und dürfen nicht ohne schriftliche Genehmigung genutzt werden.

Das vorliegende Werk wurde sorgfältig erarbeitet. Dennoch übernehmen Autoren und Verlag für die Richtigkeit von Angaben, Hinweisen und Ratschlägen sowie eventuelle Druckfehler keine Haftung.

Wir möchten Sie mit diesem Buch optimal unterstützen und freuen uns daher über Ihre Anregungen und Verbesserungsvorschläge. Notwendige Korrekturen veröffentlichen wir im Interesse aller Leser umgehend unter *www.sybex.de* und berücksichtigen sie bei der nächsten Auflage. Herzlichen Dank für Ihre Unterstützung!

Ihr Sybex-Lektoratsteam
lektorat@sybex.de

ISBN   978-3-527-76030-5

Coverfoto   © Shutterstock/Ronald Sumners, W3C
Umschlaggestaltung   Torge Stoffers, Graphik-Design, Leipzig
Korrektur   Petra Heubach-Erdmann und Jürgen Erdmann, Düsseldorf
Satz   Reemers Publishing Services GmbH, Krefeld
Druck und Bindung   CPI – Ebner & Spiegel GmbH, Ulm

Für die, die nicht mehr bei mir sind

Inhaltsverzeichnis

Einleitung

HTML5 ist keine neue Version einer alten Auszeichnungssprache und auch keine Verbesserung dieser bereits »alten« Technologie, sondern es ist ein neues Konzept für die Erstellung von Websites und Anwendungen im Zeitalter der mobilen Geräte, des Cloud Computing und des Networking.

Alles begann vor langer Zeit mit einer einfachen Version von HTML, geschaffen, um die Grundstruktur von Webseiten zu erstellen, ihren Inhalt zu gliedern und Informationen weiterzugeben. Die Sprache und das Web selbst wurden hauptsächlich dazu geboren, Informationen durch Text zu kommunizieren.

Der enge Funktionsumfang von HTML motivierte Unternehmen, neue Sprachen und Software zu entwickeln, um dem Web neue, nie gesehene Eigenschaften zu geben. Diese ersten Entwicklungen mauserten sich zu mächtigen und beliebten Plugins. Aus einfachen Spielen und animierten Witzen wurden bald raffinierte Anwendungen, die neue Erlebnisse ermöglichten und dadurch das Web für immer ändern sollten.

Von all den neuen Optionen waren Java und Flash am erfolgreichsten, sie wurden massiv eingesetzt und galten allgemein als die Zukunft des Internets. Sobald aber die Zahl der Nutzer wuchs und das Internet sich von einem Mittel, die Computer von PC-Freaks miteinander zu verbinden, zu einem Feld entwickelte, das hauptsächlich für den geschäftlichen und geselligen Umgang da war, fanden beide Technologien in ihren Beschränkungen ihr Todesurteil.

Der größte Nachteil von Java und Flash ist ihr Mangel an Integration. Beide waren anfänglich als Plugins ausgelegt, als etwas, das in eine Struktur eingefügt wird, aber mit dieser außer dem Platz auf dem Bildschirm nichts gemein hat. Zwischen Anwendungen und Dokumenten existierte keine Kommunikation und Integration.

Die mangelhafte Integration entpuppte sich als kritischer Faktor und ebnete den Weg für die Evolution einer Sprache, die den Platz im Dokument mit HTML teilt, aber nicht den Beschränkungen von Plugins unterliegt. JavaScript, eine im Browser eingebettete, interpretierte Sprache, war ganz klar der richtige Weg, um die Benutzererfahrung zu verbessern und Funktionalität für das Web bereitzustellen. Doch nachdem diese Sprache einige Jahre lang vergeblich promotet und falsch eingesetzt worden war, nahm der Markt diese Sprache nicht richtig an und ihre Beliebtheit schwand. Die Kritiker hatten gute Gründe, gegen ihren Einsatz zu sein: Damals konnte JavaScript die Funktionalität von Flash und Java nicht ersetzen und selbst als klar wurde, dass Java und Flash den Umfang von Webanwendungen beschränkten und den Webinhalt isolierten, wurden populäre Funktionen, die nur mit diesen Technologien effektiv angeboten werden konnten, wie zum Beispiel das Video-Streaming, zu einem wichtigen Teil des Web.

Trotz dieses Erfolges war Java im Niedergang. Die Sprache verlor durch ihre Komplexität, ihre langsame Entwicklung und die fehlende Integration derart an Bedeutung, dass Java heute in gängigen Webanwendungen kaum noch zum Einsatz kommt. Der Markt richtete seine Aufmerksamkeit auf Flash, als Java nicht mehr verwendet wurde. Da Flash jedoch dieselben Merkmale wie sein Wettbewerber im Web hat, wird es möglicherweise dasselbe Schicksal erleiden.

Inzwischen entwickelte sich die Software für den Web-Zugriff weiter. Während neue Funktionen und schnellere Techniken für den Internetzugriff entstanden, verbesserten die Browser ihre JavaScript-Module. Mit der Rechenleistung wuchsen die Möglichkeiten und diese Skriptsprache war bereit, sie zu erschließen.

Irgendwann während dieses Prozesses erkannten einige Entwickler, dass weder Java noch Flash ausreichten, um die Anwendungen zu erstellen, die eine wachsende Zahl von Nutzern einforderte. Diese Entwickler begannen, JavaScript in ihren Anwendungen auf eine ganz neue Art einzusetzen. Die Innovation und die hervorragenden Ergebnisse zogen die Aufmerksamkeit von weiteren Programmierern auf sich. Bald wurde das so genannte »Web 2.0« geboren und die Entwicklergemeinschaft sah JavaScript mit ganz anderen Augen.

JavaScript war offensichtlich die Sprache, mit der Entwickler Innovationen und Funktionen programmieren konnten, die noch nie zuvor im Web gesehen wurden. In den letzten Jahren fanden Programmierer und Webdesigner die erstaunlichsten Tricks, um die Beschränkungen und die anfangs mangelhafte Portierbarkeit dieser Technologie zu überwinden. JavaScript bildete mit HTML und CSS die ideale Kombination für die notwendige Evolution des Web.

HTML5 ist nun die Verbesserung dieser Kombination, der Leim, der das alles zusammenhält. HTML5 bietet für jeden Aspekt des Web Standards und für jede beteiligte Technologie einen klaren Zweck an. Fortan stellt HTML die Struktur-elemente zur Verfügung, CSS verwandelt diese Struktur in eine visuell attraktive und nutzerfreundliche Sache und JavaScript ist mächtig genug, um die Funktiona-lität beizusteuern und komplette Webanwendungen zu erstellen.

Die Grenzen zwischen Websites und Anwendungen sind endlich verschwunden. Die Technologien, die dazu notwendig sind, stehen bereit. Das Web hat eine ver-heißungsvolle Zukunft und die Kombination der drei Technologien (HTML, CSS und JavaScript) zu einer einzigen, mächtigen Spezifikation macht aus dem Internet die führende Entwicklungsplattform. Und HTML5 weist den Weg dorthin.

Warnung ✕

Zurzeit werden die Funktionen von HTML5 noch nicht von jedem Browser unterstützt und viele befinden sich noch im Entwurfsstadium. Ich empfehle Ihnen, die Kapitel zu lesen und die Codes mit den neuesten Versionen von Google Chrome und Firefox auszuführen. Google Chrome basiert auf WebKit, dem quelloffenen Browsermodul, das fast alle bereits in HTML5 implementierten Funktionen unterstützt. Außerdem ist er eine gute Testplattform. Firefox ist für Entwickler einer der besten Browser und sein Gecko-Modul unterstützt auch HTML5.

Ganz gleich, welchen Browser Sie benutzen: Denken Sie immer daran, dass ein guter Entwickler seinen Code in jedem auf dem Markt verfügbaren Programm installiert und testet. Testen Sie die Codes aus diesem Buch mit sämtlichen Browsern.

Die neuesten Versionen können Sie hier herunterladen:

- *www.google.com/chrome*
- *www.apple.com/safari/download*
- *www.mozilla.org/de/firefox*
- *windows.microsoft.com/de-DE/internet-explorer*
- *www.opera.com*

In Kapitel 17, »Kompatibilität und Ausblick«, stelle ich Ihnen verschiedene Alternati-ven vor, mit denen Sie Ihre Websites und Anwendungen auch für alte Browser zu-gänglich machen können, die noch nicht für HTML5 bereit sind.

Kapitel 1
HTML5-Dokumente

1.1 Grundbestandteile

HTML5 bietet im Grunde drei Funktionen: Struktur, Styling und Funktionalität. Es wurde zwar nie offiziell verkündet, aber HTML5 gilt als das Produkt, das HTML, CSS und JavaScript kombiniert, auch wenn manche APIs und die gesamte CSS3-Spezifikation nicht dazugehören. Diese Technologien sind äußerst zuverlässig und funktionieren als eine Einheit unter dem Dach der HTML5-Spezifikation. HTML kümmert sich um die Struktur, CSS holt diese Struktur und ihren Inhalt auf den Bildschirm und JavaScript macht den Rest, der (wie Sie später noch sehen werden) gar nicht so unerheblich ist.

Trotz der Integration dieser Technologien ist die Struktur immer noch der wichtigste Bestandteil eines Dokuments. Sie stellt alle notwendigen Elemente für die Zuweisung von statischen oder dynamischen Inhalten bereit und dient auch als grundlegende Plattform für Anwendungen. Da heute für die Interaktion mit dem Web sehr unterschiedliche Geräte mit vielfältigen Schnittstellen zu Einsatz kommen, wird ein Grundaspekt, nämlich die Struktur, zu einem lebenswichtigen Bestandteil des Dokuments. Diese Struktur sorgt für Form, Gliederung und Flexibilität und muss so grundsolide sein wie das Fundament eines Hauses.

Wer mit HTML5 arbeiten und Websites und Anwendungen erstellen möchte, sollte zuerst um den Aufbau dieser Struktur wissen. Wenn Sie jetzt ein gutes Fundament legen, wenden Sie später die übrigen Komponenten besser an, um diese neuen Möglichkeiten voll auszuschöpfen.

Fangen wir also bei den Grundlagen an, Schritt für Schritt. In diesem ersten Kapitel erfahren Sie, wie Sie mit den neuen Elementen, die HTML5 einführt, eine Vorlage für zukünftige Projekte gestalten.

Erstellen Sie mit Ihrem bevorzugten Editor ein leeres Dokument, um im Browser alle Codestücke zu testen, die in diesem Kapitel vorgestellt werden. So können Sie sich die Tags besser merken und mit den neuen Auszeichnungen vertraut werden.

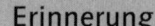

Erinnerung

Ein HTML-Dokument ist eine Textdatei. Wenn Sie keine Entwicklungssoftware besitzen, können Sie einfach Windows Notepad oder irgendeinen anderen Editor benutzen. Die Datei sollte mit der Erweiterung *.html* und einem Namen Ihrer Wahl abgespeichert werden (zum Beispiel *meincode.html*).

Tipp

Die Codebeispiele zu diesem Buch können Sie auch von der Seite *www.sybex.de/zusatzmaterial* herunterladen. (Auf die jeweilige Beispieldatei wird in den Listingunterschriften hingewiesen.) Auf meiner eigenen Website *www.minkbooks.com* veröffentliche ich außerdem von Zeit zu Zeit Updates (auf Englisch), da HTML5 wie bereits erwähnt noch in der Entwicklung begriffen ist und es deswegen Änderungen geben kann, die sich auf die Beispiele und Beschreibungen auswirken.

1.2 Die übergeordnete Struktur

HTML-Dokumente sind streng gegliedert. Jeder Teil des Dokuments wird differenziert, deklariert und in bestimmte Tags eingeschlossen. In diesem Abschnitt werden Sie sehen, wie die globale Struktur eines HTML-Dokuments aufgebaut ist und welche neuen semantischen Elemente in HTML5 integriert wurden.

1.2.1 Das <doctype>-Element

Zuerst müssen Sie festlegen, welchen Typ Ihr Dokument haben soll. Das ist in HTML5 extrem einfach:

```
<!DOCTYPE html>
```

Warnung	✕

Diese Zeile muss die erste Zeile Ihrer Datei sein, ohne ein Leerzeichen oder eine andere Zeile davor. Das aktiviert den Standardmodus und zwingt den Browser, HTML5 zu interpretieren, wenn es möglich ist, und es anderenfalls zu ignorieren.

Sie können jetzt direkt anfangen, den Code in Ihre HTML-Datei zu schreiben und später die neuen Elemente hinzufügen, wenn sie eingeführt werden.

1.2.2 Die HTML-Struktur aufbauen mit <html>

Nachdem der Typ des Dokuments deklariert wurde, müssen Sie die HTML-Baumstruktur aufbauen. Wie immer ist <html> das Stammelement für diesen Baum. Es umschließt allen HTML-Code.

```
<!DOCTYPE html>
<html lang="de">

</html>
```

Listing 1.1 Das <html>-Element

Das Attribut lang im öffnenden <html>-Tag ist das einzige Attribut, das Sie in HTML5 angeben müssen. Dieses Attribut gibt an, welchen Inhalt das Dokument verwendet, in diesem Fall Deutsch.

Erinnerung	✕

HTML erstellt Webseiten mit Hilfe von HTML-Auszeichnungen. HTML-Tags sind Schlüsselwörter und Attribute in spitzen Klammern, zum Beispiel <html lang="de">. In diesem Fall ist html das Schlüsselwort und lang das Attribut, hier mit dem Wert de. Die meisten HTML-Tags treten paarweise auf, nämlich als öffnendes und schließendes Tag, und der Inhalt steht dazwischen. In diesem Fall zeigt <html lang="de"> den Beginn des HTML-Codes und </html> das Ende an. Wenn Sie das öffnende und das schließende Tag vergleichen, sehen Sie, dass im schließenden Tag ein Backslash vor dem Schlüsselwort steht (zum Beispiel </html>). Aller übriger Code wird zwischen diese beiden Tags eingefügt: <html> ... </html>.

> **Warnung** ✕
>
> In HTML5 können die Struktur und die Elemente, aus denen sie gebaut ist, extrem flexibel gehandhabt werden. Das <html>-Element kann auch ohne Attribut stehen oder sogar gänzlich ignoriert werden. Wegen der Kompatibilität und aus einigen anderen Gründen rate ich Ihnen allerdings, einige Grundregeln zu befolgen und vermittele Ihnen im Folgenden daher eine Reihe von Best Practices.

Unter dem folgenden Link finden Sie andere Sprachen, die Sie in das lang-Attribut einfügen können: *www.w3schools.com/tags/ref_language_codes.asp*.

1.2.3 Den Seitenkopf definieren mit <head>

Als Nächstes bauen Sie die Vorlage weiter aus. Der HTML-Code zwischen den <html>-Tags muss in zwei Hauptabschnitte unterteilt werden. Wie schon in früheren HTML-Versionen ist der erste Abschnitt der Head und der zweite der Body. Im nächsten Schritt erstellen Sie folglich diese beiden Code-Abschnitte mit den bereits bekannten Elementen <head> und <body>.

An den Anfang kommt natürlich der <head>, der wie alle Strukturelemente ein öffnendes und ein schließendes Tag hat.

```
<!DOCTYPE html>
<html lang="de">
    <head>

    </head>
</html>
```

Listing 1.2 Das <head>-Element

Das <head>-Tag selbst hat sich gegenüber den Vorgängerversionen nicht geändert und dient auch noch genau demselben Zweck. Innerhalb des Tags definieren Sie den Titel der Webseite, deklarieren die Zeichencodierung, geben allgemeine Informationen über das Dokument und binden externe Dateien mit Styles, Scripts oder Bildern ein, um die Seite zu rendern.

Abgesehen vom Titel und einigen Icons bleiben die übrigen Informationen, die zwischen den <head>-Tags des Dokuments stehen, in der Regel unsichtbar.

1.2.4 Den sichtbaren Inhalt einführen mit <body>

Der nächste größere Abschnitt, der zur Hauptgliederung eines HTML-Dokuments gehört, ist der Body. Er ist der sichtbare Teil des Dokuments und steht im <body>-Tag, das sich ebenfalls gegenüber früheren HTML-Versionen nicht geändert hat:

```
<!DOCTYPE html>
<html lang="de">
   <head>

   </head>
   <body>

   </body>
</html>
```

Listing 1.3 Das <body>-Element

> **Erinnerung** ☒
>
> Das Beispieldokument ist bislang noch sehr simpel, hat aber schon eine komplexe Struktur. Das liegt daran, dass HTML-Code keine sequenzielle Anweisungsfolge ist, sondern eine Auszeichnungssprache, bestehend aus Tags oder Elementen, die für gewöhnlich paarweise auftreten und geschachtelt (in etwas Anderes eingefügt) werden können. In der ersten Codezeile in Listing 1.3 steht ein einfaches Tag mit der Definition des Dokuments direkt neben dem öffnenden Tag <html lang="de">. Dieses und das schließende Tag </html> ganz unten markieren den Anfang und das Ende des HTML-Codes. Zwischen den <html>-Tags fügen Sie andere Tags ein, die zwei wichtige Teile dieser Grundstruktur spezifizieren: den <head> und den <body>. Auch diese beiden treten paarweise auf. Später werden Sie noch sehen, dass zwischen <head> und <body> auch noch andere Tags eingefügt werden. Diese Struktur gleicht einem Baum, dessen Wurzel das <html>-Tag ist.

1.2.5 Den Text definieren mit <meta>

Nun ist es Zeit, den Head des Dokuments zu erstellen. Darin gibt es einige Änderungen und Neuerungen, darunter das Tag, das die Zeichencodierung des Dokuments definiert. Dieses ist ein Meta-Tag gibt an, wie der Text auf dem Bildschirm angezeigt werden soll.

```
<!DOCTYPE html>
<html lang="de">
<head>
   <meta charset="utf-8">
```

25

```
</head>
<body>

</body>
</html>
```

Listing 1.4 Das <meta>-Element

Wie in den meisten Fällen in HTML5 besteht die Innovation für dieses Element in einer Vereinfachung. Das neue Meta-Tag für die Zeichencodierung ist kürzer und einfacher. Natürlich können Sie für utf-8 die Codierung einsetzen, die Ihnen lieber ist, und andere Meta-Tags wie description oder keywords hinzufügen, wie im nächsten Beispiel gezeigt wird:

```
<!DOCTYPE html>
<html lang="de">
<head>
    <meta charset="utf-8">
    <meta name="Beschreibung" content="Dies ist ein HTML5-Beispiel">
    <meta name="keywords" content="HTML5, CSS3, Javascript">
</head>
<body>

</body>
</html>
```

Listing 1.5 Weitere <meta>-Elemente hinzufügen

Erinnerung ✕

In einem Dokument können mehrere Meta-Tags zur Angabe allgemeiner Informationen eingesetzt werden, doch diese Informationen werden nicht im Browserfenster angezeigt, sondern sind nur für Suchmaschinen und Geräte wichtig, die eine Vorschau oder Zusammenfassung der relevanten Daten unseres Dokuments benötigen. Wie schon erwähnt: Außer dem Titel und einigen Symbolen bleiben die meisten Informationen zwischen den <head>-Tags für die Nutzer unsichtbar. In dem Code von Listing 1.5 gibt der Attributname innerhalb des <meta>-Tags seinen Typ an und content deklariert seinen Wert, aber keiner dieser Werte taucht auf dem Bildschirm auf.

In HTML5 ist es nicht nötig, Tags mit einem Schrägstrich am Ende selbst zu schließen, aber ich empfehle Ihnen sehr, dies aus Gründen der Kompatibilität zu tun. Das Ende des Codes können Sie wie folgt schreiben:

```
<!DOCTYPE html>
<html lang="de">
<head>
   <meta charset="utf-8" />
   <meta name="Beschreibung" content="Dies ist ein HTML5-Beispiel" />
   <meta name="keywords" content="HTML5, CSS3, JavaScript" />
</head>
<body>

</body>
</html>
```

Listing 1.6 Selbstschließende Tags

1.2.6 Den Titel angeben mit <title>

Das <title>-Tag gibt wie üblich einfach nur den Titel des Dokuments an. Dazu gibt es nichts Neues zu sagen.

```
<!DOCTYPE html>
<html lang="de">
<head>
   <meta charset="utf-8">
   <meta name="Beschreibung" content="Dies ist ein HTML5-Beispiel">
   <meta name="keywords" content="HTML5, CSS3, JavaScript">
   <title>Dieser Text ist der Dokumenttitel</title>
</head>
<body>

</body>
</html>
```

Listing 1.7 Das <title>-Element

Erinnerung ✕

Der Text zwischen den <title>-Tags ist der Titel des gesamten Dokuments; er wird von Browsern in der Regel in der Titelleiste angezeigt.

1.2.7 Externe Dateien einbinden mit <link>

<link> ist ein weiteres wichtiges Element im Head des Dokuments. Es dient der Einbindung von Styles, Scripts, Bildern oder Symbolen von externen Dateien in einem Dokument. Eine der häufigsten Anwendungen von <link> besteht darin, durch Einfügen einer externen CSS-Datei Styles einzubinden:

```
<!DOCTYPE html>
<html lang="de">
<head>
    <meta charset="utf-8">
    <meta name="Beschreibung" content="Dies ist ein HTML5-Beispiel">
    <meta name="keywords" content="HTML5, CSS3, JavaScript">
    <title>Dieser Text ist der Dokumenttitel</title>
    <link rel="stylesheet" href="mystyles.css">
</head>
<body>

</body>
</html>
```

Listing 1.8 Das <link>-Element

Da Sie in HTML5 nicht mehr angeben müssen, welche Art von Stylesheet Sie einfügen, wurde das type-Attribut abgeschafft. Sie benötigen lediglich zwei Attribute, um eine Styles-Datei einzubinden, nämlich rel und href. Das Attribut rel steht für *relation* und bezieht sich auf die Relation zwischen dem Dokument der Datei, die Sie einbinden. Hier hat das Attribut rel den Wert stylesheet, der dem Browser mitteilt, dass die Datei *mystyles.css* eine CSS-Datei mit Styles ist, die für das Rendering der Seite benötigt werden. (Mehr zu CSS-Styles erfahren Sie im nächsten Kapitel.)

Erinnerung ☒

Ein Stylesheet ist eine Gruppe von Formatierungsregeln, die helfen, das Aussehen des Dokuments zu ändern, zum Beispiel die Größe und Farbe des Textes. Ohne diese Regeln würden der Text und jedes andere Element mit den Standard-Styles der Browser auf dem Bildschirm angezeigt (also den Standardgrößen, -farben usw.). Styles sind ganz einfach Regeln, die normalerweise nur wenige Codezeilen benötigen, die in demselben Dokument deklariert werden können. Später werden Sie noch sehen, dass es nicht unbedingt notwendig ist, sich diese Informationen von externen Dateien zu holen, aber ich empfehle es Ihnen. Wenn Sie die CSS-Regeln aus einem externen Dokument (einer anderen Datei) laden, können Sie das Hauptdokument gliedern, die Website lädt schneller und Sie profitieren von den neuen Funktionen von HTML5.

Mit der letzten Einfügung können Sie die Arbeit am Head der Vorlage als fertig betrachten. Nun können Sie am Body arbeiten, in dem die eigentliche Action stattfindet.

1.3   Die Struktur des Bodys

Die Body-Struktur (der Code zwischen den <body>-Tags) generiert wie bisher den sichtbaren Teil Ihres Dokuments, also die Webseite.

In HTML konnte man die Informationen im Body eines Dokuments schon immer auf unterschiedliche Weise erstellen und gliedern. Eines der ersten Elemente, die für diesen Zweck angeboten wurden, war <table>. In Tabellen konnte der Autor Daten, Text, Bilder und Tools in Zeilen und Spalten von Zellen anordnen, auch wenn sie ursprünglich nicht für diesen Zweck geschaffen waren.

In der Frühzeit des Web waren Tabellen eine Revolution; sie verbesserten die visuelle Darstellung des Dokuments und das Erlebnis des Benutzers massiv. Später wurden die Funktionen der Tabelle allmählich durch andere Elemente ersetzt, die dasselbe leisteten, aber mit weniger Code und schneller, wodurch die Erstellung, Portierbarkeit und Wartung einfacher wurde.

Das <div>-Element begann, das Feld zu beherrschen. Mit der Entstehung interaktiver Webanwendungen und der Integration von HTML, CSS und JavaScript bürgerte sich das <div>-Tag überall ein. Doch ebenso wie <table> sagt auch das <div>-Element nicht viel über die Teile des Bodys aus, die es repräsentiert. Zwischen das öffnende und das schließende <div>-Tag können Sie alles Mögliche setzen: Menüs, Text, Links, Scripts, Formulare usw. Mit anderen Worten spezifiziert das Schlüsselwort div lediglich einen Bereich (englisch »division«) im Body, ähnlich wie eine Zelle in einer Tabelle, aber es gibt keinen Hinweis darauf, um welche Art von Bereich es sich handelt, was sein Zweck ist oder was er enthält.

Für die User sind diese Hinweise nicht wichtig, aber für die Browser ist eine richtige Interpretation dessen, was sich in dem zu verarbeitenden Dokument befindet, von zentraler Bedeutung. Seit es mobile Geräte gibt und die Menschen auf viele verschiedene Arten online gehen können, ist es wichtiger denn je, dass jeder Teil des Dokuments identifiziert werden kann.

Daher enthält HTML5 neue Elemente, die dabei helfen, jeden Teil des Dokuments zu identifizieren und den Body zu gliedern. In HTML5 sind die wichtigsten Teile eines Dokuments differenziert und die Hauptstruktur hängt nicht mehr alleine von <div>- oder <table>-Tags ab.

Es liegt an Ihnen, wie Sie diese neuen Elemente nutzen, aber die Keywords, die für jedes von ihnen ausgewählt wurden, geben Ihnen einen Hinweis auf ihre Funktion. Normalerweise ist eine Webseite oder Webanwendung in mehrere visuelle

Bereiche aufgeteilt, um das Nutzererlebnis und die Interaktivität zu verbessern. Sie werden bald sehen, dass die Keywords für die neuen HTML5-Elemente mit diesen visuellen Arealen aufs Engste verbunden sind.

1.3.1 Die Gliederung

Abbildung 1.1 zeigt ein Layout, das zurzeit in den meisten Websites vorkommt. Obwohl jeder Designer hier seine eigenen Designs erschafft, können Sie im Allgemeinen in jeder Website, die Sie studieren, die folgenden Abschnitte erkennen.

Oben, im Header, stehen normalerweise das Logo, der Name, der Untertitel und Kurzbeschreibungen Ihrer Website oder Webseite. Darunter erkennen Sie die Navigationsleiste, in der fast jeder Entwickler ein Menü oder eine Link-Liste zu Navigationszwecken anbietet. Von dieser Leiste aus wird der Nutzer zu verschiedenen Seiten oder Dokumenten, zumeist in derselben Website, geleitet.

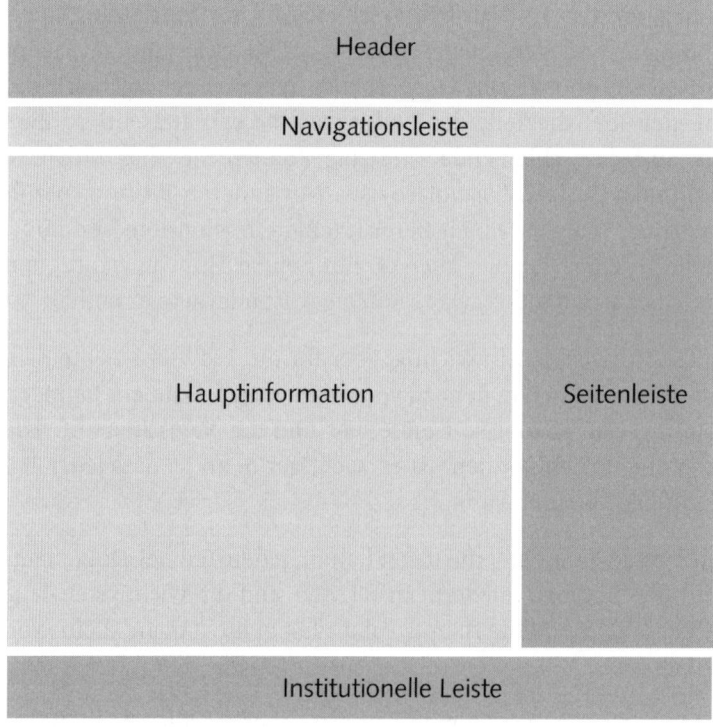

Abbildung 1.1 Visuelle Darstellung eines typischen Webseitenlayouts

Der wichtigste Inhalt der Seite steht normalerweise in der Mitte des Layouts. Dieser Abschnitt präsentiert wichtige Informationen und Links. Zumeist ist er in mehrere Zeilen und Spalten aufgeteilt. Im Beispiel in Abbildung 1.1 sehen Sie nur zwei Spalten namens Hauptinformationen und Seitenleiste, doch dieser Abschnitt ist extrem flexibel und die Designer passen ihn üblicherweise an ihre Bedürfnisse an, indem sie weitere Zeilen einfügen, die Spalten in kleinere Blöcke aufteilen oder andere Kombinationen und Distributionen erstellen. Der Inhalt hat in diesem Teil des Layouts normalerweise die höchste Priorität. Im Beispiel-Layout könnte die Hauptinformation eine Liste von Artikeln, Produktbeschreibungen, Blogbeiträgen oder andere wichtige Informationen aufführen und die Seitenleiste könnte eine Link-Liste enthalten, die auf diese einzelnen Elemente verweist. In einem Blog würde diese letzte Spalte beispielsweise eine Link-Liste zeigen, die auf die einzelnen Blogbeiträge, Informationen über den Autor und so weiter verweist.

Im unteren Teil des typischen Layouts finden Sie die »institutionelle Leiste«. Ich nenne sie so, weil dies die Stelle im Layout ist, an der oft allgemeine Informationen

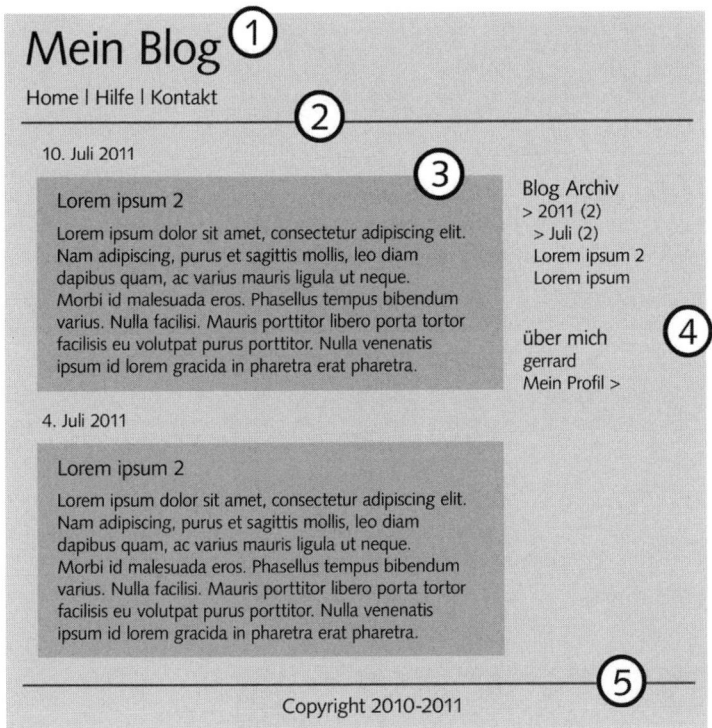

Abbildung 1.2 Visuelle Darstellung eines typischen Blog-Layouts

über die Website, den Autor oder das Unternehmen plus Regeln, AGBs, Anfahrt-
skizzen und alle die anderen Daten stehen, die der Entwickler für mitteilenswert
hält. Die institutionelle Leiste ist die Ergänzung zum Header und gehört heutzutage
zur wesentlichen Struktur einer Webseite dazu.

Abbildung 1.2 ist ein Beispiel für einen normalen Blog. In diesem Beispiel können
Sie leicht jeden Teil des soeben erläuterten Designs erkennen.

1. Header

2. Navigationsleiste

3. Hauptinformationsbereich

4. Seitenleiste

5. Fuß der Seite oder institutionelle Leiste

Diese einfache Darstellung eines Blogs kann Ihnen helfen, zu verstehen, dass jeder
Abschnitt in einer Website seinen Zweck hat. Manchmal ist dieser Zweck nicht klar

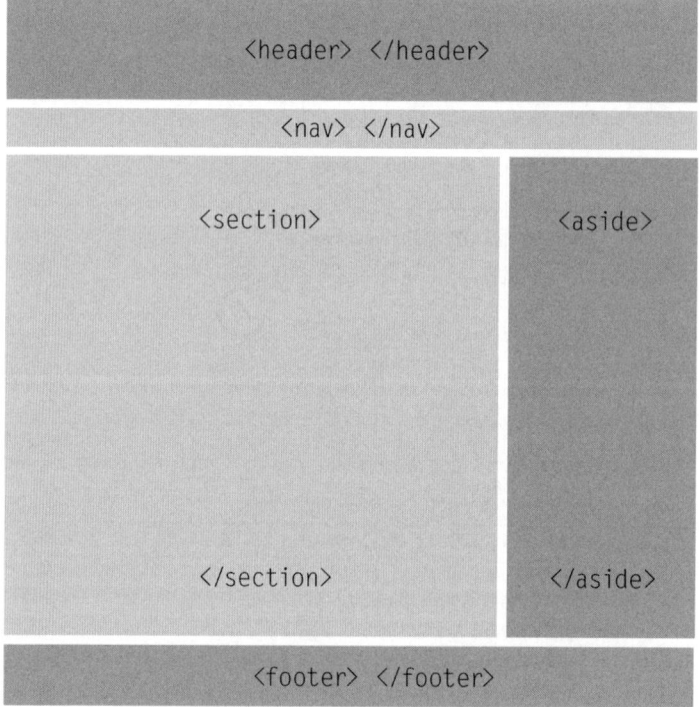

Abbildung 1.3 Darstellung der Anordnung von Abschnitten mit HTML5-Tags

ersichtlich, aber die Basis ist immer da und Sie werden überall und jederzeit alle oben beschriebenen Abschnitte erkennen können.

HTML5 berücksichtigt diese Grundstruktur und dieses Layout, stellt aber auch neue Elemente bereit, um alle zu differenzieren und zu deklarieren. Jetzt können Sie den Browsern mitteilen, wofür jeder Abschnitt da ist.

Abbildung 1.3 zeigt das typische Layout, das Sie schon zuvor benutzt haben, doch diesmal mit den entsprechenden HTML5-Elementen für jeden Abschnitt (sowohl öffnende als auch schließende Tags).

1.3.2 Abschnitte beschreiben mit <header>

Eines der neuen Elemente von HTML5 ist <header>. Verwechseln Sie <header> nicht mit dem <head>-Tag , mit dem Sie eben den Head des Dokuments angelegt hatten. Zwar ist <header> genau wie <head> für einleitende Informationen gedacht (zum Beispiel für Titel, Untertitel oder Logos), doch der Geltungsbereich der beiden Tags ist unterschiedlich. Während das <head>-Tag Informationen über das gesamte Dokument liefert, ist der <header> nur für den Body oder Einzelabschnitte in diesem Body gedacht.

```
<!DOCTYPE html>
<html lang="de">
<head>
    <meta charset="utf-8">
    <meta name="Beschreibung" content="Dies ist ein HTML5-Beispiel">
    <meta name="keywords" content="HTML5, CSS3, JavaScript">
    <title>Dieser Text ist der Dokumenttitel</title>
    <link rel="stylesheet" href="mystyles.css">
</head>
<body>
    <header>
        <h1>Dies ist der Haupttitel der Website</h1>
    </header>
</body>
</html>
```

Listing 1.9 Das <header>-Element (html01.html)

In Listing 1.9 wird der Titel der Webseite mit dem <header>-Tag definiert. Beachten Sie, dass dieser Header nicht dasselbe ist wie der Titel des Gesamtdokuments, der zuvor im Head definiert wurde. Das <header>-Element zeigt den Beginn des Bodys und sichtbaren Teils des Dokuments an. Von hier an werden Sie das Ergebnis des Codes im Browserfenster sehen können.

Wenn Sie die Anleitungen vom Anfang dieses Kapitels nachvollzogen haben, haben Sie bereits eine Textdatei mit den bisher beschriebenen Codeteilen fertig zum Testen vorliegen. Wenn nicht, können Sie sich die Codebeispiele dieses Buches von der Seite *www.sybex.de/zusatzmaterial* herunterladen und die Datei *html01.html* aus dem Ordner *Kapitel_01* in einem Editor öffnen. Um das Script in Aktion zu sehen, öffnen Sie einen HTML5-kompatiblen Browser wie Chrome oder Firefox.

Erinnerung ☒

Zwischen den <header>-Tags in Listing 1.10 steht <h1> – ein altes HTML-Element, das eine Überschrift definierte. Die Nummer gibt die Wichtigkeit der Überschrift und ihres Inhalts an. Da das Element <h1> die höchste und <h6> die niedrigste Überschriftsebene angibt, zeichnet <h1> den Haupttitel aus und die übrigen werden für untergeordnete Überschriften verwendet. Weiter unten werden Sie sehen, wie diese Elemente in HTML5 funktionieren.

1.3.3 Die Navigationsleiste anlegen mit <nav>

Der nächste Abschnitt in unserem Beispiel ist die Navigationsleiste, die in HTML5 mit dem <nav>-Tag angelegt wird.

```
<!DOCTYPE html>
<html lang="de">
<head>
   <meta charset="utf-8">
   <meta name="Beschreibung" content="Dies ist ein HTML5-Beispiel">
   <meta name="keywords" content="HTML5, CSS3, JavaScript">
   <title>Dieser Text ist der Dokumenttitel</title>
   <link rel="stylesheet" href="mystyles.css">
</head>
<body>
   <header>
      <h1>Dies ist der Haupttitel der Website</h1>
   </header>
   <nav>
     <ul>
        <li>Start</li>
        <li>Fotos</li>
```

34

```
        <li>Videos</li>
        <li>Kontakt</li>
      </ul>
    </nav>

</body>
</html>
```

Listing 1.10 Das <nav>-Element (html02.html)

Wie Sie in Listing 1.10 sehen, steht das <nav>-Element zwischen den <body>-Tags, aber hinter dem schließenden Tag des Headers (</header>) und nicht etwa zwischen den <header>-Tags. Denn <nav> gehört nicht zum Header, sondern zu einem neuen Abschnitt.

Abbildung 1.4 html02.html

Ich habe bereits erwähnt, dass Sie selbst entscheiden können, welche Struktur und Reihenfolge Sie in HTML5 verwenden möchten. Das bedeutet, dass HTML5 sehr vielseitig ist und Ihnen nur die Parameter und Grundelemente für Ihre Arbeit gibt, doch wie Sie diese einsetzen, entscheiden Sie selbst. Ein Beispiel für diese Vielseitigkeit ist, dass das <nav>-Tag auch in das <header>-Element oder jeden anderen Abschnitt des Bodys eingefügt werden könnte. Allerdings sollten Sie immer berücksichtigen, dass diese neuen Tags geschaffen wurden, um Browsern mehr Informationen zu geben und jedem neuen Programm und Gerät auf dem Markt zu helfen, die relevantesten Teile des Dokuments zu erkennen. Wenn Sie Ihren Code portierbar und lesbar halten möchten, sollten Sie sich an die Standards halten und alles möglichst klar gestalten. Das <nav>-Element ist dazu gedacht, Navigations-hilfen wie zum Beispiel das Hauptmenü oder größere Navigationsblöcke zu enthalten, und so sollte es auch benutzt werden.

Erinnerung ❌

In dem Beispiel von Listing 1.10 führe ich die Menüoptionen für die Webseite auf. Zwischen den <nav>-Tags stehen zwei Elemente, die zur Erstellung einer Liste verwendet werden. Das <ul>-Element hat den Zweck, eine Liste zu definieren. Zwischen die <ul>-Tags sind mehrere <li>-Tags mit verschiedenem Text eingeschachtelt, die die Menüoptionen darstellen. Wenn Sie mehr Informationen zu den regulären Sprachelementen benötigen, ziehen Sie bitte zusätzlich ein Lehrbuch über die Grundkonzepte von HTML zurate.

1.3.4 Die Informationen gliedern mit <section>

Nun folgen in unserem Standarddesign der Hauptinformationsbereich und die Seitenleiste aus Abbildung 1.1. Wie bereits erwähnt, enthält der Hauptinformationsbereich die relevantesten Informationen des Dokuments und kann in verschiedenen Formen auftreten, zum Beispiel aufgeteilt in mehrere Blöcke oder Spalten. Da diese Spalten und Blöcke einem allgemeineren Zweck dienen, heißt das HTML5-Element, das sie spezifiziert, einfach <section>.

```
<!DOCTYPE html>
<html lang="de">
<head>
   <meta charset="utf-8">
   <meta name="Beschreibung" content="Dies ist ein HTML5-Beispiel">
   <meta name="keywords" content="HTML5, CSS3, JavaScript">
   <title>Dieser Text ist der Dokumenttitel</title>
   <link rel="stylesheet" href="mystyles.css">
</head>
<body>
   <header>
      <h1>Dies ist der Haupttitel der Website</h1>
   </header>
   <nav>
      <ul>
         <li>Start</li>
         <li>Fotos</li>
```

```
        <li>Videos</li>
        <li>Kontakt</li>
    </ul>
  </nav>
  <section>

  </section>
</body>
</html>
```

Listing 1.11 Das <section>-Element

Wie die Navigationsleiste ist auch der Hauptinformationsbereich ein eigener Abschnitt. Daher folgt der Abschnitt für die Hauptinformationsbereich unter dem schließenden </nav>-Tag.

Vergleichen Sie den letzten Code in Listing 1.11 mit dem Layout in Abbildung 1.3, um zu erkennen, wo die Tags im Code stehen und welchen Abschnitt diese Tags in der visuellen Darstellung der Webseite generieren.

Warnung ☒

Die Tags, die die einzelnen Abschnitte des Dokuments repräsentieren, stehen im Code in einer Liste untereinander, aber in der Website zuweilen nebeneinander (wie zum Beispiel die Spalten der Hauptinformationsbereich und der Seitenleiste). In HTML5 wird die Bildschirmdarstellung dieser Elemente an CSS delegiert. Das Design entsteht, indem jedem Element CSS-Styles zugewiesen werden. Im nächsten Kapitel erfahren Sie mehr zu CSS.

1.3.5 Sekundärinformationen kennzeichnen mit <aside>

In einem typischen Website-Layout (Abbildung 1.1) steht neben dem Hauptinformationsbereich eine so genannte Seitenleiste. Dies ist eine Spalte oder ein Abschnitt, der üblicherweise Daten enthält, die zu den Hauptinformationen gehören, aber nicht ganz so relevant oder wichtig sind.

In dem Beispiel eines Standardlayouts für ein Blog (Abbildung 1.2) enthält die Seitenleiste eine Link-Liste (Nummer 4). In diesem Beispiel verwiesen diese Links auf die einzelnen Blogbeiträge und lieferten Zusatzinformationen über den Autor. Die Informationen innerhalb dieser Leiste stehen mit den Hauptinformationen in Zusammenhang, sind aber für sich gesehen nicht so relevant. Für das Blogbeispiel lässt sich sagen, dass die Blogbeiträge relevant sind, aber die Links und Kurzvorschau dieser Einträge nur als Navigationshilfe dienen und nicht das sind, wofür sich der Leser oder Nutzer am meisten interessiert.

In HTML5 können Sie solche Sekundärinformationen mit dem Element <aside> kenntlich machen.

```
<!DOCTYPE html>
<html lang="de">
<head>
    <meta charset="utf-8">
    <meta name="Beschreibung" content="Dies ist ein HTML5-Beispiel">
    <meta name="keywords" content="HTML5, CSS3, JavaScript">
    <title>Dieser Text ist der Dokumenttitel</title>
    <link rel="stylesheet" href="mystyles.css">
</head>
<body>
    <header>
        <h1>Dies ist der Haupttitel der Website</h1>
    </header>
    <nav>
        <ul>
            <li>Start</li>
            <li>Fotos</li>
            <li>Videos</li>
            <li>Kontakt</li>
        </ul>
    </nav>
    <section>
    </section>
        <aside>
            <blockquote>Artikel Nummer eins</blockquote>
            <blockquote>Artikel Nummer zwei</blockquote>
        </aside>
</body>
</html>
```

Listing 1.12 Das <aside>-Element (html03.html)

Das <aside>-Element könnte auf unserer Beispielseite rechts oder links stehen; das Tag hat keine vordefinierte Position. Das <aside>-Element beschreibt lediglich die enthaltenen Informationen, aber keinen Ort in der Struktur. Das Element kann überall im Layout stehen und kann verwendet werden, solange sein Inhalt nicht als Hauptinhalt des Dokuments betrachtet wird. So können Sie das <aside>-Element zum Beispiel in einem `<section>`-Element oder sogar innerhalb von relevanten Informationen verwenden, zum Beispiel für ein Zitat in einem Text.

> **Warnung** ✖
>
> Wie Sie gleich in Abbildung 1.5 sehen, wird das `<aside>`-Element noch nicht wie gewünscht seitlich, sondern unter dem `<section>`-Element dargestellt. Um das zu ändern, brauchen Sie noch eine CSS-Datei, die Sie in Kapitel 2, »CSS-Styling und Boxmodelle« erstellen werden.

1.3.6 Den Dokumentfuß beschreiben mit dem <footer>-Element

Ein einziges Element ist noch nötig, um die Vorlage oder Elementstruktur unseres HTML5-Dokuments fertigzustellen, denn der Header des Bodys, die Abschnitte mit ihren Navigationshilfen und wichtigen Informationen sowie die Zusatzinformationen in einer Seitenleiste sind bereits angelegt. Nun bleibt uns nur noch, dem Body des Dokuments ein Ende zu geben. HTML5 bietet für diesen Zweck ein bestimmtes Element namens `<footer>`:

```
<!DOCTYPE html>
<html lang="de">
<head>
    <meta charset="utf-8">
    <meta name="Beschreibung" content="Dies ist ein HTML5-Beispiel">
    <meta name="keywords" content="HTML5, CSS3, JavaScript">
    <title>Dieser Text ist der Dokumenttitel</title>
    <link rel="stylesheet" href="mystyles.css">
</head>
<body>
    <header>
        <h1>Dies ist der Haupttitel der Website</h1>
    </header>
    <nav>
        <ul>
            <li>Start</li>
            <li>Fotos</li>
            <li>Videos</li>
            <li>Kontakt</li>
        </ul>
    </nav>
    <section>

    </section>
```

```
    <aside>
        <blockquote>Artikel Nummer eins</blockquote>
        <blockquote>Artikel Nummer zwei</blockquote>
    </aside>
<footer>
    Copyright &copy; 2012-2013
</footer>
</body>
</html>
```

Listing 1.13 Das <footer>-Element (html04.html)

Im Layout einer typischen Webseite würde der Abschnitt, den ich »institutionelle Leiste« getauft habe, mit <footer>-Tags definiert, weil er das Ende (den Fuß) des Dokuments darstellt. In diesem Teil der Webseite werden in der Regel allgemeine Informationen über den Autor oder über die Firma hinter dem Projekt gegeben, wie zum Beispiel Copyright, AGBs und so weiter.

Das <footer>-Element markiert in der Regel das Ende eines Dokument-Bodys und dient hauptsächlich dem oben beschriebenen Zweck. Allerdings kann das <footer>-Tag in einem Body auch mehrmals verwendet werden, um jeweils das Ende der verschiedenen Abschnitte zu markieren. (Das <header>-Tag kann ebenfalls im Body mehrfach verwendet werden.) Diese Eigenschaft lernen Sie später noch genauer kennen.

Abbildung 1.5 html04.html

1.4   In der Tiefe des Bodys

Der Body Ihres Dokuments ist jetzt bereit. Die Grundstruktur der Website ist fertig, aber an dem Inhalt müssen Sie noch arbeiten. Die HTML5-Elemente, die Sie bisher kennen gelernt haben, helfen dabei, die Layout-Abschnitte zu identifizieren und jedem einen eigenen Zweck zuzuweisen, doch das eigentlich Wichtige an einer Website ist das, was in diesen Abschnitten steht.

Die meisten der bisher betrachteten Elemente wurden angelegt, um dem HTML-Dokument eine Struktur zu geben, die von Browsern und neuen Geräten identifiziert und erkannt wird. Sie haben erfahren, dass der Body oder sichtbare Teil des Dokuments mit den <body>-Tags deklariert wird, während die <header>-Tags wichtige Informationen für den Body umschließen, die <nav>-Tags Navigationshilfen geben, die <section>-Tags den relevanten Inhalt enthalten und die <aside>- und <footer>-Tags Zusatzinformationen bereitstellen. Doch keines dieser Elemente sagt irgendetwas über den tatsächlichen Inhalt aus. Alle haben einen ganz konkreten strukturellen Zweck.

Je tiefer Sie in das Dokument hineingehen, umso näher kommen Sie der Inhaltsdefinition. Diese Informationen setzen sich aus verschiedenen visuellen Elementen zusammen, zum Beispiel aus Titel, Texten, Bildern, Videos und interaktiven Anwendungen. Sie sollten in der Lage sein, diese Elemente auseinanderzuhalten und Beziehungen zwischen ihnen festzulegen.

1.4.1   Beiträge abgrenzen mit <article>

Das zuvor in Abbildung 1.1 dargestellte Layout ist derzeit die gebräuchlichste und essenzielle Struktur für Websites im Internet, aber auch repräsentativ für die Weise, wie Inhalte auf dem Bildschirm gezeigt werden. Genauso wie Blogs in Beiträge unterteilt sind, präsentieren Websites relevante Informationen in der Regel in Abschnitten, die ähnliche Merkmale haben. Diese Abschnitte können Sie mit dem <article>-Element kennzeichnen.

```
...
<section>
   <article>
      Dies ist der Text meines ersten Beitrags
   </article>
```

```
    <article>
        Dies ist der Text meines zweiten Beitrags
    </article>
</section>
...
```

Listing 1.14 Das <article>-Element (html05.html, gekürzt)

Wie Sie am Code von Listing 1.14 sehen, stehen die <article>-Tags zwischen den <section>-Tags. Die <article>-Tags gehören zu diesem Abschnitt, sie sind seine Kinder, ebenso, wie jedes Element zwischen den <body>-Tags ein Kind dieses Bodys ist. Doch ebenso wie die Kinder des Bodys werden die <article>-Tags hintereinander gesetzt, weil jedes ein eigenständiger Teil der <section> ist, wie in Abbildung 1.6 gezeigt.

Das <article>-Element ist durch seinen Namen nicht etwa auf Nachrichtenmeldungen oder Artikel festgelegt, sondern wurde geschaffen, um ein unabhängiges

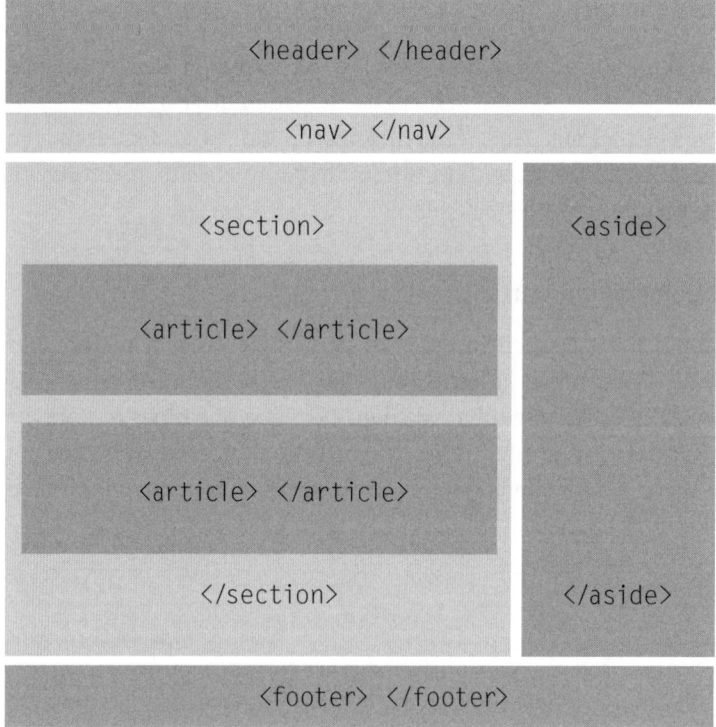

Abbildung 1.6 Visuelle Darstellung des <article>-Tags in dem Abschnitt, der für die relevanten Informationen der Webseite angelegt wurde

Stück Inhalt unterzubringen. Es kann also einen Forumsbeitrag, einen Zeitschriftenartikel, einen Blogbeitrag, einen Nutzerkommentar und so weiter enthalten. Dieses Element fasst verwandte Informationsteile zusammen, unabhängig davon, um welche Art von Informationen es sich handelt.

> **Erinnerung** ✕
>
> Wie bereits erwähnt, kann die HTML-Struktur als Baum beschrieben werden, dessen Wurzel das `<html>`-Element ist. Man kann die Beziehungen zwischen den Elementen aber auch anhand ihrer Position in der Baumstruktur als Eltern, Kinder oder Geschwister bezeichnen. So ist in einem typischen HTML-Dokument das `<body>`-Element ein Kind des `<html>`-Elements und ein Geschwister des `<head>`-Elements. Sowohl der `<body>` als auch der `<head>` haben als Elternteil das `<html>`-Element.

Da `<article>`-Elemente ein unabhängiger Teil des Dokuments sind, hat ihr Inhalt jeweils eine eigene Struktur. Zur Strukturierung dieses Inhalts leisten uns die zuvor beschriebenen `<header>`- und `<footer>`-Tags durch ihre Vielseitigkeit gute Dienste. Diese Tags sind portierbar und können nicht nur im Body, sondern auch in jedem Abschnitt eines Dokuments eingesetzt werden.

```
...
<section>
   <article>
      <header>
         <h1>Titel von Beitrag eins</h1>
      </header>
      Dies ist der Text meines ersten Beitrags
      <footer>
         <p>Kommentare (0)</p>
      </footer>
   </article>
   <article>
      <header>
         <h1>Titel von Beitrag zwei</h1>
      </header>
      Dies ist der Text meines zweiten Beitrags
      <footer>
         <p>Kommentare (0)</p>
      </footer>
   </article>
</section>
...
```

Listing 1.15 Die Struktur des <article> (html06.html, gekürzt)

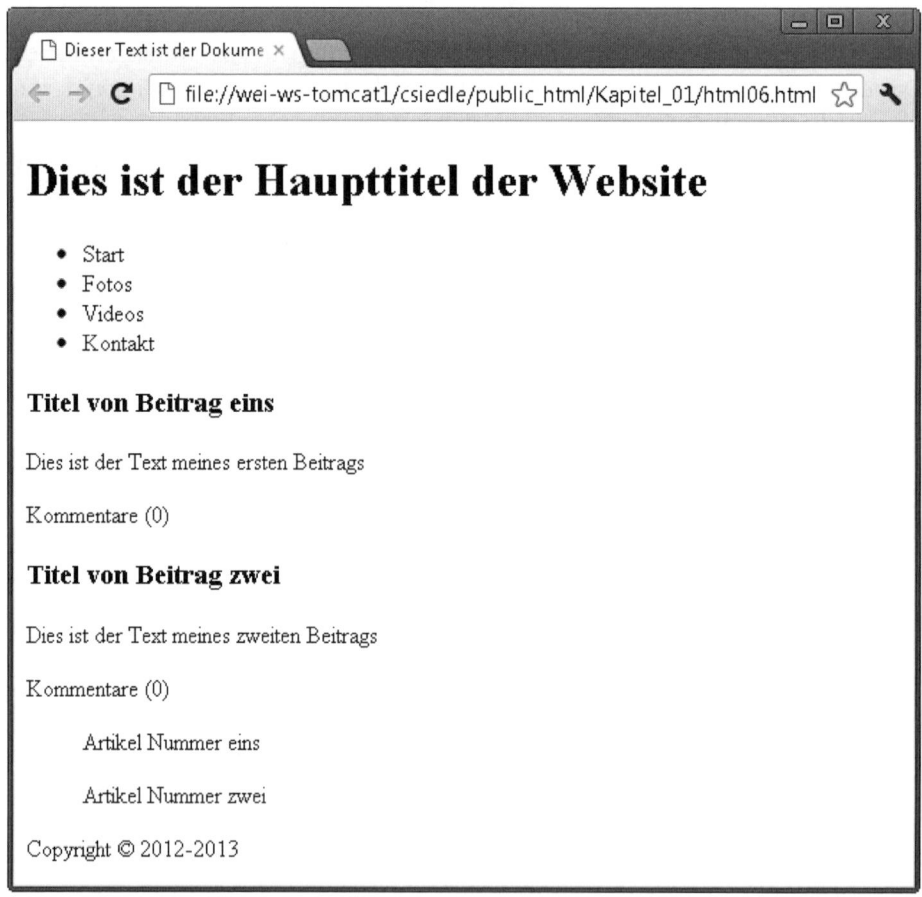

Abbildung 1.7 html06.html

Die beiden in Listing 1.15 eingefügten Beiträge wurden je mit einem `<article>`-Element erstellt und besitzen eine bestimmte Struktur: Zuerst kommt das `<header>`-Tag, das den mit dem `<h1>`-Element definierten Titel enthalten. Darunter steht der Inhalt selbst, also der Text des Beitrags. Und zum Schluss, hinter dem Text, folgt das `<footer>`-Tag, das die Anzahl der Kommentare angibt.

1.4.2 Überschriften gruppieren mit `<hgroup>`

In jedem `<header>`-Element, am Anfang des Bodys oder der einzelnen `<article>`, haben Sie für die Titelangaben bereits `<h1>`-Tags eingebunden. Diese Tags werden benötigt, um die Überschrift jedes Dokumentteils zu erstellen. Manchmal benötigen Sie aber auch Untertitel oder weitere Informationen, um zu erklären, worum es in der Website oder dem Abschnitt geht. Das <header>-Element ist tatsächlich dafür geschaffen, auch andere Elemente aufzunehmen, wie zum Beispiel ein Inhaltsverzeichnis, Suchformulare oder kurze Texte und Logos.

Zum Anlegen der Überschriften können Sie auch die anderen h-Tags einsetzen: <h1>, <h2>, <h3>, <h4>, <h5> und <h6>. Doch für die interne Verarbeitung und um während der Interpretation des Dokuments nicht mehrere Abschnitte oder Unterabschnitte zu generieren, müssen diese Tags in Gruppen zusammengefasst werden. Hierzu bietet HTML5 das <hgroup>-Element an.

```
...
<section>
   <article>
      <header>
         <hgroup>
            <h1>Titel von Beitrag eins</h1>
            <h2>Untertitel von Beitrag eins</h2>
         </hgroup>
         <p>erschienen am 10.12.2012</p>
      </header> Dies ist der Text meines ersten Beitrags
      <footer>
         <p>Kommentare (0)</p>
      </footer>
   </article>
   <article>
      <header>
         <hgroup>
            <h1>Titel von Beitrag zwei</h1>
            <h2>Untertitel von Beitrag zwei</h2>
         </hgroup>
         <p>erschienen am 15.12.2012</p>
      </header>
      Dies ist der Text meines zweiten Beitrags
      <footer>
         <p>Kommentare (0)</p>
      </footer>
   </article>
</section>
...
```

Listing 1.16 Das <hgroup>-Element (html07.html, gekürzt)

h-Tags müssen ihre Hierarchie beibehalten, das heißt, Sie müssen zuerst den Titel mit dem <h1>-Tag deklarieren, dann den Untertitel mit <h2> und so weiter. Allerdings können Sie in HTML5 (im Gegensatz zu den früheren HTML-Versionen) die h-Tags wiederverwenden und diese Hierarchie in jedem Abschnitt des Dokuments immer und immer wieder aufbauen. In Listing 1.16 ist jeder Beitrag mit Untertitel und Metadaten versehen und Titel und Untertitel mit `<hgroup>` zusammengefasst. Die Hierarchie mit `<h1>` und `<h2>` wird in jedem `<article>`-Element wiederverwendet.

Warnung ✕

Das Element `<hgroup>` ist notwendig, wenn Sie in demselben `<header>` einen Titel und Untertitel oder mehrere h-Tags zusammenfassen. Da dieses Element nur h-Tags enthalten darf, haben wir die Metadaten in unserem Beispiel weggelassen. Wenn Sie nur das `<h1>`-Tag oder das `<h1>`-Tag mit Metadaten haben, müssen Sie diese Elemente nicht zusammenfassen. In dem `<header>` des Bodys haben wir zum Beispiel auf dieses Element verzichtet, weil nur ein einziges h-Element darinsteht. Vergessen Sie niemals, dass `<hgroup>`, wie sein Name schon sagt, ausschließlich dazu da ist, h-Tags zusammenzufassen.

Browser und Programme, die Websites ausführen und wiedergeben, lesen den HTML-Code und erstellen ihre eigene, interne Struktur, um jedes Element zu interpretieren und zu verarbeiten. Diese interne Struktur ist in Abschnitte unterteilt, die nichts mit den Bereichen im Design oder dem `<section>`-Element zu tun haben. Sie sind konzeptionelle Abschnitte, die während der Code-Interpretation generiert werden. Das `<header>`-Element erstellt von alleine nicht einen dieser konzeptionellen Abschnitte; das heißt, dass die Elemente innerhalb des `<header>` verschiedene Ebenen darstellen und intern verschiedene Abschnitte generieren könnten. Das `<hgroup>`-Element wurde geschaffen, um h-Tags zusammenzufassen und den Browser vor Fehlinterpretationen zu bewahren.

Erinnerung ✕

Metadaten sind Daten, die andere Daten beschreiben und Informationen über sie liefern. In dem Beispiel sind die Datumsangaben der Veröffentlichungen Metadaten.

1.4.3 Visuelle Inhalte einbinden mit <figure> und <figcaption>

Das `<figure>`-Tag wurde erstellt, um den Inhalt des Dokuments genauer deklarieren zu können. Bevor dieses Element eingeführt wurde, konnten Inhalte, die Teil der Informationen waren, aber in sich abgeschlossen, wie zum Beispiel Illustrationen, Bilder, Videos und so weiter, nicht identifiziert werden. Diese Elemente gehören im Allgemeinen zum relevanten Inhalt, können aber nicht verschoben werden, ohne den Fluss des Dokuments zu beeinträchtigen oder zu unterbrechen. Wenn solche Daten vorhanden sind, können sie mit <figure>-Tags gekennzeichnet werden.

```
...
<section>
    <article>
        <header>
            <hgroup>
                <h1>Titel von Beitrag eins</h1>
                <h2>Untertitel von Beitrag eins</h2>
            </hgroup>
            <p>erschienen am 10.12.2012</p>
        </header>
        Dies ist der Text meines ersten Beitrags
        <figure>
            <img src="myimage.jpg">
            <figcaption>
                Dies ist ein Bild des ersten Beitrags
            </figcaption>
        </figure>
        <footer>
            <p>Kommentare (0)</p>
        </footer>
    </article>
    <article>
        <header>
            <hgroup>
                <h1>Titel von Beitrag zwei</h1>
                <h2>Untertitel von Beitrag zwei</h2>
            </hgroup>
            <p>erschienen am 15.12.2012</p>
        </header> Dies ist der Text meines zweiten Beitrags
        <footer>
            <p>Kommentare (0)</p>
        </footer>
    </article>
</section>
...
```

Listing 1.17 Die Elemente <figure> und <figcaption> (html08.html, gekürzt)

In Listing 1.17 wird im ersten Beitrag direkt hinter dem Text ein Bild eingefügt (<img src="myimage.jpg">). Das ist so üblich, häufig wird Text mit Bildern oder

Abbildung 1.8 html08.html

Videos angereichert. Mit den `<figure>`-Tags können Sie diese visuellen Dreingaben umschließen und von den relevantesten Informationen abheben.

In Listing 1.17 erkennen Sie auch ein zusätzliches Element in `<figure>`. Normalerweise werden Informationen wie Bilder oder Videos durch einen kurzen Text darunter beschrieben. HTML5 bietet ein Element, mit dem Sie diesen beschreibenden Text positionieren und kennzeichnen können: Die `<figcaption>`-Tags umschließen die Bildunterschrift zur `<figure>` und setzen beide Elemente und ihre Inhalte in Beziehung.

1.5   Neue und alte Elemente

HTML5 wurde entwickelt, um den Code einfacher, spezifischer und ordentlicher zu gestalten. Dazu wurden Tags und Attribute hinzugefügt und HTML mit CSS und JavaScript integriert. Diese Neuerungen und Verbesserungen gegenüber den Vorversionen erstrecken sich nicht nur auf neue Elemente, sondern auch auf den Umgang mit den alten.

1.5.1   Strings hervorheben mit <mark>

Das `<mark>`-Tag wurde hinzugefügt, um einen Teil eines Textes hervorzuheben, der ursprünglich nicht als wichtig angesehen wurde, aber jetzt aufgrund der aktuellen Nutzeraktivität relevant ist. Das beste Beispiel hierfür ist ein Suchergebnis. Das `<mark>`-Element hebt nämlich auch den Teil des Textes hervor, der mit dem Suchstring übereinstimmt.

```
<span>Mein <mark>Auto</mark> ist rot</span>
```

Wenn zum Beispiel jemand nach dem Wort »Auto« sucht, könnten die Ergebnisse mit dem obigen Code angezeigt werden. Der kurze Text stellt die Ergebnisse der Suche dar und die `<mark>`-Tags dazwischen umschließen den Suchtext, nämlich das Wort »Auto«. In manchen Browsern wird dieses Wort standardmäßig mit gelbem Hintergrund hervorgehoben, aber solche Styles können Sie mit CSS jederzeit durch eigene ersetzen, wie Sie in späteren Kapiteln noch sehen werden.

Früher erzielten Sie dieses Ergebnis mit einem `<b>`-Element. Dadurch, dass es jetzt `<mark>` gibt, konnten sich die Bedeutung und der Zweck dieses und anderer, verwandter Elemente jetzt ändern.

- `<em>` sollte zur Betonung verwendet werden (anstelle des `<i>`-Tags, das zuvor dafür verwendet wurde).

- `<strong>` steht für die Wichtigkeit.

- `<mark>` hebt Text hervor, der den Umständen entsprechend relevant ist.

- `<b>` sollte nur verwendet werden, wenn es für die Situation kein besser geeignetes Element gibt.

1.5.2 Das Kleingedruckte einfügen mit <small>

Die neue Präzision von HTML zeigt sich auch an Elementen wie `<small>`. Dieses Element war früher dazu gedacht, Text zu präsentieren, der in kleiner Schrift verfasst ist. Das Schlüsselwort bezog sich auf die Größe des Textes, unabhängig von seiner Bedeutung. In HTML5 hat das `<small>`-Element die Aufgabe, das »Kleingedruckte« darzustellen, wie zum Beispiel Copyright-Angaben, Haftungsausschlüsse und so weiter.

```
<small>Copyright &copy; 2013 Sybex</small>
```

1.5.3 Zitieren mit <cite>

Ein anderes Element, das im Wesen spezifischer geworden ist, ist `<cite>`. Jetzt umschließen die `<cite>`-Tags den Titel eines Werks, wie zum Beispiel eines Buches, Films, Lieds und so weiter.

```
<span>Ich mag den Film <cite>Temptations</cite></span>
```

1.5.4 URLs einfügen mit <address>

Das `<address>`-Element ist ein altes Element, das in ein Strukturelement verwandelt wurde. Früher brauchten Sie es nicht zu verwenden, um eine Vorlage zu erstellen. Doch in manchen Situationen könnte es perfekt passen, um die Kontaktdaten für den Inhalt eines `<article>`-Elements oder des gesamten `<body>` zu präsentieren.

Dieses Element sollte in einem `<footer>` stehen, wie im folgenden Beispiel:

```
<article>
   <header>
     <h1>Titel von Beitrag zwei</h1>
   </header>
```

```
   Dies ist der Text des Beitrags
   <footer>
      <address>
         <a href="http://www.sybex.de">Sybex</a>
      </address>
   </footer>
</article>
```

Listing 1.18 Einem <article> Kontaktdaten hinzufügen

1.5.5 Datum und Uhrzeit einfügen mit <time>

In der letzten Vorlage von Listing 1.17 haben Sie jedem <article> ein Datum gegeben, um anzuzeigen, wann der Beitrag veröffentlicht wurde. Sie haben dafür ein einfaches <p>-Element im <header> der Beiträge verwendet, doch HTML5 bietet auch ein spezifisches Element für genau diesen Zweck. Mit dem <time>-Element können Sie einen maschinenlesbaren Zeitstempel und eine für Menschen lesbare Datums- und Uhrzeitangabe deklarieren.

```
<article>
   <header>
      <h1>Titel von Beitrag zwei</h1>
      <time datetime="2012-12-10" pubdate>erschienen am 10.12.2012
      </time>
   </header>
   Dies ist der Text des Beitrags
</article>
```

Listing 1.19 Datum und Uhrzeit mit dem <time>-Element angeben

In Listing 1.19 wurde das in den vorigen Beispielen verwendete <p>-Element durch das neue <time>-Element ersetzt, um anzuzeigen, an welchem Tag der Beitrag erschienen ist. Das Attribut datetime hat den maschinenlesbaren Zeitstempel-Wert. Dessen Format kann wie in diesem Beispiel aussehen: 2012-12-10T12:10:45. Das Attribut pubdate besagt einfach nur, dass der Wert des Attributs datetime das Erscheinungsdatum des Artikels ist.

Kapitel 2
CSS-Styling und Boxmodelle

Kapitel

2

2.1 CSS und HTML

Sie haben bereits erfahren, dass es in der neuen Spezifikation von HTML nicht nur um Tags und HTML selbst geht. Das Web fordert Design und Funktionalität, nicht nur Strukturgliederung und Abschnittsdefinition. In diesem neuen Paradigma funktioniert HTML zusammmen mit CSS und JavaScript als ein einziges, integriertes Instrument. Nachdem Sie in Kapitel 1 die neuen HTML-Elemente für die Dokumentstruktur kennen gelernt haben, werden Sie jetzt sehen, wozu CSS in dieser strategischen Verbindung da ist und wie es die Präsentation der HTML-Dokumente beeinflusst.

Offiziell hat CSS nichts mit HTML5 zu tun. CSS ist nicht und war nie Teil der Spezifikation, sondern eigentlich eine Ergänzung, entwickelt, um die Einschränkungen von HTML zu überwinden und seine Komplexität zu mindern. Am Anfang gaben Attribute innerhalb von HTML-Tags jedem Element einige wichtige Styles mit, doch als sich die Sprache weiterentwickelte, wurde der Code immer komplizierter zu schreiben und zu pflegen und HTML alleine wurde den Ansprüchen der Webdesigner nicht mehr gerecht. Infolgedessen wurde bald CSS verwendet, um die Struktur von der Präsentation zu trennen. Seither gedieh CSS, immer mit Blick auf die Designer und ihre Bedürfnisse, entwickelte sich aber immer nur parallel zu HTML und nicht als Teil davon.

Die Version 3 von CSS ging denselben Weg, diesmal aber mit mehr Kompromissen. Die HTML5-Spezifikation wurde so entwickelt, dass sie CSS implizit das Design übertrug. Dadurch ist die Integration von HTML und CSS3 für die Webentwicklung lebenswichtig, und deshalb ist jedes Mal, wenn ich von HTML5 spreche, auch CSS3 gemeint, obwohl beide offiziell immer noch eigenständige Technologien sind.

Zurzeit werden zusammen mit dem Rest der Spezifikation auch CSS3-Funktionen in HTML5-kompatible Browser implementiert und eingebunden. In diesem Kapitel lernen Sie die Grundgedanken von CSS kennen sowie die neuen CSS3-Techniken, die bereits zum Präsentieren und Strukturieren von Webseiten zur Verfügung stehen. Außerdem zeige ich Ihnen die neuen Selektoren und Pseudoklassen, die das Auswählen und Erkennen von HTML-Elementen erleichtern.

Erinnerung ☒

CSS ist eine Sprache, die mit HTML zusammenarbeitet, um den Elementen des Dokuments visuelle Styles wie zum Beispiel Größe, Farbe, Hintergründe, Ränder und so weiter zu verleihen.

Warnung ☒

Zurzeit werden CSS3-Funktionen in die neuesten Versionen der beliebtesten Browser eingebunden, doch einige von ihnen befinden sich noch im Experimentierstadium. Daher müssen vor diese neuen Styles je nach Browser-Engine Präfixe wie `-moz-` oder `-webkit-` gesetzt werden, um sie wirkungsvoll einsetzen zu können. Ich gehe darauf später in diesem Kapitel noch genauer ein.

2.2 Styles und Struktur

Zwar verleiht jeder Browser jedem HTML-Element Standard-Styles, aber diese entsprechen nicht unbedingt den Erwartungen des Designers. Normalerweise sind sie weit von dem entfernt, was man sich für seine Websites wünscht. Designer und Entwickler müssen oft eigene Styles zuweisen, damit der Bildschirm so aussieht und gegliedert ist, wie sie es möchten.

Tipp ✕

In diesem Teil des Kapitels wird das CSS-Styling wiederholt und grundlegende Techniken zum Definieren einer Dokumentstruktur erläutert. Wenn Sie damit schon vertraut sind, können Sie die bereits bekannten Passagen überspringen.

2.2.1 Block-Elemente

Strukturell gesehen ordnet jeder Browser die Elemente standardmäßig nach ihrem Typ an: als Block oder inline. Diese Einteilung hängt mit der Bildschirmdarstellung der Elemente zusammen.

- Block-Elemente werden auf der Seite von oben nach unten untereinander angeordnet.
- Inline-Elemente werden auf derselben Zeile ohne Zeilenumbruch nebeneinander angeordnet, so weit der horizontale Platz reicht.

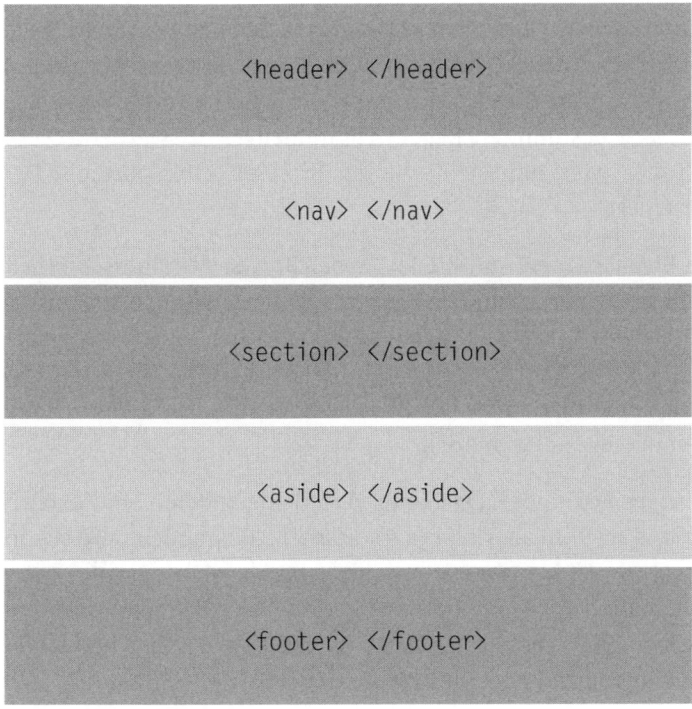

Abbildung 2.1 Visuelle Darstellung des Seiten-Layouts mit den Standard-Styles

Kapitel

2

55

Fast jedes Strukturelement in einem Dokument wird standardmäßig als Block-Element behandelt. Also werden alle HTML-Tags, die einen Teil der visuellen Gliederung darstellen (zum Beispiel `<section>`, `<nav>`, `<header>`, `<footer>`, `<div>`) untereinander gesetzt.

In Kapitel 1 haben Sie ein HTML-Dokument mit dem Layout einer typischen Website angelegt. Das Design umfasst horizontale Leisten und zwei Spalten in der Mitte. Durch die Art und Weise, wie Browser diese Elemente standardmäßig wiedergeben, sieht das Resultat auf dem Bildschirm ganz anders aus als erwartet. In Abbildung 1.5 hatten Sie zum Beispiel gesehen, dass der Browser die beiden durch `<section>` und `<aside>` definierten Spalten auf dem Bildschirm nicht wie erwartet nebeneinander, sondern untereinander positioniert. Jeder Block wird standardmäßig so breit wie möglich angezeigt, dabei jedoch nur so hoch, wie die Daten reichen, und immer einer unter dem anderen, wie in Abbildung 2.1 gezeigt. Im Folgenden zeige ich Ihnen, wie Sie das ändern können.

2.2.2 Boxmodelle

Wenn Sie lernen möchten, wie Sie Ihr eigenes Layout erstellen können, müssen Sie zuerst verstehen, wie Browser den HTML-Code verarbeiten. Browser betrachten jedes HTML-Element als Kasten (Box). Eine Webseite besteht im Grunde aus mehreren Boxen, die nach bestimmten Regeln zusammengesetzt werden. Diese Regeln werden durch die Styles aufgestellt, die der Browser selbst oder ein Designer mittels CSS beisteuert.

CSS hat vordefinierte Eigenschaften, um die Styles der Browser zu überschreiben und das gewünschte Design zu erzielen. Diese Eigenschaften sind nicht spezifisch; sie müssen kombiniert werden, um die Regeln zu bilden, nach denen später die Boxen angeordnet werden und das richtige Layout hergestellt wird. Die Kombination dieser Regeln bezeichnet man normalerweise als Modell oder Layoutsystem. Alle Regeln zusammen bilden ein Boxmodell.

Heute gilt nur ein einziges Boxmodell als Standard und alle anderen sind experimentell. Das geltende und weithin anerkannte traditionelle Boxmodell wird schon seit der ersten Version von CSS benutzt. Es hat sich zwar als wirkungsvoll erwiesen, hat aber Schwächen, die einige experimentelle Modelle zu beheben trachten. Das wichtigste experimentelle Modell, das auch als Teil von HTML5 betrachtet wird, ist das mit CSS3 eingeführte, neue flexible Boxmodell.

2.3 Grundlagen des Stylings

Bevor Sie nun CSS-Regeln in Ihr Stylesheet schreiben und mit Boxmodellen experimentieren, sollten Sie die Grundkonzepte des CSS-Stylings kennen, die im Rest dieses Buches verwendet werden.

Auf HTML-Elemente angewandte Styles ändern die Art, wie diese auf dem Bildschirm dargestellt werden. Wie bereits erwähnt, stellen Browser standardmäßig Styles zur Verfügung, die jedoch in den meisten Fällen nicht die Bedürfnisse der Designer erfüllen. Diese Styles können Sie durch verschiedene Techniken mit Ihren eigenen Styles überschreiben.

Erinnerung ✕

In diesem Buch kann ich Ihnen nur eine kurze Einführung in CSS-Styles geben. Ich erwähne lediglich die Techniken und Eigenschaften, die Sie kennen müssen, um die behandelten Themen und Codes verstehen zu können. Wenn Sie mit CSS nicht genug Erfahrung haben, empfehle ich Ihnen, zusätzlich ein allgemeines CSS-Lehrbuch zu Rate zu ziehen.

Um die folgenden Beispiele nachzuvollziehen, schreiben Sie den HTML-Code der folgenden Listings in leere Textdateien mit der Endung *.html* bzw. laden Sie die Beispiele von *www.sybex.de/zusatzmaterial* herunter und öffnen Sie sie im Browser.

2.3.1 Inline-Styles

Eine der einfachsten Techniken besteht darin, Styles als Attribut in das Element einzufügen. Listing 2.1 liefert ein einfaches HTML-Dokument, in dem das Element <p> durch das Attribut `style` mit dem Wert `font-size: 20px` modifiziert wurde. Das Attribut `style` ändert die Standardgröße des Textes innerhalb des Elements <p> auf die neue Größe von 20 Pixeln.

```
<!DOCTYPE html>
<html lang="de">
<head>
    <title>Dieser Text ist der Dokumenttitel</title>
</head>
<body>
    <p style="font-size: 20px">Mein Text</p>
</body>
</html>
```

Listing 2.1 CSS-Styles in HTML-Tags (Datei styles01.html)

57

Die oben skizzierten Techniken sind ein sehr gutes Mittel, um Styles zu testen und schnell zu sehen, wie sie wirken, aber für ein ganzes Dokument sind sie nicht zu empfehlen. Der Grund ist einfach: Mit dieser Technik müssen Sie jeden Style in jedem Element neu schreiben und wiederholen. Das Dokument würde dadurch auf eine unmögliche Größe anwachsen und ließe sich nicht mehr aktualisieren und pflegen. Stellen Sie sich nur einmal vor, Sie beschließen, in jedem <p>-Element die Textgröße auf 24 statt 20 Pixel festzulegen. Sie müssten dann im gesamten Dokument jedes <p>-Tag ändern.

2.3.2 Eingebettete Styles

Eine bessere Alternative ist es, Styles im Kopf des Dokuments einzufügen und dann durch Verweise auf die richtigen HTML-Elemente anzuwenden:

```
<!DOCTYPE html>
<html lang="de">
<head>
    <title>Dieser Text ist der Dokumenttitel</title>
    <style>
        p { font-size: 20px }
    </style>
</head>
<body>
    <p>Mein Text</p>
</body>
</html>
```

Listing 2.2 Styles im Kopf des Dokuments (Datei styles02.html)

Mit dem <style>-Element (siehe Listing 2.2) können Sie CSS-Styles in Dokumente einfügen. In früheren HTML-Versionen musste man noch angeben, welche Art von Styles eingefügt werden sollte. In HTML5 ist CSS der Standard-Style, so dass Sie dem öffnenden <style>-Tag kein weiteres Attribut hinzufügen müssen.

Der in Listing 2.2 hervorgehobene Code hat dieselbe Funktion wie die Codezeile in Listing 2.1, aber in Listing 2.2 müssen Sie den Style nicht in jedes <p>-Tag im Dokument schreiben, weil bereits alle <p>-Elemente angesprochen sind. Mit dieser Methode reduzieren Sie den Code und weisen den Style mit Hilfe von Verweisen dem spezifischen Element zu, das Sie beeinflussen möchten. Verweise schauen Sie sich später in diesem Kapitel noch an.

2.3.3 Externe Dateien

Die Styles im Dokumentkopf zu deklarieren spart Platz und verbessert die Konsistenz und Wartungsfreundlichkeit des Codes, erfordert aber eine Kopie der Styles in jedem Dokument der Website. Dieses Problem lösen Sie, indem Sie alle Styles in eine externe Datei schreiben und diese dann mit dem <link>-Element in jedes Dokument einfügen, das Styles erfordert. Mit dieser Methode können Sie auch einen kompletten Satz von Styles ändern, indem Sie einfach eine andere Datei einbinden. Außerdem erlaubt sie, die Dokumente an die jeweiligen Umstände oder Geräte anzupassen, wie Sie am Ende dieses Buches noch sehen werden.

In Kapitel 1 haben Sie das <link>-Tag untersucht und gesehen, wie CSS-Dateien in Dokumente eingebunden werden. Mit der Zeile <link rel="stylesheet" href="mystyles.css"> haben Sie den Browser angewiesen, die Datei *mystyles.css* zu laden, weil sie alle Styles enthält, die zur Wiedergabe der Seite notwendig sind. Das ist eine gängige Praxis unter Designern, die bereits mit HTML5 arbeiten. Das <link>-Tag, das auf die CSS-Datei verweist, wird in jedes Dokument eingefügt, in dem die Styles notwendig sind:

```
<!DOCTYPE html>
<html lang="de">
<head>
    <title>Dieser Text ist der Dokumenttitel</title>
    <link rel="stylesheet" href="styles03.css">
</head>
<body>
    <p>Mein Text</p>
</body>
</html>
```

Listing 2.3 CSS-Styles aus einer externen Datei anwenden (Datei styles03.html)

Ich benenne die CSS-Styledateien in diesem Kapitel nach dem Schema *stylesxx.css*, wobei *xx* für die jeweilige Beispielnummer steht. Falls Sie Ihre Dateien anders benennen möchten, müssen Sie Ihren HTML-Code natürlich entsprechend anpassen. Achten Sie außerdem darauf, die CSS-Datei in denselben Ordner zu legen, der auch die zugehörige HTML-Datei enthält.

Erinnerung

CSS-Dateien sind normale Textdateien. Wie HTML-Dateien können sie mit jedem Texteditor, wie zum Beispiel Windows Notepad, angelegt werden.

2.3.4 Verweise

Es ist sehr praktisch, alle Styles in einer externen Datei zusammenzufassen, die dann in jedes Dokument eingefügt wird. Man benötigt jedoch Mechanismen, um eine konkrete Beziehung zwischen den Styles und den Elementen in dem Dokument herzustellen, die von diesen Styles betroffen werden.

Als ich erläutert habe, wie Styles im Dokument eingebettet werden, habe ich Ihnen eine der Techniken gezeigt, die in CSS häufig für Verweise auf HTML-Elemente verwendet werden. In Listing 2.2 verweist der Style zum Ändern der Schriftgröße mit dem Schlüsselwort p auf jedes <p>-Element. Auf diese Weise verweist der zwischen den <style>-Tags stehende Style auf jedes <p>-Tag des Dokuments, indem er ihm einen bestimmten CSS-Style zuweist.

Es gibt mehrere Methoden, um auszuwählen, welches HTML-Element von einer CSS-Regel betroffen ist:

- nach dem Schlüsselwort des Elements
- nach dem id-Attribut
- nach dem class-Attribut

Weiter unten werden Sie jedoch sehen, dass CSS3 in dieser Hinsicht sehr flexibel ist und auch neue und spezifischere Vorgehensweisen einbezieht.

2.3.5 Auf Schlüsselwörter verweisen

Eine mit dem Schlüsselwort des Elements deklarierte CSS-Regel wirkt auf jedes derartige Element im Dokument. Die folgende Regel ändert zum Beispiel die Styles der <p>-Elemente:

```
p { font-size: 20px }
```

Dies ist die Technik, die bereits in Listing 2.2 vorgestellt wurde. Mit dem Schlüsselwort p vor der Regel teilen Sie dem Browser mit, dass diese auf jedes <p>-Element im HTML-Dokument angewendet werden soll. Jetzt ist aller Text innerhalb der <p>-Tags 20 Pixel groß.

Das gilt natürlich auch für jedes andere HTML-Element im Dokument. Hätten Sie zum Beispiel statt p das Schlüsselwort span angegeben, würde aller Text zwischen <span>-Tags 20 Pixel groß:

```
span { font-size: 20px }
```

Doch was geschieht, wenn Sie nur ein einziges, konkretes Tag ansprechen müssen? Müssen Sie dann das `style`-Attribut innerhalb dieses Tags verwenden? Nein. Wie Sie bereits gelernt haben, ist die Inline-Styles-Methode (die das Attribut `style` in HTML-Tags verwendet) eine veraltete Technik, die vermieden werden sollte. Um ein spezifisches HTML-Element mit den Regeln in Ihrer CSS-Datei auszuwählen, können Sie zwei verschiedene Attribute verwenden: `id` und `class`.

2.3.6 Auf ein id-Attribut verweisen

Das `id`-Attribut ist mehr als nur ein Name, es ist eine Identifikation für ein Element. Das bedeutet, dass der Wert dieses Attributs nicht dupliziert werden kann. Er muss im gesamten Dokument einzigartig sein. Wenn Sie mit dem `id`-Attribut aus unserer CSS-Datei heraus ein bestimmtes Element ansprechen möchten, muss die Regel mit dem Zeichen # vor dem Identifikationswert deklariert werden.

```
#text1 { font-size: 20px }
```

Die Regel wird auf das HTML-Element angewendet, das durch das Attribut `id="text1"` identifiziert ist. Jetzt sieht der HTML-Code folgendermaßen aus:

```
<!DOCTYPE html>
<html lang="de">
<head>
    <title>Dieser Text ist der Dokumenttitel</title>
    <link rel="stylesheet" href="styles04.css">
</head>
<body>
    <p id="text1">Mein Text</p>
</body>
</html>
```

Listing 2.4 Das Element <p> nach seinem id-Attribut identifizieren (Datei styles04.html)

Diese Prozedur hat zur Folge, dass jedes Mal, wenn Sie in Ihrer CSS-Datei einen Verweis mit dem Identifikationswert `text1` erstellen, das Element mit diesem `id`-Wert modifiziert wird, während die übrigen <p>-Elemente und alle anderen Elemente im Dokument davon unberührt bleiben.

Diese Art, ein Element anzusprechen, ist extrem spezifisch und wird üblicherweise nur für allgemeinere Elemente wie zum Beispiel Struktur-Tags verwendet. Das `id`-Attribut ist so spezifisch, dass es sich besser für einen JavaScript-Verweis eignet, wie Sie in weiteren Kapiteln noch sehen werden.

2.3.7 Auf das class-Attribut verweisen

Meistens ist es besser, das Styling mit dem class-Attribut statt des id-Attributs zu-zuweisen. Das class-Attribut ist flexibler und kann jedem HTML-Element im Dokument zugewiesen werden, das ein ähnliches Design hat:

```
.text1 { font-size: 20px }
```

Um mit dem class-Attribut arbeiten zu können, müssen Sie in der Datei *styles05.css* eine Regel mit einem Punkt vor dem Namen deklarieren. Diese Methode hat den Vorteil, dass Sie nur das class-Attribut mit dem Wert text1 einfügen müssen, um diesen Style jedem gewünschten Element zuweisen zu können.

```
<!DOCTYPE html>
<html lang="de">
<head>
    <title>Dieser Text ist der Dokumenttitel</title>
    <link rel="stylesheet" href="styles05.css">
</head>
<body>
    <p class="text1">Mein Text</p>
    <p class="text1">Mein Text</p>
    <p>Mein Text</p>
</body>
</html>
```

Listing 2.5 Styles durch das class-Attribut zuweisen (Datei styles05.html)

Die <p>-Elemente in den ersten beiden Zeilen des Bodys in Listing 2.5 haben das Attribut class mit dem Wert text1. Wie bereits erwähnt, kann dieselbe Klasse auf verschiedene Elemente in demselben Dokument angewandt werden. Somit haben diese ersten beiden Elemente dieselbe Klasse und werden beide durch den Style in Listing 2.4 angesprochen. Das letzte <p>-Element bleibt unverändert.

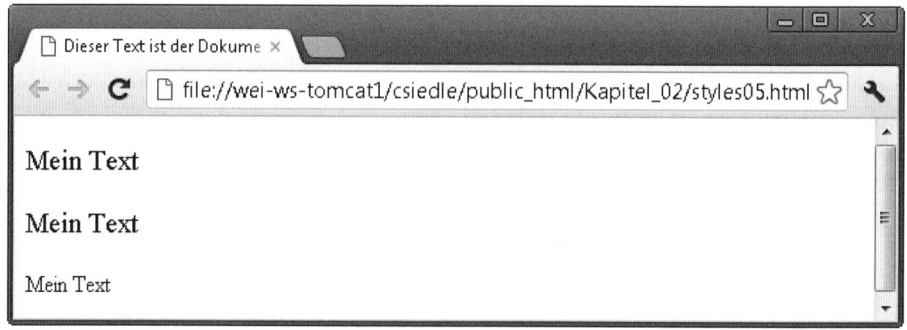

Abbildung 2.2 styles05.html

Der Punkt vor dem Klassennamen ist notwendig, weil Sie denselben Klassennamen in verschiedenen Elementen verwenden und jedem andere Styles zuweisen können:

```
p.text1 { font-size: 20px }
```

Diese Regel, die auf eine Klasse namens text1 verweist, gilt ausschließlich für die <p>-Elemente. Wenn irgendein anderes Element für sein class-Attribut denselben Namen hat, bleibt es von dieser Regel unberührt.

2.3.8 Auf irgendein Attribut verweisen

Obwohl diese Verweismethoden eine Reihe von Situationen abdecken, reichen sie manchmal nicht aus, um genau das Element zu finden, das Sie stylen möchten. Die neueren CSS-Versionen bieten neue Möglichkeiten, auf HTML-Elemente zu verweisen. Eines davon ist der Attributselektor. Jetzt können Sie ein Element nicht nur mit den Attributen id und class, sondern auch mit jedem anderen Attribut ansprechen:

```
p[name] { font-size: 20px }
```

Die Regel ändert nur <p>- Elemente mit einem Attribut namens name. Wenn Sie das, was Sie mit den Attributen id und class getan haben, emulieren wollten, könnten Sie auch den Wert des Attributs angeben:

```
p[name="mytext"] { font-size: 20px }
```

Mit CSS3 können Sie das Symbol = mit anderen Symbolen kombinieren, um eine genauere Auswahl zu treffen:

```
p[name^="my"] { font-size: 20px }
p[name$="my"] { font-size: 20px }
p[name*="my"] { font-size: 20px }
```

Listing 2.6 Neue Selektoren in CSS3

Wenn Sie reguläre Ausdrücke (Regular Expressions) schon aus anderen Sprachen wie zum Beispiel JavaScript oder PHP kennen, werden Sie die Selektoren aus Listing 2.6 wiedererkennen. In CSS3 produzieren diese Selektoren ähnliche Ergebnisse:

- Die Regel mit dem Selektor ^= wird jedem <p>-Element zugewiesen, dessen name-Attributwert mit "my" beginnt (z.B. "mytext", "mycar").

- Die Regel mit dem Selektor $= wird jedem <p>-Element zugewiesen, dessen name-Attributwert mit "my" endet (z.B. "textmy", "carmy").

■ Die Regel mit dem Selektor *= passt auf jedes <p>-Element, dessen name-Attribut den Teilstring "my" enthält. (In diesem Fall könnte der Teilstring auch in der Mitte liegen, wie zum Beispiel in "textmycar".)

In diesen Beispielen haben Sie das Element <p> verwendet, das Attribut name und einen beliebigen Text, wie zum Beispiel "my", aber dieselbe Technik können Sie auch auf alle anderen Attribute und Werte, die Sie benötigen, anwenden. Sie müssen lediglich den Namen des Attributs und den Wert, den Sie suchen, in die eckigen Klammern schreiben, um auf ein beliebiges HTML-Element zu verweisen.

2.3.9 Auf Pseudoklassen verweisen

CSS3 enthält auch neue Pseudoklassen, die das Ganze noch spezifischer machen.

```
<!DOCTYPE html>
<html lang="de"><head>
   <title>Dieser Text ist der Dokumenttitel</title>
   <link rel="stylesheet" href="styles06.css">
</head>
<body>
   <div id="wrapper">
      <p class="mytext1">Mein Text1</p>
      <p class="mytext2">Mein Text2</p>
      <p class="mytext3">Mein Text3</p>
      <p class="mytext4">Mein Text4</p>
   </div>
</body>
</html>
```

Listing 2.7 Vorlage zum Testen von Pseudoklassen (Datei styles06.html)

Schauen Sie sich einmal den neuen HTML-Code in Listing 2.7 an. Er hat vier <p>-Elemente, die in Anbetracht der HTML-Struktur Geschwister sind und alle von demselben <div>-Element abstammen. Mit Pseudoklassen können Sie diese Gliederung nutzen und auf ein spezifisches Element verweisen, ganz gleich, wie viel Sie über seine Attribute oder ihre Werte wissen:

```
p:nth-child(2){ background: #999999; }
```

Die Pseudoklasse fügen Sie hinzu, indem Sie zwischen den Verweis und ihren Namen einen Doppelpunkt setzen. Die Regel verweist auf <p>-Elemente. Diese Regel könnte auch .myclass:nth-child(2) lauten, um jedes Element anzusprechen, das ein Kind eines anderen Elements ist und dessen class-Attribut gleich myclass lautet. Die Pseudoklassen lassen sich an jeden bisher untersuchten Verweistyp anfügen.

Die Pseudoklasse nth-child()

Mit der Pseudoklasse nth-child() können Sie ein spezifisches Kind finden. Wie bereits erläutert wurde, hat das HTML-Dokument von Listing 2.7 vier <p>-Elemente, die Geschwister sind. Das heißt, dass sie alle dasselbe Elternelement haben, nämlich <div>. Da diese Pseudoklasse so etwas wie »das Kind an der Position ...« besagt, gibt die Zahl in Klammern die Position oder den Index des Kindes an. Die obige Regel verweist auf jedes zweite <p>-Element im Dokument.

Mit dieser Verweismethode können Sie natürlich jedes gewünschte Kind auswählen, indem Sie die Indexnummer ändern. Die folgende Regel wirkt zum Beispiel nur auf das letzte <p>-Element in unserer Vorlage:

```
p:nth-child(4){ background: #999999; }
```

Wahrscheinlich haben Sie bereits gemerkt, dass man jedem Element Styles zuweisen kann, indem man einfach für jedes eine Regel schreibt:

```
*{
    margin: 0px;
}
p:nth-child(1){
    background: #999999;
}
p:nth-child(2){
    background: #CCCCCC;
}
p:nth-child(3){
    background: #999999;
}
p:nth-child(4){
    background: #CCCCCC;
}
```

Listing 2.8 Eine Liste mit der Pseudoklasse nth-child() erstellen (Datei styles06.css)

Die erste Regel in Listing 2.8 verwendet den universellen Selektor *, um jedem Element im Dokument denselben Style zuzuweisen. Dieser neue Selektor stellt jedes einzelne Element im Dokument-Body dar und ist nützlich, um Grundregeln festzulegen. In diesem Fall haben wir den Rand jedes Elements auf 0 Pixel einge-

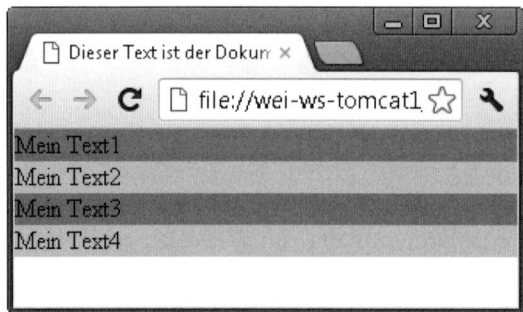

Abbildung 2.3 styles06.html

stellt, um Lücken oder Leerzeilen zu vermeiden, wie sie standardmäßig von <p>-Elementen produziert werden.

Im restlichen Code von Listing 2.8 wurde die Pseudoklasse nth-child() verwendet, um ein Menü oder eine Liste von Optionen zu erstellen, die sich durch die Farbe ihrer Zeile klar voneinander absetzen.

Weitere Pseudoklassen, odd und even

Sie könnten dem Menü weitere Optionen hinzufügen, indem Sie neue <p>-Elemente und neue Regeln mit der Pseudoklasse nth-child() und der passenden Indexnummer in den HTML-Code einbinden. Mit diesem Verfahren würden Sie aber Unmengen Code produzieren und es ließe sich nicht auf Websites mit dynamischer Inhaltserstellung anwenden. Mit den für diese Pseudoklasse verfügbaren Schlüsselwörtern odd und even (gerade und ungerade) können Sie dasselbe Ergebnis wirkungsvoller erzielen:

```
*{
    margin: 0px;
}
p:nth-child(odd){
    background: #999999;
}
p:nth-child(even){
    background: #CCCCCC;
}
```

Listing 2.9 Die Schlüsselwörter odd und even

Nun gibt es nur zwei Regeln für die gesamte Liste. Selbst wenn zur Liste weitere Optionen oder Zeilen hinzukämen, würden die Styles diesen anhand ihrer Position automatisch zugewiesen. Das Schlüsselwort `odd` für die Pseudoklasse `nth-child()` betrifft die `<p>`-Elemente, die Kinder eines anderen Elements sind und einen ungeraden Index haben, und das Schlüsselwort `even` betrifft die, die einen geraden Index haben.

Mit dieser hängen noch andere wichtige Pseudoklassen zusammen, von denen einige erst neuerdings hinzukamen, wie zum Beispiel `first-child`, `last-child` und `only-child`. Die Pseudoklasse `first-child` verweist nur auf das erste Kind, die Pseudoklasse `last-child` nur auf das letzte Kind und die Pseudoklasse `only-child` auf ein Element, wenn es das einzige Kind seines Elternteils ist. Diese Pseudoklassen benötigen keine Schlüsselwörter oder zusätzlichen Parameter und werden wie im folgenden Beispiel implementiert:

```css
*{
    margin: 0px;
}
p:last-child{
    background: #999999;
}
```

Listing 2.10 Mit last-child nur das letzte `<p>`-Element der Liste modifizieren

Eine andere, wichtige Pseudoklasse ist die Negations-Pseudoklasse: `not()`.

```css
:not(p){
    margin: 0px;
}
```

Listing 2.11 Allen Elementen außer `<p>` Styles zuweisen

Die Regel in Listing 2.11 weist allen Elementen im Dokument außer den `<p>`-Elementen einen Rand von 0 Pixeln zu. Im Gegensatz zu dem zuvor verwendeten universellen Selektor können Sie mit der Pseudoklasse `not()` eine Ausnahme definieren. Die Styles in den mit dieser Pseudoklasse erstellten Regeln werden jedem Element außer denen zugewiesen, die in den Klammern genannt werden.

Statt des Element-Schlüsselworts können Sie auch jeden anderen Verweis einsetzen, den Sie möchten. In Listing 2.12 wird zum Beispiel jedes Element außer denen mit dem Wert `mytext2` in ihrem `class`-Attribut modifiziert:

```css
:not(.mytext2){
    margin: 0px;
}
```

Listing 2.12 Eine Ausnahme machen mit dem class-Attribut

Kapitel

2

Wenn Sie die letzte Regel auf den HTML-Code von Listing 2.7 anwenden, weist der Browser dem <p>-Element mit dem class-Wert mytext2 Standardwerte zu und versieht den Rest mit einem 0 Pixel breiten Rand.

2.3.10 Neue Selektoren

Es wurden noch einige weitere Selektoren hinzugefügt oder als Teil von CSS3 eingeführt, die für Ihre Designs nützlich sein könnten. Diese geben mit den Symbolen >, + und ~ eine Beziehung zwischen Elementen an.

```
div > p.mytext2{
    color: #990000;
}
```

Listing 2.13 Der Selektor >

Der Selektor > zeigt an, dass das betreffende Element das zweite Element ist, wenn es das erste Element als Elternteil hat. Die Regel in Listing 2.22 modifiziert die <p>-Elemente, die Kinder eines <div>-Elements sind. In diesem Fall haben Sie spezifisch nur das <p>-Element mit dem class-Wert mytext2 angesprochen.

Der nächste Selektor wird mit dem Symbol + konstruiert. Er verweist auf das zweite Element, wenn es unmittelbar auf das erste Element folgt. Beide Elemente müssen von demselben Elternteil abstammen:

```
p.mytext2 + p{
    color: #990000;
}
```

Listing 2.14 Der Selektor +

Diese Regel wirkt auf ein <p>-Element, das hinter einem anderen <p>-Element der Klasse mytext2 steht. Wenn Sie die HTML-Datei mit Listing 2.7 im Browser öffnen, erscheint auf dem Bildschirm der Text des dritten <p>-Elements in roter Farbe, weil dieses <p>-Element direkt hinter dem <p>-Element der Klasse mytext2 steht.

Der letzte Selektor wird mit dem Symbol ~ konstruiert. Dieser gleicht dem vorherigen Selektor; allerdings muss das betroffene Element nicht unbedingt unmittelbar auf das erste Element folgen. Außerdem kann mehr als nur ein Element betroffen sein.

```
p.mytext2 ~ p{
    color: #990000;
}
```

Listing 2.15 Der Selektor ~

Diese Regel wirkt auf das dritte und vierte <p>-Element in unserem Beispiel. Der Style wird auf alle <p>-Elemente übertragen, die Geschwister sind und hinter dem <p>-Element der Klasse mytext2 folgen. Es spielt keine Rolle, ob noch andere Elemente dazwischenstehen; das dritte und vierte <p>-Element wird dennoch betroffen. Experimentieren Sie mit dem HTML-Code in Listing 2.7, indem Sie zum Beispiel ein <span></span>-Element hinter dem <p>-Element mit der Klasse mytext2 einfügen, um sich zu vergewissern, dass von dieser Regel nur <p>-Elemente modifiziert werden.

2.4 CSS auf die Vorlage anwenden

Wie Sie bereits wissen, gilt jedes Strukturelement als Box und die Struktur wird als Gruppe von Boxen dargestellt. Zusammen bilden diese Boxen das so genannte Boxmodell. Sie werden zwei verschiedene Boxmodelle kennen lernen: das traditionelle Boxmodell und das neue flexible Boxmodell. Das traditionelle Boxmodell wurde schon seit der ersten CSS-Version implementiert. Es wird derzeit von jedem Browser auf dem Markt unterstützt und ist ein Standard für das Webdesign. Dagegen befindet sich das in CSS3 implementierte flexible Boxmodell immer noch in der Entwicklung, aber durch seine Vorteile gegenüber dem traditionellen Boxmodell könnte es zum Standard werden. Daher ist es für uns ein so wichtiges Thema. Beide Modelle lassen sich übrigens auf dieselbe HTML-Struktur anwenden, allerdings sollte diese Struktur darauf ausgerichtet sein, damit die Styles auch richtig wirken können.

> **Tipp**   **x**
>
> Das nachfolgend beschriebene traditionelle Boxmodell wurde nicht erst mit HTML5 eingeführt. Es stand schon immer zur Verfügung und wahrscheinlich wissen Sie bereits, wie es implementiert wird. Wenn das der Fall ist, können Sie ruhig zum nächsten Abschnitt dieses Kapitels springen.

2.5 Traditionelles Boxmodell

Alles begann mit Tabellen. Obwohl sie gar nicht dafür gedacht waren, wurden sie zu dem Werkzeug, mit dem die Entwickler Inhaltsboxen auf dem Bildschirm erstellten und gliederten. Das war gewissermaßen das erste Boxmodell des Web.

Man erstellte die Boxen (Kästen), indem man Zellen erweiterte und Zeilen, Spalten und ganze Tabellen nebeneinandersetzte oder sogar ineinander verschachtelte. Als die Websites größer und komplexer wurden, entstanden durch diese Praxis ernsthafte Probleme mit der Größe und Wartungsunfreundlichkeit des Codes, der notwendig war, um die Websites zu erstellen.

Durch diese Probleme begann etwas, das inzwischen als ganz normale Praxis angesehen wird: die Trennung zwischen Struktur und Präsentation. Mit <div>-Tags und CSS-Styles ließ sich die Funktion der Tabellen ersetzen und die HTML-Struktur wirkungsvoll von der Präsentation trennen. Mit <div>-Elementen und CSS konnte man auf dem Bildschirm Boxen erstellen, auf der einen oder anderen Seite platzieren und mit einer bestimmten Größe, Umrandung, Farbe und so weiter ausstatten. Mit spezifischen CSS-Eigenschaften konnte man die Boxen so organisieren, wie man wollte. Diese Eigenschaften waren mächtig genug, um ein Modell von Boxen aus der Taufe zu heben, das sich zu dem entwickelte, was heute das traditionelle Boxmodell ist.

Einige Defizite in diesem Modell überdauerten eine Weile, doch die Masse der Entwickler machte unter dem Einfluss des Erfolgs von Ajax und vielen neuen interaktiven Anwendungen die Kombination von <div>-Tags und CSS-Styling allmählich zum Standard. Zum Schluss hatte sich das traditionelle Boxmodell großflächig etabliert.

2.5.1 Die Vorlage

Grundlage für die folgenden Erklärungen bildet die in Kapitel 1 erstellte HTML5-Vorlage. Diese verfügt über die notwendigen Elemente, um Ihrem Dokument eine Struktur zu geben, doch es fehlen noch einige Dinge, um sie für CSS-Styles und das traditionelle Boxmodell bereit zu machen.

Das traditionelle Boxmodell muss Boxen zusammenpacken, um eine horizontale Ordnung zu erzielen. Da der gesamte Inhalt des Bodys aus einer Gruppe von Boxen erstellt wird, die zentriert und auf einen bestimmten Wert skaliert werden müssen, muss ein <div>-Element als Wrapper (Hüllenelement) hinzugefügt werden. Die neue Vorlage sieht dann wie folgt aus:

```
<!DOCTYPE html>
<html lang="de">
<head>
    <meta charset="utf-8">
    <meta name="Beschreibung" content="Dies ist ein HTML5 Beispiel">
    <meta name="keywords" content="HTML5, CSS3, JavaScript">
```

```
        <title>Dieser Text ist der Dokumenttitel</title>
        <link rel="stylesheet" href="styles07.css">
    </head>
    <body>
        <div id="wrapper">
            <header id="main_header">
                <h1>Dies ist der Haupttitel der Website</h1>
            </header>
            <nav id="main_menu">
                <ul>
                    <li>Start</li>
                    <li>Fotos</li>
                    <li>Videos</li>
                    <li>Kontakt</li>
                </ul>
            </nav>
            <section id="main_section">
                <article>
                    <header>
                        <hgroup>
                            <h1>Titel von Beitrag eins</h1>
                            <h2>Untertitel von Beitrag eins</h2>
                        </hgroup>
                        <time datetime="2012-12-10" pubdate>erschienen
                         am 10.12.2012</time>
                    </header>
                    Dies ist der Text meines ersten Beitrags
                    <figure>
                        <img src="myimage.jpg">
                        <figcaption> Dies ist ein Bild des ersten Beitrags
                        </figcaption>
                    </figure>
                    <footer>
                        <p>Kommentare (0)</p>
                    </footer>
                </article>
                <article>
                    <header>
                        <hgroup>
                            <h1>Titel von Beitrag zwei</h1>
                            <h2>Untertitel von Beitrag zwei</h2>
                        </hgroup>
```

```
                    <time datetime="2012-12-15" pubdate>erschienen
                      am 15.12.2012</time>
                  </header>
                  Dies ist der Text meines zweiten Beitrags
                  <footer>
                      <p>Kommentare (0)</p>
                  </footer>
              </article>
          </section>
          <aside id="main_aside">
              <blockquote>Artikel Nummer eins</blockquote>
              <blockquote>Artikel Nummer zwei</blockquote>
          </aside>
          <footer id="main_footer">
              Copyright &copy 2012-2013
          </footer>
      </div>
  </body>
</html>
```

Listing 2.16 Die neue HTML5-Vorlage ist bereit für CSS-Styles (styles07.html).

Listing 2.16 zeigt eine neue Vorlage, die für Styles bereit ist. Dieser Code zeigt zwei wichtige Änderungen gegenüber der Vorlage aus Kapitel 1. Es gibt mehrere Tags mit dem Attribut id und class. Das bedeutet, dass Sie nun ein ganz bestimmtes Element nach dem Wert seines id-Attributs oder mehrere Elemente gleichzeitig nach dem Wert ihres class-Attributs ansprechen können, indem Sie den Wert dieses class-Attributs in den CSS-Regeln verwenden.

Die zweite, wichtige Modifikation gegenüber der früheren Vorlage ist die Hinzufügung des zuvor erwähnten <div>-Elements. Es wurde mit dem Attribut id="wrapper" gekennzeichnet und am Ende des Bodys mit dem Tag </div> geschlossen. Durch diesen Wrapper können Sie das Boxmodell auf den Inhalt des Bodys anwenden und seine horizontale Position angeben. Das HTML-Dokument ist nun fertig, weswegen wir als Nächstes das Stylesheet erstellen.

2.5.2 Der universelle Selektor *

Wir beginnen mit einigen Grundregeln, die dem Design etwas Konsistenz verleihen.

```
* {
  margin: 0px;
```

```
    padding: 0px;
}
```

Listing 2.17 Allgemeine CSS-Regel

Normalerweise müssen Sie die Ränder der meisten Elemente anpassen oder einfach so klein wie möglich halten. Manche Elemente haben standardmäßig einen Rand größer null, der manchmal zu groß ist. Bei der Erstellung unseres Designs werden Sie feststellen, dass die Ränder der meisten Elemente auf null gesetzt werden müssen. Sie können den zuvor bereits eingeführten universellen Selektor * einsetzen, um keine Styles kopieren zu müssen.

Die erste Regel in der CSS-Datei aus Listing 2.17 sorgt dafür, dass jedes Element einen Rand von 0 Pixeln hat. Von jetzt an müssen Sie nur noch die Ränder derjenigen Elemente ändern, die Sie größer als null machen möchten.

Erinnerung ✕

Denken Sie daran, dass jedes Element als Box betrachtet wird. Der Rand (Außenabstand) ist somit der Leerraum, der das Element außerhalb der Grenze dieser Box umgibt. Die Polsterung (Innenabstand oder »Padding«) ist dagegen der Leerraum, der den Inhalt des Elements innerhalb der Grenze dieser Box umgibt, wie zum Beispiel der Raum zwischen dem Titel und dem Rand der virtuellen Box, der durch das `<h1>`-Element erzeugt wird, in dem dieser Titel steht. Später in diesem Kapitel werde ich Ihnen den Innenabstand noch vorstellen. Die Größe des Randes kann für einzelne oder alle Seiten des Elements definiert werden. Die Regel `margin: 0px` in Ihrem Stylesheet legt für alle Seiten der Box einen Rand der Breite null fest. Hätten Sie zum Beispiel den Wert 5 Pixel angegeben, wäre die Box von einem fünf Pixel breiten Leerraum umgeben. Sie wäre also durch fünf Pixel von benachbarten Boxen getrennt.

In den Head des HTML-Dokuments aus Listing 2.16 ist mit dem `<link>`-Tag bereits ein Stylesheet namens *styles07.css* eingebunden. Arbeiten Sie im Folgenden daher mit der gleichnamigen Beispieldatei, die Sie heruntergeladen haben, oder erstellen Sie mit Ihrem Editor eine neue, leere Datei, in die Sie dann die Regeln aus Listing 2.17 und den folgenden Listings hineinschreiben.

2.5.3 Eine neue Header-Hierarchie

In der Vorlage haben Sie die Titel und Untertitel der verschiedenen Abschnitte des Dokuments mit den Tags `<h1>` und `<h2>` deklariert. Die Standard-Styles für diese Elemente sind immer weit von dem Gewünschten entfernt und Sie können (wie Sie aus dem vorigen Kapitel wissen) in HTML5 die Header-Hierarchie in jedem Abschnitt immer wieder neu aufbauen. Das `<h1>`-Element wird zum Beispiel in demselben Dokument mehrfach verwendet, nicht nur wie früher für den Haupt-titel des Gesamtdokuments, sondern auch für einige interne Abschnitte. Also müssen Sie die Überschriften mit den richtigen Styles versehen:

```
h1 {
    font: bold 20px verdana, sans-serif;
}
h2 {
    font: bold 14px verdana, sans-serif;
}
```

Listing 2.18 Styles für <h1>- und <h2>-Elemente hinzufügen

Indem Sie den Elementen <h1> und <h2> in Listing 2.27 die Eigenschaft font zuweisen, können Sie alle Text-Styles in einer einzigen Deklaration festlegen. Mit font können Sie folgende Eigenschaften in dieser Reihenfolge deklarieren: font-style, font-variant, font-weight, font-size/line-height und font-family. Mit diesen Regeln stellen Sie den Typ, die Größe und die Font-Familie jeglichen Textes innerhalb der Elemente <h1> und <h2> auf die von Ihnen gewünschten Werte ein.

2.5.4 Neue HTML5-Elemente deklarieren

Eine weitere Grundregel, die Sie gleich zu Anfang deklarieren müssen, ist die Standarddefinition für die Strukturelemente von HTML5. Manche Browser erkennen diese Elemente nicht oder behandeln sie wie Inline-Elemente. Sie müssen sie als Block-Elemente deklarieren, damit sie wie <div>-Tags behandelt werden, und das Boxmodell erstellt werden kann.

```
header, section, footer, aside, nav, article, figure, figcaption,
hgroup{
    display: block;
}
```

Listing 2.19 Standardregel für HTML5-Elemente

Jetzt werden die von dieser Regel betroffenen Elemente übereinander gesetzt, bis Sie später noch etwas anderes angeben.

2.5.5 Den Body zentrieren

Das erste Element im Boxmodell ist immer der <body>. Normalerweise muss der Inhalt dieses Elements aus dem einen oder anderen Grunde horizontal positioniert werden. Außerdem werden Sie seine Größe oder eine Maximalgröße angeben müssen, um in verschiedenen Konfigurationen ein konsistentes Design zu erzielen.

```
body {
   text-align: center;
}
```

Listing 2.20 Den Body zentrieren

Das <body>-Tag hat standardmäßig einen width-Wert von 100%. Das bedeutet, dass sich der Body über die ganze Breite des sichtbaren Bildschirms im Browser erstreckt. Sie müssen den Inhalt im Body zentrieren, um die Seite auf dem Bildschirm zu zentrieren. Mit der obigen Regel wird alles, was innerhalb des <body> steht, auf dem Bildschirm zentriert, und somit auch die gesamte Webseite.

2.5.6 Die Haupt-Box erstellen

Als Nächstes müssen Sie die Maximalgröße oder eine festgelegte Größe für den Inhalt des Bodys angeben. Erinnern Sie sich: In Listing 2.16 wurde der Vorlage ein <div>-Element als Wrapper (Hülle) für den Inhalt des gesamten Bodys hinzugefügt. Dieses <div> wird als Haupt-Box betrachtet, die alles andere enthält. Daher ist ihre Größe auch die Maximalgröße aller restlichen Elemente.

```
#wrapper {
   width: 960px;
   margin: 15px auto;
   text-align: left;
}
```

Listing 2.21 Die Eigenschaften der Haupt-Box definieren

Diese Regel spricht zum ersten Mal ein Element mit dem Wert seiner id an. Das Zeichen # sagt dem Browser, dass das von diesen Styles betroffene Element das Attribut id mit dem Wert wrapper hat.

Die Regel enthält drei Styles für die Haupt-Box. Der erste ist eine festgelegte Breite von 960 Pixeln, daher wird diese Box immer 960 Pixel breit sein. (Die übliche Breite einer Website liegt heutzutage zwischen 960 und 980 Pixel. Doch solche Werte ändern sich natürlich mit der Zeit immer wieder.)

Der zweite Style gehört zu dem traditionellen Boxmodell. In der vorigen Regel (Listing 2.20) haben Sie mit dem Style text-align: center festgelegt, dass der Inhalt des Bodys horizontal zentriert wird. Doch das wirkt sich nur auf Inline-Inhalte wie zum Beispiel Text oder Bilder aus. Für Block-Elemente wie zum Beispiel <div> müssen Sie den Rand (margin) auf einen spezifischen Wert einstellen, der die Ränder automatisch an die Größe des Elternelements anpasst. Die Eigenschaft margin, die diesem Zweck dient, kann in dieser Reihenfolge die folgenden vier Werte haben: up, right, bottom und left. Das bedeutet, dass der erste Wert, den Sie angeben, der obere Rand des Elements ist, der zweite ist der rechte Rand und so weiter. Wenn Sie aber nur die ersten beiden Parameter angeben, übernimmt der Rest dieselben Werte. Diese Technik verwenden wir in unserem Beispiel.

In Listing 2.21 weist der Style margin: 15px auto dem oberen und dem unteren Rand des Elements <div>, auf das er verweist, eine Breite von 15 Pixeln zu und stellt die Größe des linken und rechten Rands auf Automatik. So bekommen Sie 15 Pixel Leerraum über und unter dem Body und der Leerraum rechts und links wird automatisch anhand der Größe des Bodys und der Größe des <div>-Elements berechnet, so dass der Inhalt im Endeffekt auf dem Bildschirm zentriert wird. Die Webseite ist jetzt zentriert und hat eine feste Breite von 960 Pixeln.

Als Nächstes müssen Sie ein Problem verhindern, das in einigen Browsern auftritt. Die Eigenschaft text-align ist erblich. Das bedeutet, dass nicht nur die Haupt-Box, sondern auch alle Elemente innerhalb des Bodys zentriert werden. Der Style wird an jedes Kind von <body> übertragen. Also müssen Sie den Style für das restliche Dokument wieder auf seinen Standardwert zurücksetzen. Der dritte und letzte Style in der Regel erfüllt diesen Zweck. Im Ergebnis wird der Inhalt des Bodys zentriert, aber der Inhalt der Haupt-Box (des <div>-Wrappers) wird wieder linksbündig. Folglich erbt der gesamte Rest des Codes diesen Style und besitzt ihn nun standardmäßig.

Sofern noch nicht geschehen, schreiben Sie alle in diesem Abschnitt aufgeführten Regeln in eine leere Datei namens *styles07.css* oder laden Sie die entsprechende Beispieldatei herunter. Die CSS-Datei muss anschließend in demselben Ordner liegen wie die HTML-Datei mit dem Code von Listing 2.16 (*styles07.html*). Wenn Sie die HTML-Datei in Ihrem Browser und auf dem Bildschirm öffnen, sehen Sie die Box, die Sie angelegt haben.

2.5.7 Der Header

Da sich optisch bislang noch nicht allzu viel verändert hat, fahren Sie nun mit den restlichen Strukturelementen fort. Auf das öffnende Tag des <div>-Wrappers folgt das erste Strukturelement von HTML5: <header>. Es enthält den Haupttitel der Webseite und wird ganz oben auf dem Bildschirm platziert. Der <header> wurde im Code mit dem Attribut id="main_header" identifiziert.

Standardmäßig hat jedes Block-Element (genau wie der Body) eine Breite von 100%. Das bedeutet, dass das Element allen verfügbaren horizontalen Platz belegt. Für den Body erstreckt sich dieser Platz, wie bereits erwähnt, über die Breite des sichtbaren Bildschirms, doch für den Rest der Elemente wird der maximale Platz durch die Größe ihres Elternelements festgelegt. In unserem Beispiel beträgt der maximale Platz der Elemente innerhalb der Haupt-Box 960 Pixel, weil ihr Elternelement die Haupt-Box ist, deren Breite Sie zuvor auf 960 Pixel festgelegt hatten.

```
#main_header {
    background: #FFFBB9;
    border: 1px solid #999999;
    padding: 20px;
}
```

Listing 2.22 Styles für den <header> hinzufügen

Da der <header> den gesamten horizontal verfügbaren Platz in der Haupt-Box besetzt und bereits als Block-Element behandelt und oben auf der Seite positioniert wird, müssen Sie ihm nur noch Styles zuweisen, die ihn auf dem Bildschirm für uns erkennbar machen. In der Regel in Listing 2.22 haben Sie dem <header> einen gelben Hintergrund verliehen, einen durchgezogenen, ein Pixel breiten Rand und mit der Eigenschaft padding einen Innenabstand von 20 Pixeln.

2.5.8 Die Navigationsleiste

Das nächste Strukturelement nach dem <header> ist <nav> und dient dem Zweck, beim Navigieren zu helfen. Die in diesem Element zusammengefassten Links stellen das Menü unserer Website dar. Dieses Menü wird nur eine einzige Leiste unterhalb des Headers sein. Daher sind, genau wie beim <header>-Element, die meisten zum Positionieren des <nav>-Elements erforderlichen Styles bereits zugewiesen: <nav> ist ein Block-Element und wird daher unter das vorhergehende Element gesetzt; es hat die Standardbreite 100% und wird damit genauso breit wie sein Elternelement (der Wrapper <div>) und es wird (ebenfalls standardmäßig) so hoch wie sein Inhalt plus die angegebenen Ränder. Also bleibt uns nur noch, ihm ein attraktiveres Aussehen zu geben. Hierzu fügen Sie einen grauen Hintergrund und einen kleinen Innenabstand hinzu, um die Menüpunkte vom Rand zu trennen:

```
#main_menu {
    background: #CCCCCC;
    padding: 5px 15px;
}

#main_menu li {
    display: inline-block;
    list-style: none;
```

```
    padding: 5px;
    font: bold 14px verdana, sans-serif;
}
```

Listing 2.23 Die Styles für <nav>

In Listing 2.23 spricht die erste Regel das <nav>-Element mit seiner id an, ändert seinen Hintergrund und fügt mit der Eigenschaft padding Innenabstände von fünf und 15 Pixeln hinzu.

> **Erinnerung** ✕
>
> Die Eigenschaft padding (Innenabstand) funktioniert genau wie margin (Außenabstand). Vier Werte können in dieser Reihenfolge angegeben werden: top, right, bottom und left, in dieser Reihenfolge. Wenn Sie nur einen Wert angeben, wird er rund um den Inhalt des Elements angewandt. Geben Sie zwei Werte an, wird der erste dem oberen und unteren und der zweite dem linken und rechten Rand zugewiesen.

Innerhalb der Navigationsleiste befindet sich eine mit den Tags <ul> und <li> erstellte Liste. Standardmäßig werden die Elemente einer Liste untereinandergesetzt. Um das zu ändern und die Menüoptionen nebeneinander in derselben Zeile anzuzeigen, verweisen Sie mit dem Selektor #main_menu li auf die <li>-Elemente in genau diesem <nav>-Tag und verwandeln sie mit dem Style display: inline-block in Inline-Boxen. Im Gegensatz zu den Block-Elementen generieren die Elemente, die durch den in CSS3 standardisierten Parameter inline-block betroffen sind, keine Zeilenumbrüche. Stattdessen können Sie die betreffenden Elemente als Blöcke behandeln und einen width-Wert für sie angeben. Dieser Parameter passt auch die Größe des Elements an die seines Inhalts an, wenn keine Breite mit width angegeben wurde.

Zudem haben Sie mit der Eigenschaft list-style die kleinen Grafiken getilgt, die vor jedem Listenpunkt generiert werden (man nennt sie normalerweise »Aufzählungspunkte«).

2.5.9 Styles für <section> und <aside>

Die nächsten Strukturelemente in unserem Code sind zwei horizontal angeordnete Boxen. Das traditionelle Boxmodell baut auf CSS-Styles auf, mit denen Sie die Position jeder Box angeben können. Mit der Eigenschaft float können Sie die Boxen je nach Ihren Bedürfnissen auf der rechten oder linken Bildschirmseite positionieren. In der HTML-Vorlage haben Sie sie mit den Elementen <section>

und <aside> angelegt, die jeweils durch das Attribut id und die Werte main_section bzw. main_aside gekennzeichnet sind.

```
#main_section {
    float: left;
    width: 660px;
    margin: 20px;
}
#main_aside {
    float: left;
    width: 220px;
    margin: 20px 0px;
    padding: 20px;
    background: #CCCCCC;
}
```

Listing 2.24 Zwei Spalten mit der Eigenschaft float anlegen

Die Eigenschaft float ist in CSS eine der meistgenutzten Eigenschaften zur Anwendung des traditionellen Boxmodells. Sie lässt das Element im verfügbaren Raum zur einen oder anderen Seite gleiten. Die von float betroffenen Elemente verhalten sich wie Block-Elemente, nur mit dem Unterschied, dass sich ihr Layout nach dem Wert dieser Eigenschaft und nicht nach dem normalen Fluss des Dokuments richtet. Die Elemente gleiten entsprechend dem Wert von float so weit wie möglich an den linken oder rechten Rand des verfügbaren Bereichs.

Mit den Regeln aus Listing 2.24 deklarieren Sie die Position und jeweilige Größe beider Boxen und generieren dadurch die sichtbaren Spalten auf dem Bildschirm. Die Eigenschaft float schiebt die Box an die durch ihren Wert festgelegte Seite des verfügbaren Platzes, während width eine horizontale Größe und margin natürlich den Außenabstand des Elements festlegen.

Nach Anwendung dieser Styles befindet sich der Inhalt des <section>-Elements links auf dem Bildschirm. Seine Größe beträgt 660 Pixel plus 40 Pixel für die Außenabstände, so dass er einen 700 Pixel breiten Raum einnimmt.

Die Eigenschaft float des <aside>-Elements hat ebenfalls den Wert left. Das bedeutet, dass die Box, die hier erzeugt wird, in den zur Linken verfügbaren Raum gleitet. Da die zuvor vom <section>-Element erstellte Box ebenfalls an den linken Bildschirmrand verschoben wurde, ist nun der verfügbare Raum das, was übrig geblieben ist. Die neue Box wird in derselben Zeile wie die erste positioniert, aber rechts von dieser. Sie nimmt den restlichen Raum in der Zeile ein, wodurch eine zweite Spalte für das Design entsteht.

Kapitel

2

Wir haben für diese zweite Box zudem eine Größe von 220 Pixeln deklariert, einen grauen Hintergrund hinzugefügt und einen Innenabstand von 20 Pixeln festgelegt. Infolgedessen beträgt ihre Breite 220 Pixel plus die 40 Pixel, die die padding-Eigenschaft hinzufügt. (Der Außenabstand der Seiten wurde mit der Eigenschaft margin auf 0 Pixel eingestellt.)

Erinnerung ✕

Den tatsächlichen Wert erhalten Sie, indem Sie die Größe eines Elements und seiner Außenabstände addieren. Wenn Sie ein 200 Pixel breites Element mit einem 10 Pixel breiten Außenabstand auf jeder Seite haben, belegt das Element tatsächlich einen 220 Pixel großen Bereich. Die insgesamt 20 Pixel für die Außenabstände werden zu den 200 Pixeln des Elements addiert und das Endergebnis erscheint auf dem Bildschirm. Dasselbe geschieht mit der Eigenschaft padding und border. Jedes Mal, wenn Sie ein Element mit einem Rand versehen oder mit der Eigenschaft padding einen Abstand zwischen Inhalt und Rand einfügen, werden diese Werte zur Breite des Elements addiert, um den tatsächlichen Wert des Elements zu erhalten, das auf dem Bildschirm angezeigt wird. Dieser tatsächliche Wert berechnet sich nach der Formel: Größe + Außenabstand (margin) + Innenabstand (padding) + Ränder (border).

Gleichen Sie die CSS-Regeln, die Sie bisher angelegt haben, noch einmal mit dem HTML-Dokument aus Listing 2.16 ab. Folgen Sie den Verweisen auf Element-Schlüsselwörter (wie h1) und id-Attribute (wie main_header), um zu verstehen, wie Verweise funktionieren und wie die Styles den einzelnen Elementen zugewiesen werden.

2.5.10 Der Footer

Um die Anwendung des traditionellen Boxmodells abzuschließen, müssen Sie noch eine weitere CSS-Eigenschaft auf das <footer>-Element anwenden. Diese Eigenschaft dreht den normalen Dokumentfluss wieder um und lässt uns den <footer> unter statt neben das letzte Element positionieren:

```
#main_footer {
    clear: both;
    text-align: center;
    padding: 20px;
    border-top: 2px solid #999999;
}
```

Listing 2.25 Den Footer stylen und den normalen Dokumentfluss wiederherstellen

Listing 2.25 deklariert einen 2 Pixel breiten Rand oberhalb des <footer> und einen Innenabstand (padding) von 20 Pixeln und zentriert den Text im Element. Außerdem stellt es mit der Eigenschaft clear den normalen Dokumentfluss wieder her. Diese Eigenschaft leert lediglich den Bereich, den das Element einnimmt, so dass es nicht an eine Float-Box angrenzen kann. Der übliche Wert ist both und bedeutet, dass beide Seiten geleert werden und das Element dem normalen Fluss folgt (das heißt nicht mehr floaten kann). Für ein Blockelement bedeutet dies, dass es unter das letzte Element in einer neuen Zeile positioniert wird.

Die Eigenschaft clear versetzt die Elemente auch vertikal. Dadurch nehmen die Float-Boxen auf dem Bildschirm tatsächlich Raum ein, denn ohne diese Eigenschaft würde der Browser das Dokument anzeigen, als ob die Float-Elemente nicht existierten, und die Boxen würden sich überlappen.

Wenn im traditionellen Boxmodell die Boxen nebeneinandergesetzt werden, müssen Sie immer ein Element mit dem Style clear: both erzeugen, um weiterhin andere Boxen ganz natürlich darunter setzen zu können. Abbildung 2.4 stellt dieses

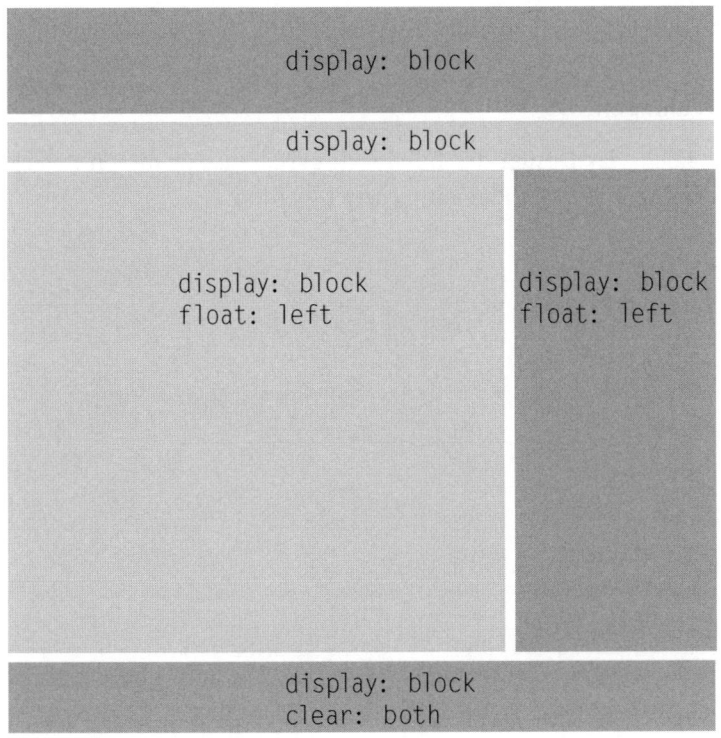

Abbildung 2.4 Visuelle Darstellung des traditionellen Boxmodell

Modell mit einigen einfachen CSS-Styles dar, die zur Erstellung des Layouts notwendig sind.

Die Werte `left` und `right` der Eigenschaft `float` bedeutet nicht unbedingt, dass die Box auf der linken oder rechten Seite des Fensters positioniert werden muss. Stattdessen verwandeln diese Werte `float` in die betreffende Seite des Elements und durchbrechen dadurch den normalen Fluss des Dokuments. Lautet der Wert zum Beispiel `left`, versucht der Browser, das Element auf der linken Seite des verfügbaren Raums zu positionieren. Gibt es neben einem vorhergehenden Element noch Platz, wird dieses neue Element rechts davon eingefügt, weil die linke Seite des Elements auf `float` eingestellt wurde. Dadurch floatet es nach links, bis es etwas findet, das es blockiert, wie zum Beispiel ein anderes Element oder die Kante seines Elternelements. Das ist wichtig, wenn Sie ein Layout mit mehreren Spalten erstellen möchten. In diesem Fall hat jede Spalte den Wert `left` in der Eigenschaft `float`, um sicherzustellen, dass die Spalten in der richtigen Reihenfolge nebeneinandergesetzt werden. Jede Spalte floatet nach links, bis sie an eine andere Spalte oder die Kante des Elternelements stößt. Dieses Verfahren setzt die Boxen auf derselben Zeile nebeneinander, wodurch in der visuellen Bildschirmdarstellung Spalten entstehen.

2.5.11 Letzte Hand anlegen

Nun bleibt uns nur noch, das Design des Inhalts zu gestalten. Für diesen Zweck können noch einige weitere HTML5-Elemente gestylt werden:

```
article {
    background: #FFFBCC;
    border: 1px solid #999999;
    padding: 20px;
    margin-bottom: 15px;
}
article footer {
    text-align: right;
}
time {
    color: #999999;
}
figcaption {
    font: italic 14px verdana, sans-serif;
}
```

Listing 2.26 Das Basisdesign wird fertiggestellt.

Die erste Regel in Listing 2.26 spricht alle <article>-Elemente an und stattet sie mit Styles aus (Hintergrundfarbe, ein 1 Pixel breiter, durchgezogener Rand, Innenabstand und ein Außenabstand am unteren Rand). Dieser untere Außenabstand ist 15 Pixel breit, um vertikal einen Artikel vom nächsten abzugrenzen.

Jeder Artikel hat auch ein <footer>-Element, das anzeigt, wie viele Kommentare eingegangen sind. Um auf ein <footer>-Element innerhalb eines <article>-Elements zu verweisen, haben Sie den Selektor article footer verwendet, der so viel bedeutet wie: »Jeder <footer> in einem <article> ist von den folgenden Styles betroffen.« Hier wurde diese Verweistechnik angewendet, um den Text innerhalb des <footer> jedes Artikels rechtsbündig zu setzen.

Abbildung 2.5 html08.html

Am Ende des Codes in Listing 2.26 haben wir die Farbe in jedem <time>-Element geändert und die Bildunterschrift, die mit dem <figcaption>-Element eingefügt wurde, mit einer anderen Schrift vom restlichen Text des Artikels abgesetzt.

Sofern noch nicht geschehen, kopieren Sie nun alle CSS-Regeln, die in diesem Kapitel seit Listing 2.17 aufgeführt wurden, nacheinander in die CSS-Datei und öffnen Sie dann die HTML-Datei mit der in Listing 2.16 erstellten Vorlage. Alternativ laden Sie die Beispieldateien *styles08.html* und *styles08.css* von der Seite *www.sybex.de/Zusatzmaterial* herunter. Dann sehen Sie, wie das traditionelle Boxmodell funktioniert und die Strukturelemente auf dem Bildschirm gliedert.

2.5.12 Boxen formatieren mit box-sizing

In CSS3 wurde noch eine weitere Eigenschaft aufgenommen, die die Struktur und das traditionelle Boxmodell betrifft. Mit der Eigenschaft box-sizing können Sie die Art ändern, wie die Größe eines Elements berechnet wird, und die Browser zwingen, padding und border in den Ursprungswert einzubeziehen.

Wie bereits erwähnt: Jedes Mal, wenn der von einem Element belegte Platz berechnet wird, erhält der Browser den endgültigen Wert durch die Formel Größe + Außenabstand + Innenabstand + Ränder. Das bedeutet: Wenn Sie die width-Eigenschaft auf 100 Pixel, margin auf 20 Pixel, padding auf 10 Pixel und border auf 1 Pixel einstellen, belegt das Element horizontal insgesamt einen Bereich von 100+40+20+2 = 162 Pixel. (Beachten Sie, dass wir die Werte von margin, padding und border in der Formel verdoppelt haben, weil wir davon ausgehen, dass rechts und links von der Box die gleichen Werte gelten.) Das bedeutet, dass Sie jedes Mal, wenn Sie die Größe eines Elements mit der Eigenschaft width deklarieren, daran denken müssen, dass der Raum, den das Element tatsächlich einnimmt, normalerweise größer sein wird.

Je nach Ihren Gewohnheiten kann es gut sein, wenn Sie den Browser zwingen, padding und border in den Wert von width einzubeziehen, so dass die neue Formel einfach nur Größe + Außenabstand lautet.

```
div {
    width: 100px;
    margin: 20px;
    padding: 10px;
    border: 1px solid #000000;

    -moz-box-sizing: border-box;
    -webkit-box-sizing: border-box;
```

```
    box-sizing: border-box;
}
```

Listing 2.27 padding und border in die Größe des Elements einbeziehen

Die Eigenschaft box-sizing kann zwei Werte annehmen. Standardmäßig wird sie auf content-box eingestellt, was bedeutet, dass die Browser padding und border zur Größe von width hinzurechnen. Wenn Sie stattdessen den Wert border-box verwenden, ändert sich dieses Verhalten dergestalt, dass padding und border in das Element hineingezogen werden.

Listing 2.27 zeigt die Anwendung dieser Eigenschaft auf ein <div>-Element. Das ist nur ein Beispiel und wir werden es nicht in der Vorlage verwenden, aber es könnte für einige Designer nützlich sein, je nachdem, wie gut sie sich mit den traditionellen Berechnungsmethoden aus den früheren CSS-Versionen auskennen.

Warnung ✕

Zurzeit ist die Eigenschaft box-sizing in einigen Browsern noch im Experimentierstadium. Um sie erfolgreich auf Ihre Dokumente anzuwenden, müssen Sie sie mit einem Browser-spezifischen Präfix deklarieren. Deswegen enthält Listing 2.27 zusätzlich zu der Zeile box-sizing: border-box; die Zeilen -moz-box-sizing: border-box; und -webkit-box-sizing: border-box;. Auf dieses Thema gehe ich im nächsten Abschnitt aber noch näher ein.

Kapitel

2

2.6   Flexibles Boxmodell

Das Boxmodell ist hauptsächlich ein Mechanismus, um den Platz im Fenster auf mehrere Boxen aufzuteilen und die Zeilen und Spalten zu erzeugen, die zu einem regulären Webdesign gehören. In dieser Hinsicht versagt das traditionelle Boxmodell, das seit der ersten CSS-Version eingeführt wurde und heutzutage große Verbreitung genießt. Sie können zum Beispiel mit diesem Modell die Verteilung der Boxen und ihre horizontale und vertikale Größe nicht effektiv definieren, ohne Tricks oder verzwickte Regeln anzuwenden, die ein cleverer Typ irgendwo auf der Welt programmiert hat.

Die Schwierigkeit, ganz gebräuchliche Designeffekte zu erstellen (zum Beispiel mehrere Spalten auf den verfügbaren Raum auszuweiten, den Inhalt vertikal zu zentrieren oder eine Spalte unabhängig von ihrem Inhalt von oben nach unten auszudehnen), ließ Entwickler über mögliche neue Modelle für ihre Dokumente nachdenken. Mehrere Beispiele wurden entwickelt, doch keines erhielt mehr Aufmerksamkeit als das flexible Boxmodell.

Das flexible Boxmodell löst die oben aufgeführten Designprobleme richtig elegant. Mit dieser neuen Implementierung stellen die Boxen endlich diejenigen virtuellen Zeilen und Spalten dar, die Designer und Anwender tatsächlich sehen und wünschen. Jetzt haben Sie die totale Kontrolle über das Layout, die Position und die Größe der Boxen, ihre Verteilung innerhalb von anderen Boxen und die Art, wie sie den verfügbaren Platz teilen und nutzen. Der Code erfüllt die Bedürfnisse der Designer ein für alle Mal auf ganz natürliche Weise.

In diesem Teil des Kapitels werden Sie sehen, wie das flexible Boxmodell funktioniert, wie Sie es auf Ihre Vorlage anwenden können und welche neuen Möglichkeiten es bietet.

> **Warnung** ✕
>
> Auch wenn das flexible Boxmodell Vorteile gegenüber dem alten Modell hat, ist es noch im Experimentierstadium und konnte von Browsern und Entwicklern zumindest für einige Jahre nicht übernommen werden. Zurzeit gibt es dafür zwei Spezifikationen, von denen nur eine von den auf WebKit und Gecko basierenden Browsern (wie zum Beispiel Firefox und Google Chrome) unterstützt wird. Aus diesem Grund habe ich Ihnen auch das traditionelle Boxmodell erklärt.

Ein wesentliches Merkmal dieses Modells ist, dass manche Funktionen (zum Beispiel die vertikale oder horizontale Ausrichtung) in den Eltern-Boxen deklariert werden. Deshalb ist es zwingend notwendig, Boxen in andere Boxen einzufügen, um sie gliedern zu können. In diesem neuen Modell muss jeder Boxensatz eine Eltern-Box haben.

2.6.1 Vorbereitung des HTML-Dokuments

In unserer bisherigen Vorlage können Sie erkennen, dass manche Eltern-Boxen bereits definiert sind. Die Wrapper `<body>` und `<div>` sind Elemente, die sich in Eltern-Boxen umwandeln lassen. Doch auch ein anderer Teil der Struktur benötigt eine Eltern-Box. Ein neues `<div>`-Element muss eingebunden werden, um die Teilmenge von Boxen zu umhüllen, die die beiden Spalten in der Mitte der Seite darstellt (die durch die Elemente `<section>` und `<aside>` erzeugt wurden).

Nachdem Sie den neuen Wrapper hinzugefügt haben, sieht die Vorlage folgendermaßen aus:

```
<!DOCTYPE html>
<html lang="de">
<head>
   <meta charset="utf-8">
   <meta name="Beschreibung" content="Dies ist ein HTML5-Beispiel">
   <meta name="keywords" content="HTML5, CSS3, JavaScript">
   <title>Dieser Text ist der Dokumenttitel</title>
   <link rel="stylesheet" href="styles09.css">
</head>
<body>
<div id="wrapper">
   <header id="main_header">
      <h1>Dies ist der Haupttitel der Website</h1>
   </header>
   <nav id="main_menu">
      <ul>
         <li>Start</li>
         <li>Fotos</li>
         <li>Videos</li>
         <li>Kontakt</li>
      </ul>
   </nav>

   <div id="container">
      <section id="main_section">
         <article>
            <header>
               <hgroup>
                  <h1>Titel von Beitrag eins</h1>
                  <h2>Untertitel von Beitrag eins</h2>
               </hgroup>
               <time datetime="2012-12-10" pubdate>erschienen
                 am 10.12.2012</time>
            </header>
            Dies ist der Text meines ersten Beitrags
            <figure>
               <img src="myimage.jpg">
               <figcaption> Dies ist ein Bild des ersten Beitrags
               </figcaption>
            </figure>
```

87

```
            <footer>
                <p>Kommentare (0)</p>
            </footer>
        </article>
        <article>
            <header>
                <hgroup>
                    <h1>Titel von Beitrag zwei</h1>
                    <h2>Untertitel von Beitrag zwei</h2>
                </hgroup>
                <time datetime="2012-12-15" pubdate>erschienen
                    am 15.12.2012</time>
            </header> Dies ist der Text meines zweiten Beitrags
            <footer>
                <p>Kommentare (0)</p>
            </footer>
        </article>
    </section>
    <aside id="main_aside">
        <blockquote>Artikel Nummer eins</blockquote>
        <blockquote>Artikel Nummer zwei</blockquote>
    </aside>
</div>
<footer id="main_footer">
    Copyright &copy 2012-2013
</footer>
</div>
</body>
</html>
```

Listing 2.28 Eine Eltern-Box für <section> und <aside> hinzufügen (Datei styles09.html)

2.6.2 Erste Anwendendung des Modells

Für den Rest des Kapitels verwenden Sie die Vorlage aus Listing 2.28 (*Datei styles09. html*). Außerdem müssen Sie die Datei *styles09.css* aus den CSS-Regeln erstellen, die ich Ihnen als Nächstes vorstelle, beziehungsweise die entsprechende Datei herunterladen.

Bevor Sie die für das flexible Boxmodell spezifischen CSS-Eigenschaften anwenden, wollen wir die Grundregeln, die beiden Modellen gemeinsam sind, in das neue Stylesheet aufnehmen:

```
* {
   margin: 0px;
   padding: 0px;
}
h1 {
   font: bold 20px verdana, sans-serif;
}
h2 {
   font: bold 14px verdana, sans-serif;
}
header, section, footer, aside, nav, article, figure, figcaption,
hgroup{
   display: block;
}
```

Listing 2.29 Gemeinsame CSS-Regeln beider Modelle

Wie Sie bereits gesehen haben, stellt die erste Regel in Listing 2.29 den Außenabstand jedes Elements auf 0 Pixel ein. Danach werden die font-Eigenschaften für die Texte in den h-Tags angegeben und die HTML5-Elemente als Blockelemente für die Browser deklariert, die nicht standardmäßig diesen Style zuweisen.

Nachdem die Grundregeln fertig sind, können Sie nun das flexible Boxmodell auf die Vorlage anwenden. In diesem Modell muss jedes Element, das Strukturelemente enthält, als Eltern-Box deklariert werden. Die erste Eltern-Box unseres Dokuments ist der Body selbst:

```
body {
   width: 100%;

   display: -moz-box;
   display: -webkit-box;

   -moz-box-pack: center;
   -webkit-box-pack: center;
}
```

Listing 2.30 Der <body> wird als Eltern-Box deklariert.

Um ein Element als Eltern-Box zu konfigurieren, müssen Sie die Eigenschaft display anwenden und ihren Wert auf box einstellen.

In Listing 2.30 wird nicht nur der <body> als Eltern-Box deklariert, sondern es wird ihm auch ein anderer Style zugewiesen, der seinen Inhalt zentriert. Die Eigenschaft box-pack mit dem Wert center zentriert die Kindelemente der Eltern-Box. In

Kapitel

2

diesem Fall hat `<body>` das Element `<div id="wrapper">` als einziges Kind, so dass die gesamte Webseite zentriert wird.

Eine weitere, wichtige Eigenschaft dieses Modells ist die Fähigkeit, jedes Element der Website ganz einfach je nach verfügbarem Platz erweitern oder verkleinern zu können. Doch damit eine Box flexibel sein kann, muss auch ihr Elternelement flexibel sein. Kein Element justiert seine Größe, wenn es nicht weiß, wie groß sein Elternelement ist. Daher müssen Sie angeben, dass der Body den gesamten Platz im Browserfenster einnimmt, und haben zu diesem Zweck für den Body die Größe von 100% deklariert.

Warnung ⊠

Da die hier vorgestellten CSS-Eigenschaften zurzeit noch im Experimentierstadium sind, müssen die meisten mit einem spezifischen Präfix für das jeweilige Wiedergabemodul deklariert werden. In Zukunft wird es genügen, `display: box` anzugeben, doch bis die Experimentierphase vorbei ist, müssen Sie es wie in Listing 2.30 machen. Die Präfixe für die gebräuchlichsten Browser lauten:

- `-moz-` für Firefox
- `-webkit-` für Safari und Chrome
- `-o-` für Opera
- `-khtml-` für Konqueror
- `-ms-` für Internet Explorer
- `-chrome-` spezifisch für Google Chrome

Es gibt verschiedene Eigenschaften, um die Position jeder Box auf dem Bildschirm anzugeben. Sie können die Boxen übereinanderstapeln, nebeneinandersetzen, ihre Reihenfolge umkehren oder sogar eine bestimmte Reihenfolge festlegen. Einige dieser Eigenschaften werden wir nun auf die Vorlage anwenden und später genauer anschauen.

Eine dieser Eigenschaften heißt `box-orient` und gibt den Kindern eine vertikale oder horizontale Ausrichtung. Ihr Standardwert ist `horizontal`, so dass Sie diesen Style für den `<body>` nicht zuweisen müssen, sehr wohl aber für den Wrapper:

```
#wrapper{
    max-width: 960px;
    margin: 15px 0px;

    display: -moz-box;
    display: -webkit-box;
```

```
  -moz-box-orient: vertical;
  -webkit-box-orient: vertical;

  -moz-box-flex: 1;
  -webkit-box-flex: 1;
}
```

Listing 2.31 Eine Eltern-Box mit einer Maximalgröße und vertikaler Ausrichtung

Eine mit `display: box` deklarierte Box hat die Merkmale eines Block-Elements und belegt allen verfügbaren Platz in ihrem Container. Im vorherigen Modell haben Sie für die Haupt-Box einen Wert von 960 Pixeln festgelegt, der nicht nur die Größe dieser Box, sondern auch die der gesamten Website zementierte. Um die flexiblen Eigenschaften des neuen Boxmodells nutzen zu können, dürfen Sie nicht so spezifisch sein. Wenn der <body> allerdings bereits 100 Prozent des Fensters belegt, wird der Wrapper dasselbe tun und unsere Seite womöglich ihre Proportionen verlieren. Um dies zu verhindern und weiterhin einen flexiblen Inhalt zu haben, haben wir in Listing 2.31 die Eigenschaft `max-width` mit dem Wert 960 Pixel verwendet. Dadurch wird die Größe des Wrappers (und somit der gesamten Webseite) variabel, aber nie größer als 960 Pixel. Nun wird die Größe der Webseite an jedes Gerät und jede Umgebung angepasst, hat aber einen Maximalwert, damit das konsistente Design erhalten bleibt.

Da das <div>-Element, das Sie mit dem neuesten Code stylen, den gesamten Inhalt der Webseite umhüllt, muss es ebenfalls mit `display: box` als Eltern-Box deklariert werden. Da diesmal seine Kinder übereinander positioniert werden, hat die Eigenschaft `box-orient` den Wert `vertical`.

Da diese Eltern-Box flexibel sein muss, müssen Sie diese Bedingung mit der Eigenschaft `box-flex` deklarieren. Ohne sie würde <div> nicht erweitert oder verkleinert, sondern wäre immer nur so breit wie sein Inhalt. Der Wert 1 steht für »flexibel« und 0 steht für »festgelegt«, doch diese Eigenschaft kann auch noch andere Werte annehmen, die Sie später unter anderen Umständen noch kennen lernen werden.

Als Nächstes kommen in unserem HTML-Dokument die Boxen an die Reihe, die durch die Elemente <header> und <nav> erzeugt werden. Diese sind die ersten Kinder der Eltern-Box <div id="wrapper">. Sie müssen nur einige Styles für visuelle Zwecke deklarieren (Listing 2.32), weil diese Elemente dank der zuvor für ihr Elternelement deklarierten Regeln bereits die Eigenschaften von vertikalen Boxen besitzen.

```
#main_header {
  background: #FFFBB9;
```

91

```
    border: 1px solid #999999;
    padding: 20px;
}
#main_menu {
    background: #CCCCCC;
    padding: 5px 15px;
}
#main_menu li {
    display: inline-block;
    list-style: none;
    padding: 5px;
    font: bold 14px verdana, sans-serif;
}
```

Listing 2.32 Einfache Regeln zur Bildschirmpräsentation von Header und Menü

Unter der durch das <nav>-Tag erzeugten Box steht eine weitere, die ebenfalls das Elternelement von zwei weiteren Boxen ist. Es ist das in Listing 2.28 neu hinzugefügte <div>-Element, das die Spalten in der Mitte der Webseite umhüllt. Diese Box wurde mit dem Attribut id="container" gekennzeichnet.

```
#container {
    display: -moz-box;
    display: -webkit-box;

    -moz-box-orient: horizontal;
    -webkit-box-orient: horizontal;
}
```

Listing 2.33 Eine weitere Parent-Box anlegen

Die Regel in Listing 2.33 definiert die Eltern-Box für die beiden mittleren Spalten. Der erste Style erzeugt die Box und der zweite richtet ihre Kinder horizontal aus. Dieser Container muss ebenso wenig wie Header und die Menüleiste als flexibel deklariert werden. Diese Elemente sind standardmäßig 100 Prozent groß, das heißt, sie belegen sämtlichen Platz, den ihr Container bietet. Da ihr Elternelement flexibel ist, sind sie es auch; ergo muss diese Eigenschaft nicht angegeben werden.

Da das Elternelement fertig ist, können Sie nun an den Spalten arbeiten. Wenn Sie die Regeln in Listing 2.34 anwenden, hat die erste vom <section>-Element definierte Spalte keine spezifische Größe. Dank der Eigenschaft flex-box wird die Spalte an den Platz angepasst, den ihr Elternelement bietet. Dagegen hat die rechte Spalte, die durch das Element `<aside>` angelegt wurde, eine feste Größe von 220 Pixeln plus 40 Pixel Innenabstand (`padding`). Das habe ich natürlich für diese Vorlage so entschieden. Wir hätten auch beide Spalten flexibel machen oder den Platz mit den restlichen Tools, die für dieses Modell vorhanden sind, proportional verteilen können, aber stattdessen habe ich beschlossen, einer Spalte eine feste Größe zu geben, damit Sie das Verhalten beider Boxmodelle in demselben Dokument vergleichen können. Außerdem ist die Praxis, eine Spalte größenmäßig festzulegen, die gebräuchlichste. Normalerweise setzt der Designer in diese Spalte Menüs, Werbung oder wichtige Informationen, die ihre Originalgröße bewahren müssen.

```
#main_section {
    -moz-box-flex: 1;
    -webkit-box-flex: 1;

    margin: 20px;
}
#main_aside {
    width: 220px;
    margin: 20px 0px;
    padding: 20px;
    background: #CCCCCC;
}
```

Listing 2.34 Flexible und feste Spalten anlegen

Die Kombination aus flexiblen und festen Spalten ist nicht nur dem flexiblen Boxmodell vorbehalten, doch nichts kommt den Kapazitäten dieses Modells gleich und manche Effekte, für die früher mehrere Zeilen Code notwendig waren, lassen sich jetzt mit einigen simplen Eigenschaften implementieren.

Es gibt noch eine weitere, wichtige Eigenschaft, die wir nicht deklariert haben, weil sie beiden Spalten automatisch zugewiesen wird. Die Eigenschaft `box-align` mit ihrem Standardwert `stretch` erweitert die Spalten vertikal auf den gesamten verfügbaren Raum. Dadurch wird sich die rechte Spalte in unserer Vorlage ausdehnen und dieselbe vertikale Größe haben wie die linke Spalte.

Das Endergebnis der Anwendung dieser Eigenschaften, sei es nun explizit oder nach Voreinstellung definiert, besteht darin, dass mancher Inhalt der Webseite je nach dem im gesamten Fenster verfügbaren Platz seine horizontale und vertikale Größe ändert. Die mit dem Element `<section>` angelegte Spalte und ihr eigener

Inhalt sind horizontal variabel. Auch der Header, die Navigationsleiste und der Footer unserer Vorlage ändern ihre Größe, wenn Sie das Browserfenster skalieren. Die zweite Spalte, die mit dem Element <aside> angelegt wurde, erstreckt sich ebenfalls vertikal über den gesamten zwischen Navigationsleiste und Footer verfügbaren Platz. Alle diese Effekte waren mit dem früheren Boxmodell nur mühsam zu erzielen. Die Leichtigkeit, mit der Effekte erzielt werden, macht das flexible Boxmodell zu einem großartigen Kandidaten für die Nachfolge des traditionellen Boxmodells.

Nachdem Sie die letzten Regeln eingebunden haben (Listing 2.34), haben Sie nun alle notwendigen Styles beisammen, um die Boxen zu gliedern und das flexible Boxmodell auf die Vorlage anzuwenden. Die einzige verbleibende Aufgabe ist es, einige visuelle Styles auf die restlichen Elemente anzuwenden, um dasselbe Aussehen wiederherzustellen, das wir auch vorher hatten:

```css
#main_footer {
    text-align: center;
    padding: 20px;
    border-top: 2px solid #999999;
}
article {
    background: #FFFBCC;
    border: 1px solid #999999;
    padding: 20px;
    margin-bottom: 15px;
}
time {
    color: #999999;
}
article footer {
    text-align: right;
}
figcaption {
    font: italic 14px verdana, sans-serif;
}
```

Listing 2.35 Die Stylesheets fertigstellen

Die letzten dieser Regeln gleichen denen, die zuvor eingebunden waren. Der einzige Unterschied besteht darin, dass Sie die Eigenschaft clear: both für den Footer nicht mehr benötigen, weil in diesem Modell keine float-Elemente mehr vorhanden sind, die entfernt werden müssten.

Wenn Sie alle CSS-Styles in die Datei *styles09.css* geschrieben haben, öffnen Sie den HTML-Code aus Listing 2.28 (Datei *styles09.html*) und schauen sich die Ergebnisse im Browser an. Vergrößern und verkleinern Sie das Browserfenster, um zu sehen, welche Boxen ihre Größe an den verfügbaren Platz anpassen. Überprüfen Sie, wie weit sich die rechte Spalte vertikal erstreckt.

Die Abbildung 2.6 bzw. 2.7 zeigen das, was Sie bisher geschafft haben. Die Boxen Nummer 1, 2 und 3 sind Eltern-Boxen. Die übrigen sind Kinder, die entsprechend den von ihren Eltern übergebenen Eigenschaften angeordnet sind.

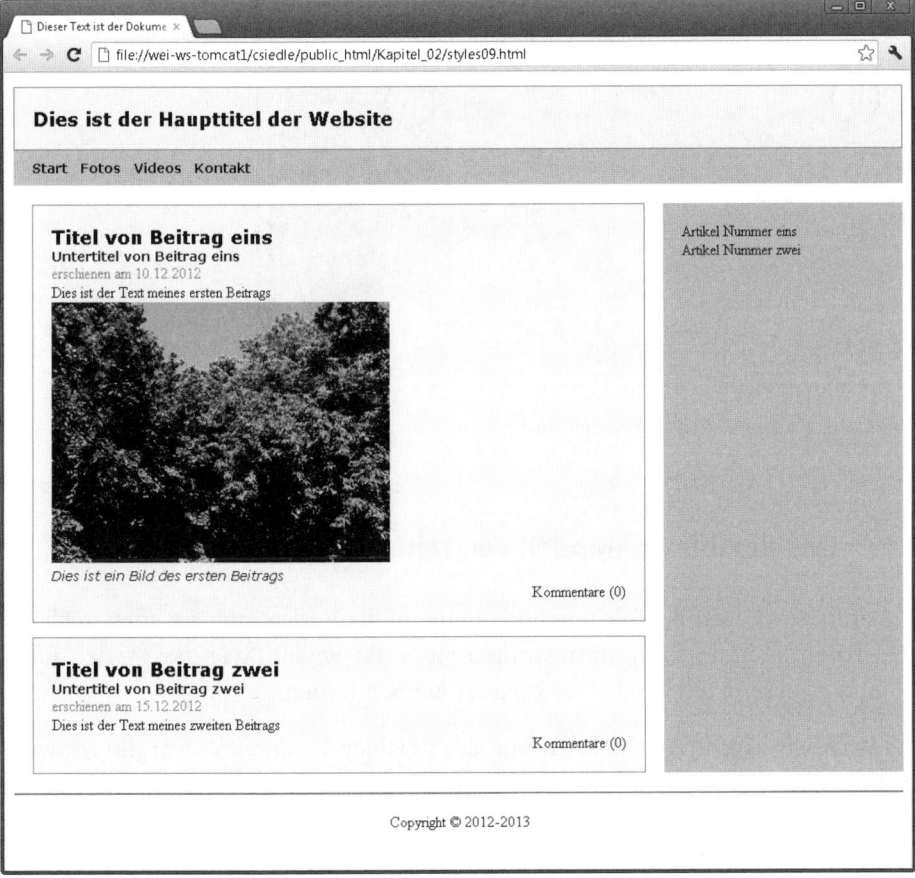

Abbildung 2.6 styles09.html

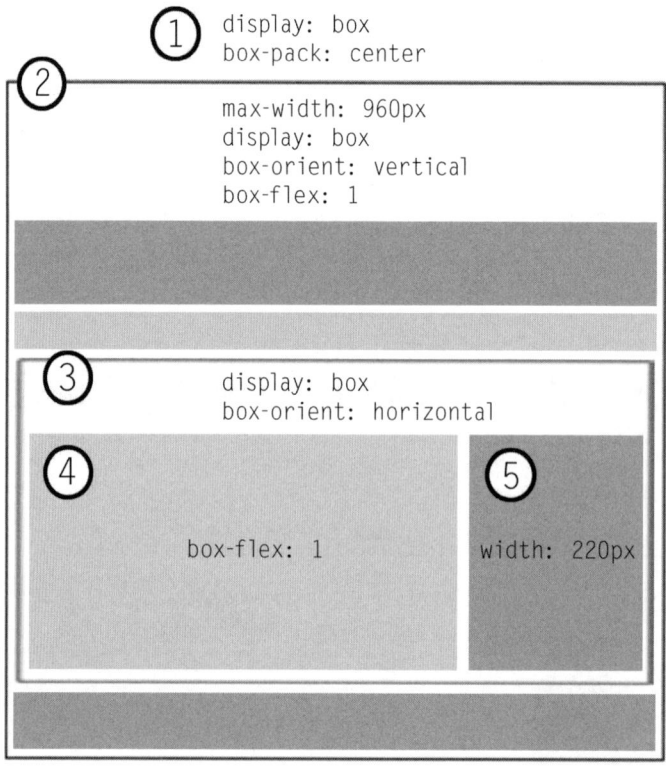

Abbildung 2.7 Das flexible Boxmodell wird auf die Vorlage angewendet.

2.7 Das flexible Boxmodell verstehen

Bisher haben Sie das flexible Boxmodell nur auf die Vorlage angewendet, doch um sein Potenzial voll auszunutzen, sollten Sie exakt wissen, wie das Modell funktioniert, und seine Eigenschaften genauer kennen lernen.

Ein wichtiger Grund für die Schaffung des flexiblen Boxmodells war die Notwendigkeit, den Platz im Fenster zu verteilen. Die Elemente mussten je nach dem im Container verfügbaren Raum ihre Größe verändern. Um die Größe des zu verteilenden Raums zu erfahren, mussten Sie die Größe des Containers genau kennen, was zur Definition der Eltern-Boxen führte.

Die Eltern-Boxen sind durch die Eigenschaft display definiert und lassen sich mit dem Wert box als Blockelemente und mit dem Wert inline-box als Inline-Elemente kennzeichnen.

Eltern-Box

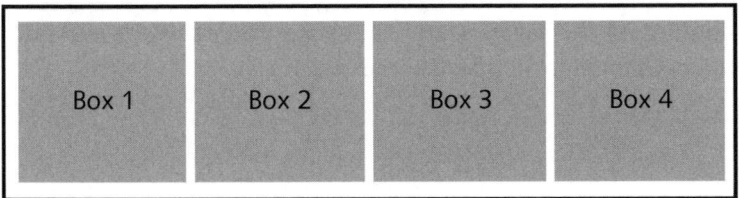

Abbildung 2.8 Eine Eltern-Box mit vier Kindern

Die Boxen in Abbildung 2.8 können Sie mit folgendem HTML-Code generieren:

```
<!DOCTYPE html>
<html lang="de">
<head>
    <title>Beispiel für das flexible Boxmodell</title>
    <link rel="stylesheet" href="styles10.css">
</head>
<body>
<section id="parentbox">
    <div id="box-1">Box 1</div>
    <div id="box-2">Box 2</div>
    <div id="box-3">Box 3</div>
    <div id="box-4">Box 4</div>
</section>
</body>
</html>
```

Listing 2.36 Der Basis-HTML-Code (Datei styles10.html)

Legen Sie eine weitere, leere HTML-Datei mit einem Namen Ihrer Wahl und der Erweiterung *.html* an. Schreiben Sie den Code aus Listing 2.36 hinein. In dieser Datei werden Sie ein wenig mit den Eigenschaften des flexiblen Boxmodells experimentieren. Die CSS-Regeln werden aus der externen Datei *styles10.css* eingebunden. Erstellen Sie auch diese Datei und fügen Sie ihr die nachfolgend angegebenen Regeln hinzu. Die Ergebnisse jeder Regel können Sie betrachten, indem Sie die HTML-Datei in Ihrem Browser öffnen. (Natürlich können Sie beide Dateien auch wieder von *www.sybex.de/zusatzmaterial* herunterladen.)

2.7.1 Boxen anzeigen mit der Eigenschaft display

Wie bereits erwähnt, kann die Eigenschaft `display` die beiden Werte `box` oder `inline-box` annehmen. Definieren Sie sdas Elternelement als `box`:

```
#parentbox {
    display: box;
}
```

Listing 2.37 Das Element parentbox wird als Eltern-Box deklariert.

Warnung ✕

Um den Code möglichst übersichtlich zu halten, lasse ich die Präfixe wie `-moz-` oder `-webkit-` ab hier weg – achten Sie in Ihrem Code jedoch darauf, sie bei allen folgenden neuen Eigenschaften einzufügen, solange diese noch im Experimentierstadium sind, da die folgenden Beispiele in Ihrem Browser sonst nicht funktionieren.

Schreiben Sie also statt `display: box` zurzeit noch `display: -moz-box` für Gecko-Engines und `display: -webkit-box` für WebKit-Engines. In der Datei *styles09.css*, die Sie sich von der Sybex-Website herunterladen können, sind die Präfixe jedoch bereits eingefügt.

2.7.2 Boxen ausrichten mit der Eigenschaft box-orient

Eine Eltern-Box ordnet ihre Kinder standardmäßig horizontal an. Mit der Eigenschaft `box-orient` können Sie eine spezifische Ausrichtung angeben:

```
#parentbox {
    display: box;
    box-orient: horizontal;
}
```

Listing 2.38 Die Kinder ausrichten

Die Eigenschaft `box-orient` kann vier Werte annehmen: `horizontal`, `vertical`, `inline-axis` und `block-axis`. Der Wert `inline-axis` ist voreingestellt und ordnet die Boxen horizontal wie in Abbildung 2.8 an. Einen ähnlichen Effekt erzielen Sie mit dem Wert `horizontal`, der in Listing 2.38 angewendet wurde.

2.7.3 Dokumentfluss bestimmen mit der Eigenschaft box-direction

Wie Sie sehen, folgen die Boxen dem normalen Dokumentfluss und werden mit der Orientierung `horizontal` von links nach rechts und mit der Orientierung `vertical` von oben nach unten angeordnet. Dieser normale Fluss lässt sich mit der Eigenschaft `box-direction` auch umkehren:

Eltern-Box

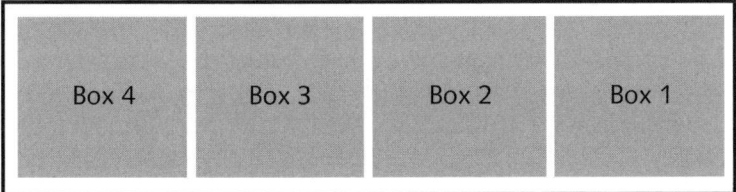

Abbildung 2.9 Die Box mit umgekehrter Ordnung

```
#parentbox {
    display: box;
    box-orient: horizontal;
    box-direction: reverse;
}
```

Listing 2.39 Den normalen Dokumentfluss umkehren

Die Eigenschaft box-direction kann die Werte normal, reverse und inherit haben.
Der Standardwert ist natürlich normal.

2.7.4 Boxen anordnen mit der Eigenschaft box-ordinal-group

Die Reihenfolge der Boxen kann auch benutzerdefiniert sein. Mit der Eigenschaft
box-ordinal-group können Sie für jede Box einen spezifischen Platz definieren:

```
#parentbox {
    display: box;
    box-orient: horizontal;
}
#box-1{
    box-ordinal-group: 2;
}
#box-2{
    box-ordinal-group: 4;
}
#box-3{
    box-ordinal-group: 3;
}
#box-4{
    box-ordinal-group: 1;
}
```

Listing 2.40 Jede Box hat eine benutzerdefinierte Position.

Kapitel

2

Eltern-Box

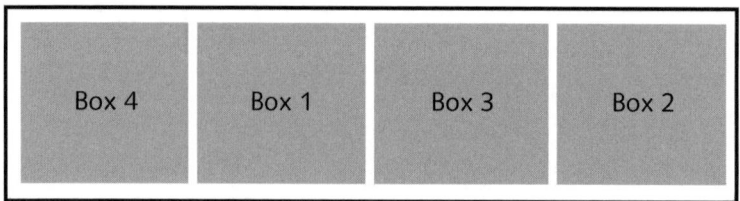

Abbildung 2.10 Jede Box hat laut Listing 2.40 ihre spezifische Position.

Bei benutzerdefinierter Anordnung muss die Eigenschaft den Kindern zugewiesen werden. Wenn der Wert dupliziert wird, bekommen diese Kind-Boxen dann dieselbe Anordnung wie in der HTML-Struktur.

Wie schon erwähnt, ist die Fähigkeit, Platz zu verteilen, die wichtigste Funktion des flexiblen Boxmodells. Es gibt verschiedene Situationen, in denen sich die Kind-Boxen den verfügbaren Platz teilen, zum Beispiel, wenn die Eltern-Box flexibel ist oder die Kinder flexibel sind und keine festgelegte Größe haben oder wenn die Eltern-Box breiter als die Summe ihrer Kinder ist. Sehen Sie sich das folgende Beispiel an:

```
#parentbox {
    display: box;
    box-orient: horizontal;
    width: 600px;
}
#box-1{
    width: 100px;
}
#box-2{
    width: 100px;
}
#box-3{
    width: 100px;
}
#box-4{
    width: 100px;
}
```

Listing 2.41 Der Eltern-Box und ihren Kindern wird eine feste Größe zugewiesen.

Wenn Sie den Kindern andere Eigenschaften, wie etwa einen farbigen Hintergrund, eine bestimmte Größe oder einen Rand geben, erzielen Sie ein besseres Aussehen und können jede Box auf dem Bildschirm wiedererkennen. In Listing 2.41 wird die

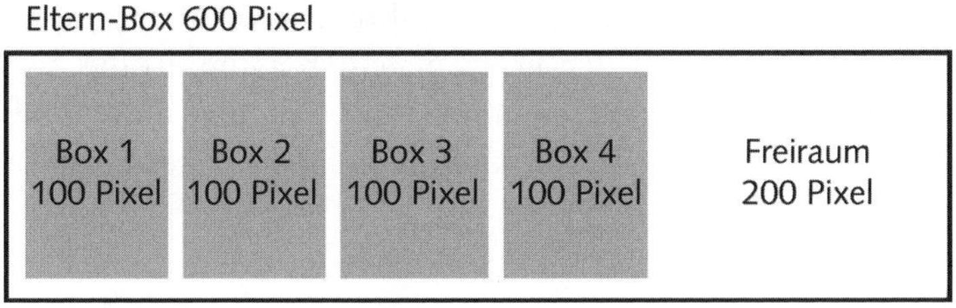

Eltern-Box 600 Pixel

| Box 1 100 Pixel | Box 2 100 Pixel | Box 3 100 Pixel | Box 4 100 Pixel | Freiraum 200 Pixel |

Abbildung 2.11 Die Größen deklarieren und freien Platz zur Verfügung stellen

Breite der Eltern-Box auf 600 Pixel und die der Kinder auf 100 Pixel festgelegt. Daher bleiben 200 Pixel freier Raum zur Aufteilung übrig.

Diesen freien Raum können Sie nun auf unterschiedliche Art verteilen. Standardmäßig werden die Kinder wie in Abbildung 2.11 von links nach rechts nebeneinandergesetzt, so dass der freie Platz am Ende steht. Jetzt lernen Sie noch andere Alternativen kennen.

2.7.5 Platz verteilen mit der Eigenschaft box-pack

Die Eigenschaft box-pack gibt an, wie die Kinder und der zusätzliche Platz in einer Eltern-Box verteilt werden. Diese Eigenschaft kann die vier Werte start, end, center und justify annehmen.

```
#parentbox {
    display: box;
    box-orient: horizontal;
    width: 600px;
    box-pack: center;
}
#box-1{
    width: 100px;
}
#box-2{
    width: 100px;
}
#box-3{
    width: 100px;
}
#box-4{
    width: 100px;
}
```

Listing 2.42 Den freien Platz mit box-pack verteilen

101

Die Eigenschaft box-pack beeinflusst die Boxen je nach ihrer Ausrichtung. Sind sie horizontal ausgerichtet, verteilt box-pack den horizontalen Freiraum. Ist die Ausrichtung vertikal, wird eben der vertikale Freiraum verteilt. Die folgenden Abbildungen zeigen das Potenzial dieser Eigenschaft und die Kompetenz des flexiblen Boxmodells.

Eltern-Box 600 Pixel

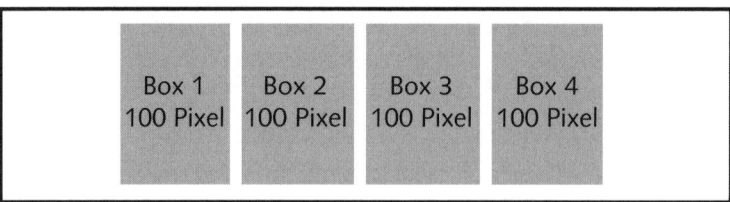

Abbildung 2.12 Den Freiraum verteilen mit box-pack: center

Eltern-Box 600 Pixel

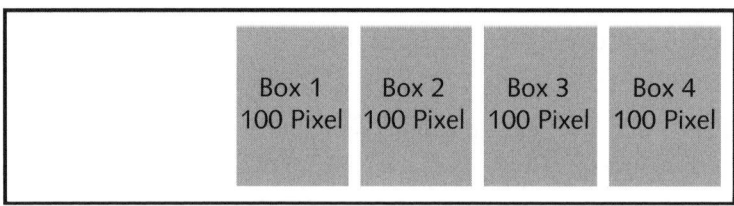

Abbildung 2.13 Den Freiraum verteilen mit box-pack: end

Eltern-Box 600 Pixel

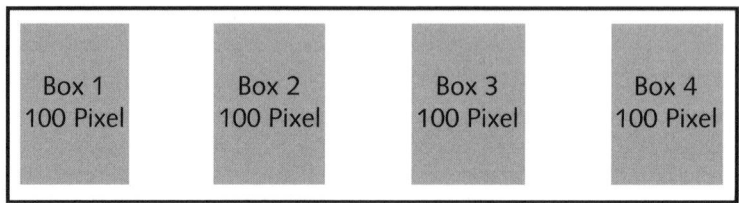

Abbildung 2.14 Den Freiraum verteilen mit box-pack: justify

2.7.6 Flexible Boxen mit der Eigenschaft box-flex

Was wir bisher getan haben, läuft eigentlich den Prinzipien dieses Modells zuwider. Wir haben nicht die Fähigkeit genutzt, flexible Elemente zu manipulieren. Mit der Eigenschaft box-flex können Sie auch diese Funktion anwenden.

Die Eigenschaft box-flex deklariert eine Box als flexibel oder unflexibel und hilft, den Platz zu verteilen. Standardmäßig sind die Boxen unflexibel und der Wert der Eigenschaft ist 0. Geben Sie ihr einen Wert von mindestens 1, so deklarieren Sie die Box als flexibel. Flexible Boxen werden so skaliert, dass sie den zusätzlichen Platz ausfüllen; sie ändern ihre horizontale oder vertikale Größe je nach der Ausrichtung, die ihre Parent-Box festlegt.

Die Platzverteilung hängt von den Eigenschaften der übrigen Boxen ab. Sind alle Kinder flexibel, hängt ihre Größe von der Größe ihres Elternelements und dem Wert der Eigenschaft box-flex ab. Hier ist ein Beispiel:

```
#parentbox {
    display: box;
    box-orient: horizontal;
    width: 600px;
}
#box-1{
    box-flex: 1;
}
#box-2{
    box-flex: 1;
}
#box-3{
    box-flex: 1;
}
#box-4{
    box-flex: 1;
}
```

Listing 2.43 Mit box-flex werden die Boxen flexibel.

Um die Größe jeder Box zu berechnen, multipliziert das Modell den Größenwert des Elternelements mit dem Wert seiner box-flex-Eigenschaft und dividiert diesen Wert durch die box-flex-Werte aller Kinder. Im Beispiel von Listing 2.43 lautet die

Eltern-Box 600 Pixel

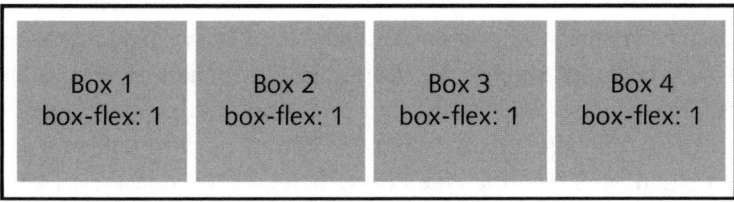

Abbildung 2.15 Der Platz wird gleichmäßig verteilt.

Formel für die Box Nummer 1: 600 x 1 / 4 = 150. Der Wert 600 ist die Größe des Elternelements, 1 der Wert der Eigenschaft box-flex von box-1 und 4 ist die Summe der Werte der box-flex-Eigenschaft jedes Kindes. Da in unserem Beispiel jede Box den Wert 1 für die Eigenschaft box-flex besitzt, wird jedes Kind 150 Pixel groß.

Das Potenzial dieser Eigenschaft wird offenbar, wenn Sie anfangen, unterschiedliche Werte zu übergeben und flexible Boxen mit unflexiblen zu kombinieren, oder wenn Sie flexible Boxen mit Größenangaben deklarieren.

```
#parentbox {
    display: box;
    box-orient: horizontal;
    width: 600px;
}
#box-1{
    box-flex: 2;
}
#box-2{
    box-flex: 1;
}
#box-3{
    box-flex: 1;
}
#box-4{
    box-flex: 1;
}
```

Listing 2.44 Ungleichmäßige Verteilung

In Listing 2.44 wird der Wert der Eigenschaft box-flex in box-1 auf 2 geändert. Jetzt berechnet sich die Größe dieser Box nach der Formel 600 x 2 / 5 = 240. Da wir die Größe der Eltern-Box nicht geändert haben, ist der erste Wert gleichgeblieben, aber der zweite Wert beträgt nun 2 (der neue Wert von box-flex für box-1). Und die Summe der Werte dieser Eigenschaft für alle Kinder ist nun natürlich 5 (2 in box-1 und jeweils 1 in den anderen drei Boxen). Wenn Sie dieselbe Formel auf die übrigen Kinder anwenden, bekommen Sie ihre Größen als Ergebnis: 600 x 1 / 5 = 120.

Wenn Sie die Ergebnisse vergleichen, erkennen Sie, wie der Platz verteilt wird: Der verfügbare Raum wird nach der Summe der Werte der Eigenschaft box-flex aller Kinder (in unserem Beispiel 5) in Anteile dividiert und dann werden diese Anteile zwischen den Boxen aufgeteilt. Die Box Nummer 1 bekommt zwei Anteile und die übrigen Kinder nur einen, weil bei ihnen die Eigenschaft box-flex den Wert 1 hat.

Eltern-Box 600 Pixel

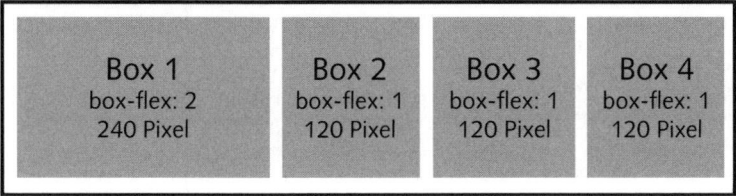

Abbildung 2.16 Der Platz wird nach dem Wert von box-flex verteilt.

Abbildung 2.16 zeigt, wie sich diese Methode auswirkt. Der Vorteil: Wenn Sie ein neues Kind hinzufügen, müssen Sie die Größe nicht neu berechnen. Das war bei Verwendung von Prozentsätzen noch nötig gewesen. Nun werden die Größen automatisch neu berechnet.

Es gibt noch andere Szenarios: Wenn zum Beispiel eines der Kinder standardmäßig unflexibel ist und eine festgelegte Größe hat, teilen sich die anderen Kinder den übrigen verfügbaren Platz.

```
#parentbox {
    display: box;
    box-orient: horizontal;
    width: 600px;
}
#box-1{
    width: 300px;
}
#box-2{
    box-flex: 1;
}
#box-3{
    box-flex: 1;
}
#box-4{
    box-flex: 1;
}
```

Listing 2.45 Unflexible und flexible Kinder

Im Beispiel von Listing 2.45 ist die erste Box 300 Pixel groß. Es bleiben also 300 Pixel (600 – 300 = 300), die auf die übrigen Kinder verteilt werden. Der Browser berechnet die Größe jeder flexiblen Box nach derselben Formel, die wir zuvor verwendet haben: 300 x 1 / 3 = 100.

Eltern-Box 600 Pixel

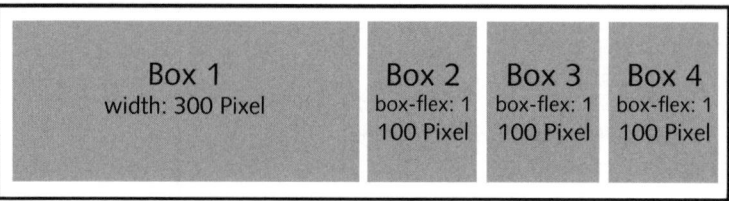

Abbildung 2.17 Nur der freie Platz wird verteilt.

Sie können nicht nur eine, sondern auch mehrere Boxen mit festgelegter Größe haben. Das Prinzip bleibt dasselbe: Nur der freie Platz wird auf die übrigen Boxen verteilt. Sie könnten aber auch flexible Boxen mit festgelegten Größen haben:

```
#parentbox {
    display: box;
    box-orient: horizontal;
    width: 600px;
}
#box-1{
    width: 200px;
    box-flex: 1;
}
#box-2{
    width: 100px;
    box-flex: 1;
}
#box-3{
    width: 100px;
    box-flex: 1;
}
#box-4{
    width: 100px;
    box-flex: 1;
}
```

Listing 2.46 Flexible Boxen mit bevorzugter Größe

In diesem Fall hat jede Box eine bevorzugte Breite, aber nachdem alle Boxen positioniert wurden, bleiben 100 Pixel Platz übrig. Dieser zusätzliche Platz wird auf die flexiblen Boxen aufgeteilt. Wir verwenden abermals dieselbe Formel, um den Anteil jeder Box am verfügbaren Platz zu berechnen: $100 \times 1 / 4 = 25$. Das bedeutet, dass zur bevorzugten Größe jeder Box noch 25 Pixel hinzuaddiert werden.

Eltern-Box 600 Pixel

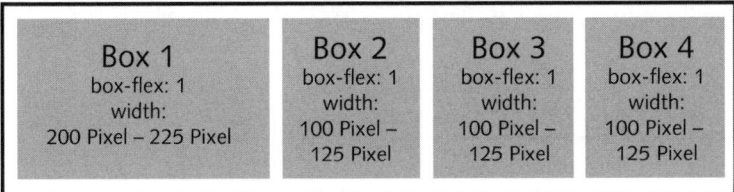

Abbildung 2.18 Der freie Raum wird zu den Breiten der Boxen addiert.

2.7.7 Reihenfolge umkehren mit der Eigenschaft box-align

Eine andere Eigenschaft, die bei der Platzverteilung hilft, ist box-align. Sie funktioniert so ähnlich wie box-pack, richtet aber die Boxen in der Richtung aus, die der Orientierung der Box zuwiderläuft. Sind die Boxen vertikal angeordnet, gibt diese Eigenschaft an, wie die Boxen horizontal positioniert werden, und umgekehrt. Dadurch eignet sich diese Eigenschaft, um Boxen vertikal anzuordnen, eine Fähigkeit, die fehlt, seitdem Tabellen nicht mehr so viel eingesetzt werden.

```css
#parentbox {
    display: box;
    box-orient: horizontal;
    width: 600px;
    height: 200px;
    box-align: center;
}
#box-1{
    height: 100px;
    box-flex: 1;
}
#box-2{
    height: 100px;
    box-flex: 1;
}
#box-3{
    height: 100px;
    box-flex: 1;
}
#box-4{
    height: 100px;
    box-flex: 1;
}
```

Listing 2.47 Vertikalen Raum verteilen (Datei styles10.css, ohne Präfixe)

In Listing 2.47 hat jede Box, einschließlich der Eltern-Box, eine spezifische Größe. Es bleiben 100 Pixel Freiraum, der je nach dem Wert der Eigenschaft box-align verteilt wird.

Eltern-Box Höhe 200 Pixel

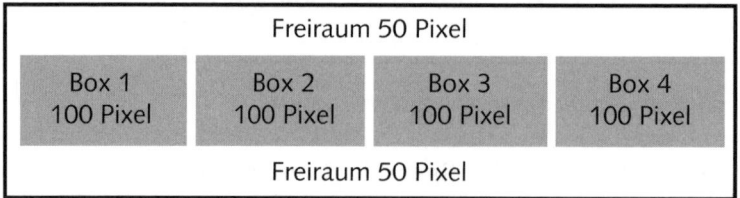

Abbildung 2.19 Vertikale Ausrichtung mit box-align

Die Eigenschaft box-align kann die Werte start, end, center, baseline und stretch annehmen. Der letzte Wert streckt die Boxen von oben nach unten, um die Kinder an den verfügbaren Raum anzupassen. Das ist so wichtig, dass stretch der Standardwert dieser Eigenschaft ist. Er führt dazu, dass die Kinder unabhängig von ihrer eigenen Höhe die Höhe ihres Elternelements übernehmen:

Eltern-Box Höhe 200 Pixel

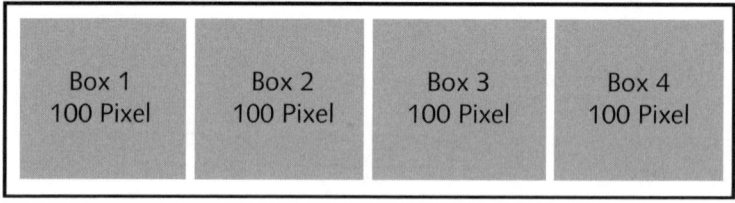

Abbildung 2.20 Kinder strecken mit box-align: stretch

Wahrscheinlich haben Sie bereits bemerkt, wie diese Eigenschaft in der Vorlage angewendet wird. Die mit dem <aside>-Element generierte rechte Spalte erstreckte sich von oben nach unten, ohne dass man ihr eine spezifische Eigenschaft oder ein Script beigeben musste. Im traditionellen Boxmodell konnte man an dieser Aufgabe schier verzweifeln!

Kapitel 3
Eigenschaften von CSS3

Als Anfang des neuen Jahrtausends neue Anwendungen auf der Grundlage von Ajax-Implementierungen das Design und die Benutzerfreundlichkeit verbesserten, änderte sich das Web für immer. Die Versionsnummer in »Web 2.0« steht für eine neue Entwicklungsstufe, die nicht nur die Art der Informationsübertragung, sondern auch das Design von Websites und Anwendungen beschreibt.

Die Codierung dieser neuen Generation von Websites wurde schon bald zum Standard. Diese Innovation erwies sich als so wichtig für den Erfolg jedweder Arbeit im Internet, dass Programmierer ganze Bibliotheken schrieben, um die Beschränkungen zu überwinden und die Anforderungen der Designer zu erfüllen.

Dass die Browser-Unterstützung fehlte, war offensichtlich, doch das W3C (die für Web-Standards zuständige Organisation) nahm die Markttrends nicht ernst und versuchte, ihren eigenen Weg zu gehen. Zum Glück entwickelten einige helle Köpfe parallel neue Standards und schon bald wurde HTML5 geboren. Nachdem sich die Aufregung gelegt hatte, war die Integration von HTML, CSS und JavaScript unter dem Schirm von HTML5 so etwas wie der siegreiche, tapfere Ritter, der seine Truppen gegen die Burg des bösen Feindes geführt hatte.

Kapitel

3

Obwohl der Aufruhr noch nicht lange her ist, begann diese Schlacht schon vor langer Zeit, nämlich mit der ersten Spezifikation der dritten Version von CSS. Als diese Technologie schließlich 2005 offiziell als »Draft«, also als erster Entwurf eines zukünftigen Standards, anerkannt war, konnte CSS(3) endlich anfangen, die von Entwicklern angeforderten Funktionen liefern, die die Programmierer seit Jahren mit kompliziertem und nicht immer kompatiblem JavaScript-Code erstellen mussten.

CSS konzentrierte sich ausschließlich auf das Aussehen und die Formatierung. CSS3 hingegen bietet nicht nur Beschreibungsmöglichkeiten für Design und Webstyles, sondern auch für Form und Bewegung, damit in Zukunft weniger JavaScript vonnöten ist und beliebte Funktionen standardisiert werden können. Die CSS3-Spezifikation präsentiert sich in Modulen, die der Technologie ermöglichen, für jeden Aspekt der visuellen Darstellung des Dokuments eine Standard-Spezifikation zu liefern. Von abgerundeten Ecken und Schatten bis zu Transformationen und der Neuanordnung der bereits auf dem Bildschirm angezeigten Elemente wurde jeder nur erdenkliche Effekt behandelt, der früher nur mit JavaScript erzielt werden konnte. CSS3 wurde dadurch so umgekrempelt, dass es im Vergleich zu den Vorversionen beinahe eine ganz neue Technologie ist.

Als die HTML5-Spezifikation geschrieben wurde und CSS für das Design verantwortlich machte, war die halbe Schlacht gegen den Rest der vorgeschlagenen Spezifikationen bereits gewonnen.

3.1 Die Vorlage vorbereiten

Die neuen Eigenschaften von CSS3 sind extrem mächtig, weswegen ich Sie Ihnen einzeln vorstelle. Der Einfachheit halber werden Sie sie alle auf dieselbe Vorlage anwenden. Wir beginnen mit dem HTML-Dokument und einigen einfachen Styles:

```
<!DOCTYPE html>
<html lang="de">
<head>
   <title>Neue CSS3-Styles</title>
   <link rel="stylesheet" href="newcss01.css">
</head>
```

```
<body>
<header id="mainbox">
   <span id="title">CSS-Styles für das Web 2.0</span>
</header>
</body>
</html>
```

Listing 3.1 Eine einfache Vorlage zum Testen der neuen Eigenschaften (Datei newcss01.html)

Das Dokument hat nur einen Abschnitt mit einem kurzen Text darin. Das `<header>`-Element in dieser Vorlage könnte, je nach seiner Position im Design und seiner Funktion, auch durch `<div>`, `<nav>`, `<section>` oder irgendein anderes Strukturelement ersetzt werden. Nach dem Styling sieht die Box im Beispiel von Listing 3.1 aus wie ein Header, deshalb auch das `<header>`-Element.

Da das `<font>`-Element in HTML5 verworfen wurde, werden Texte normalerweise mit `<span>` angezeigt, wenn sie kurz sind, und mit `<p>`, wenn sie Absätze oder dergleichen sind. Daher wurde der Text in unserer Vorlage mit `<span>`-Tags eingefügt.

Verwenden Sie den Code aus Listing 3.1 als Vorlage für dieses Kapitel (Beispieldatei *newcss01.html*). Legen Sie außerdem eine neue CSS-Datei namens `newcss01.css` an, um die folgenden CSS-Styles abzuspeichern, oder laden Sie sich die entsprechenden Beispieldateien von *www.sybex.de/zusatzmaterial* herunter.

Nun folgen die grundlegenden Styles für das Dokument:

```
body {
    text-align: center;
}
#mainbox {
    display: block;
    width: 500px;
    margin: 50px auto;
    padding: 15px;
    text-align: center;
    border: 1px solid #999999;
    background: #DDDDDD;
}
#title {
    font: bold 36px verdana, sans-serif;
}
```

Listing 3.2 CSS-Grundregeln als Ausgangspunkt

Kapitel

3

111

An den Regeln in Listing 3.2 gibt es nichts Neues, nur die erforderlichen Styles, um unseren Header zu formen und eine lange Box im Zentrum des Fensters zu erzeugen, die einen grauen Hintergrund, einen Rand und einen großen Text darin hat, der CSS-Styles für das Web 2.0 lautet.

Wenn diese Box auf dem Bildschirm wiedergegeben wird, werden Sie bemerken, dass sie spitze Ecken hat. Das gefällt mir nicht, und obwohl ich kein Psychologe bin, kann ich sagen, dass im Internet-Business fast niemand spitze Ecken mag. Also werden wir das jetzt ändern.

3.2 Runde Ecken mit der Eigenschaft border-radius

Was habe ich all die Jahre gelitten, um runde Ecken für die Boxen in meinen Webseiten hinzubekommen! Da ich kein guter Grafikdesigner bin, war das sehr mühselig. Und ich weiß, dass es nicht nur mir so ging. Bei jeder Präsentation über die neuen Funktionen von HTML5 gerät das Publikum regelmäßig in Ekstase, wenn die CSS-Eigenschaft erwähnt wird, die runde Ecken ganz einfach macht. Runde Ecken waren so eine Sache, von der man dachte, es müsse eigentlich ganz einfach zu bewerkstelligen sein. Weit gefehlt.

Aus diesem Grunde werden Sie von all den neuen Möglichkeiten und Eigenschaften von CSS3 als Erstes border-radius näher kennen lernen.

```
body {
    text-align: center;
}
#mainbox {
    display: block;
    width: 500px;
    margin: 50px auto;
    padding: 15px;
    text-align: center;
    border: 1px solid #999999;
    background: #DDDDDD;

    -moz-border-radius: 20px;
    -webkit-border-radius: 20px;
    -border-radius: 20px;
}
```

```
#title {
    font: bold 36px verdana, sans-serif;
}
```

Listing 3.3 Ecken abrunden

Da die Eigenschaft `border-radius` zurzeit noch experimentell ist, müssen Sie die Präfixe `-moz-` und `-webkit-` verwenden (wie schon zuvor bei den Eigenschaften in Kapitel 2). Wenn jede Ecke denselben Wert annimmt, können Sie der Eigenschaft einen einzigen Wert übergeben. Doch ebenso wie bei den Eigenschaften `margin` und `padding` können Sie auch für jede Ecke einen anderen Wert auswählen:

```
body {
    text-align: center;
}
#mainbox {
    display: block;
    width: 500px;
    margin: 50px auto;
    padding: 15px;
    text-align: center;
    border: 1px solid #999999;
    background: #DDDDDD;

    -moz-border-radius: 20px 10px 30px 50px;
    -webkit-border-radius: 20px 10px 30px 50px;
    -border-radius: 20px 10px 30px 50px;
}
#title {
    font: bold 36px verdana, sans-serif;
}
```

Listing 3.4 Jede Ecke hat einen anderen Wert (Datei newcss01.css)

Wie Sie in Listing 3.4 sehen, stellen die vier an `border-radius` übergebenen Werte vier verschiedene Orte dar. Im Uhrzeigersinn sind dies die obere linke Ecke, die obere rechte Ecke, die untere rechte Ecke und die untere linke Ecke. Die Werte werden immer beginnend von oben links im Uhrzeigersinn vergeben.

Genau wie `margin` oder `padding` kann `border-radius` auch mit nur zwei Werten auskommen. Der erste wird den Ecken Nummer eins und drei zugewiesen (oben links und unten rechts) und der zweite den Ecken Nummer zwei und vier (oben rechts und unten links). Die Ecken werden auch hier ab der oberen linken im Uhrzeigersinn abgezählt.

Kapitel

3

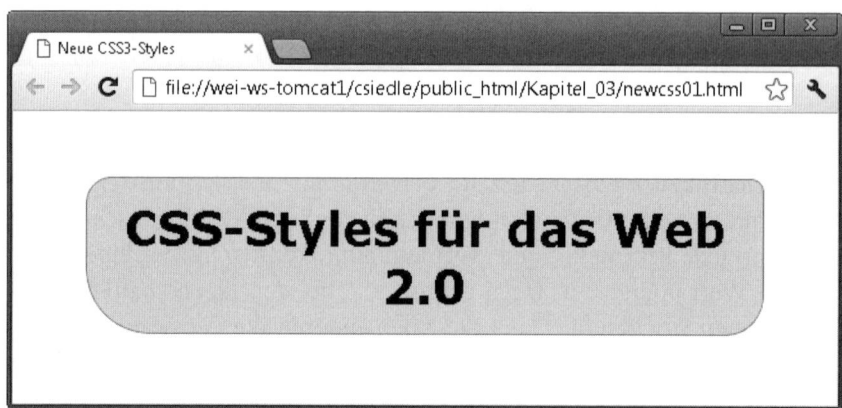

Abbildung 3.1 newcss01.html

Sie können die Ecken auch formen, indem Sie die neuen Werte durch einen Schräg-
strich getrennt angeben. Die Werte links vom Schrägstrich stellen den horizontalen
Radius dar und die Werte rechts davon den vertikalen. Die Kombination dieser
Werte generiert eine Ellipse:

```
body {
    text-align: center;
}
#mainbox {
    display: block;
    width: 500px;
    margin: 50px auto;
    padding: 15px;
    text-align: center;
    border: 1px solid #999999;
    background: #DDDDDD;

    -moz-border-radius: 20px / 10px;
    -webkit-border-radius: 20px / 10px;
    -border-radius: 20px / 10px;
}
#title {
    font: bold 36px verdana, sans-serif;
}
```

Listing 3.5 Elliptische Ecken

Schreiben Sie die Styles, die Sie testen möchten, in die CSS-Datei newcss01.css und
öffnen Sie die HTML-Datei newcss01.html (Listing 3.1) in Ihrem Browser.

3.3 Schatten

Da die Ecken jetzt gut aussehen, versuchen Sie etwas Neues. Ein anderer schöner Effekt, der früher extrem kompliziert zu erreichen war, sind Schatten.

3.3.1 Schatten für Boxen mit der Eigenschaft box-shadow

Jahrelang mussten die Designer Bilder, Elemente und mehrere CSS-Eigenschaften kombinieren, um einen Schatten zu erzeugen. Dank CSS3 und der neuen Eigenschaft box-shadow können Sie das nun mit einer einzigen Codezeile tun:

```
body {
    text-align: center;
}
#mainbox {
    display: block;
    width: 500px;
    margin: 50px auto;
    padding: 15px;
    text-align: center;
    border: 1px solid #999999;
    background: #DDDDDD;

    -moz-border-radius: 20px;
    -webkit-border-radius: 20px;
    border-radius: 20px;

    -moz-box-shadow: rgb(150,150,150) 5px 5px;
    -webkit-box-shadow: rgb(150,150,150) 5px 5px;
    -box-shadow: rgb(150,150,150) 5px 5px;
}
#title {
    font: bold 36px verdana, sans-serif;
}
```

Listing 3.6 Ein Schatten für die Box

Die Eigenschaft box-shadow benötigt mindestens drei Werte. Der erste ist die Farbe, wie Sie Listing 3.6 entnehmen können. Dieser Wert wurde hier mit rgb() und Dezimalzahlen aufgebaut, aber Sie können ihn auch hexadezimal angeben (wie wir es schon mit anderen Parametern in diesem Buch getan haben).

Die nächsten beiden Werte werden in Pixeln ausgedrückt und geben den Offset des Schattens an, der positiv oder negativ sein kann. Die Werte geben den horizontalen und den vertikalen Abstand zwischen Schatten und Element an. Negative Werte positionieren den Schatten links und oberhalb des Elements; positive Werte positionieren ihn rechts und unterhalb. Der Wert 0 platziert den Schatten hinter dem Element und eröffnet damit die Möglichkeit, einen Weichzeichner-Effekt rundherum zu erzeugen.

Testen Sie die verschiedenen Parameter und Möglichkeiten, einen Schatten für eine Box zu erzeugen, indem Sie den Code von Listing 3.6 in die CSS-Datei kopieren und die HTML-Datei mit der Vorlage aus Listing 3.1 in Ihrem Browser öffnen. Jetzt können Sie herumexperimentieren, indem Sie die Werte der Eigenschaft box-shadow ändern und denselben Code für die neuen Parameter verwenden, die ich Ihnen als Nächstes vorstellen werde.

Schatten optimieren mit Weichzeichner

Der Schatten, den wir bisher erzeugen, ist gleichmäßig, ohne Farbverlauf oder Transparenz; er sieht noch nicht wie ein richtiger Schatten aus. Mit einigen weiteren Parametern und Änderungen können wir sein Aussehen verbessern.

Ein vierter Wert, den Sie der Eigenschaft beigeben können, ist die Angabe des Weichzeichner-Abstands (Blur-Distanz). Mit diesem Effekt sieht der Schatten nun echt aus. Sie können diesen Parameter testen, indem Sie in der Regel in Listing 3.6 einen Wert von 10 Pixeln deklarieren, wie im folgenden Beispiel:

```
box-shadow: rgb(150,150,150) 5px 5px 10px;
```

Ein weiterer Pixel-Wert am Ende der Eigenschaft dehnt den Schatten aus. Dieser Effekt ändert das Wesen des Schattens ein wenig, indem er den davon abgedeckten Bereich erweitert. Im Allgemeinen empfehle ich diesen Effekt zwar nicht, aber für manche Designs kann er sich eignen.

Um ihn auszuprobieren, fügen Sie am Ende des Styles den Wert 20 Pixel hinzu, kombinieren Sie diesen Code mit dem in Listing 3.6 und testen Sie ihn.

Warnung ☒

Denken Sie immer daran, dass diese Eigenschaften zurzeit noch experimentell sind. Um sie verwenden zu können, sollten Sie jede einzelne, je nach Browser, mit dem Präfix -moz- oder -webkit- deklarieren.

Innerer Schatten mit inset

Der letzte mögliche Wert für box-shadow ist keine Zahl, sondern das Schlüsselwort inset. Dieses macht aus dem äußeren einen inneren Schatten, der der Box optisch Tiefe verleiht.

```
box-shadow: rgb(150,150,150) 5px 5px 10px inset;
```

Dieser Style zeigt einen 5 Pixel vom Rand der Box entfernten inneren Schatten mit einem Weichzeichner-Effekt von 10 Pixeln.

Warnung ✗

Da die Schatten ein Element weder erweitern noch vergrößern, müssen Sie sorgfältig prüfen, ob der verfügbare Platz auch ausreicht, um den Schatten zu sehen.

3.3.2 Schatten für Text mit der Eigenschaft text-shadow

Da Sie nun alles über Schatten wissen, möchten Sie vielleicht einen für jedes Element in Ihrem Dokument erzeugen. Die Eigenschaft box-shadow wurde speziell für Boxen geschaffen. Wenn Sie versuchen, diesen Effekt zum Beispiel auf das <span>-Element anzuwenden, bekommt nur die von diesem Element belegte unsichtbare Box auf dem Bildschirm einen Schatten, nicht aber der Inhalt des Elements. Also gibt es die spezielle Eigenschaft text-shadow, um für die unregelmäßigen Formen von Texten Schatten zu erzeugen:

```
body {
    text-align: center;
}
#mainbox {
    display: block;
    width: 500px;
    margin: 50px auto;
    padding: 15px;
    text-align: center;
    border: 1px solid #999999;
    background: #DDDDDD;

    -moz-border-radius: 20px;
    -webkit-border-radius: 20px;
    border-radius: 20px;

    -moz-box-shadow: rgb(150,150,150) 5px 5px 10px;
    -webkit-box-shadow: rgb(150,150,150) 5px 5px 10px;
    box-shadow: rgb(150,150,150) 5px 5px 10px;
```

Kapitel

3

```
}
#title {
    font: bold 36px verdana, sans-serif;
    text-shadow: rgb(0,0,150) 3px 3px 5px;
}
```

Listing 3.7 Ein Schatten für den Titel (Datei newcss02.css)

Die Werte für `text-shadow` sind die gleichen wie für `box-shadow`. Sie können die Farbe des Schattens bestimmen, den horizontalen Abstand des Schattens vom Objekt, den vertikalen Abstand und den Weichzeichner-Radius (Blur-Radius).

In Listing 3.7 hat der Titel unserer Vorlage einen blauen Schatten mit nur 3 Pixeln Abstand und einem Weichzeichnerradius von 5 bekommen.

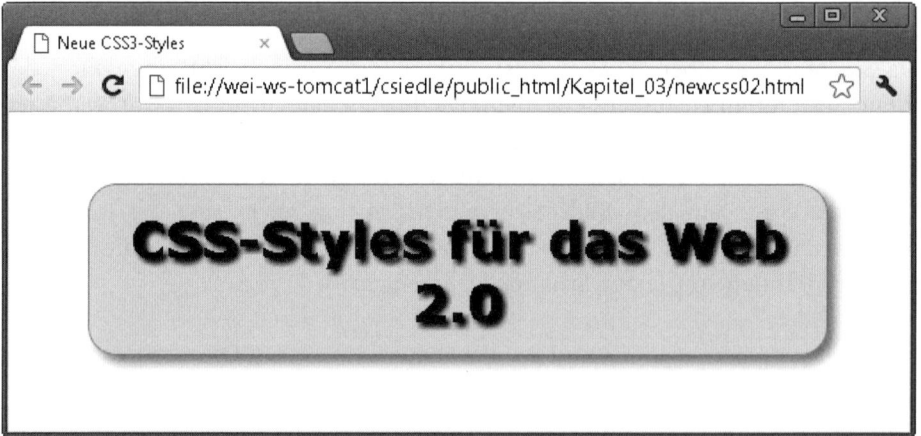

Abbildung 3.2 newcss02.html

3.4   Schriften bereitstellen mit der Eigenschaft @font-face

Ein Textschatten ist ein guter Trick, der mit den alten Methoden schwierig zu bewerkstelligen war, doch er liefert nur einen 3D-Effekt, statt den Text selbst zu ändern. Ein Schatten ist, als würde man ein altes Auto neu lackieren: Am Ende ist es immer noch dasselbe alte Auto – es bleibt also derselbe Font.

Das Font-Problem ist so alt wie das Web. Normale Websurfer haben nur eine beschränkte Anzahl von Fonts installiert, die nicht immer zu denselben Font-Familien gehören, und manche haben einen Font, den andere nicht haben. Jahrelang konnten Websites nur eine kleine Anzahl zuverlässiger Fonts verwenden, die die meisten Nutzer besaßen, um die Informationen auf dem Bildschirm zu rendern und anzuzeigen.

Mit der Eigenschaft `@font-face` können Designer jetzt eine bestimmte Font-Datei mitliefern, um Text auf einer Webseite anzuzeigen. Nun können Sie jeden Font, den Sie wollen, in eine Website einbinden, indem Sie einfach die Datei dafür mitliefern:

```css
body {
    text-align: center;
}
#mainbox {
    display: block;
    width: 500px;
    margin: 50px auto;
    padding: 15px;
    text-align: center;
    border: 1px solid #999999;
    background: #DDDDDD;

    -moz-border-radius: 20px;
    -webkit-border-radius: 20px;
    border-radius: 20px;

    -moz-box-shadow: rgb(150,150,150) 5px 5px 10px;
    -webkit-box-shadow: rgb(150,150,150) 5px 5px 10px;
    box-shadow: rgb(150,150,150) 5px 5px 10px;
}
#title {
    font: bold 36px MyNewFont, verdana, sans-serif;
    text-shadow: rgb(0,0,150) 3px 3px 5px;
}
@font-face {
    font-family: 'MyNewFont';
    src: url('font.ttf');
}
```

Listing 3.8 Ein neuer Font für den Titel

Kapitel

3

119

In den Beispieldateien zu diesem Kapitel finden Sie die Datei font.ttf, die Sie für dieses Beispiel verwenden können. Natürlich können Sie auch eine eigene Schrift verwenden, die Sie in denselben Ordner kopieren müssen, in dem sich auch Ihre CSS-Datei befindet. Unter dem folgenden Link bekommen Sie noch mehr kostenlose Fonts: www.moorstation.org/typoasis/designers/steffmann/

> **Warnung** ☒
>
> Die Font-Datei muss unter derselben Domain liegen wie die Website (oder in diesem Fall auf demselben Computer). Das ist für manche Browser, wie zum Beispiel den Firefox, eine Einschränkung.

Die Eigenschaft @font-face benötigt mindestens zwei Eigenschaften, um den Font zu deklarieren und die Datei zu laden. Die Eigenschaft font-family gibt den Namen, mit dem Sie diesen konkreten Font ansprechen möchten, und die Eigenschaft src ist die URL der Datei mit dem Code, der den Font rendert. In Listing 3.8 wurde dem verwendeten Font der Name MyNewFont zugewiesen und die Datei font.ttf als Quelle benannt.

Sobald der Font geladen ist, können Sie ihn in jedem Element des Dokuments verwenden, indem Sie einfach nur seinen Namen angeben (MyNewFont). In Listing 3.8 haben wir festgelegt, dass der Titel mit dem neuen Font angezeigt werden soll oder mit den Alternativen Verdana oder Sans-Serif, falls dieser Font nicht richtig geladen werden sollte.

3.5 Farbverläufe

Farbverläufe gehören zu den attraktivsten Features von CSS3. Mit den früheren Techniken waren sie fast unmöglich zu implementieren, aber jetzt ist es mit CSS ganz einfach.

3.5.1 Linearer Farbverlauf mit linear-gradient()

Eine background-Eigenschaft mit einigen wenigen Parametern genügt schon, um aus Ihrem Dokument eine professionell aussehende Webseite zu machen:

```
body {
    text-align: center;
}
```

```
#mainbox {
    display: block;
    width: 500px;
    margin: 50px auto;
    padding: 15px;
    text-align: center;
    border: 1px solid #999999;
    background: #DDDDDD;
    -moz-border-radius: 20px;
    -webkit-border-radius: 20px;
    border-radius: 20px;
    -moz-box-shadow: rgb(150,150,150) 5px 5px 10px;
    -webkit-box-shadow: rgb(150,150,150) 5px 5px 10px;
    box-shadow: rgb(150,150,150) 5px 5px 10px;

    background: -webkit-linear-gradient(top, #FFFFFF, #006699);
    background: -moz-linear-gradient(top, #FFFFFF, #006699);
}
#title {
    font: bold 36px MyNewFont, verdana, sans-serif;
    text-shadow: rgb(0,0,150) 3px 3px 5px;
}
@font-face {
    font-family: 'MyNewFont';
    src: url('font.ttf');
}
```

Listing 3.9 So erhält die Box einen Hintergrund mit schönem Farbverlauf (Datei newcss03.css)

Abbildung 3.3 newcss03.html

121

Da Farbverläufe als Hintergründe eingestellt werden, können Sie sie mit den Eigenschaften background oder background-image anwenden. Die Werte für diese Eigenschaften haben die Syntax linear-gradient(Startposition, von Farbe, bis Farbe). Die Attribute für die Funktion linear-gradient() geben den Anfangspunkt und die Farben an, um den Verlauf zu kreieren. Der erste Wert kann in Pixel, als Prozentsatz oder mit den Schlüsselwörtern top, bottom, left und right (wie in unserem Beispiel geschehen) angegeben werden. Die Startposition kann durch einen Winkel ersetzt werden (hier 30 Grad), um dem Farbverlauf eine spezifische Richtung zu geben:

```
background: linear-gradient(30deg, #FFFFFF, #006699);
```

Sie können auch die Stopp-Punkte für jede Farbe deklarieren:

```
background: linear-gradient(top, #FFFFFF 50%, #006699 90%);
```

| Warnung | ✕ |

Zurzeit lässt sich der Verlaufseffekt auf verschiedene Weise implementieren. In diesem Kapitel wird der Standard vorgestellt, den das W3C vorschlägt. Für Browser wie zum Beispiel Firefox und Google Chrome steht eine funktionierende Implementierung dieses Standards zur Verfügung, doch Internet Explorer und andere verhandeln noch. Laut Microsoft müssen Sie die Version 10 des Browsers abwarten, um dies zu verwenden. Wie immer sollten Sie Ihren Code in jedem auf dem Markt befindlichen Browser überprüfen, um selbst zu sehen, wie weit die Implementierung gediehen ist.

3.5.2 Radialer Farbverlauf mit radial-gradient()

Die Standardsyntax für radiale Farbverläufe unterscheidet sich nur wenig von der für lineare. Sie müssen die Funktion radial-gradient() und ein neues Attribut für die Form verwenden:

```
background: radial-gradient(center, circle, #FFFFFF 0%, #006699 200%);
```

Die Startposition ist der Ursprung und kann entweder als Pixel oder als Prozentsatz oder als Kombination der Schlüsselwörter center, top, bottom, left und right angegeben werden. Für die Form existieren zwei Werte (circle und ellipse) und die Farbpunkte verraten nicht nur die Farbe, sondern auch die Position, an der der Verlauf beginnt.

Ersetzen Sie den entsprechenden Code aus Listing 3.9 durch die obige Zeile, um den Effekt in Ihrem Browser zu testen. (Vergessen Sie nicht, je nach verwendetem Browser das Präfix -moz- oder -webkit- zu setzen!)

3.6   Farben und Transparenz zuweisen

Zum Deklarieren von Farben haben Sie zwei Möglichkeiten: `rgba()` und `hsla()`.

3.6.1   rgba()

Bisher wurden die Farben mit Hexadezimalzahlen oder der Funktion `rgb()` für Dezimalzahlen einfarbig deklariert. In CSS3 kam die Funktion `rgba()` neu hinzu, mit der sich Farben und Transparenzgrade einfacher zuweisen lassen. Damit ist auch das frühere Problem mit der Eigenschaft `opacity` gelöst.

Die Funktion `rgba()` hat vier Attribute. Die drei ersten haben dieselben Werte wie in `rgb()` und deklarieren einfach nur die Farbkombinationen. Der letzte jedoch steht für die Deckkraft der Farbe, oder ihre Opazität. Dieser Wert liegt zwischen 0 und 1, wobei 0 vollständig transparent und 1 vollständig deckend bedeutet.

```
#title {
    font: bold 36px MyNewFont, verdana, sans-serif;
    text-shadow: rgba(0,0,0,0.5) 3px 3px 5px;
}
```

Listing 3.10 Den Schatten durch Transparenz verbessern

Listing 3.10 zeigt ein einfaches Beispiel, das demonstriert, wie der Einsatz von Transparenz die Effekte verbessert. Die Funktion `rgb()` ist durch `rgba()`ersetzt, um dem Schatten des Titels einen Opazitätswert von 0,5 zu geben. Nun wird dieser Schatten mit dem Hintergrund der Box vermengt, was ihn natürlicher aussehen lässt.

In den früheren Versionen von CSS mussten Sie verschiedene Techniken für unterschiedliche Browser verwenden, um einem Element Transparenz zu verleihen. Diese krankten jedoch alle an demselben Problem: Der Opazitätswert für ein Element wurde von allen seinen Kindern geerbt. Dieses Problem löst `rgba()`, so dass Sie nunmehr dem Hintergrund einer Box einen Opazitätswert zuweisen können, ohne ihren Inhalt zu beeinflussen.

Ersetzen Sie den entsprechenden Code aus Listing 3.9 durch den Code von Listing 3.10, um den Effekt in Ihrem Browser zu testen.

3.6.2   hsla()

Die Funktion `rgba()` fügt also zu `rgb()` einen Opazitätswert hinzu, und dasselbe tut `hsla()` mit der früheren Funktion `hsl()`. Genauso wie mit `rgba()`können Sie mit hsla() die Farbe für ein Element festlegen, sie ist jedoch intuitiver anzuwenden. Manche Designer finden es einfacher, mit hsla() ihre persönliche Farbpalette zu erstellen. Die Syntax lautet: hsla(hue, saturation, lightness, opacity). (Anm. d. Übers.: Die Parameter stehen für »Farbton«, »Sättigung«, »Helligkeit« und »Opazität« oder Deckkraft. Falls Sie sich fragen, woher das »a« kommt: Es steht für »Alpha«, einen anderen Ausdruck für »Opazitätswert«.)

```
#title {
    font: bold 36px MyNewFont, verdana, sans-serif;
    text-shadow: rgba(0,0,0,0.5) 3px 3px 5px;
    color: hsla(120, 100%, 50%, 0.5);
}
```

Listing 3.11 Mit hsla() dem Titel eine neue Farbe geben

Entsprechend der Syntax ist hue (Farbton) die Farbe aus einem imaginären Farbenkreis und wird in Gradzahlen von 0 bis 360 angegeben. Um 0 und 360 herum liegen rötliche Farben, um 120 herum grünliche und um 240 herum bläuliche. Die saturation (Sättigung) wird als Prozentsatz zwischen 0% (Graustufen) und 100% (völlig gesättigte Farbe) angegeben. lightness (Helligkeit) ist ebenfalls ein Prozentwert, der von 0% (ganz dunkel) bis 100% (ganz hell) reicht. 50% wäre eine mittlere Helligkeit. Der letzte Wert repräsentiert wie in rgba() die Opazität.

Ersetzen Sie den entsprechenden Code aus Listing 3.9 durch den von Listing 3.11, um den Effekt in Ihrem Browser zu testen.

3.7 Offset hinzufügen mit der Eigenschaft outline

Die Eigenschaft outline ist eine alte CSS-Eigenschaft, die in CSS3 um einen Offset erweitert wurde. Sie wird verwendet, um einen zweiten Rand zu erstellen, und dieser Rand kann nun fern von der Kante des Elements gerendert werden.

```
#mainbox {
    display: block;
    width: 500px;
    margin: 50px auto;
    padding: 15px;
    text-align: center;
    border: 1px solid #999999;
    background: #DDDDDD;
```

```
    outline: 2px dashed #000099;
    outline-offset: 15px;
}
```

Listing 3.12 Ein Umriss für die Header-Box

In Listing 3.12 fügen wir zu den Styles, die ursprünglich der Box der Vorlage zugewiesen waren, einen 2 Pixel breiten Umriss mit einem Offset von 15 Pixeln hinzu. Die Eigenschaft `outline` funktioniert ähnlich wie `border` und nimmt dieselben Parameter auf. Die Eigenschaft `outline-offset` benötigt nur einen einzigen Wert in Pixel.

Ersetzen Sie den entsprechenden Code aus Listing 3.9 durch den von Listing 3.12, um den Effekt in Ihrem Browser zu testen.

3.8 Ränder gestalten mit der Eigenschaft border-image

Die möglichen Effekte der Eigenschaften `border` und `outline` beschränken sich auf einzelne Linien und einige wenige Konfigurationsoptionen. Die neue Eigenschaft `border-image` soll diese Beschränkungen überwinden und den Designern die Qualität und Vielfalt der Ränder erschließen, um eine Alternative zur Verwendung benutzerdefinierter Bilder zu bieten.

Testen Sie diese Eigenschaft an einem PNG-Bild mit Rauten. Bei den Beispieldateien zu diesem Kapitel, die Sie von www.sybex.de/zusatzmaterial herunterladen können, finden Sie die Datei `diamond.png`, die Sie für diesen Zweck verwenden können. Kopieren Sie sie in denselben Ordner, in dem auch Ihre CSS-Datei liegt.

Die Eigenschaft `border-image` nimmt ein Bild als Muster entgegen. Je nach den übergebenen Werten wird das Bild wie ein Kuchen aufgeteilt, um Stücke zu erhalten, die dann rund um das Objekt gelegt werden, um den Rand aufzubauen.

Um diese Aufgabe zu schaffen, müssen Sie drei Attribute angeben: den Namen und den Speicherort der Bilddatei, die Größe der Stücke, die Sie aus dem Muster erstellen möchten, und einige Schlüsselwörter, die angeben, wie diese Stücke rund um das Objekt verteilt werden.

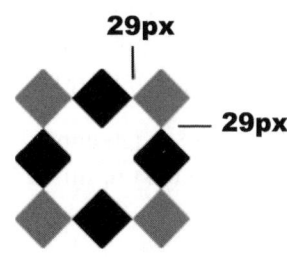

Abbildung 3.4 Aus diesem Muster erstellen wir den Rand. Jedes Stück ist 29 Pixel breit.

125

```
#mainbox {
    display: block;
    width: 500px;
    margin: 50px auto;
    padding: 15px;
    text-align: center;
    border: 29px;
    -moz-border-image: url("diamonds.png") 29 stretch;
    -webkit-border-image: url("diamonds.png") 29 stretch;
    border-image: url("diamonds.png") 29 stretch;
}
```

Listing 3.13 Ein benutzerdefinierter Rand für die Header-Box

Mit den in Listing 3.13 vorgenommenen Modifikationen stellen Sie einen 29 Pixel breiten Rand für die Header-Box ein und laden dann das Bild diamonds.png, um den Rand zu erstellen. Der Wert 29 in der Eigenschaft border-image gibt die Größe der Stücke an und stretch ist eine der Methoden, die verfügbar sind, um diese Stücke rund um die Box zu verteilen.

Für das letzte Attribut sind drei Werte möglich. Das Schlüsselwort repeat wiederholt die dem Bild entnommenen Stücke so oft, wie es nötig ist, um die Seite des Elements abzudecken. In diesem Fall bleibt die Größe der Stücke erhalten und das Bild wird abgeschnitten, wenn nicht genug Platz dafür da ist. Das Schlüsselwort round berücksichtigt, wie lang die Seite ist, und streckt die Stücke derart, dass kein Stück abgeschnitten wird. Und das Schlüsselwort stretch (siehe Listing 3.13) streckt ein einziges Stück, bis es die gesamte Seite abdeckt.

Hier haben Sie die Größe des Randes mit der Eigenschaft border eingestellt, aber Sie können auch border-with verwenden, um für jede Seite des Elements eine andere Größe festzulegen. (Das Element border-with nimmt vier Parameter entgegen, ähnlich wie die Syntax von margin und padding.) Dasselbe gilt für die Größe jedes Stücks: Sie können bis zu vier Werte deklarieren, um aus dem Muster verschiedene Bilder unterschiedlicher Größe zu machen.

Ersetzen Sie den entsprechenden Code aus Listing 3.9 durch den von Listing 3.13, um den Effekt in Ihrem Browser zu testen.

3.9 Transformationen mit transform und transition

HTML-Elemente sind zuerst wie solide, unbewegliche Blöcke. Sie können mit JavaScript-Code bewegt werden oder auch mit Hilfe von populären Bibliotheken, wie zum Beispiel jQuery (*www.jquery.com*), doch es gab keine Standardverfahren für diesen Zweck, bis CSS3 mit den Eigenschaften transform und transition auf den Plan trat.

Jetzt brauchen Sie nicht mehr zu überlegen, wie das denn bitte gehen soll. Sie müssen nur ein paar Parameter kennen, und schon wird Ihre Website so dynamisch, wie Sie sie sich vorgestellt hatten.

Die Eigenschaft transform leistet vier grundlegende Transformationen für ein Objekt: skalieren (scale), drehen (rotate), schrägstellen (skew) und bewegen (move oder translate):

3.9.1 Boxen skalieren mit transform: scale

```
#mainbox {
    display: block;
    width: 500px;
    margin: 50px auto;
    padding: 15px;
    text-align: center;
    border: 1px solid #999999;
    background: #DDDDDD;

    -moz-transform: scale(2);
    -webkit-transform: scale(2);
}
```

Listing 3.14 Die Header-Box skalieren (Datei newcss04.css)

In dem Beispiel aus Listing 3.14 haben Sie die Basis-Styles aus Listing 3.2 für die Header-Box verwendet und transformiert, indem Sie das Element auf die doppelte Größe skaliert haben. Die Funktion scale nimmt zwei Parameter: den X-Wert für horizontales Skalieren und den Y-Wert für vertikales Skalieren. Wird nur ein Wert übergeben, wird er auf beide Parameter angewendet.

Für die Skalierung können Integer- und Dezimalwerte übergeben werden. Die Skalierung wird durch eine Matrix berechnet. Werte zwischen 0 und 1 verkleinern das Element, der Wert 1 bewahrt die Originalgröße und -proportionen und Werte

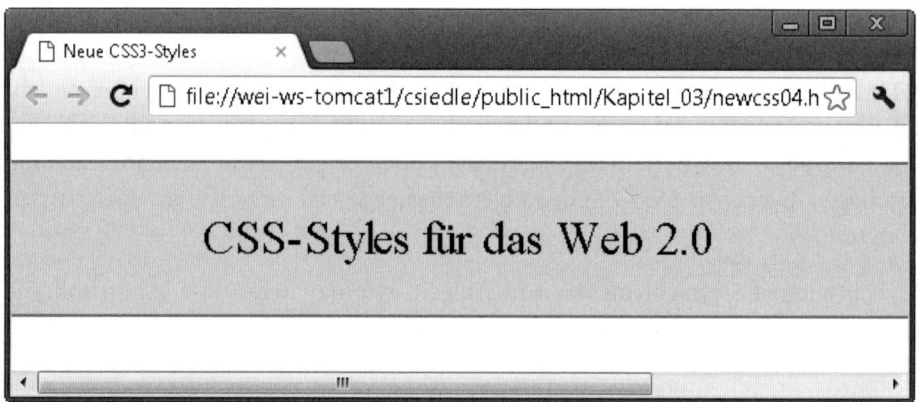

Abbildung 3.5 newcss04.html

größer als 1 vergrößern das Objekt schrittweise. Durch negative Werte lässt sich mit dieser Funktion ein hübscher Effekt erzielen:

```
#mainbox {
    display: block;
    width: 500px;
    margin: 50px auto;
    padding: 15px;
    text-align: center;
    border: 1px solid #999999;
    background: #DDDDDD;

    -moz-transform: scale(1,-1);
    -webkit-transform: scale(1,-1);
}
```

Listing 3.15 Ein Spiegelbild mit scale erzeugen

In Listing 3.15 wurden zwei Parameter zum Skalieren der mainbox deklariert. Der erste Wert, 1, bewahrt für die horizontale Dimension die Originalproportion. Der zweite Wert bewahrt ebenfalls die Originalproportion, kehrt das Element jedoch vertikal um und erzeugt dadurch ein Spiegelbild.

Es gibt noch zwei weitere Funktionen, die scale ähneln, aber auf die horizontale oder vertikale Dimension beschränkt sind: scaleX und scaleY. Diese Funktionen nehmen natürlich nur einen einzigen Parameter entgegen.

Ersetzen Sie den entsprechenden Code aus Listing 3.9 durch den von Listing 3.14 oder 3.15, um den Effekt in Ihrem Browser zu testen.

3.9.2 Boxen drehen mit transform: rotate

Die Funktion rotate dreht das Element im Uhrzeigersinn. Der Wert muss mit der Einheit deg in Grad angegeben werden:

```
#mainbox {
    display: block;
    width: 500px;
    margin: 50px auto;
    padding: 15px;
    text-align: center;
    border: 1px solid #999999;
    background: #DDDDDD;

    -moz-transform: rotate(30deg);
    -webkit-transform: rotate(30deg);
}
```

Listing 3.16 Die Box drehen

Wird ein negativer Wert übergeben, ändert dies nur die Richtung, in der das Element gedreht wird. Testen Sie diesen Effekt in Ihrem Browser, indem Sie Sie den entsprechenden Code aus Listing 3.9 durch den von Listing 3.16 ersetzen.

3.9.3 Symmetrie ändern mit transform: skew

Die Funktion transform: skew ändert die Symmetrie des Elements um Grade in beiden Dimensionen.

```
#mainbox {
    display: block;
    width: 500px;
    margin: 50px auto;
    padding: 15px;
    text-align: center;
    border: 1px solid #999999;
    background: #DDDDDD;

    -moz-transform: skew(20deg);
    -webkit-transform: skew(20deg);
}
```

Listing 3.17 Horizontal schrägstellen

Die Funktion skew hat zwei Parameter, doch im Gegensatz zu anderen Funktionen wirkt jeder Parameter von skew nur auf eine Dimension. Beide sind also unabhän-

Kapitel

3

gig voneinander. In Listing 3.17 haben wir mit der Header-Box eine Transformation ausgeführt, um sie schrägzustellen. Da nur der erste Parameter deklariert wurde, wird nur die horizontale Dimension modifiziert. Würden Sie beide Parameter verwenden, könnten Sie beide Dimensionen des Objekts ändern. Als Alternative könnten Sie für diesen Zweck auch die eigenständigen Funktionen skewX und skewY einsetzen.

Testen Sie den Effekt wieder, indem Sie den entsprechenden Code aus Listing 3.9 durch den von Listing 3.17 ersetzen.

3.9.4 Boxen versetzen mit transform: translate

Ähnlich wie die alten Eigenschaften top und left bewegt die Funktion translate() das Element an eine neue Bildschirmposition.

```
#mainbox {
    display: block;
    width: 500px;
    margin: 50px auto;
    padding: 15px;
    text-align: center;
    border: 1px solid #999999;
    background: #DDDDDD;

    -moz-transform: translate(100px);
    -webkit-transform: translate(100px);
}
```

Listing 3.18 Die Header-Box nach rechts verschieben

Die Funktion translate betrachtet den Bildschirm als Pixel-Raster, in dem die Ursprungsposition des Elements als Bezugspunkt verwendet wird. Da die obere, linke Ecke des Elements an der Position 0,0 liegt, verschieben negative Werte das Objekt nach links oder nach oben und positive verschieben es nach rechts oder nach unten.

In Listing 3.18 wird die Header-Box 100 Pixel nach rechts verschoben. Sie können dieser Funktion zwei Werte mitgeben, um die Box sowohl horizontal als auch vertikal zu verschieben, oder Sie können die Funktionen translateX und translateY verwenden, um das unabhängig voneinander zu tun.

Ersetzen Sie den entsprechenden Code aus Listing 3.9 durch den von Listing 3.18, um den Effekt in Ihrem Browser zu testen.

3.9.5 Transformieren – alles auf einen Streich

Manchmal ist es praktisch, mehrere Transformationen auf einen Streich auf ein Element anwenden zu können. Sie brauchen die Funktionen nur durch Leerzeichen zu trennen und schon haben Sie eine zusammengesetzte transform-Eigenschaft definiert:

```
#mainbox {
    display: block;
    width: 500px;
    margin: 50px auto;
    padding: 15px;
    text-align: center;
    border: 1px solid #999999;
    background: #DDDDDD;

    -moz-transform: translateY(100px) rotate(45deg) scaleX(0.3);
    -webkit-transform: translateY(100px) rotate(45deg) scaleX(0.3);
}
```

Listing 3.19 Das Element mit nur einer Codezeile bewegen, skalieren und drehen

Hier sollten Sie sich merken, dass die Reihenfolge wichtig ist, weil manche Funktionen den Ursprungspunkt und das Zentrum des Objekts verschieben und dadurch die Parameter ändern, von denen die restlichen Funktionen ausgehen.

Kapitel

3

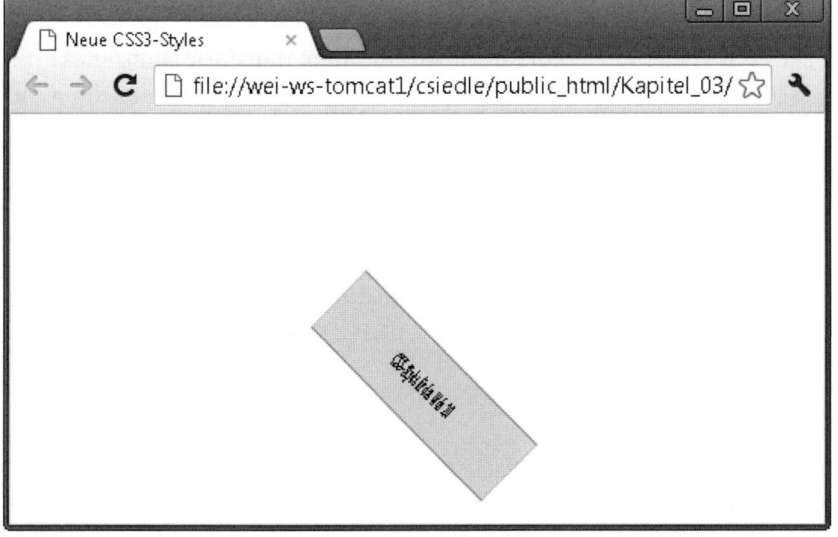

Abbildung 3.6 newcss05.html

131

Ersetzen Sie den entsprechenden Code aus Listing 3.9 durch den von Listing 3.19, um den Effekt in Ihrem Browser zu testen.

3.9.6 Dynamische Transformationen

Die Funktionen, die Sie bisher gesehen haben, werden das Web zwar ändern, es bleibt dabei aber genauso statisch wie zuvor. Mit einer Kombination von Transformationen und Pseudoklassen können Sie die Seite aber in eine dynamische Anwendung verwandeln:

```
#mainbox {
    display: block;
    width: 500px;
    margin: 50px auto;
    padding: 15px;
    text-align: center;
    border: 1px solid #999999;
    background: #DDDDDD;
}

#mainbox:hover{
    -moz-transform: rotate(5deg);
    -webkit-transform: rotate(5deg);
}
```

Listing 3.20 Auf Benutzeraktivitäten reagieren

In Listing 3.20 blieb die ursprüngliche Regel für die Header-Box aus Listing 3.2 erhalten, aber eine neue Regel kommt hinzu, um den Transformationseffekt mit Hilfe der Pseudoklasse :hover einzusetzen. Das Ergebnis: Wann immer die Maus über die Header-Box gleitet, dreht die Eigenschaft transform die Box um 5 Grad, und wenn die Maus die Box verlässt, wird diese wieder in die Ursprungsposition zurückgedreht. So entsteht eine einfache, aber nützliche Animation aus nichts als einigen CSS-Eigenschaften.

Ersetzen Sie den entsprechenden Code aus Listing 3.9 durch den von Listing 3.20, um den Effekt in Ihrem Browser zu testen.

3.9.7 Transitionen

Nun sind schöne Effekte mit dynamischen Transformationen erreichbar und einfach in die Designs zu implementieren. Doch eine echte Animation erfordert eine Transition zwischen den beiden Schritten des Vorganges.

Die Eigenschaft transition wurde geschaffen, um die Dinge zu glätten und wie von Zauberhand die restlichen Schritte zu erledigen, die implizit zu der Bewegung gehören. Sie brauchen nur diese Eigenschaft einzusetzen, und schon kümmert sich der Browser um alles, erledigt unsichtbar Zwischenschritte und schafft einen weichen Übergang von einem Status zum anderen.

```
#mainbox {
    display: block;
    width: 500px;
    margin: 50px auto;
    padding: 15px;
    text-align: center;
    border: 1px solid #999999;
    background: #DDDDDD;

    -moz-transition: -moz-transform 1s ease-in-out 0.5s;
    -webkit-transition: -webkit-transform 1s ease-in-out 0.5s;
}

#mainbox:hover{
    -moz-transform: rotate(5deg);
    -webkit-transform: rotate(5deg);
}
```

Listing 3.21 Mit transition eine schöne Drehung erzeugen

Wie Sie in Listing 3.21 sehen, kann die Eigenschaft transition bis zu vier durch ein Leerzeichen getrennte Parameter aufnehmen. Der erste Wert ist die Eigenschaft, die die Transition hervorruft. Dies ist notwendig, weil sich ja mehrere Eigenschaften zugleich ändern können und Sie wahrscheinlich nur für eine einzige davon Schritte unternehmen müssen. Der zweite Parameter stellt die Zeit ein, die die Transition von ihrer Anfangsposition bis zum Ende benötigt. Der dritte Parameter ist eines der fünf Schlüsselwörter ease, linear, ease-in, ease-out oder ease-in-out. Sie legen fest, wie der Transitionsprozess entsprechend einer Bézier-Kurve verläuft. Jedes Schlüsselwort steht für eine andere Bézier-Kurve und welches das Beste ist, können Sie nur herausfinden, indem Sie es auf dem Bildschirm testen. Der letzte Parameter für die Eigenschaft transition ist die Verzögerung. Er gibt an, wie lange es dauert, bis die Transition beginnt.

Um für alle Eigenschaften, die sich in einem Objekt ändern, eine Transition zu kreieren, muss das Schlüsselwort all angegeben werden. Außerdem können Sie alle betroffenen Eigenschaften als kommagetrennte Liste angeben.

Kapitel

3

Ersetzen Sie den entsprechenden Code aus Listing 3.9 wieder durch den von Listing 3.21, um den Effekt in Ihrem Browser zu testen.

Warnung ✕

In Listing 3.21 haben wir eine Transition mit der Eigenschaft `transform` geschaffen, allerdings wird nicht jede CSS-Eigenschaft von `transition` unterstützt und mit der Zeit wird sich die Liste noch ändern. Sie werden daher selbst testen müssen, welche Eigenschaften jeweils aktuell unterstützt werden, oder auf den Websites der einzelnen Browseranbieter nach Informationen dazu suchen müssen.

Kapitel 4
JavaScript

4.1   Die Bedeutung von JavaScript

HTML5 ruht auf drei Säulen: HTML, CSS und JavaScript. Die neuen HTML-Elemente und die neuen Eigenschaften, die CSS zu dem idealen Tool für Designer machen, haben Sie bereits kennen gelernt. Nun zeige ich Ihnen das, was als einer der stärksten Aspekte dieser Spezifikation gelten kann: JavaScript.

JavaScript ist eine interpretierte Sprache, die für viele Zwecke eingesetzt wird, aber zu Beginn nur als nette Dreingabe betrachtet wurde. Eine der Innovationen, die die Wahrnehmung von Java veränderten, waren die neuen Browser-Engines, die für eine beschleunigte Script-Verarbeitung entwickelt wurden. Die erfolgreichsten Engines schafften es, Scripts in Maschincncode zu verwandeln, um eine Verarbeitungsgeschwindigkeit zu erreichen, die sich mit Desktop-Anwendungen messen konnte. Durch diese verbesserte Kapazität wurden die früheren Leistungsgrenzen von JavaScript überwunden und machten diese Sprache zur besten Option für die Web-Programmierung.

Kapitel

4

135

Um von dieser vielversprechenden Infrastruktur profitieren zu können, wurde JavaScript auf bessere Portierbarkeit und Integration getrimmt. Außerdem wurden in alle Browser vollständige Schnittstellen für die Anwendungsprogrammierung (Application Programming Interfaces, APIs) standardmäßig eingebunden, um die Sprache mit elementaren Funktionen zu unterstützen. Diese neuen APIs (wie zum Beispiel Web Storage, Canvas und andere) sind Schnittstellen für Bibliotheken, die in die Browser eingebettet sind. Dies geschah, um die mächtigen Funktionen überall durch einfache und standardisierte Programmiertechniken verfügbar zu machen. Die Sprache erhält dadurch eine größere Reichweite und es wird einfacher, spannende und nützliche Software für das Web zu entwickeln.

In diesem Kapitel erfahren Sie, wie Sie JavaScript in HTML-Dokumente einbinden können. Ich gebe Ihnen einen Überblick über die neuesten Erweiterungen dieser Sprache und bereite Sie auf den Rest des Buches vor.

Warnung ✕

In diesem Buch kann ich Ihnen nur eine sehr knappe Einführung in JavaScript geben. Ich werde zwar nur so viel Programmierung verwenden wie nötig ist, um Ihnen die neuen Funktionen vorstellen zu können, wenn Sie allerdings noch gar keine Erfahrung mit JavaScript haben, rate ich Ihnen, zusätzlich ein entsprechendes Lehrbuch durchzuarbeiten, damit Sie das Potenzial von JavaScript voll ausschöpfen können.

4.2 JavaScript einbinden

Grundsätzlich gibt es drei verschiedene Techniken, um JavaScript-Code in HTML einzubinden. Doch genau wie bei CSS ist die Einbindung externer Dateien der Weg, den HTML5 empfiehlt.

Tipp ✕

Im Folgenden führe ich grundlegende Techniken ein, die für das Verständnis der Beispiele in diesem Buch notwendig sind. Wenn Sie mit diesen Grundlagen bereits vertraut sind, können Sie diesen Teil gerne übergehen.

4.2.1 Inline-JavaScript

Diese einfache Technik, um JavaScript in das Dokument einzubinden, nutzt die für HTML-Elemente verfügbaren Attribute. Diese Attribute sind Event-Handler, die den Code entsprechend der Aktionen der Benutzer ausführen.

Die gebräuchlichsten Event-Handler haben mit der Maus zu tun, wie zum Beispiel onclick, onMouseOver oder onMouseOut. Allerdings gibt es auch Websites, die Schlüsselwort- oder Fenster-Events implementieren und zum Beispiel Aktionen aufgrund eines Tastendrucks oder einer Änderung der Fensterbedingungen ausführen (zum Beispiel onload oder onfocus).

```
<!DOCTYPE html>
<html lang="de">
<head>
    <title>Dieser Text ist der Dokumenttitel</title>
</head>
<body>
    <div id="main">
        <p onclick="alert('Du hast mich angeklickt!')">Klick mich an!</p>
        <p>Du kannst mich nicht anklicken.</p>
    </div>
</body>
</html>
```

Listing 4.1 Inline-JavaScript (Datei jscode01.html)

Durch den Event-Handler onclick wird in Listing 4.1 jedes Mal, wenn der User auf *Klick mich an!* klickt, ein Code ausgeführt. Der Handler onclick bedeutet: »Wenn jemand auf dieses Element klickt, führe diesen Code aus« und der Code ist (in

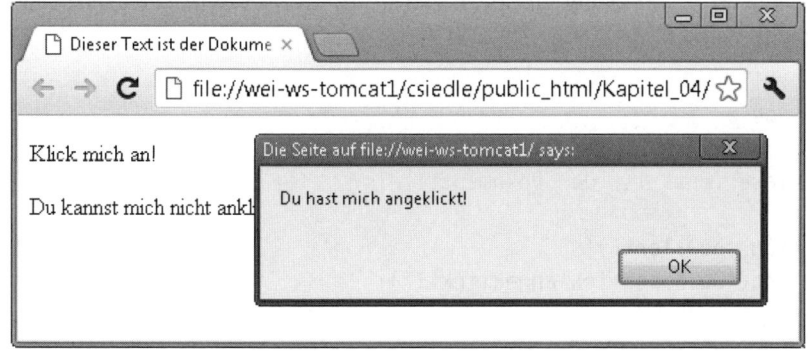

Abbildung 4.1 jscode01.html

diesem Fall) eine vordefinierte JavaScript-Funktion, die eine kleine Botschaft mit dem Text *Du hast mich angeklickt!* zeigt.

Wenn Sie den onclick-Handler zum Beispiel durch onMouseOver ersetzen, wird der Code schon ausgeführt, wenn Sie nur die Maus über das Element führen.

HTML5 erlaubt zwar JavaScript in HTML-Elementen, doch aus denselben Gründen wie bei CSS wird von dieser Praxis abgeraten. Der HTML-Code würde dadurch unnötig groß und wäre nur noch schwer zu pflegen und zu aktualisieren. Außerdem lassen sich kaum nützliche Anwendungen erstellen, wenn der Code über das gesamte Dokument verteilt ist.

Neue Methoden und Techniken wurden entwickelt, um auf HTML-Elemente zu verweisen und Event-Handler zu registrieren, ohne Inline-Scripts schreiben zu müssen. Weiter unten in diesem Kapitel werde ich darauf zurückkommen und Sie werden mehr über Events und Event-Handler erfahren.

Schreiben Sie den Code aus Listing 4.1 in eine neue, leere HTML-Datei bzw. laden Sie die Datei *jscode01.html* von der Website *www.sybex.com/zusatzmaterial* herunter und testen sie anschließend im Browser.

4.2.2   Eingebettetes JavaScript

Um mit umfangreichen Codes und benutzerdefinierten Funktionen arbeiten zu können, müssen Sie die Scripts zwischen <script>-Tags zusammenfassen. Das <script>-Element funktioniert genau wie das <style>-Element für CSS, indem es den Code an seinem Platz hält und die restlichen Elemente im Dokument mittels Verweisen anspricht.

Wie beim <style>-Element von HTML5 brauchen Sie auch hier kein type-Attribut, um die Sprache im <script>-Tag zu spezifizieren. In HTML5 wird JavaScript als Standardtyp zugewiesen.

```
<!DOCTYPE html>
<html lang="de">
<head>
   <title>Dieser Text ist der Dokumenttitel</title>
   <script>
     function showalert(){
        alert('Du hast mich angeklickt!');
     }
```

```
    function clickme(){
        document.getElementsByTagName('p')[0].onclick=showalert; }
    window.onload=clickme;
  </script>
</head>
<body>
  <div id="main">
    <p>Klick mich an!</p>
    <p>Du kannst mich nicht anklicken.</p>
  </div>
</body>
</html>
```

Listing 4.2 Eingebettetes JavaScript (Datei jscode02.html)

Das <script>-Element und sein Inhalt können überall im Dokument stehen, innerhalb anderer Elemente oder dazwischen. Der Klarheit halber empfehle ich Ihnen, dass Sie Scripts immer nur im Kopf des Dokuments zuweisen (wie in Listing 4.2) und dann die zu behandelnden Elemente mit den JavaScript-Methoden ansprechen, die extra für diesen Zweck da sind.

Zurzeit gibt es drei Methoden, um HTML-Elemente in JavaScript anzusprechen:

- getElementsByTagName (siehe Listing 4.2) spricht ein Element durch sein Schlüsselwort an.

- getElementById spricht ein Element mit dem Wert seines id-Attributs an.

- getElementsByClassName ist eine neue Methode, die hilft, ein Element mit dem Wert seines class-Attributs anzusprechen.

Selbst wenn Sie sich an die empfohlene Praxis halten und die Scripts in den Kopf des Dokuments stellen, muss noch eine Situation bedacht werden: Der Code wird vom Browser sequenziell gelesen und Sie können nicht auf ein Element verweisen, das noch gar nicht erzeugt wurde.

In Listing 4.2 steht das Script im Kopf des Dokuments und wird vor der Erzeugung der <p>-Elemente gelesen. Hätten Sie versucht, das <p>-Element mit diesem Code nur mit einem einfachen Verweis anzusprechen, hätte Sie eine Fehlermeldung davon unterrichtet, dass das Element nicht existiert. Um dieses Problem zu umgehen, wurde der Code in eine Funktion namens showalert() konvertiert und der Verweis auf das <p>-Element und den Event-Handler in eine zweite Funktion namens clickme() verlagert.

Kapitel

4

139

Die Funktionen werden von der letzten Zeile des Scripts durch einen anderen Event-Handler namens onload aufgerufen, der in diesem Falle mit dem Fenster verknüpft ist. Dieser Handler führt die Funktion aus, wenn das Fenster vollständig geladen ist und alle Elemente erzeugt wurden.

Schauen Sie sich nun die Ausführung des gesamten Dokuments in Listing 4.2 an. Zuerst werden die Funktionen geladen, aber nicht ausgeführt. Dann werden die HTML-Elemente, einschließlich der <p>-Elemente, erzeugt. Und zum Schluss, wenn das gesamte Dokument geladen wurde, wird das load-Event ausgelöst und die clickme()-Funktion aufgerufen. In dieser Funktion verweist getElementsByTagName auf die <p>-Elemente. Diese Methode gibt ein Array mit einer Liste der im Dokument gefundenen Elemente zurück. Durch den Index [0] am Ende der Methode haben Sie jedoch gesagt, dass nur das erste Element ausgewählt werden soll. Sobald dieses Element gefunden wurde, registriert der Code den onclick-Event-Handler dafür. Die Funktion showalert() wird ausgeführt, wenn das Event ausgelöst wurde, und zeigt ein kleines Fenster mit der Nachricht *Du hast mich angeklickt!*.

Der Effekt, der im Beispiel von Listing 4.1 mit einer einzigen Zeile Code erreicht wird, sieht nach viel Arbeit und Programmcode aus. In Anbetracht des Potenzials von HTML5 und der Komplexität von JavaScript sind allerdings die ordentliche Gliederung und Konzentration des Codes an einer einzigen Stelle für künftige Implementierungen von Vorteil und erleichtern die Entwicklung und Wartung von Websites und Anwendungen.

> **Erinnerung** ☒
>
> Eine Funktion ist ein Code, der nur dann ausgeführt wird, wenn die Funktion mit ihrem Namen aufgerufen oder aktiviert wird. Normalerweise wird eine Funktion mit ihrem Namen und einigen in runden Klammern stehenden Werten aufgerufen, zum Beispiel clickme(1,2). Eine Ausnahme von dieser Syntax sehen Sie in Listing 4.2. Hier verwenden wir keine Klammern, weil wir den Verweis auf die Funktion (und nicht etwa ihr Ergebnis) an den Event-Handler übergeben.

4.2.3 Externe JavaScript-Datei

JavaScript-Programme wachsen mit dem Hinzufügen neuer Funktionen und der Anwendung der oben erwähnten APIs exponentiell. Eingebetteter Code macht ein Dokument größer und redundanter. Ich empfehle Ihnen, den JavaScript-Code in einer oder mehreren externen Dateien zu speichern und mit dem Attribut src aufzurufen. Das verkürzt den Download, erhöht die Produktivität und eröffnet die Möglichkeit, den Code in jedem Dokument wiederzuverwenden:

```
<!DOCTYPE html>
<html lang="de">
<head>
    <title>Dieser Text ist der Dokumenttitel</title>
    <script src="jscode03.js"></script>
</head>
<body>
    <div id="main">
        <p>Klick mich an!</p>
        <p>Du kannst mich nicht anklicken.</p>
    </div>
</body>
</html>
```

Listing 4.3 Code aus externen Dateien importieren (Datei jscode03.html)

Das <script>-Element in Listing 4.3 lädt den JavaScript-Code aus einer externen Datei namens *jscode03.js*. Nun können Sie diese Datei in jedes Dokument Ihrer Website einbinden und den Code nach Belieben wiederverwenden. Der Anwender kann die Website dadurch schneller laden und darauf zugreifen und Sie können sie einfacher gliedern und warten.

Schreiben Sie den Code aus Listing 4.3 in eine HTML-Datei namens *jscode03.html*. Erstellen Sie eine neue Datei namens *jscode03.js* und schreiben Sie den JavaScript-Code aus Listing 4.2 hinein, der zwischen den Tags <script> und </script>steht. (Nur der Code zwischen den <script>-Tags wird kopiert, nicht die Tags selbst!) Beide Dateien können Sie natürlich auch wieder herunterladen.

4.3 Neue Selektoren

Wie Sie bereits gesehen haben, muss der JavaScript-Code die HTML-Elemente ansprechen, um sie beeinflussen zu können. Erinnern Sie sich daran, dass CSS und insbesondere CSS3 ein mächtiges Verweis- und Selektionssystem hat, das weit über die paar Methoden von JavaScript hinausgeht. Die Methoden getElementById, getElementsByTagName und getElementsByClassName reichen nicht aus, um die Integration zu gewährleisten, die diese Sprache benötigt, und ihrer Bedeutung für die HTML5-Spezifikation Genüge zu tun. Um JavaScript auf die Ebene zu hieven, die die Umstände erfordern, müssen bessere Alternativen her. Durch die neuen Methoden querySelector() und querySelectorAll() können Sie HTML-Elemente von nun an mit allen Arten von CSS-Selektoren ansprechen.

141

4.3.1 Elemente auswählen mit querySelector()

Diese Methode gibt das erste Element zurück, das der in Klammern angegebenen Gruppe von Selektoren entspricht. Die Selektoren werden in Anführungszeichen und mit der CSS-Syntax deklariert:

```
function clickme(){
    document.querySelector("#main p:first-child").onclick=showalert;
}
function showalert(){
    alert('Du hast mich angeklickt!');
}
window.onload=clickme;
```

Listing 4.4 Verwendung von querySelector()

In Listing 4.4 habe ich die zuvor benutzte Methode getElementsByTagName durch querySelector() ersetzt. Die Selektoren für diese Abfrage verweisen auf das erste <p>-Element, das ein Kind des durch das id-Attribut und den Wert main spezifizierten Elements ist.

Da diese Methode, wie bereits erwähnt, nur das erste gefundene Element zurückliefert, ist die first-child-Pseudoklasse, wie Sie sich denken können, redundant. Die Methode querySelector() in unserem Beispiel gibt das erste <p>-Element im <div>- Element zurück. Das ist natürlich ihr erstes Kind. Dieses Beispiel soll zeigen, dass querySelector() alle Arten von gültigen CSS-Selektoren akzeptiert. Also bietet nun JavaScript genau wie CSS wichtige Tools, um jedes Element im Dokument anzusprechen.

Durch Kommata getrennt können mehrere Gruppen von Selektoren deklariert werden. Die Methode querySelector() gibt das Element zurück, das einer von ihnen erkennt.

Ersetzen Sie den Code in der Datei *jscode03.js* durch den aus Listing 4.4 und öffnen Sie die vorhin erstellte HTML-Datei *jscode03.html* in Ihrem Browser, um die Methode querySelector() in Aktion zu sehen.

4.3.2 querySelectorAll()

Statt eines einzigen gibt querySelectorAll() alle Elemente zurück, die mit der in Klammern mitgelieferten Selektorengruppe übereinstimmen. Der Rückgabewert ist ein Array, das alle im Dokument gefundenen Elemente der Reihe nach aufführt.

```
function clickme(){
   var list=document.querySelectorAll("#main p");
   list[0].onclick=showalert;
}
function showalert(){
   alert('Du hast mich angeklickt!');
}
window.onload=clickme;
```

Listing 4.5 Verwendung von querySelectorAll() (Datei jscode04.js)

Die in der Methode querySelectorAll() in Listing 4.5 angegebene Gruppe von Selektoren findet in Listing 4.3 jedes <p>-Element im HTML-Dokument, das das Kind des <div>-Elements ist. Nach der Ausführung dieser ersten Zeile hat die Array-Liste zwei Werte: einen Verweis auf das erste <p>-Element und einen Verweis auf das zweite <p>-Element. Da die Elemente von jedem automatisch erzeugten Array mit dem Index 0 beginnen, wird in der nächsten Zeile das erste gefundene Element mit einer 0 in eckigen Klammern angesprochen.

Dieses Beispiel zeigt nicht das ganze Potenzial von querySelectorAll(). Normalerweise wird diese Methode verwendet, um nicht nur ein Element, wie es hier der Fall ist, sondern gleich mehrere Elemente zu bearbeiten. Die Liste der von der Methode zurückgelieferten Elemente können Sie mit einer for-Schleife durchlaufen:

```
function clickme(){
   var list=document.querySelectorAll("#main p");
   for(var f=0; f<list.length; f++){
      list[f].onclick=showalert;
   }
}
function showalert(){
   alert('Du hast mich angeklickt!');
}
window.onload=clickme;
```

Listing 4.6 Alle von querySelectorAll() gefundenen Elemente bearbeiten

In Listing 4.6 wird nicht nur das erste gefundene Element ausgewählt, sondern mit der for-Schleife für alle Elemente der onclick-Event-Handler registriert. Nun blenden alle <p>-Elemente innerhalb des <div> ein kleines Fenster ein, wenn der Benutzer darauf klickt.

Kapitel

4

Genau wie `querySelector()` kann auch die Methode `querySelectorAll()` eine oder mehrere kommagetrennte Gruppen von Selektoren aufnehmen. Man kann sie mit den zuvor behandelten Methoden kombinieren, um jedes gewünschte Element zu erreichen. In Listing 4.7 erzielen wir zum Beispiel durch Kombination von `query-SelectorAll()` und `getElementById()` dasselbe wie mit dem Code für Listing 4.6.

```
function clickme(){
    var list=document.getElementById('main').querySelectorAll("p");
    list[0].onclick=showalert;
}
function showalert(){
    alert('Du hast mich angeklickt!');
}
window.onload=clickme;
```

Listing 4.7 Methoden kombinieren

Daran sehen Sie, wie präzise diese Methoden sein können. Sie können die Methoden in derselben Zeile kombinieren oder eine Gruppe von Elementen auswählen und danach eine zweite Auswahl mit einer anderen Methode treffen, um aus der ersten Gruppe auszuwählen. Später in diesem Buch werden Sie noch mehr Beispiele sehen.

4.4 Event-Handler

Wie bereits erwähnt, wird JavaScript-Code normalerweise als Antwort auf Aktionen der Benutzer ausgeführt. Diese Aktionen und andere Events werden von Event-Handlern und damit verknüpften JavaScript-Funktionen verarbeitet.

Erinnerung ✕

In JavaScript heißen Benutzeraktionen *Events*. Wenn der Benutzer etwas tut, wie zum Beispiel mit der Maus klicken oder eine Taste drücken, wird ein für diese Aktion spezifisches Event ausgelöst. Neben den durch Benutzeraktionen hervorgerufenen Events gibt es jedoch auch System-Events, wie zum Beispiel das `load`-Event, das ausgelöst wird, wenn das Dokument vollständig geladen wurde. Diese Events werden von Code oder ganzen Funktionen behandelt. Der Code, der auf das Event reagiert, ist ein *Handler*. Wenn Sie einen Handler registrieren, definieren Sie, wie Ihre Anwendung auf ein bestimmtes Event reagiert. Nach der Standardisierung der Methode `addEvent-Listener()` nennt man diese Prozedur normalerweise »auf ein Event lauschen« und das, was Sie tun, um den Code vorzubereiten, der auf das Event reagiert, nennt man »einen Event-Listener zu einem Element hinzufügen«.

Es gibt drei verschiedene Möglichkeiten, einen Event-Handler für ein HTML-Element zu registrieren. Sie können dem Element ein neues Attribut geben, einen Event-Handler als Eigenschaft des Elements registrieren oder die neue Standardmethode addEventListener() verwenden.

4.4.1 Inline-Event-Handler

Diese Technik haben wir bereits in dem Code in Listing 4.1 verwendet, als wir das onclick-Attribut in das <p>-Element eingesetzt haben. Sie ist veraltet, aber unter manchen Umständen immer noch sehr nützlich und praktisch.

4.4.2 Event-Handler als Eigenschaften

Um die Komplikationen der Inline-Technik zu vermeiden, müssen Sie die Events im JavaScript-Code registrieren. Mit JavaScript-Selektoren können Sie auf ein HTML-Element verweisen und diesem Element den gewünschten Event-Handler als Eigenschaft zuweisen. Zwei Event-Handler wurden verschiedenen Elementen als Eigenschaft beigegeben. Das Fenster bekam mit der Konstruktion window.onload den Event-Handler onload und das erste im Dokument gefundene <p>-Element bekam durch die Methode getElementsByTagName in der Codezeile document.getElements-ByTagName('p')[0].onclick den Event-Handler onclick.

> **Erinnerung** ✕
>
> Die Namen der Event-Handler werden durch das Präfix on vor dem Namen des Events gebildet. So heißt zum Beispiel der Event-Handler für das click-Event onclick. Wenn es um onclick geht, ist damit der Code gemeint, der nach einem click-Event ausgeführt wird.

Vor HTML5 war dies die einzige browserübergreifende Technik, um Event-Handler in JavaScript-Code zu verwenden. Manche Browser-Hersteller entwickelten ihre eigenen Systeme, aber nichts setzte sich durch, bis der neue Standard übernommen wurde. Daher empfehle ich Ihnen diese Technik für die Kompatibilität mit älteren Browsern, raten aber in HTML5-Anwendungen davon ab.

4.4.3 Die Methode addEventListener()

Die Methode addEventListener() ist die ideale Technik und wurde in der HTML5-Spezifikation als Standard implementiert. Diese Methode hat drei Argumente: den Event-Typ, die auszuführende Funktion und einen booleschen Wert.

Kapitel

4

```
<!DOCTYPE html>
<html lang="de">
<head>
    <title>Dieser Text ist der Dokumenttitel</title>
    <script>
        function showalert(){
            alert('Du hast mich angeklickt!');
        }
        function clickme(){
            var pelement=document.getElementsByTagName('p')[0];
            pelement.addEventListener('click', showalert, false);
        }
        window.addEventListener('load', clickme, false);
    </script>
</head>
<body>
    <div id="main">
        <p>Klick mich an!</p>
        <p>Du kannst mich nicht anklicken.</p>
    </div>
</body>
</html>
```

Listing 4.8 Mit addEventListener() Event-Listener hinzufügen (Datei jscode05.html)

Listing 4.8 zeigt denselben Code wie Listing 4.2, allerdings wird nun für jedes Event mit der Methode addEventListener() ein Listener hinzugefügt. Um den Code in der clickme()-Funktion zu organisieren, weisen Sie den Elementverweis einer Variablen namens pelement zu und fügen dann mit Hilfe dieser Variablen den Listener für das click-Event hinzu.

In Listing 4.8 sehen Sie die Syntax der Methode addEventListener(). Das erste Attribut ist der Name des Events. Das zweite ist die auszuführende Funktion, die auch (wie hier) ein Verweis auf eine Funktion oder eine völlig anonyme Funktion sein kann. Das dritte Attribut stellt mit den Werten true oder false ein, wie multiple Events ausgelöst werden. Wenn Sie zum Beispiel in zwei ineinander verschachtelten Elementen auf das click-Event lauschen, löst ein Klick des Benutzers auf diese Elemente zwei click-Events in der durch diesen Wert vorgegebenen Reihenfolge aus. Ist das Attribut für eines der Elemente true, wird dieses Element als das erste und das andere als das zweite betrachtet. Für die meisten Situationen genügt der Wert false.

Erinnerung	×

Anonyme Funktionen sind Funktionen, die dynamisch deklariert werden und keinen Namen bekommen (deshalb sind sie »anonym«). Solcherlei Funktionen sind in JavaScript ungemein nützlich, denn sie helfen dabei, den Code zu gliedern und den globalen Gültigkeitsbereich nicht mit eigenständigen Funktionen zu übervölkern. Wir werden in den folgenden Kapiteln noch mehrmals anonyme Funktionen einsetzen.

Zwar liefern diese und die vorherige Technik ähnliche Ergebnisse, aber mit `addEventListener()` können Sie ein- und demselben Element so viele Event-Listener geben, wie Sie wollen. Dadurch hat `addEventListener()` einen Vorteil vor den anderen Methoden, was sie zur idealen Implementierung für HTML5-Anwendungen macht.

Da Events der Schlüssel zu interaktiven Websites und Webanwendungen sind, wurden in der HTML5-Spezifikation mehrere neue Events hinzugefügt. Diese werden Sie später in diesem Buch in ihrer jeweils angestammten Umgebung kennen lernen.

4.5   APIs

Wenn Sie bereits über Programmiererfahrung verfügen oder dieses Kapitel einfach nur bis hier nachvollzogen haben, können Sie leicht beurteilen, wie viel Code notwendig ist, um einfache Aufgaben auszuführen. Überlegen Sie nun, wie viel Arbeit es bedeutet, ein komplettes Datenbanksystem von Grund auf zu erstellen, komplizierte Grafiken auf den Bildschirm zu zaubern oder eine Anwendung für die Fotobearbeitung zu schreiben.

JavaScript ist jetzt so mächtig wie jede andere Programmiersprache auch. Aus demselben Grunde, aus dem professionelle Programmiersprachen Bibliotheken anbieten, um Grafikelemente, 3D-Module für Videospiele oder Schnittstellen für den Datenbankzugriff zu erstellen, besitzt JavaScript sogenannte *APIs* (*Application Programming Interfaces*, also Schnittstellen zur Anwendungsprogrammierung), um Programmierern bei der Bewältigung komplexer Probleme zur Hilfe zu kommen.

HTML5 führt mehrere APIs ein, um mit einfachem JavaScript-Code Zugriff auf mächtige Bibliotheken zu erlangen. Diese Neuerungen haben ein derartiges Potenzial, dass sie den größten Anteil dieses Buchs ausmachen. Im Folgenden gebe ich Ihnen einen Überblick darüber, welche APIs es gibt und was Sie mit ihnen machen können.

Kapitel

4

4.5.1 Canvas-API

Die *Canvas-API* ist eine Zeichen-API mit einer einfachen, aber mächtigen Zeichen-oberfläche. Sie ist die erstaunlichste und vielversprechendste API von allen. Die Möglichkeit, Grafiken dynamisch zu erzeugen und zu rendern, Animationen zu erstellen oder Bilder und Videos zu bearbeiten, öffnet in Kombination mit dem Rest der HTML5-Funktionalität die Tür für alles Erdenkliche.

Die Canvas-API erzeugt eine Bitmap, das heißt ein Bild aus Pixeln, das durch speziell für diesen Zweck programmierte Funktionen und Methoden erstellt und manipuliert wird.

4.5.2 Drag&Drop-API

Die *Drag&Drop-API* wurde entwickelt, um eine in Desktop-Anwendungen gebräuchliche Aktion auch für das Web zu erleichtern. Jetzt können Sie mit wenigen Codezeilen erreichen, dass ein Element in ein anderes Element gezogen und dort abgelegt werden kann. Diese Elemente können nicht nur Grafik, sondern auch Text, Links, Dateien oder Daten enthalten.

4.5.3 Geolocation-API

Die *Geolocation-API* wird verwendet, um den Standort des für den Zugriff auf die Anwendung verwendeten Geräts festzustellen. Diese Information lässt sich auf mehrere Arten erlangen: aus Netzwerksignalen wie zum Beispiel IP-Adressen ebenso wie durch das Global Positioning System (GPS). Die Rückgabewerte umfassen den Längen- und den Breitengrad. Dadurch wird es möglich, diese API in externe Landkarten-APIs wie zum Beispiel Google Maps zu integrieren oder auf ganz spezielle Ortsinformationen zuzugreifen, um praktische Anwendungen zu schreiben.

4.5.4 Storage-APIs

Zum Speichern wurden zwei APIs geschaffen, nämlich die *Web-Storage-API* und die *Indexed-Database-API*. Diese sind hauptsächlich für den Umgang mit Daten zuständig, von Servern bis hin zu den Computern der Anwender. Doch wenn Web Storage mit dem Attribut `sessionStorage` verbunden wird, steigert diese Neuerung auch die Kontrolle und Effizienz für Webanwendungen.

Die Web-Storage-API hat zwei wichtige Attribute, die mitunter auch selbst schon als APIs betrachtet werden, nämlich `sessionStorage` und `localStorage`. Das Attribut `sessionStorage` bewahrt die Konsistenz während einer Seiten-Session und bringt temporäre Daten wie zum Beispiel den Inhalt eines Warenkorbs in Sicherheit, damit kein Unfall oder Bedienungsfehler (zum Beispiel wenn ein zweites Fenster geöffnet ist) ihm etwas anhaben kann.

Dagegen ermöglicht das Attribut `localStorage` dieser API das Speichern großer Dateien auf dem Computer des Anwenders. Diese Informationen werden persistent gespeichert und haben aus Sicherheitsgründen kein Verfallsdatum. Die Attribute `sessionStorage` und `localStorage` ersetzen die Funktion von Cookies und überwinden deren Beschränkungen.

Die zweite API, die zu den Speicher-APIs gehört, aber von der anderen unabhängig ist, ist die Indexed-Database-API. Die Datenbankfähigkeit ist dazu da, indizierte Daten zu speichern. Die andere Speicher-API konnte zwar große Dateien oder temporäre Daten speichern, aber keine strukturierten Daten. Diese Möglichkeit haben nur Datenbanksysteme, und aus diesem Grund existiert diese Datenbank-API.

Die Indexed-Database-API ersetzt die Web-SQL-Database-API. Da über den richtigen Standard noch Uneinigkeit herrscht, ist keine der beiden APIs bislang vollständig akzeptiert. Als dieses geschrieben wurde, war jedoch die Web-SQL-Database-API (die in früheren Zeiten noch mit offenen Armen willkommen geheißen wurde) bereits abgeschafft.

Da die Indexed-Database-API (auch IndexedDB genannt) vielversprechender aussieht und von Microsoft, den Firefox-Entwicklern und Google unterstützt wird, ist sie in diesem Buch unsere API der Wahl. Bedenken Sie jedoch, dass zurzeit auch neue Implementierungen von SQL noch im Gespräch sind.

4.5.5 File-API

Unter dem Titel der *File-API* bietet die Spezifikation gleich mehrere APIs zur Dateiverwaltung an. Zurzeit stehen drei APIs für diesen Zweck zur Verfügung: *File-API*, *File-API: Directories & System* und *File-API: Writer*.

Dank dieser neuen Gruppe von APIs kann man nun Dateien auf dem Computer des Benutzers lesen, verarbeiten und erstellen.

4.5.6 Communication-API

Manche APIs lassen sich unter einem gemeinsamen Nenner zusammenfassen. So ist es auch mit der *XMLHttpRequest-API Level 2*, der *Cross-Document-Messaging-API* und der *Web-Sockets-API*.

Kapitel

4

Das Internet war schon immer für die Kommunikation da, doch einige ungelöste Probleme machten dies kompliziert oder manchmal sogar unmöglich. Drei Probleme mussten gelöst werden: Die API für Ajax-Anwendungen war unvollständig und browserübergreifend schwer zu implementieren, zwischen verschiedenartigen Anwendungen gab es keine Kommunikation und es gab keine Möglichkeit, durch eine effektive Zwei-Wege-Kommunikation auf Informationen auf einem Server zuzugreifen.

Das erste Problem wurde mit der Entwicklung der XMLHttpRequest-API Level 2 gelöst. XMLHttpRequest war die API zur Entwicklung von Ajax-Anwendungen, das heißt Anwendungen, die auf den Server zugreifen, ohne die Seite zu aktualisieren. Der Level 2 dieser API bietet neue Events, mehr Funktionalität (mit Events, die einen Fortschritt nachvollziehen), bessere Portierbarkeit (die API ist jetzt Standard) und leichtere Zugänglichkeit (mit Hilfe von Cross-Origin Requests).

Das zweite Problem wurde durch die Cross-Document-Messaging-API gelöst. Diese API hilft Entwicklern, die Kommunikationshindernisse zwischen verschiedenen Frames und Fenstern zu überwinden. Nunmehr ist eine sichere Kommunikation durch dieses Feature mit Hilfe von Nachrichten auch über mehrere Standorte hinweg möglich.

Die letzte, neue Kommunikations-API in HTML5 ist Web Sockets. Sie steuert die notwendigen Werkzeuge für Echtzeitanwendungen wie zum Beispiel Chatrooms bei. Mit dieser API können Anwendungen Informationen in ganz kurzer Zeit an einen Server senden oder von ihm abholen, so dass Echtzeitanwendungen möglich werden.

4.5.7 Web-Workers-API

Die *Web-Workers-API* ist eine einzigartige API, die JavaScript auf eine höhere Stufe hebt. JavaScript ist keine Multithread-Sprache, kann sich also immer nur einer einzigen Aufgabe widmen. Die Web-Workers-API bietet die Fähigkeit, Code im Hintergrund in separaten Threads zu verarbeiten, ohne die Aktivität der Seite zu beeinträchtigen. Dank dieser API ist JavaScript nun auch multitaskingfähig.

4.5.8 History-API

Seit Ajax können die Benutzer mit Websites und Webanwendungen ganz anders interagieren. Die Browser waren auf diese Situationen aber nicht vorbereitet. Die *History-API* wurde implementiert, um moderne Anwendungen an die Art anzupassen, wie die Browser die Benutzeraktivität nachvollziehen. Diese API umfasst

Techniken, um künstlich für jeden Schritt in diesem Prozess eine URL zu generieren, was die Möglichkeit eröffnet, mit Standard-Navigationsprozeduren einen früheren Zustand wiederherzustellen.

4.5.9 Offline-API

Auch heute, da fast überall ein Internetzugang besteht, ist es immer noch möglich, offline zu gehen. Portable Geräte sind zwar allgegenwärtig, aber nicht das Signal, das notwendig ist, um eine Kommunikation herzustellen. Und auch Desktop-Computer können uns gerade im kritischsten Moment die Verbindung kappen. Mit der Kombination von HTML-Attributen, JavaScript-gesteuerten Events und Textdateien lässt die *Offline-API* unsere Anwendungen je nach der Situation des Benutzers online oder offline funktionieren.

4.6 Externe Bibliotheken

HTML5 wurde entwickelt, um dem Web einen Standardsatz von Technologien zur Verfügung zu stellen, die jeder Browser unterstützt. Und es wurde geschaffen, um den Entwicklern alles zu geben, was sie benötigen. Tatsächlich sollte HTML5 sogar von Drittanbieter-Technologien völlig unabhängig sein, aber aus dem einen oder anderen Grunde werden Sie sich immer eine zusätzliche Hilfe beschaffen müssen.

Bevor HTML5 erschien, wurden mehrere JavaScript-Bibliotheken entwickelt, um die Grenzen der damaligen Technologien zu überwinden. Manche dieser Bibliotheken wurden zu einem bestimmten Zweck geschaffen, von der Verarbeitung und Überprüfung von Formularen bis hin zur Erzeugung und Bearbeitung von Grafiken. Diese Bibliotheken sind äußerst beliebt und manche können von unabhängigen Entwicklern praktisch nicht nachgeahmt werden (zum Beispiel Google Maps).

Selbst wenn zukünftige Implementierungen bessere Methoden bieten oder vorgefertigte Anwendungen verbessern, werden Programmierer immer einen einfacheren Weg finden, um bestimmte Probleme zu bewältigen. Bibliotheken, die komplizierte Aufgaben vereinfachen, wird es immer geben und in immer größerer Zahl.

Diese Bibliotheken sind zwar kein Teil von HTML5, aber ein wichtiger Teil des Web, und manche von ihnen werden heute schon in den erfolgreichsten Websites und Anwendungen eingesetzt. Zusammen mit den restlichen neuen Features

Kapitel

4

151

dieser Spezifikation verbessern sie JavaScript und helfen, jedem Programmierer die allermodernste Technologie an die Hand zu geben.

4.6.1 jQuery

Die derzeit wohl beliebteste Bibliothek ist *jQuery*. jQuery ist kostenlos und wurde geschaffen, um die Erstellung moderner Anwendungen mit JavaScript zu vereinfachen. Sie erleichtert es, HTML-Elemente auszuwählen, Animationen zu generieren und Events zu behandeln, und sie hilft uns, Ajax in unsere Anwendungen zu implementieren.

Die Bibliothek jQuery ist nur eine kleine Datei, die Sie von *www.jquery.com* herunterladen und dann mit `<script>`-Tags in Ihre Dokumente einbinden. Sie hat eine einfache API, die jeder erlernen und sofort anwenden kann.

Sobald jQuery in ein Dokument eingebunden wurde, können Sie einfache Methoden nutzen, die die Bibliothek zur Verfügung stellt, und Ihr statisches Web in eine moderne und praktische Anwendung verwandeln.

jQuery hat den Vorteil, auch alte Browser zu unterstützen und jedem Entwickler ganz normale Arbeiten einfacher und zugänglicher zu machen. Die Bibliothek kann zusammen mit HTML5 verwendet werden oder als einfaches Mittel, um einige grundlegende HTML5-Funktionen in Browsern zu ersetzen, die für diese Technologie noch nicht gerüstet sind.

4.6.2 Google Maps

Google Maps ist ein einzigartiger, komplexer Werkzeugkasten, mit dem Sie jeden nur erdenklichen Landkarten-Dienst für das Web entwickeln können und der über eine JavaScript-API (und andere Technologien) zugänglich ist. Google ist mittlerweile Marktführer für solche Services und gibt durch seine Google-Maps-Technologie Zugriff auf eine extrem präzise und detaillierte Weltkarte. Sie können nach bestimmten Orten suchen, Entfernungen berechnen, beliebte Punkte finden oder gar einen ausgewählten Ort betrachten, als seien Sie da.

Die Google-Maps-API ist kostenlos und steht jedem Entwickler zur Verfügung. Verschiedene Versionen der API können hier heruntergeladen werden: *https:// developers.google.com/maps/?hl=de-DE*.

Kapitel 5
Video und Audio

5.1 Videos mit HTML5 abspielen

Zu den meisterwähnten Funktionen von HTML5 gehört die Videoverarbeitung. Diese Aufregung hat nichts mit den neuen Tools zu tun, die HTML5 für diesen Zweck bereitstellt, sondern mit dem Umstand, dass alle Welt native Browser-Unterstützung für Videos erwartet, weil Videos zu einem zentralen Bestandteil des Internets geworden sind. Es schien, als wisse so ziemlich jeder um die Wichtigkeit von Videos – außer den Entwicklern der Web-Technologien.

Doch nun, da die native Unterstützung bereits Realität ist (und es sogar einen Standard gibt, mit dem browserübergreifende Anwendungen für die Videoverarbeitung erstellt werden können), erweist sich die Sache als komplizierter als erwartet. Von Codecs bis hin zur Ressourcenbelegung: Die Gründe, weswegen die Videounterstützung bisher nicht implementiert worden war, sind weitaus komplizierter als der Code, der dazu notwendig ist.

Trotz aller Komplikationen hat HTML5 aber endlich ein Element eingeführt, um Videodateien in ein HTML-Dokument einzufügen und darin abzuspielen. Das

`<video>`-Element verwendet öffnende und schließende Tags und einige wenige Parameter, um seine Funktion zu erfüllen. Die Syntax ist extrem einfach und nur das `src`-Attribut ist obligatorisch:

```
<!DOCTYPE html>
<html lang="de">
<head>
   <title>Video-Player</title>
</head>
<body>
   <section id="player">
      <video src="trailer.mp4" controls>
      </video>
   </section>
</body>
</html>
```

Listing 5.1 Die Grundsyntax für das <video>-Element (Datei video01.html)

Theoretisch sollte der Code aus Listing 5.1 mehr als ausreichen. Ich wiederhole: theoretisch ... Doch wie erwähnt, liegen die Dinge im wirklichen Leben etwas komplizierter. So sollten Sie das Video nämlich mindestens in zwei verschiedenen Dateiformaten bereitstellen: OGG und MP4. Denn obwohl das `<video>`-Element und seine Attribute Standard sind, gibt es noch keinen Standard für das Videoformat. Erstens unterstützen manche Browser Codecs, die andere nicht unterstützen, und umgekehrt. Und zweitens hat der Codec für das MP4-Format (das von manchen wichtigen Browsern, wie Safari und Internet Explorer, als einziges Format unterstützt wird) eine kommerzielle Lizenz.

Die Formate OGG und MP4 sind Container für Video und Audio. OGG enthält für Video den Theora- und für Audio den Vorbis-Codec und der MP4-Container hat für Video den H.264- und für Audio den AAC-Codec. Gegenwärtig wird OGG von Firefox, Google Chrome und Opera unterstützt, MP4 dagegen von Safari, Internet Explorer und Google Chrome.

Warnung

Da das Video in Listing 5.1 nur im mp4-Format angegeben ist, wird das Beispiel nur in Chrome funktionieren, nicht aber im Firefox.

5.1.1   Das <video>-Element

Für einen Moment ignorieren wir diese Komplikationen und genießen die Einfachheit des <video>-Elements. Dieses Element hat mehrere Attribute, um seine Eigenschaften und Standardkonfiguration einzustellen. Die Attribute width und height deklarieren wie bei jedem anderen bekannten HTML-Element die Dimensionen dieses Elements oder des Player-Fensters. Die Größe des Videos wird automatisch an diese Werte angepasst, doch sie sind nicht dazu gedacht, das Video zu strecken. Also müssen Sie sie der Reihe nach verwenden, um den Platz zu begrenzen, den das Medium einnimmt, und die Konsistenz unseres Designs zu bewahren. Das Attribut src gibt, wie erwähnt, die Quelle des Videos an. Dieses Attribut kann durch das <source>-Element und sein eigenes src-Attribut ersetzt werden, wenn Sie mehrere Quellen für verschiedene Videoformate angeben möchten (wie im folgenden Beispiel geschehen).

```
<!DOCTYPE html>
<html lang="de">
<head>
   <title>Video-Player</title>
</head>
<body>
<section id="player">
   <video id="media" width="720" height="400" controls>
      <source src="trailer.mp4">
      <source src="trailer.ogg">
   </video>
</section>
</body>
</html>
```

Listing 5.2 Ein funktionierender browserübergreifender Video-Player mit Standardsteuerelementen (Datei video02.html)

In Listing 5.2 wird das <video>-Element erweitert. Nun befinden sich innerhalb seiner Tags zwei <source>-Elemente für verschiedene Videoquellen, aus denen der Browser auswählen kann. Der Browser liest die <source>-Tags und entscheidet anhand der unterstützten Formate (MP4 oder OGG), welche Datei abgespielt wird.

Schreiben Sie den Code von Listing 5.2 in eine neue, leere HTML-Datei oder laden die Datei *player02.html* von *www.sybex.de/zusatzmaterial* herunter. Öffnen Sie sie anschließend in verschiedenen Browsern, um das <video>-Element in Aktion zu sehen.

Kapitel

5

155

Abbildung 5.1 video02.html

5.1.2 Attribute des <video>-Elements

In den <video>-Tags der Listings 5.1 und 5.2 ist Ihnen vielleicht ein Attribut aufgefallen. Das controls-Attribut ist eines von mehreren spezifischen Attributen für dieses Element. Es zeigt, welche Steuerelemente für Videos die Browser bereitstellen. Jeder Browser aktiviert seine eigene Schnittstelle, über die der Nutzer zum Beispiel das Video starten oder pausieren lassen oder zu einem bestimmten Frame springen kann. Zusammen mit controls können Sie auch Folgendes verwenden:

- autoplay: Dieses Attribut lässt den Browser das Video automatisch so bald wie möglich abspielen.

- loop: Dieses Attribut lässt den Browser das Video immer wieder von vorne abspielen, wenn es am Ende angelangt ist.

- poster: Dieses Attribut liefert die URL eines Bildes, das während der Wartezeit auf das Video gezeigt wird.

- preload: Dieses Attribut kann die drei Werte none, metadata oder auto annehmen. Der erste besagt, dass das Video nicht im Cache gespeichert wird, normalerweise um überflüssigen Datenverkehr zu minimieren. Das zweite Attribut, metadata, empfiehlt dem Browser, gewisse Informationen über die Ressource abzuholen, wie zum Beispiel ihre Dimensionen, die Dauer oder den ersten Frame. Der dritte Wert, auto, ist der Standardwert und lässt den Browser die Datei so bald wie möglich herunterladen.

In Listing 5.3 wird das <video>-Element mit Attributen benutzt:

```html
<!DOCTYPE html>
<html lang="de">
<head>
    <title>Video-Player</title>
</head>
<body>
    <section id="player">
        <video id="media" width="720" height="400" preload controls loop
                poster="poster.jpg">
            <source src="trailer.mp4">
            <source src="trailer.ogg">
        </video>
    </section>
</body>
</html>
```

Listing 5.3 Die Attribute von <video> nutzen (Datei video03.html)

Da sich das Verhalten von Browser zu Browser ändert, werden manche Attribute standardmäßig aktiviert oder deaktiviert und einige funktionieren in manchen Browsern und unter wechselnden Umständen überhaupt nicht. Um die volle Kontrolle über das <video>-Element und die abzuspielenden Medien zu erlangen, müssen Sie Ihren eigenen Video-Player mit JavaScript programmieren und sich der neuen Methoden, Eigenschaften und Events der HTML5-Spezifikation bedienen.

5.2 Einen Video-Player programmieren

Wenn Sie die obigen Codestücke in verschiedenen Browsern getestet haben, haben Sie sicherlich bemerkt, dass die Steuerelemente jedes Mal anders aussehen. Jeder Browser hat seine eigenen Buttons und Fortschrittsbalken und sogar eigene Funktionen. Das mag zuweilen akzeptabel sein, doch in einer professionellen Umgebung, in der jede Einzelheit zählt, ist es absolut unerlässlich, dass das Design auf allen Geräten und Anwendungen konsistent ist und Sie den gesamten Prozess voll unter Kontrolle haben.

Kapitel

5

HTML5 bietet neue Events, Eigenschaften und Methoden, um Videos zu bearbeiten und in das Dokument zu integrieren. Jetzt können Sie mit HTML, CSS und JavaScript Ihren eigenen Video-Player programmieren und ihm die Funktionen geben, die Sie wollen. Das Video ist nun Teil des Dokuments.

5.2.1 Das Design

Jeder Video-Player benötigt eine Bedienkonsole mit zumindest einigen Grundfunktionen. In die neue Vorlage in Listing 5.4 wurde hinter <video> ein <nav>-Element eingefügt, das zwei <div>-Elemente namens buttons und bar enthält, um einen ABSPIELEN-Button und einen Fortschrittsbalken darzustellen.

```html
<!DOCTYPE html>
<html lang="de">
<head>
    <title>Video-Player</title>
    <link rel="stylesheet" href="player.css">
    <script src="player.js"></script>
</head>
<body>
<section id="player">
    <video id="media" width="720" height="400">
        <source src="trailer.mp4">
        <source src="trailer.ogg">
    </video>
    <nav>
        <div id="buttons">
            <button type="button" id="play">Abspielen</button>
        </div>
        <div id="bar">
            <div id="progress"></div>
        </div>
        <div style="clear: both"></div>
    </nav>
</section>
</body>
</html>
```

Listing 5.4 HTML-Vorlage für den Video-Player (Datei videoplayer.html)

Diese Vorlage enthält auch zwei Dateien, um auf externen Code zuzugreifen. Eine der Dateien heißt *player.css* und liefert folgende CSS-Styles:

```css
body{
   text-align: center;
}
header, section, footer, aside, nav, article, figure, figcaption,
hgroup{
   display : block;
}
#player{
   width: 720px;
   margin: 20px auto;
   padding: 5px;
   background: #999999;
   border: 1px solid #666666;

   -moz-border-radius: 5px;
   -webkit-border-radius: 5px;
   border-radius: 5px;
}
nav{
   margin: 5px 0px;
}
#buttons{
   float: left;
   width: 85px;
   height: 20px;
}
#bar{
   position: relative;
   float: left;
   width: 600px;
   height: 16px;
   padding: 2px;
   border: 1px solid #CCCCCC;
   background: #EEEEEE;
}
#progress{
   position: absolute;
   width: 0px;
   height: 16px;
   background: rgba(0,0,150,.2);
}
```

Listing 5.5 Die CSS-Styles für den Player (Datei player.css)

Kapitel

5

159

Der Code in Listing 5.5 erstellt mit Techniken des traditionellen Boxmodells eine Box, die alle Teile des Video-Players enthält. Die Box wird mit diesem Modell im Fenster zentriert. Beachten Sie, dass wir am Ende des `<nav>`-Elements in der Vorlage mit einem Inline-Style ein drittes `<div>` hinzugefügt haben, um den normalen Dokumentfluss wieder aufzunehmen.

Im letzten Codestück finden sich keine Eigenschaften und keine Überraschungen, sondern nur eine Gruppe von CSS-Eigenschaften (die Sie bereits kennen), um den Elementen des Players Styles zuzuweisen. Nur einen der Styles könnte man als ungewöhnlich betrachten: Die Breite `width` des `<div>`-Elements `progress` wurde mit dem Wert 0 initialisiert, weil wir dieses Element verwenden werden, um einen Fortschrittsbalken zu simulieren, der sich beim Abspielen des Videos verändert.

Schreiben Sie die den Code aus Listing 5.4 in eine HTML-Datei oder laden Sie die Datei *videoplayer.html* herunter. Dann legen Sie Dateien für die CSS-Styles aus Listing 5.5 und die folgenden JavaScript-Codes an, damit Sie auch die im HTML-Code angegebenen Dateien *player.css* und *player.js* haben.

5.2.2 Der Code

Nun ist es an der Zeit, den JavaScript-Code für den Player zu schreiben. Einen Video-Player kann man auf viele unterschiedliche Arten programmieren, so dass ich Ihnen hier lediglich zeige, wie die notwendigen Events, Methoden und Eigenschaften für eine grundlegende Videoverarbeitung angewendet werden. Der Rest liegt bei Ihnen; lassen Sie sich von Ihrer Fantasie leiten.

Für unsere Zwecke reicht es, wenn Sie mit einigen einfachen Funktionen arbeiten, die das Video abspielen und pausieren lassen, einen Fortschrittsbalken anzeigen, wenn das Video abgespielt wird, und die Möglichkeit geben, mit einem Klick auf diesen Balken auf der Zeitleiste des Videos vor- und zurückzuspringen.

5.2.3 Die Events des Video-Players

HTML5 enthält neue, API-spezifische Events. Für die Audio- und Videoverarbeitung wurden Events hinzugefügt, die über den Status der Medien informieren. Sie geben Aufschluss darüber, wie weit der Download fortgeschritten ist, ob das Video zu Ende ist, ob es pausiert oder abgespielt wird und anderes mehr. Diese werden Sie für das Beispiel nicht verwenden, aber für kompliziertere Anwendungen werden sie gebraucht. Die Folgenden sind am gebräuchlichsten:

- progress: Dieses Event wird periodisch ausgelöst, um den Fortschritt beim Herunterladen der Medien anzuzeigen. Diese Informationen werden durch das weiter unten beschriebene Attribut buffered zugänglich.

- canplaythrough: Dieses Event wird ausgelöst, wenn die gesamten Medien ununterbrochen abgespielt werden können. Der Status wird anhand der aktuellen Download-Geschwindigkeit und unter der Annahme, dass diese im weiteren Verlauf gleich bleibt, festgelegt. Ein anderes, für diesen Zweck verfügbares Event, canplay, berücksichtigt nicht die Gesamtsituation und wird ausgelöst, wenn gerade einmal einige Frames zur Verfügung stehen.

- ended: Dieses Event wird ausgelöst, wenn das Medium am Ende angelangt ist.

- pause: Dieses Event wird ausgelöst, wenn das Abspielen pausiert.

- play: Dieses Event wird ausgelöst, wenn das Abspielen beginnt.

- error: Dieses Event wird ausgelöst, wenn ein Fehler auftritt. Es wird an das <source>-Element der Medienquelle, die den Fehler auslöst, weitergereicht.

Ihr Player wird allerdings nur auf die üblichen click- und load-Events lauschen.

Warnung ✕

Events, Methoden und Eigenschaften für APIs befinden sich zurzeit noch in der Entwicklung. In diesem Buch werde ich Ihnen nur diejenigen vorstellen, die für unsere Anwendungen relevant und unverzichtbar sind. Auf meiner Website *http://www.minkbooks.com/updates.php* ergänze ich von Zeit zu Zeit Hinweise (auf Englisch), welche Fortschritte die Spezifikation in dieser Hinsicht macht.

```
function initiate() {
   maxim=600;
   mmedia=document.getElementById('media');
   play=document.getElementById('play');
   bar=document.getElementById('bar');
   progress=document.getElementById('progress');

   play.addEventListener('click', push, false);
   bar.addEventListener('click', move, false);
}
```

Listing 5.6 Die Funktion initiate()

Listing 5.6 zeigt die erste Funktion für den Video-Player. Ich habe sie initiate genannt, weil sie es ist, die die Anwendung ausführt, sobald das Fenster geladen ist.

Kapitel

5

Da diese Funktion als erste ausgeführt wird, müssen Sie globale Variablen setzen, um den Player zu konfigurieren. Mit dem Selektor getElementById haben Sie einen Verweis auf die Elemente des Players gesetzt, um später im gesamten Programm darauf zugreifen zu können. Überdies haben Sie die Variable maxim gesetzt, um immer die maximale Größe des Fortschrittsbalkens zu kennen (600 Pixel).

Zwei Aktionen müssen Sie für Ihren Player beachten: Wenn der Nutzer auf den ABSPIELEN-Button klickt und wenn er auf den Fortschrittsbalken klickt, um auf der Zeitleiste vor- oder zurückzuspringen. Für diesen Zweck haben Sie zwei Event-Listener hinzugefügt: Zuerst sehen Sie im Element play einen Listener für das click-Event, der immer dann, wenn der Nutzer auf das Element (den ABSPIELEN-Button) klickt, die Funktion push() ausführt. Der andere Listener betrifft das Element bar und sorgt dafür, dass bei einem Klick auf den Fortschrittsbalken die Funktion move() ausgeführt wird.

5.2.4 Die Methoden von push()

Die Funktion push()in Listing 5.7 ist die erste Funktion, die schon eine Aktion bewirkt. Sie führt je nach Situation die Spezialmethoden pause() und play() aus:

```
function push(){
    if(!mmedia.paused && !mmedia.ended) {
        mmedia.pause();
        play.innerHTML='Abspielen';
        window.clearInterval(loop);
    }else{
        mmedia.play();
        play.innerHTML='Pause';
        loop=setInterval(status, 1000);
    }
}
```

Listing 5.7 Diese Funktion spielt das Video ab oder hält es an.

Die Spezialmethoden play() und pause() gehören zu einer ganzen Reihe von Methoden, die in HTML5 zur Medienverarbeitung hinzugefügt wurden. Die gebräuchlichsten sind:

- play(): Diese Methode spielt die Mediendatei von Anfang an, es sei denn, die Datei wurde zuvor angehalten.
- pause(): Diese Methode hält die Wiedergabe an.

- `load()`: Diese Methode lädt die Mediendatei. Für dynamische Anwendungen ist es nützlich, die Medien vorab zu laden.

- `canPlayType(type)`: Diese Methode teilt uns mit, ob ein Medienformat vom Browser unterstützt wird oder nicht.

5.2.5 Die Eigenschaften von push()

Die Funktion `push()` verwendet auch einige Eigenschaften, um Informationen über die Medien abzurufen. Die gebräuchlichsten sind:

- `paused`: Diese Eigenschaft ist `true`, wenn die Medienwiedergabe angehalten wurde oder noch nicht begonnen hat.

- `ended`: Diese Eigenschaft ist `true`, wenn die Medienwiedergabe zu Ende ist.

- `duration`: Diese Eigenschaft gibt die Spielzeit der Medien in Sekunden wieder.

- `currentTime`: Diese Eigenschaft kann einen Wert empfangen und zurückgeben, der besagt, an welcher Position die Wiedergabe der Medien angelangt ist, oder eine neue Position festlegt, an der die Wiedergabe begonnen wird.

- `error`: Wenn ein Fehler aufgetreten ist, gibt diese Eigenschaft den Fehlerwert zurück.

- `buffered`: Diese Eigenschaft gibt an, wie weit die Datei bereits in den Pufferspeicher geladen wurde. Mit ihr können Sie einen Indikator basteln, der den Download-Fortschritt anzeigt. Die Eigenschaft wird normalerweise dann gelesen, wenn das `progress`-Event ausgelöst wird. Da die Nutzer den Browser eventuell zwingen, die Medien von unterschiedlichen Positionen der Zeitleiste aus herunterzuladen, gibt `buffered` ein Array zurück, das jeden heruntergeladenen Teil der Medien anzeigt, das heißt nicht nur den, der am Anfang der Datei beginnt. Zum Zugriff auf die Elemente des Arrays dienen die Attribute `end()` und `start()`. Der Code `buffered.end(0)` gibt zum Beispiel Aufschluss, wie viele Sekunden des ersten Teils der Medien im Puffer sind. Zurzeit befindet sich die Unterstützung für dieses Feature noch in der Entwicklung.

5.2.6 Der Code in Aktion

Da Sie nun alle an der Videoverarbeitung beteiligten Elemente kennen, wollen wir uns anschauen, wie die `push()`-Funktion arbeitet.

Die Funktion wird ausgeführt, wenn der Benutzer auf den ABSPIELEN-Button klickt. Dieser Button dient zwei Zwecken: Er zeigt je nach den Gegebenheiten den Text

Kapitel

5

163

ABSPIELEN an, um das Video zu spielen, oder PAUSE, um das Video anzuhalten. Wenn das Video angehalten oder noch nicht gestartet wurde, spielt ein Klick auf diesen Button das Video ab, und wenn es bereits läuft, hält ein Klick auf den Button es an.

Damit das funktioniert, muss der Code anhand der Eigenschaften paused und ended den Status der Mediendatei erkennen. Deshalb steht in der ersten Zeile der Funktion ein if-Bedingungsausdruck, der dies prüft. Haben mmedia.paused und mmedia.ended den Wert false, so bedeutet dies, dass das Video gerade läuft. In diesem Fall wird die Methode pause() ausgeführt, um das Video anzuhalten, und der Button-Text wird mit innerHTML auf ABSPIELEN umgestellt.

Wenn das Gegenteil geschieht, das heißt, das Video angehalten oder fertig abgespielt wurde, dann lautet die Bedingung false und die Methode play() wird ausgeführt, um das Video zu starten oder weiter abzuspielen. In diesem Fall führen Sie eine weitere wichtige Aktion durch, indem Sie mit setInterval() anfangen, die status()-Funktion jede Sekunde auszuführen.

```
function status(){
   if(!mmedia.ended){
      var size=parseInt(mmedia.currentTime*maxim/mmedia.duration);
      progress.style.width=size+'px';
   }else{
      progress.style.width='0px';
      play.innerHTML='Abspielen';
      window.clearInterval(loop);
   }
}
```

Listing 5.8 Diese Funktion aktualisiert den Fortschrittsbalken.

Die Funktion status()in Listing 5.8 wird jede Sekunde ausgeführt, während das Video abgespielt wird. Ein Bedingungsausdruck mit if testet darin den Status des Videos. Wenn die Eigenschaft ended den Wert false zurückgibt, berechnen Sie, wie lang der Fortschrittsbalken in Pixel sein sollte, und stellen die Größe des <div>-Elements ein, das den Balken repräsentiert. Wenn die Eigenschaft true ist (das heißt, das Video ist zu Ende), setzen Sie die Länge des Fortschrittsbalkens wieder auf 0 Pixel zurück, ändern den Text des Buttons auf ABSPIELEN und beenden die Schleife mit clearInterval. Dann wird die Funktion status() nicht mehr ausgeführt.

Kehren wir nun zur Berechnung der Länge des Fortschrittsbalkens zurück. Da die Funktion status() jede Sekunde ausgeführt wird, während das Video läuft, ändert sich die Spieldauer permanent. Dieser Wert in Sekunden wird mit der Eigenschaft currentTime abgerufen. Außerdem verfügen Sie mit der Eigenschaft duration über die Dauer des Videos und mit der Variablen maxim über die maximale Länge des Fortschrittsbalkens. Aus diesen drei Werten können Sie errechnen, wie lang der Balken in Pixeln sein sollte, um die bereits verstrichenen Sekunden des Videos anzugeben. Die Formel currentTime x maxim / duration macht aus Sekunden Pixel, um die Länge des <div> zu ändern, das den Fortschrittsbalken repräsentiert.

Die Funktion, die das click-Event für das Element play (den Button) behandelt, wurde bereits geschrieben. Nun benötigen Sie eine Funktion für den Fortschrittsbalken:

```
function move(e){
    if(!mmedia.paused && !mmedia.ended){
        var mouseX=e.pageX-bar.offsetLeft;
        var newtime=mouseX*mmedia.duration/maxim;
        mmedia.currentTime=newtime;
        progress.style.width=mouseX+'px';
    }
}
```

Listing 5.9 Abspielen ab der vom Nutzer gewählten Position

Dem bar-Element wurde ein Listener hinzugefügt, der immer Bescheid sagt, wenn der Benutzer das Video von einer neuen Position an abspielen möchte. Mit der Funktion move() behandelt der Listener das Event, wenn es ausgelöst wird. Sie sehen diese Funktion in Listing 5.9. Sie beginnt genau wie die vorige Funktion mit einem if, doch diesmal werden Sie die Aktion nur dann ausführen, wenn das Video abgespielt wird. Wenn die Eigenschaften paused und ended den Wert false haben, bedeutet dies, dass das Video läuft und der Code ausgeführt werden muss.

Mehrere Dinge sind notwendig, um zu berechnen, wann die Videowiedergabe anfangen soll. Sie müssen die Position der Maus zum Zeitpunkt des click-Events, den Abstand dieser Position vom Anfang des Fortschrittsbalkens in Pixeln und die Sekunden, die dieser Abstand auf der Zeitleiste darstellt, ermitteln.

Alle Prozesse, die einen Event-Handler wie zum Beispiel addEventListener()(für einen Event-Listener) registrieren, versenden einen Verweis auf das Event an die Handler-Funktion als Attribut. Traditionell wird dieser Wert in der Variablen e gespeichert. In der Funktion in Listing 5.9 haben wir diese Variable und die Eigenschaft pageX verwendet, um die genaue Position der Maus zum Zeitpunkt des Events zu erfassen. Der Rückgabewert von pageX hängt von der Seite ab, und nicht etwa vom Fortschrittsbalken oder vom Fenster. Um festzustellen, wie viele Pixel zwischen dem Anfang des Fortschrittsbalkens und der Mausposition liegen,

Kapitel

5

müssen Sie den Raum zwischen dem linken Seitenrand und dem Anfang des Balkens subtrahieren. Bedenken Sie, dass der Fortschrittsbalken in einer Box liegt, die auf dem Bildschirm zentriert ist. Nehmen wir einmal an, der Balken liegt 421 Pixel vom linken Seitenrand entfernt und der Klick erfolgte auf der Mitte des Balkens. Da der Balken 600 Pixel lang ist, wurde bei 300 Pixeln geklickt. Die Eigenschaft `pageX` gibt nun aber nicht 300, sondern 721 zurück. Um die genaue Position zu erhalten, bei der auf den Balken geklickt wurde, müssen Sie die Entfernung vom linken Seitenrand vom Anfang des Balkens (die hier 421 Pixel beträgt) subtrahieren. Diese Entfernung können Sie mit der Eigenschaft `offsetLeft` abrufen. Also erhalten Sie mit der Formel `e.pageX - bar.offsetLeft` die genaue Mausposition relativ zum Balken. In diesem Beispiel lautet die Formel `721 - 421 = 300`.

Wenn Sie diesen Wert besitzen, müssen Sie ihn in Sekunden konvertieren. Aus der Eigenschaft `duration`, der genauen Position der Maus auf dem Balken und der Maximalgröße des Balkens bestimmen Sie mit der Formel `mouseX x video.duration / maxim` den Wert und speichern ihn in der Variablen `newtime`. Das Ergebnis ist die Zeit in Sekunden, die diese Mausposition auf der Zeitleiste repräsentiert.

Nun müssen Sie an der neuen Position mit der Wiedergabe des Videos beginnen. Die Eigenschaft `currentTime` gibt, wie bereits erwähnt, die Zeitdauer des Videos an, geht aber auch an eine bestimmte Stelle des Videos, wenn sie auf einen neuen Wert eingestellt wird. Wenn Sie diese Variable auf die Eigenschaft `newtime` einstellen, kommen Sie zur gewünschten Position im Video.

Nun müssen Sie nur noch die Größe des `progress`-Elements an die neue Situation auf dem Bildschirm anpassen. Mit dem Wert der Variablen `mouseX` können Sie die Größe dieses Elements genau auf die Position einstellen, an der der Mausklick erfolgte.

Jetzt ist der Code für den Video-Player fast fertig. Sie haben alle Events, Methoden, Eigenschaften und Funktionen beisammen, die Sie für die Anwendung benötigen. Es bleibt nur noch eine Zeile zu schreiben, nur ein einziges Event, auf das Sie lauschen müssen, damit die Sache läuft:

```
window.addEventListener('load', initiate, false);
```

Sie hätten den Event-Handler auch mit der alten Standardtechnik `window.onload` registrieren können, und für die Abwärtskompatibilität mit älteren Browsern wäre das vielleicht sogar besser gewesen. Doch da dieses Buch von HTML5 handelt, haben wir uns für den HTML5-Standard `addEventListener()` entschieden.

Abbildung 5.2 Der Video-Player in Aktion (videoplayer.html)

Wenn Sie die Datei *player.js* angelegt oder heruntergeladen haben, öffnen Sie die Datei *videoplayer.html* mit der Code aus Listing 5.4 im Browser und klicken Sie auf ABSPIELEN. Probieren Sie die Anwendung in verschiedenen Browsern aus.

5.3 Übersicht über Video-Formate

Vorläufig gibt es für das Internet noch keine Standardformate für Audio- und Video-Inhalte. Mehrere Container und verschiedene Codecs stehen zur Verfügung, aber keiner hat sich bislang durchgesetzt und eine Einigkeit der Browser-Hersteller ist für die nähere Zukunft nicht absehbar.

Die gebräuchlichsten Container sind OGG, MP4, FLV und der neue, von Google vorgeschlagene Container WEBM. Diese codieren Videos normalerweise mit den Codecs Theora, H.264, VP6 und VP8. Die Liste sieht folgendermaßen aus:

Kapitel

5

167

- **OGG:** Theora-Video-Codec und Vorbis-Audio-Codec
- **MP4:** H.264-Video-Codec und AAC-Audio-Codec
- **FLV:** VP6-Video-Codec und MP3-Audio-Codec. Unterstützt auch H.264 und AAC
- **WEBM:** VP8-Video-Codec und Vorbis-Audio-Codec

Die Codecs für OGG und WEBM sind frei erhältlich, aber die von MP4 und FLV sind durch Patente eingeschränkt. Das heißt, wenn Sie MP4 und FLV für Ihre Anwendungen nutzen möchten, müssen Sie dafür zahlen. Manche dieser Einschränkungen gelten allerdings nur für kommerzielle Anwendungen.

Zurzeit unterstützen Safari und Internet Explorer die kostenlosen Technologien nicht. Beide arbeiten nur mit MP4 und nur der Internet Explorer hat angekündigt, in Zukunft auch den VP8-Video-Codec einzubinden (zum Thema Audio wurde noch nichts verlautbart). Hier ist die Liste:

- **Firefox:** Theora-Video-Codec und Vorbis-Audio-Codec
- **Google Chrome:** Theora-Video-Codec und Vorbis-Audio-Codec. Unterstützt auch H.264-Video-Codec und AAC-Audio-Codec
- **Opera:** Theora-Video-Codec und Vorbis-Audio-Codec
- **Safari:** H.264-Video-Codec und AAC-Audio-Codec
- **Internet Explorer:** H.264-Video-Codec und AAC-Audio-Codec

Die zukünftige Unterstützung für offene Formate wie zum Beispiel WEBM wird vieles erleichtern, doch für die nächsten zwei oder drei Jahre wird es wahrscheinlich noch kein Standardformat geben und Sie werden je nach der Art Ihrer Anwendung oder Ihres Geschäfts verschiedene Alternativen in Erwägung ziehen müssen.

5.4 Audio mit HTML5 abspielen

Audio ist im Internet weniger beliebt als Video. Ein mit einer Hobbykamera aufgenommenes Video kann auf Videosharing-Portalen wie *www.youtube.com* Millionen Betrachter haben; dasselbe mit einer Audiodatei zu erreichen, ist illusorisch. Trotzdem besteht Audio fort und hat bei Radiosendern und Podcasts überall im Internet seinen eigenen Markt.

HTML5 bietet ein neues Element, um Audio-Inhalte in einem HTML-Dokument abzuspielen. Das Element heißt natürlich `<audio>` und hat fast dieselben Merkmale wie das `<video>`-Element.

```
<!DOCTYPE html>
<html lang="de">
<head>
   <title>Audio-Player</title>
</head>
<body>
<section id="player">
   <audio src="beach.mp3" controls>
   </audio>
</section>
</body>
</html>
```

Listing 5.10 HTML-Basis für Audio

Das <audio>-Element funktioniert wie das <video>-Element und hat einige Attribute mit diesem gemeinsam.

- ▪ src: Dieses Attribut gibt die URL der zu spielenden Audiodatei an. Wie im <video>-Element wird dieses Attribut normalerweise durch das <source>-Element ersetzt, um dem Browser verschiedene Audioformate zur Wahl zu geben.

- ▪ controls: Dieses Attribut aktiviert die standardmäßig für jeden Browser mitgelieferte Schnittstelle.

- ▪ autoplay: Wenn dieses Attribut vorhanden ist, spielt der Browser die Audiomedien automatisch ab, sobald er kann.

- ▪ loop: Wird dieses Attribut angegeben, startet der Browser die Audio-Wiedergabe erneut, wenn er am Ende angelangt ist.

- ▪ preload: Dieses Attribut kann die drei Werte none, metadata oder auto annehmen. Das erste besagt, dass das Video nicht im Cache gespeichert wird, normalerweise, um überflüssigen Datenverkehr zu minimieren. Das zweite Attribut, metadata, empfiehlt dem Browser, gewisse Informationen über die Ressource abzuholen, wie zum Beispiel ihre Dauer. Der dritte Wert, auto, ist der Standardwert und lässt den Browser die Datei so bald wie möglich herunterladen.

Auch hier müssen wir über Codecs reden und auch hier sollte der Code in Listing 5.10 eigentlich mehr als ausreichen, tut er aber nicht. Da MP3 kommerziell lizenziert wird, wird dieses Format von Browsern wie Firefox oder Opera nicht unterstützt. Vorbis (der Audio-Codec im OGG-Container) wird von diesen beiden Browsern unterstützt, aber nicht von Safari und Internet Explorer. Also müssen Sie wieder einmal das <source>-Element verwenden, um dem Browser mindestens zwei Formate zur Wahl zu geben:

Kapitel

5

169

```
<!DOCTYPE html>
<html lang="de">
<head>
    <title>Audio-Player</title>
</head>
<body>
<section id="player">
    <audio id="media" controls>
        <source src="beach.mp3">
        <source src="beach.ogg">
    </audio>
</section>
</body>
</html>
```

Listing 5.11 Zwei Quellen für dieselbe Audiodatei

Der Code in Listing 5.11 spielt die Musik standardmäßig in jedem Browser mit Steuerelementen ab. Die Browser, die MP3 nicht spielen können, verwenden OGG und umgekehrt. Denken Sie nur daran, dass MP3, ebenso wie MP4 für Video, kommerziellen Lizenzen unterliegt, so dass Sie dieses Format nur unter bestimmten Umständen und im Einklang mit den Lizenzbestimmungen verwenden dürfen.

Die Unterstützung für freie Audio-Codecs (wie zum Beispiel Vorbis) nimmt zwar zu, aber es wird noch etwas dauern, bis sich ein unbekanntes Format zum Standard mausert.

5.5 Einen Audio-Player programmieren

Die Medien-API wurde sowohl für Video- als auch für Audio-Inhalte entwickelt. Alle Events, Methoden und Eigenschaften für Videos funktionieren daher auch mit Audio-Inhalten. Sie müssen also in der Vorlage lediglich das `<video>`-Element durch das `<audio>`-Element ersetzen, und schon haben Sie einen Audio-Player:

```
<!DOCTYPE html>
<html lang="de">
<head>
    <title>Audio-Player</title>
    <link rel="stylesheet" href="player.css">
    <script src="player.js"></script>
</head>
```

```
<body>
<section id="player">
   <audio id="media">
      <source src="beach.mp3">
      <source src="beach.ogg">
   </audio>
   <nav>
      <div id="buttons">
         <button type="button" id="play">Abspielen</button>
      </div>
      <div id="bar">
         <div id="progress"></div>
      </div>
      <div style="clear: both"></div>
   </nav>
</section>
</body>
</html>
```

Listing 5.12 Vorlage für den Audio-Player (Datei audio.html)

In der neuen Vorlage in Listing 5.12 kommt lediglich das <audio>-Element und seine Quellen hinzu, während der Rest des Codes, einschließlich der externen Dateien, intakt bleibt. Sie brauchen sonst nichts zu ändern, die Events, Methoden und Eigenschaften sind für beide Medien gleich.

Erstellen Sie eine neue Datei namens *audioplayer.html* mit dem Code aus Listing 5.12 oder laden Sie sie herunter und öffnen Sie sie in Ihrem Browser. Zum Ausführen des Audio-Players können Sie dieselben Dateien *player.css* und *player.js* wie zuvor verwenden.

Abbildung 5.3 audioplayer.html

Kapitel 6
Formulare und die Forms-API

6.1 HTML-Webformulare

Im Web 2.0 dreht sich alles um den Benutzer. Und wenn dieser schon im Mittelpunkt steht, so dreht sich alles um Benutzeroberflächen und die Fragen, wie sich diese intuitiver, natürlicher, praktischer und attraktiver gestalten lassen. Von allen Benutzeroberflächen sind Formulare die wichtigsten: Sie ermöglichen dem Benutzer, Daten einzutragen, Entscheidungen zu treffen, Informationen weiterzugeben und das Verhalten einer Anwendung zu ändern. In den letzten Jahren entstanden benutzerdefinierte Codes und Bibliotheken, um Formulare auf dem Computer des Benutzers zu verarbeiten. In HTML5 werden diese Dinge nun zum Standard, mit neuen Attributen, neuen Elementen und einer eigenen API. Endlich wurde die Fähigkeit, Formulardaten in Echtzeit zu verarbeiten, in die Browser eingebaut und vollständig standardisiert.

6.1.1 Das <form>-Element

Formulare haben sich nicht sehr geändert. Ihre Struktur ist immer noch dieselbe, doch in HTML5 kamen neue Elemente, Eingabetypen und Attribute hinzu, um die

Formulare so zu erweitern, wie es notwendig ist, um die derzeit in Webanwendungen eingebundenen Funktionen bereitzustellen.

```
<!DOCTYPE html>
<html lang="de">
<head>
   <title>Forms</title>
</head>
<body>
   <section id="form">
      <form name="myform" id="myform" method="get">
         <input type="text" name="name" id="name">
         <input type="submit" value="Senden">
      </form>
   </section>
</body>
</html>
```

Listing 6.1 Eine übliche Formularstruktur (Datei forms01.html)

Abbildung 6.1 forms01.html

Listing 6.1 enthält die Vorlage für ein einfaches Formular, das einen Namen einliest. Wie Sie sehen, haben sich die Struktur und die Attribute für Formulare gegenüber den früheren Spezifikationen nicht geändert. Es gibt allerdings auch neue Attribute, die Sie für das <form>-Element verwenden können.

- autocomplete: Dies ist ein altes Attribut, das zum Standard geworden ist. Es kann die beiden Werte on und off annehmen. on ist der Standardwert. Wird es auf off eingestellt, wird die autocomplete-Funktion der <input>-Elemente des Formulars deaktiviert. Sie zeigen also nicht den Text früherer Einträge als mögliche Werte an. Das Attribut kann in das <form>-Element oder in jedes <input>-Element implementiert werden.

- novalidate: Eines der Merkmale von Formularen in HTML5 ist die eingebaute Fähigkeit, Angaben zu überprüfen. Die Formulare werden automatisch validiert. Um dies zu vermeiden, dient das Attribut `novalidate`. Um dasselbe in einem bestimmten `<input>`-Element zu erreichen, gibt es ein weiteres Attribut namens `formnovalidate`. Beide Attribute sind Booleans; es muss kein Wert angegeben werden.

6.1.2   Das <input>-Element

Das wichtigste Element in einem Formular ist `<input>`. Dieses Element kann dank des Attributs `type` seine Merkmale ändern. Die Typen beschränkten sich früher auf einen Allzweck-Text und einige wenige spezifischere, wie zum Beispiel `password` oder `submit`. In HTML5 stehen nun mehr Wahlmöglichkeiten zur Verfügung, und damit auch mehr Möglichkeiten für dieses Element.

In HTML5 geben diese Typen nicht nur an, welche Art von Eingabe erwartet wird, sondern teilen dem Browser auch mit, was er mit den empfangenen Informationen tun soll. Der Browser verarbeitet die Eingabedaten und validiert die Einträge je nachdem, welchen Wert das `type`-Attribut hat. Das `type`-Attribut arbeitet mit weiteren Attributen zusammen, um dem Browser dabei zu helfen, die Benutzereingabe in Echtzeit zu begrenzen und zu steuern.

Erstellen Sie eine neue HTML-Datei aus der Vorlage von Listing 6.1 oder laden Sie die Datei *forms01.html* herunter. Um zu prüfen, wie die neuen Eingabetypen funktionieren, ersetzen Sie nun die `<input>`-Elemente der Vorlage durch das, das Sic testen möchten, und öffnen die Datei in Ihrem Browser. Zurzeit werden die Eingabetypen noch unterschiedlich verarbeitet, so dass ich Ihnen nur dazu raten kann, den Code in jedem verfügbaren Browser auszuprobieren.

6.1.3   Der Typ email

Fast jedes Formular der Welt hat ein Eingabefeld für eine E-Mail-Adresse, doch bisher war `text` der einzige verfügbare Datentyp dafür. Der Typ `text` stellt ganz allgemein Text dar, jedoch keine spezifischen Daten. Daher mussten Sie bisher mit JavaScript-Code kontrollieren, ob der eingegebene Text eine gültige E-Mail-Adresse war. Dank des neuen Typs `email` nimmt Ihnen der Browser jetzt diese Arbeit ab:

```
<input type="email" name="myemail" id="myemail">
```

Der Browser prüft den Text in dem Eingabefeld, das durch diese Codezeile generiert wurde, und validiert ihn als E-Mail-Adresse. Scheitert die Validierung, wird das Formular nicht abgesendet.

Die HTML5-Spezifikation legt nicht fest, wie die einzelnen Browser auf eine ungültige Eingabe reagieren. Manche Browser versehen das <input>-Element, in dem
der Fehler auftrat, mit einem roten Rand, andere mit einem blauen. Dieses Verhalten lässt sich anpassen, wie Sie später noch sehen werden.

6.1.4 Der Typ search

Der Typ search kontrolliert die Eingabe nicht, sondern ist nur ein Hinweis an den
Browser. Manche Browser ändern standardmäßig das Design dieses Elements,
indem sie den Benutzer auf dem Zweck des Felds hinweisen.

```
<input type="search" name="mysearch" id="mysearch">
```

6.1.5 Der Typ url

url funktioniert genau wie email, nur eben für Web-Adressen. Er soll nur gültige
URLs akzeptieren und einen Fehler zurückgeben, wenn der Wert ungültig ist.

```
<input type="url" name="myurl" id="myurl">
```

6.1.6 Der Typ tel

Dies ist der Typ für Telefonnummern. Anders als email und url verlangt er keine
spezielle Syntax, sondern ist ein Hinweis an den Browser für den Fall, dass die
Anwendung je nach dem Gerät, auf dem sie ausgeführt wird, Anpassungen vornehmen muss.

```
<input type="tel" name="myphone" id="myphone">
```

6.1.7 Der Typ number

Wie der Name schon sagt, ist der Typ number nur dann gültig, wenn die Eingabe nu-
merisch ist. Es gibt einige neue Attribute, die für dieses Feld nützlich sein könnten:

■ min: Der Wert dieses Attributs bestimmt den Mindestwert für das Feld.

■ max: Der Wert dieses Attributs bestimmt den Höchstwert für das Feld.

■ step: Der Wert dieses Attributs bestimmt die Größe der Schritte, in denen der
Wert des Felds erhöht oder vermindert wird. Wenn Sie zum Beispiel den Wert
5 mit einem Mindestwert von 0 und einem Höchstwert von 10 festlegen, lässt
Sie der Browser keinen Wert zwischen 0 und 5 oder 5 und 10 angeben.

```
<input type="number" name="mynumber" id="mynumber" min="0" max="10"
       step="5">
```

Es ist nicht notwendig, sowohl min als auch max anzugeben, und der Standardwert von step ist 1.

6.1.8   Der Typ range

Dieser Typ lässt den Browser ein neues Steuerelement erstellen, das es bisher noch nicht gab. Wie der Name schon sagt, lässt dieses neue Steuerelement die Benutzer einen Wert aus einem Wertebereich von Zahlen auswählen. Normalerweise wird er mit einem Schieberegler oder mit Pfeilen angezeigt, um den Wert hoch- oder herunterzusetzen, aber ein Standarddesign existiert noch nicht.

Der Typ range legt mit den Attributen min und max die Grenzwerte des Wertebereichs fest. Er kann auch das Attribut step verwenden, um anzugeben, um wie viel er in jedem Schritt erhöht oder verringert wird.

```
<input type="range" name="mynumbers" id="mynumbers" min="0" max="10"
    step="5">
```

Sie können den Anfangswert mit dem alten Attribut value einstellen und die Zahlen mit JavaScript zur Orientierung auf den Bildschirm schreiben. Mit dieser Fähigkeit und dem neuen <output>-Element werden Sie weiter unten noch etwas experimentieren.

6.1.9   Der Typ date

Dies ist ein anderer Typ, der eine neue Art von Steuerelement erzeugt. In diesem Fall wurde er verwendet, um die Datumseingabe zu verbessern. Browser implementieren dieses Feature mit einem Kalender, der immer dann erscheint, wenn der Benutzer auf das Feld klickt. Die Benutzer können aus dem Kalender einen Tag auswählen, der dann mit dem Rest des Datums in das Eingabefeld übernommen wird. Ein Anwendungsfall wäre es, wenn ein Benutzer versucht, ein Datum für einen Flug oder eine Fahrkarte auszuwählen. Mit dem Typ date würde der Browser in einem solchen Fall den Kalender erstellen und Sie müssten nur noch das <input>-Element in das Dokument einfügen, um den Benutzern diese Funktionalität zur Verfügung zu stellen.

```
<input type="date" name="mydate" id="mydate">
```

Die Schnittstelle wird in der Spezifikation nicht angegeben. Jeder Browser stellt seine eigene zur Verfügung und passt bisweilen das Design an das Gerät an, in dem die Anwendung ausgeführt wird. Normalerweise wird ein Wert mit der Syntax *Jahr-Monat-Tag* generiert und erwartet.

177

6.1.10   Der Typ week

Dieser Typ hat eine ähnliche Schnittstelle wie date, allerdings für die Auswahl ganzer Wochen. Normalerweise wird ein Wert in der Form wie *2013-W50* erwartet, wobei *2013* das Jahr und *50* die Nummer der Woche ist.

```
<input type="week" name="myweek" id="myweek">
```

6.1.11   Der Typ month

Ähnlich dem vorigen Typ gilt dieser hier für ganze Monate. Die Syntax ist normalerweise *Jahr-Monat*.

```
<input type="month" name="mymonth" id="mymonth">
```

6.1.12   Der Typ time

Dieser Typ ähnelt date, gibt allerdings nur die Uhrzeit an. Er hat ein Format mit Stunden und Minuten, doch sein Verhalten hängt zurzeit auch noch vom verwendeten Browser ab. Normalerweise hat der Wert die Syntax *Stunde:Minuten:Sekunden*, möglich ist aber auch *Stunde:Minuten*.

```
<input type="time" name="mytime" id="mytime">
```

6.1.13   Der Typ datetime

Dieser Typ nimmt eine vollständige Angabe von Datum und Uhrzeit einschließlich der Zeitzone entgegen.

```
<input type="datetime" name="mydatetime" id="mydatetime">
```

6.1.14   Der Typ datetime-local

Dies ist ein Datums- und Uhrzeittyp ohne Angabe der Zeitzone.

```
<input type="datetime-local" name="mylocaldatetime"
      id="mylocaldatetime">
```

6.1.15   Der Typ color

Neben den Datums- und Uhrzeittypen gibt es auch einen Typ, der den Benutzern eine vordefinierte Benutzeroberfläche zum Auswählen einer Farbe anbietet. Normalerweise wird für dieses Feld eine Hexadezimalzahl als Wert angegeben, zum Beispiel *#00FF00*.

```
<input type="color" name="mycolor" id="mycolor">
```

HTML5 hat keine Standardschnittstelle für die Farbe, aber die Browser werden möglicherweise ein übliches Raster mit den Grundfarben anbieten.

6.1.16 Neue Attribute

Manche Eingabetypen können ihre Aufgabe nur mit Hilfe von Attributen erfüllen, wie zum Beispiel `min`, `max` und `step`. Andere Eingabetypen benötigen Hilfe, um mehr leisten oder ihre Bedeutung im Validierungsprozess festlegen zu können. Einige Beispiele sahen Sie bereits, wie etwa `novalidate`, um die Validierung des gesamten Formulars zu verhindern, oder `formnovalidate` für individuelle Elemente. Das Attribut `autocomplete`, das ich ebenfalls schon beschrieben habe, versieht das Formular oder einzelne seiner Elemente mit einer zusätzlichen Sicherheitsvorkehrung. Nun ist es an der Zeit, die restlichen neuen Attribute von HTML5 unter die Lupe zu nehmen.

6.1.17 Das Attribut placeholder

Normalerweise stellt das Attribut `placeholder` für Eingaben vom Typ `search` oder auch `text` einen kurzen Hinweis, ein Wort oder eine Phrase zur Verfügung, damit der Benutzer die richtige Art von Eingabe vornimmt. Die meisten Browser stellen den Wert dieses Attributs innerhalb des betreffenden Felds wie eine Art Vorschautext dar, der verschwindet, wenn das Element den Fokus bekommt.

```
<input type="search" name="mysearch" id="mysearch"
       placeholder="type your seach">
```

6.1.18 Das Attribut required

Dieses boolesche Attribut verhindert das Absenden des Formulars, solange das betreffende Feld noch leer ist. Wenn Sie zum Beispiel mit dem zuvor erwähnten Typ `email` eine E-Mail-Adresse angefordert haben, schaut der Browser zwar nach, ob der Eintrag eine gültige E-Mail-Adresse ist oder nicht, sendet das Formular aber auch ab, wenn das Eingabefeld leer ist. Mit dem Attribut `required` ist die Eingabe nur gültig, wenn das Feld ausgefüllt ist und sein Inhalt die Anforderungen an den Typ erfüllt.

```
<input type="email" name="myemail" id="myemail" required>
```

6.1.19 Das Attribut multiple

Dieses ist ein weiteres boolesches Attribut, das für einige Eingabetypen (zum Beispiel `email` oder `file`) eingesetzt werden kann, um mehrere Einträge in dasselbe Feld zu ermöglichen. Die Eingabewerte müssen durch Kommata getrennt sein.

```
<input type="email" name="myemail" id="myemail" multiple>
```

Diese Codezeile ermöglicht das Einfügen mehrerer, durch Komma getrennter Werte. Jeder dieser Werte wird vom Browser als E-Mail-Adresse validiert.

6.1.20 Das Attribut autofocus

Die meisten Entwickler haben bislang die JavaScript-Methode `focus()` verwendet, um dieses Feature bereitzustellen. Diese Methode war zwar wirkungsvoll, ließ aber den Fokus auf dem ausgewählten Element verharren, selbst wenn der Benutzer bereits ein anderes verwendete. Dieses Verhalten war irritierend, ließ sich aber bis jetzt nicht vermeiden. Das Attribut `autofocus` nimmt die Webseite über das ausgewählte Element in den Fokus, berücksichtigt dabei aber die aktuelle Situation: Wenn der Benutzer schon ein anderes Element in den Fokus genommen hat, wird dieser nicht verlagert.

```
<input type="search" name="mysearch" id="mysearch" autofocus>
```

6.1.21 Das Attribut pattern

Dieses Attribut dient der Validierung. Mit regulären Ausdrücken passt es die Validierungsregeln an. Einige der vorerwähnten Eingabetypen validieren zwar bestimmte Arten von Strings, aber stellen Sie sich nun vor, Sie wollten eine fünfstellige Postleitzahl validieren. Für diese Art von Eingabe existiert noch kein vordefinierter Typ. Mit dem Attribut `pattern` können Sie nun Ihre eigene Validierung basteln, um derartige Werte zu überprüfen. Und Sie können ein `title`-Attribut einbinden, um eine benutzerdefinierte Fehlermeldung zu senden.

```
<input pattern="[0-9]{5}" name="pcode" id="pcode"
       title="Geben Sie eine fünfstellige PLZ ein">
```

Tipp ✕

Reguläre Ausdrücke sind ein extrem nützliches, allerdings auch etwas komplizierteres Werkzeug für Programmierer. Wenn Sie sich damit bislang noch nicht beschäftigt haben, kann ich Ihnen nur empfehlen, sich anhand entsprechender Lektüre in die Materie einzuarbeiten.

6.1.22 Das Attribut form

Mit diesem nützlichen neuen Attribut können Sie Formularelemente außerhalb der `<form>`-Tags deklarieren. Bisher musste man die öffnenden und schließenden `<form>`-Tags setzen und alle Elemente des Formulars dazwischen deklarieren. In

HTML5 können Sie die Elemente an jedem gewünschten Platz im Dokument einfügen und dann mit dem form-Attribut auf das Formular verweisen, zu dem sie gehören:

```
<!DOCTYPE html>
<html lang="de">
<head>
   <title>Forms</title>
</head>
<body>
   <nav>
      <input type="search" name="mysearch" id="mysearch" form="myform">
   </nav>
   <section id="form">
      <form name="myform" id="myform" method="get">
         <input type="text" name="name" id="name">
         <input type="submit" value="Senden">
      </form>
   </section>
</body>
</html>
```

Listing 6.2 Form-Elemente können überall deklariert werden (Datei forms02.html).

6.2   Neue Form-Elemente

Die neuen Eingabetypen in HTML5 haben Sie bereits kennen gelernt. Jetzt kommen die neuen HTML-Elemente an die Reihe, die dazu geschaffen wurden, die Möglichkeiten von Formularen zu erweitern oder zu verbessern.

6.2.1   Das <datalist>-Element

Das Element <datalist> ist ein formularspezifisches Element, das im Voraus eine Liste von Elementen anlegt, die mit Hilfe des list-Attributs später als Vorschläge für ein Eingabefeld dienen können.

```
<datalist id="mydata">
   <option value="123123123" label="Phone 1">
   <option value="456456456" label="Phone 2">
</datalist>
```

Listing 6.3 Die Liste erstellen

Wenn die `<datalist>` deklariert ist, müssen Sie nur noch mit dem `list`-Attribut von einem `<input>`-Element auf die Liste verweisen.

```
<input type="tel" name="myphone" id="myphone" list="mydata">
```

Dieses Element zeigt Werte an, aus denen der Benutzer auswählen kann.

Warnung	✕
Das `<datalist>`-Element war zum Zeitpunkt der Drucklegung dieses Texts nur in Opera und Firefox Beta implementiert.	

6.2.2 Das <progress>-Element

Dieses Element ist nicht formularspezifisch, kann aber zur Gruppe der Formularelemente gerechnet werden, weil es den Fortschritt einer Aufgabe anzeigt und weil Aufgaben normalerweise von Formularen gestartet und verarbeitet werden.

Das `<progress>`-Element stellt seinen Status und seine Grenzen mit zwei Attributen ein. Das `value`-Attribut zeigt an, wie weit die Aufgabe fortgeschritten ist, und `max` deklariert den Wert, der erreicht werden muss, damit die Aufgabe abgeschlossen ist.

6.2.3 Das <meter>-Element

Ähnlich wie `<progress>` wird auch das `<meter>`-Element verwendet, um eine Skala anzuzeigen. Hier ist es allerdings nicht der Verarbeitungsfortschritt, sondern ein bekannter Wertebereich, wie zum Beispiel die Ausnutzung der Leitungskapazität.

Das Element `<meter>` hat mehrere Attribute: `min` und `max` sind die Grenzwerte des Bereichs, `value` ist der gemessene Wert und `low`, `high` und `optimum` teilen den Wertebereich in Abschnitte und stellen die Optimalposition ein.

6.2.4 Das <output>-Element

Dieses Element repräsentiert das Ergebnis einer Berechnung. Normalerweise zeigt es das Ergebnis an, wenn die Formularelemente Werte verarbeitet haben. Mit dem `for`-Attribut können Sie `<output>` an die `source`-Elemente knüpfen, die an der Berechnung beteiligt sind, doch normalerweise wird das Element von einem JavaScript-Code angesprochen und modifiziert. Die Syntax für dieses Element ist `<output>wert</output>`.

6.3 Die Forms-API

Es wird Sie nicht überraschen, zu erfahren, dass Formulare wie jeder andere Aspekt von HTML5 ebenfalls ihre eigene JavaScript-API haben, mit der sich jeder Aspekt der Verarbeitung und Validierung eines Formulars anpassen lässt.

Es gibt verschiedene Möglichkeiten, den Validierungsprozess in HTML5 einzusetzen. Sie können Eingabetypen verwenden, die standardmäßig eine Validierung erfordern (zum Beispiel email), oder einen normalen Texttyp mit dem Attribut required zu einem obligatorischen machen. Oder Sie passen die Validierung mit speziellen Typen wie pattern an. Wenn die Validierungsmechanismen komplizierter werden (zum Beispiel durch Kombinieren von Feldern oder Prüfen der Ergebnisse einer Berechnung), dann werden Sie auf die neuen Ressourcen dieser API zurückgreifen müssen.

6.3.1 Meldungen ausgeben mit setCustomValidity()

Browser, die HTML5 unterstützen, zeigen eine Fehlermeldung an, wenn der Benutzer versucht, ein Formular mit einem ungültigen Feld einzureichen. Mit der Methode setCustomValidity(message) können Sie Meldungen je nach den Erfordernissen Ihrer Validierung produzieren.

Mit dieser Methode erschaffen Sie eine benutzerdefinierte Fehlermeldung, die beim Absenden des Formulars eingeblendet wird. Wird eine Nullmeldung übergeben, wird der error gelöscht.

```
<!DOCTYPE html>
<html lang="de">
<head>
   <title>Forms</title>
   <script>
      function initiate(){
         name1=document.getElementById("vorname");
         name2=document.getElementById("nachname");
         name1.addEventListener("input", validation, false);
         name2.addEventListener("input", validation, false);
         validation();
      }
      function validation(){
         if(name1.value=='' && name2.value==''){
            name1.setCustomValidity('Mindestens ein Name
                ist erforderlich');
```

```
                namel.style.background='#FFDDDD';
            }else{
                namel.setCustomValidity('');
                namel.style.background='#FFFFFF';
            }
        }
    window.addEventListener("load", initiate, false);
    </script>
</head>
<body>
    <section id="form">
        <form name="registration" method="get">
            Vorname:
            <input type="text" name="vorname" id="vorname">
            Nachname:
            <input type="text" name="nachname" id="nachname">
            <input type="submit" id="send" value="Anmelden">
        </form>
    </section>
</body>
</html>
```

Listing 6.4 Benutzerdefinierte Fehlermeldungen (Datei forms03.html)

Der Code in Listing 6.4 zeigt eine Situation mit komplexer Validierung. Es wurden zwei Eingabefelder für den Vor- und den Nachnamen des Benutzers angelegt. Das Formular ist aber nur dann ungültig, wenn beide Felder leer sind. Der Benutzer muss zumindest entweder einen Vor- oder einen Nachnamen angeben, damit der Eintrag gültig ist.

In einem solchen Fall kann das required-Attribut nicht verwendet werden, weil Sie ja nicht wissen, welches Eingabefeld der Benutzer ausfüllen wird. Nur mit Java-

Abbildung 6.2 forms03.html

184

Script und benutzerdefinierten Fehlermeldungen können Sie für dieses Szenario einen wirksamen Validierungsmechanismus schaffen.

Unser Code beginnt zu laufen, wenn das load-Event ausgelöst wird. Die Funktion initiate() wird aufgerufen, um das Event zu behandeln. Diese Funktion erzeugt Verweise auf die beiden <input>-Elemente und fügt jedem auch einen Listener für das input-Event hinzu. Diese Listener führen jedes Mal, wenn der Benutzer die Felder ausfüllt, die validation()-Funktion aus.

Da die <input>-Elemente noch leer sind, wenn das Dokument geladen wird, müssen Sie eine Bedingung einstellen, die das Formular ungültig macht und den Benutzer am Absenden hindert, wenn nicht mindestens ein Name eingegeben wurde. Daher wird die validation()-Funktion zu Beginn aufgerufen, um diese Bedingung zu überprüfen. Sind beide Namen leere Strings, wird die Fehlermeldung eingesetzt und die Hintergrundfarbe von vorname in Hellrot geändert. Ist diese Bedingung im späteren Verlauf nicht mehr wahr (true), weil zumindest einer der Namen eingetragen wurde, wird der Fehler gelöscht und der Hintergrund von vorname erhält wieder die Farbe Weiß.

Bitte merken Sie sich, dass die Hintergrundfarbe das Einzige ist, was sich während der Verarbeitung ändert. Die Meldung, die mit setCustomValidity() für den Fehler erzeugt wurde, ist nur sichtbar, wenn der Benutzer versucht, das Formular abzuschicken.

Da ich den JavaScript-Code zu Testzwecke direkt ins HTML-Dokument eingefügt habe, brauchen Sie nur den Code aus Listing 6.4 in eine leere HTML-Datei zu schreiben bzw. diese herunterzuladen und können sie dann direkt im Browser öffnen, um das Beispiel zu testen.

Warnung ☒

Die Forms-API wird zurzeit noch weiterentwickelt. Je nachdem, wie weit die Technologie sich bereits eingebürgert hat, wenn Sie dieses Buch lesen, müssen Sie vielleicht mehrere Tests in verschiedenen Browsern ausführen, um die Scripts aus diesem Kapitel zu testen.

6.3.2 Das invalid-Event

Jedes Mal, wenn der Benutzer das Formular übermittelt, wird ein Event ausgelöst, wenn ein ungültiges Feld entdeckt wird. Dieses Event heißt invalid und bezieht sich auf das Element, das den Fehler auslöst. Mit einem Event-Handler können Sie wie im folgenden Beispiel die Reaktion auf dieses Event bestimmen:

```
<!DOCTYPE html>
<html lang="de">
<head>
    <title>Forms</title>
    <script>
        function initiate(){
            age=document.getElementById("myage");
            age.addEventListener("change", changerange, false);
            document.information.addEventListener("invalid",
                validation, true);
            document.getElementById("send").addEventListener("click",
                sendit, false);
        }
        function changerange(){
            var output=document.getElementById("range");
            var calc=age.value-20;
            if(calc<20){
                calc=0;
                age.value=20;
            }
            output.innerHTML=calc+' to '+age.value;
        }
        function validation(e){
            var elem=e.target;
            elem.style.background='#FFDDDD';
        }
        function sendit(){
            var valid=document.information.checkValidity();
            if(valid){
                document.information.submit();
            }
        }
        window.addEventListener("load", initiate, false);
    </script>
</head>
<body>
    <section id="form">
        <form name="information" method="get">
            Nickname:
            <input pattern="[A-Za-z]{3,}" name="nickname" id="nickname"
                maxlength="10" required>
```

```
        Email:
        <input type="email" name="myemail" id="myemail" required>
        Altersgruppe:
        <input type="range" name="myage" id="myage" min="0" max="80"
              step="20" value="20">
        <output id="range">0 bis 20</output>
        <input type="button" id="send" value="Anmelden">
      </form>
    </section>
  </body>
</html>
```

Listing 6.5 Ein eigenes Validierungssystem (Datei forms04.html)

Abbildung 6.3 forms04.html

In Listing 6.5 wird ein neues Formular mit drei Eingabefeldern erstellt, um nach einem Spitznamen, einer E-Mail-Adresse und einer Altersgruppe im Bereich von 20 Jahren zu fragen.

Der Nickname hat drei Attribute zur Validierung, nämlich das Attribut pattern, das ein Minimum von nur drei Zeichen von A bis Z (Groß- und Kleinbuchstaben) zulässt, das Attribut maxlength, das die Eingabe auf maximal zehn Zeichen beschränkt, und das Attribut required, das leere Felder als ungültig ansieht. Die E-Mail-Adresse hat aufgrund ihres Typs ihre natürliche Länge und ein required-Attribut. Die range-Eingabe steckt die Bedingungen für die Altersgruppe mit den Attributen min, max, step und value fest. Sie deklarieren auch ein <output>-Element, um die ausgewählte Altersgruppe auf dem Bildschirm anzuzeigen.

Was der JavaScript-Code mit diesem Formular tut, ist einfach. Wenn der Benutzer auf ANMELDEN klickt, wird für jedes ungültige Feld ein invalid-Event ausgelöst und die Funktion validation() ändert die Hintergrundfarbe dieser Felder in Hellrot.

Schauen wir uns das genauer an. Der Code wird ausgeführt, wenn nach dem vollständigen Laden des Dokuments das übliche load-Event ausgelöst wird. Die Funktion initiate() wird ausgeführt und drei Listener werden für die Events change, invalid und click hinzugefügt. Jedes Mal, wenn sich ein form-Element aus irgendeinem

187

Grund ändert, wird das change-Event für dieses Element ausgeführt. Sie erfassen dieses Event für die range-Eingabe und rufen die Funktion changerange() auf, wenn es eintritt. Wenn der Benutzer den Schieberegler dieses Steuerelements bewegt, um die Altersgruppe zu ändern, werden die neuen Werte von der Funktion changerange() berechnet. Als Eingabe für diesen Wert sind 20-Jahre-Zeiträume zulässig, wie zum Beispiel 0 bis 20 oder 20 bis 40. Die Eingabe gibt allerdings nur einen einzigen Wert zurück, etwa 20, 40, 60 oder 80. Um den Anfangswert der Altersgruppe zu berechnen, subtrahieren Sie mit der Formel age.value - 20 von dem jeweiligen range-Wert 20 Jahre und speichern das Ergebnis in der Variablen calc. Da die jüngste zulässige Altersgruppe 0 bis 20 Jahre alt ist, prüfen Sie die Erfüllung dieser Bedingung mit dem Bedingungsausdruck if und lassen keine jüngeren Altersgruppen zu. (Wenn Sie sich die Funktion changerange() anschauen, verstehen Sie, wie das funktioniert.)

Der zweite Listener in der initiate()-Funktion lauscht auf das invalid-Event. Wenn es ausgelöst wird, wird die Funktion validation() aufgerufen, um die Hintergrundfarbe der ungültigen Felder zu ändern. Wie Sie sich noch erinnern, wird dieses Event bei einem Klick auf ANMELDEN ausgelöst, wenn die Eingabe ungültig war. Das Event verweist nicht auf das Formular oder den ANMELDEN-Button, sondern auf die Eingabe, die den Fehler verursacht hat. Dieser Verweis wird aufgezeichnet und in der Variablen elem mit Hilfe der Variablen e und der Eigenschaft target gespeichert. Somit gibt die Konstruktion e.target einen Verweis auf die ungültige Eingabe zurück. In der folgenden Zeile der validation()-Funktion wird die Hintergrundfarbe für dieses Element geändert.

Zurück zur Funktion initiate(), in der Sie noch einen weiteren Listener analysieren müssen. Um die Formularübermittlung und den Augenblick der Validierung voll unter Kontrolle zu haben, haben Sie anstelle eines submit-Buttons einen normalen Button erstellt. Wird dieser geklickt, wird das Formular übermittelt, aber nur, sofern alle seine Elemente gültig sind. Der Listener für das click-Event, der diesem Element in der Funktion initiate() hinzugefügt wurde, führt die Funktion sendit() aus, wenn der Button angeklickt wird. Mit der Methode checkValidity() erzwingen Sie eine Browser-Validierung und übermitteln das Formular nur dann mit der üblichen submit()-Methode, wenn keine ungültigen Bedingungen mehr vorhanden sind.

In diesem Dokument haben Sie mit JavaScript den gesamten Validierungsprozess gesteuert und dabei alle Aspekte und das Verhalten des Browsers angepasst.

6.3.3 Validierung in Echtzeit

Wenn Sie die Datei mit der Vorlage aus Listing 6.5 im Browser öffnen, werden Sie bemerken, dass die Validierung nicht in Echtzeit vonstattengeht. Die Felder

Kapitel

6

werden erst dann validiert, wenn der ANMELDEN-Button angeklickt wird. Um den benutzerdefinierten Validierungsprozess praxisnäher zu gestalten, können Sie mehrere Attribute des ValidityState-Objekts ausnutzen.

```
<!DOCTYPE html>
<html lang="de">
<head>
   <title>Forms</title>
   <script>
     function initiate(){
         age=document.getElementById("myage");
         age.addEventListener("change", changerange, false);

         document.information.addEventListener("invalid",
           validation, true);
         document.getElementById("send").addEventListener ("click",
           sendit, false);
         document.information.addEventListener("input",
           checkval, false);
     }
     function changerange(){
         var output=document.getElementById("range");
         var calc=age.value-20;
         if(calc<20){
            calc=0;
            age.value=20;
         }
         output.innerHTML=calc+' to '+age.value;
     }
     function validation(e){
         var elem=e.target;
         elem.style.background='#FFDDDD';
     }
     function sendit(){
         var valid=document.information.checkValidity();
         if(valid){
            document.information.submit();
         }
     }
     function checkval(e){
         var elem=e.target;
         if(elem.validity.valid){
            elem.style.background='#FFFFFF';
```

```
            }else{
                elem.style.background='#FFDDDD';
            }
        }
        window.addEventListener("load", initiate, false);
    </script>
</head>
<body>
    <section id="form">
        <form name="information" method="get">
            Nickname:
            <input pattern="[A-Za-z]{3,}" name="nickname" id="nickname"
                maxlength="10" required>
            Email:
            <input type="email" name="myemail" id="myemail" required>
            Altersgruppe:
            <input type="range" name="myage" id="myage" min="0" max="80"
                step="20" value="20">
            <output id="range">0 bis 20</output>
            <input type="button" id="send" value="Anmelden">
        </form>
    </section>
</body>
</html>
```

Listing 6.6 Validierungsprüfung in Echtzeit (Datei forms05.html)

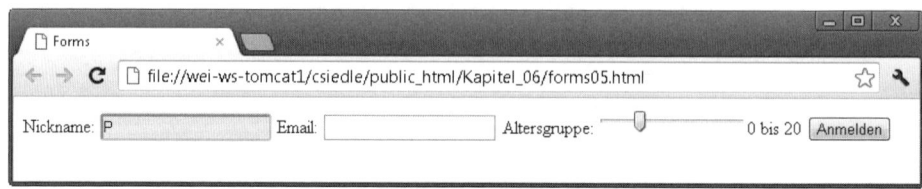

Abbildung 6.4 forms05.html

In Listing 6.6 hat das Formular einen neuen Listener für das input-Event erhalten. Immer, wenn ein Benutzer ein Feld modifiziert, indem er seinen Inhalt eingibt oder verändert, wird zur Behandlung dieses Events die Funktion checkval() aufgerufen.

Diese Funktion erzeugt auch mit Hilfe der Eigenschaft target einen Verweis auf das Element, von dem das Event ausgelöst wurde, und überzeugt sich von seiner Gültigkeit, indem sie mit dem Attribut `validity` in der Konstruktion `elem.validity.valid` prüft, ob sein Status `valid` ist.

Das Attribut `valid` hat den Wert `true`, wenn das Element gültig ist, und `false`, wenn es ungültig ist. Anhand dieser Information ändern Sie die Hintergrundfarbe des Elements, von dem das Event ausgelöst wurde. Gültige Elemente bekommen einen weißen und ungültige einen hellroten Hintergrund. Nun wird jedes Mal, wenn der Benutzer den Wert irgendeines Formularelements ändert, dieses Element validiert und sein Status in Echtzeit auf dem Bildschirm angezeigt.

6.4   Gültigkeitseinschränkungen

In Listing 6.6 haben Sie geprüft, ob der Status `valid` war. Dieser Status ist ein Attribut des Objekts `ValidityState`, das den Gültigkeitsstatus eines Elements zurückgibt, indem es auch alle anderen möglichen Gültigkeitswerte einbezieht. Wenn alle Bedingungen gültig (`valid`) sind, gibt das Attribut `valid` den Wert `true` zurück.

Es gibt acht verschiedene Gültigkeitszustände für unterschiedliche Bedingungen:

- `valueMissing`: Dieser Status ist `true`, wenn das Attribut `required` deklariert wurde und das Eingabefeld leer ist.

- `typeMismatch`: Dieser Status ist `true`, wenn die Syntax des Eintrags nicht dem angegebenen Typ entspricht, zum Beispiel wenn der für einen `email`-Typ eingegebene Text keine E-Mail-Adresse ist.

- `patternMismatch`: Dieser Status ist `true`, wenn der Eintrag nicht dem vorgegebenen Muster entspricht.

- `tooLong`: Dieser Status ist `true`, wenn das Attribut `maxlength` deklariert wurde und der Eintrag länger als der Wert dieses Attributs ist.

- `rangeUnderflow`: Dieser Status ist `true`, wenn das Attribut `min` deklariert wurde und der Eintrag niedriger als der Wert dieses Attributs ist.

- `rangeOverflow`: Dieser Status ist `true`, wenn das Attribut `max` deklariert wurde und der Eintrag höher als der Wert dieses Attributs ist.

- `stepMismatch`: Dieser Status ist `true`, wenn das Attribut `step` deklariert wurde und der Wert nicht den Werten der Attribute `min`, `max` und `value` entspricht.

- `customError`: Dieser Status ist `true`, wenn Sie einen benutzerdefinierten Fehler eingestellt haben, etwa mit der weiter oben beschriebenen Methode `setCustomValidity()`.

Diese Gültigkeitszustände überprüfen Sie mit der Syntax `element.validity.status` (wobei `status` irgendeiner der zuvor aufgeführten Werte sein kann). Diese Attribute nutzen Sie, um genau zu erfahren, wodurch der Fehler im Formular ausgelöst wurde, wie im folgenden Beispiel:

```
function sendit(){
    var elem=document.getElementById("nickname");
    var valid=document.information.checkValidity();
    if(valid){
        document.information.submit();
    }else if(elem.validity.patternMismatch ||
            elem.validity.valueMissing){
        alert('Der Nickname muss mindestens 3 Zeichen lang sein.');
    }
}
```

Listing 6.7 Eine Fehlermeldung mit Hilfe des validity-Status anzeigen (in Datei forms06.html)

In Listing 6.7 wird der Funktion `sendit()` diese Kontrollfähigkeit mitgegeben. Das Formular wird von der Methode `checkValidity()` überprüft und, sofern es gültig ist, mit `submit()` abgeschickt. Anderenfalls werden die Gültigkeitszustände `pattern Mismatch` und `valueMissing` für die Eingabe des `nickname` überprüft und eine Fehlermeldung angezeigt, wenn einer oder beide den Wert `true` zurückgeben. Ersetzen Sie die Funktion `sendit()` in der Vorlage in Listing 6.6 durch die neue Funktion aus Listing 6.7 und öffnen Sie die HTML-Datei in Ihrem Browser.

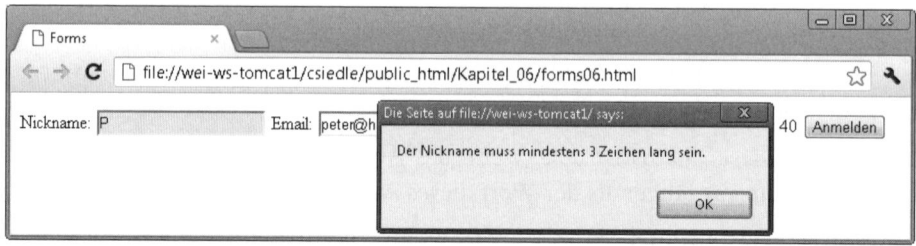

Abbildung 6.5 form06.html

Dynamische Validierung mit willValidate

In dynamischen Anwendungen ist es möglich, dass das betreffende Element nicht validiert werden muss. Das kann zum Beispiel bei einem Button, einer verborgenen Eingabe oder einem `<output>`-Element der Fall sein. Diese Bedingung können Sie mit dem Attribut `willValidate` und der Syntax `element.willValidate` aufdecken.

Kapitel 7
Die Canvas-API

Kapitel

7

7.1   Die elektronische Leinwand vorbereiten

Die Canvas-API gehört zu den mächtigsten Features von HTML5. Entwickler können jetzt in einem dynamischen und interaktiven visuellen Medium arbeiten, um Fähigkeiten wie die von Desktop-Anwendungen für das Web aufzubieten.

Zu Beginn dieses Buches haben Sie erfahren, dass HTML5 frühere Plugins wie zum Beispiel Flash oder Java-Applets ersetzt. Es gab zwei wichtige Dinge zu bedenken, um das Web von Technologien anderer Hersteller abzunabeln: Videoverarbeitung und Grafik-Anwendungen. Das <video>-Element und die Medien-API decken den ersten Aspekt sehr gut ab, tun aber nichts für die Grafik. Dies übernimmt nun die Canvas-API, und das auf äußerst effiziente Art und Weise. Mit Canvas können Sie Grafik zeichnen und wiedergeben, Bilder und Texte animieren und verarbeiten und zusammen mit dem Rest der Spezifikation vollständige Anwendungen und sogar 2D- und 3D-Spiele für das Web gestalten.

7.1.1 Das <canvas>-Element

Das <canvas>-Element generiert einen leeren, rechteckigen Raum auf der Webseite, in dem die Ergebnisse der Methoden dieser API angezeigt werden. Es erstellt nur einen weißen Raum, wie ein leeres <div>-Element, aber für einen ganz anderen Zweck.

```
<!DOCTYPE html>
<html lang="de">
<head>
    <title>Canvas-API</title>
    <script src="canvas01.js"></script>
</head>
<body>
    <section id="canvasbox">
        <canvas id="canvas" width="500" height="300">
            Ihr Browser unterstützt das canvas-Element nicht
        </canvas>
    </section>
</body>
</html>
```

Listing 7.1 Die Syntax des <canvas>-Elements (Datei canvas01.html)

Diesem Element müssen Sie nur einige wenige Attribute mitgeben, wie Sie in Listing 7.1 sehen. Die Attribute width und height bestimmen die Größe des Kastens und sind notwendig, weil sich alles, was über dem Element wiedergegeben wird, auf diese Werte bezieht. Das id-Attribut ermöglicht es, von JavaScript-Code aus einfach auf dieses Element zuzugreifen.

Im Grunde ist das alles, was das <canvas>-Element tut: Es erstellt einen leeren Kasten auf dem Bildschirm. Zu einem praktischen Feature wird dieser Kasten erst durch JavaScript und die neuen Methoden und Eigenschaften der API.

Warnung ✖

Falls die Canvas-API dem jeweiligen Browser nicht zur Verfügung steht, wird zu Kompatibilitätszwecken der Inhalt zwischen den <canvas>-Tags auf dem Bildschirm angezeigt, in diesem Fall also *Ihr Browser unterstützt das canvas-Element nicht*.

7.1.2 Zeichenkontext generieren mit getContext()

Zuerst müssen Sie die Methode getContext() aufrufen, um das <canvas>-Element auf seine Arbeit vorzubereiten. Sie generiert einen Zeichenkontext, der dem Canvas zugewiesen wird. Den Rest der API können Sie nunmehr auf den Verweis auf diesen Kontext anwenden.

```
function initiate(){
    var elem=document.getElementById('canvas');
    canvas=elem.getContext('2d');
}
window.addEventListener("load", initiate, false);
```

Listing 7.2 Den Zeichenkontext für die Zeichenfläche erstellen (Datei canvas01.js)

In Listing 7.2 wurde ein Verweis auf das <canvas>-Element in der Variablen elem gespeichert und mit getContext('2d') der Kontext erzeugt. Die Methode kann zwei Werte annehmen: 2d für eine zweidimensionale und 3d für eine dreidimensionale Umgebung. Einstweilig steht nur 2d zur Verfügung, aber an einer dreidimensionalen API für Canvas wird bereits mit Hochdruck gearbeitet.

Der Zeichenkontext des Canvas ist ein Raster aus Pixeln, die in Zeilen und Spalten von oben nach unten und von rechts nach links aufgeführt sind, wobei der Ursprung (das Pixel 0,0) ganz oben links in dem Rechteck liegt.

Schreiben Sie das HTML-Dokument aus Listing 7.1 in eine neue, leere Datei namens *canvas01.html* und legen Sie eine Datei namens *canvas01.js* an, in die Sie den Code aus Listing 7.2 hineinschreiben. Beide Dateien können Sie natürlich auch wieder von der Seite *www.sybex.de/zusatzmaterial* herunterladen.

Erinnerung ✕

Wenn eine Variable in einer Funktion ohne das Schlüsselwort var deklariert wird, ist sie global. Das bedeutet, dass die Variable von anderen Teilen des Programms, einschließlich anderer Funktionen, erreicht werden kann. In Listing 7.2 wurde die Variable canvas als global deklariert, um immer und überall auf den canvas-Zeichenkontext zugreifen zu können.

7.2 Zeichnen

Wenn das <canvas>-Element und sein Kontext bereit sind, können Sie beginnen, die eigentliche Grafik zu zeichnen und zu bearbeiten. Für diesen Zweck hält die API eine umfangreiche Liste von Tools bereit, angefangen von einfachen Formen und Zeichenmethoden bis hin zu Text, Schatten oder komplexen Transformationen. Diese werden wir uns nun nacheinander anschauen.

7.2.1 Rechtecke zeichnen

Normalerweise muss der Entwickler sein Bild vorbereiten, bevor er es an den Kontext sendet (wie Sie gleich zeigen werden), doch es gibt auch einige Methoden, die es ermöglichen, direkt auf den Canvas zu zeichnen. Diese Methoden sind für eine rechteckige Form spezifisch und dienen dazu, eine primitive Form zu generieren. (Für andere Formen müssen Sie andere Zeichentechniken und komplexe Pfade kombinieren.) Folgende Methoden stehen zur Verfügung:

- `fillRect(x, y, width, height)`: Diese Methode zeichnet ein Rechteck mit durchgezogenem Rahmen. Die obere, linke Ecke liegt auf der durch die Attribute `x` und `y` vorgegebenen Position. Die Attribute `width` und `height` bestimmen die Größe des Rechtecks.

- `strokeRect(x, y, width, height)`: Ähnlich wie die vorige Methode zeichnet auch diese ein leeres Rechteck als Umriss.

- `clearRect(x, y, width, height)`: Diese Methode wird verwendet, um Pixel von der durch die Attribute vorgegebenen Fläche zu subtrahieren. Sie verhält sich wie ein rechteckiger Radiergummi.

```
function initiate(){
    var elem=document.getElementById('canvas');
    canvas=elem.getContext('2d');

    canvas.strokeRect(100,100,120,120);
    canvas.fillRect(110,110,100,100);
    canvas.clearRect(120,120,80,80);
}
window.addEventListener("load", initiate, false);
```

Listing 7.3 Rechtecke zeichnen (Datei canvas02.js)

Die Funktion ist dieselbe wie in Listing 7.2, hat aber einige neue Methoden, die tatsächlich auf dem Canvas etwas zeichnen. Wie Sie sehen, wird der Kontext der Variablen `canvas` zugewiesen, die nunmehr in jeder Methode als Verweis auf den Kontext genutzt wird.

Die erste Methode, `strokeRect(100,100,120,120)` zeichnet ein 120 Pixel großes, leeres Rechteck, dessen obere, linke Ecke an der Position 100,100 liegt. (Das ist ein Quadrat mit der Seitenlänge 120 Pixel.) Die zweite Methode, `fillRect (110,110,100,100)`, zeichnet ein Rechteck mit durchgezogenem Rand ab der Position 110,110 des Canvas. Und mit der letzten Methode, `clearRect(120,120,80,80)`,

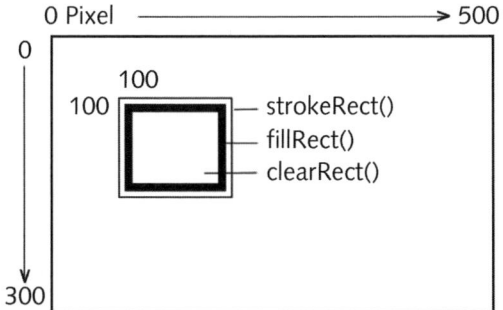

Abbildung 7.1 Der Canvas und die gezeichneten Rechtecke

ziehen Sie von der Mitte des vorigen Rechtecks einen 80 Pixel großen, quadratischen Bereich ab.

Wie Sie Abbildung 7.2 entnehmen können, wird das <canvas>-Element als Raster wiedergegeben, dessen Ursprung an der oberen, linken Ecke und dessen Größe durch seine Attribute angegeben wird. Die Rechtecke werden an den Koordinaten aus den Attributen x und y gezeichnet und nach ihrer Reihenfolge im Code eines über das andere gelegt (das erste Rechteck im Code wird als erstes gezeichnet, das zweite darüber und so weiter). Es gibt auch eine Methode, um festzulegen, wie die Formen gezeichnet werden, aber diese wird erst später vorgestellt.

7.2.2 Farben

Bisher haben Sie die Standardfarbe verwendet, nämlich ein durchgängiges Schwarz. Eine Farbe können Sie mit der CSS-Syntax mit den folgenden Eigenschaften angeben:

- strokeStyle: Deklariert die Farbe für den Umriss der Form.
- fillStyle: Deklariert die Farbe für das Innere der Form.
- globalAlpha: Diese Eigenschaft bestimmt nicht die Farbe, sondern die Transparenz. Sie stellt die Transparenz für alle Formen ein, die auf dem Canvas gezeichnet werden.

```
function initiate(){
    var elem=document.getElementById('canvas');
    canvas=elem.getContext('2d');

    canvas.fillStyle="#000099";
    canvas.strokeStyle="#990000";
```

197

```
    canvas.strokeRect(100,100,120,120);
    canvas.fillRect(110,110,100,100);
    canvas.clearRect(120,120,80,80);
}
window.addEventListener("load", initiate, false);
```

Listing 7.4 Farbe hinzufügen (Datei canvas03.js)

Die Farben in Listing 7.4 wurden mit Hexadezimalzahlen deklariert. Sie können auch Funktionen wie zum Beispiel rgb() benutzen, oder gar mit der Funktion rgba() eine Transparenz für die Form festlegen. Die Werte für diese Methoden müssen immer in Anführungszeichen angegeben werden, zum Beispiel strokeStyle="rgba (255,165,0,1)". Wenn mit diesen Methoden eine Farbe angegeben wurde, wird sie die Standardfarbe für den Rest der Zeichnungen.

Die Transparenz lässt sich zwar mit der Funktion rgba() einstellen, aber mit einer anderen Eigenschaft können Sie auch den Grad der Transparenz bestimmen: globalAlpha. Ihre Syntax lautet globalAlpha=value, wobei value eine Zahl zwischen 0.0 (vollkommen undurchsichtig) und 1.0 (vollkommen durchsichtig) ist.

7.2.3 Farbverläufe

Farbverläufe (englisch Gradients) sind heute ein essenzieller Bestandteil aller Zeichenprogramme, einschließlich unseres Canvas. Wie in CSS3 können die Farbverläufe auch im Canvas linear oder radial sein und Sie können einen Stopp-Punkt angeben, um Farben zu kombinieren.

- createLinearGradient(x1, y1, x2, y2): Dies erzeugt ein Gradient-Objekt, um es auf den Canvas anzuwenden.

- createRadialGradient(x1, y1, r1, x2, y2, r2): Dies erzeugt ein Gradient-Objekt mit zwei Kreisen, um es auf den Canvas anzuwenden. Die Werte stehen für den Mittelpunkt und den Radius jedes Kreises.

- addColorStop(position, color): Dies gibt die Farben für den Farbverlauf an. Die position ist ein Wert zwischen 0.0 und 1.0, der angibt, wo die betreffende Farbe anfängt zu verlaufen.

```
function initiate(){
    var elem=document.getElementById('canvas');
    canvas=elem.getContext('2d');
```

```
    var grad=canvas.createLinearGradient(0,0,10,100);
    grad.addColorStop(0.5, '#0000FF');
    grad.addColorStop(1, '#000000');
    canvas.fillStyle=grad;

    canvas.fillRect(10,10,100,100);
    canvas.fillRect(150,10,200,100);
}
window.addEventListener("load", initiate, false);
```

Listing 7.5 Einen linearen Farbverlauf auf den Canvas anwenden

In Listing 7.5 haben wir das Gradient-Objekt an der Position 0,0 bis 10,100 und mit einer leichten Linksneigung erzeugt. Die Farben wurden mit den `addColorStop()`-Methoden festgelegt und der finale Farbverlauf wird wie eine normale Farbe der Eigenschaft `fillStyle` zugewiesen.

Beachten Sie, dass sich die Positionen des Farbverlaufs auf den Canvas beziehen und nicht auf die Formen, die Sie bearbeiten möchten. Das heißt: Wenn Sie die Rechtecke am Ende des Programms auf eine neue Position im Bildschirm verschieben, ändert sich der Gradient für diese Rechtecke.

Der radiale Farbverlauf funktioniert genau wie in CSS3. Versuchen Sie, den linearen Farbverlauf in Listing 7.5 mit einem Ausdruck wie zum Beispiel `createRadialGradient(0,0,30,0,0,300)` durch einen radialen zu ersetzen. Sie können auch damit experimentieren, die Rechtecke zu versetzen, um zu sehen, wie der Farbverlauf angewendet wird.

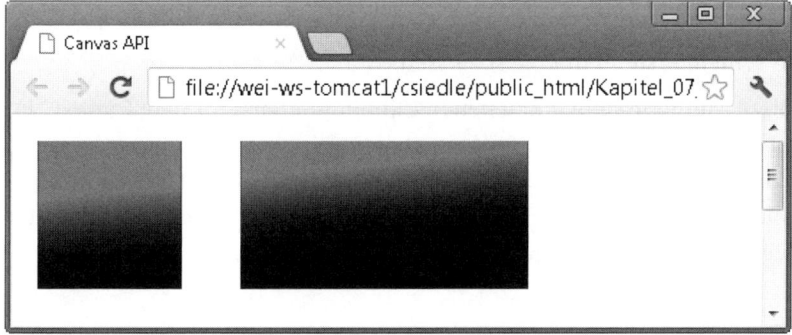

Abbildung 7.2 canvas04.html

7.2.4 Pfade erzeugen

Die bisher vorgestellten Methoden zeichnen direkt auf den Canvas, doch das ist nicht immer der Fall. Normalerweise werden Formen und Bilder im Hintergrund verarbeitet, und erst wenn das erledigt ist, wird das Ergebnis an den Kontext gesendet und gezeichnet. Zu diesem Zweck führt die Canvas-API mehrere Methoden ein, die Pfade erzeugen.

Ein Pfad ist wie eine Karte, auf der man mit dem Stift einen Weg nachziehen kann. Sobald der Pfad festgelegt ist, wird er an den Kontext gesendet und dauerhaft auf den Canvas gezeichnet. Der Pfad kann in mehreren Stricharten gezogen werden, etwa mit geraden Linien, Bögen, Rechtecken oder anderen, um komplexe Formen zu erzeugen.

Es gibt zwei Methoden, um einen Pfad zu beginnen und abzuschließen:

- `beginPath()`: Diese Methode beginnt die Beschreibung einer neuen Form. Sie wird als Erstes aufgerufen, bevor der Pfad erzeugt wird.

- `closePath()`: Diese Methode beendet den Pfad, indem sie vom letzten Punkt zum Ursprungspunkt eine Linie zieht. Sie kann vermieden werden, wenn Sie einen offenen Pfad erzeugen oder einen Pfad mir der `fill()`-Methode zeichnen möchten.

Es gibt auch drei Methoden, um den Pfad auf dem Canvas zu zeichnen:

- `stroke()`: Diese Methode zeichnet den Pfad als Formenumriss.

- `fill()`: Diese Methode zeichnet den Pfad als gefüllte Form. Wenn Sie diese Methode verwenden, müssen Sie den Pfad nicht mehr mit `closePath()` schließen. Der Pfad wird dann automatisch mit einer geraden Linie von seinem letzten zu seinem ersten Punkt geschlossen.

- `clip()`: Diese Methode stellt einen neuen Clipping-Bereich für den Kontext ein. Wenn der Kontext initialisiert wird, ist dieser Clipping-Bereich der gesamte Bereich, den der Canvas einnimmt. Die Methode `clip()` gibt dem Clipping-Bereich eine neue Form und erzeugt somit eine Maske. Was außerhalb der Maske liegt, wird nicht mehr gezeichnet.

```
function initiate(){
    var elem=document.getElementById('canvas');
    canvas=elem.getContext('2d');
```

```
canvas.beginPath();
// Hier den Pfad einfügen
canvas.stroke();
}
window.addEventListener("load", initiate, false);
```

Listing 7.6 Grundregeln für einen Pfad

Der Code in Listing 7.6 erzeugt nichts, sondern beginnt nur den Pfad für den Canvas-Kontext und zeichnet ihn mit `stroke()`, um später einen Figurenumriss auf den Bildschirm zu bekommen. Mehrere Methoden stehen zur Verfügung, um den Pfad einzustellen und die tatsächliche Form zu zeichnen:

- `moveTo(x, y)`: Diese Methode bewegt den Stift an eine bestimmte Stelle. Sie ermöglicht uns, den Pfad an verschiedenen Punkten des Rasters zu beginnen oder fortzuführen und so durchgezogene Linien zu vermeiden.

- `lineTo(x, y)`: Diese Methode generiert eine gerade Linie von der aktuellen Stiftposition bis zu der neuen, durch die Attribute `x` und `y` angegebenen Stelle.

- `rect(x, y, width, height)`: Diese Methode generiert ein Rechteck, das allerdings, anders als bei den zuvor beschriebenen Methoden, zum Pfad gehört (nicht direkt auf den Canvas gezeichnet wird). Die Attribute haben dieselbe Funktion.

- `arc(x, y, radius, startAngle, endAngle, direction)`: Diese Methode erzeugt an der Position x,y einen Bogen oder Kreis, dessen Winkel und Radius in den weiteren Attributen angegeben sind. Der letzte Wert ist ein Boolean und gibt an, ob die Richtung im oder entgegen dem Uhrzeigersinn verläuft.

- `quadraticCurveTo(cpx, cpy, x, y)`: Diese Methode generiert eine quadratische Bézier-Kurve, die an der aktuellen Stiftposition beginnt und an der Position x,y endet. Die Attribute `cpx` und `cpy` sind ein Kontrollpunkt, der die Kurve formt.

- `bezierCurveTo(cp1x, cp1y, cp2x, cp2y, x, y)`: Diese Methode ähnelt der vorherigen, hat aber zwei Attribute mehr, um eine kubische Bézier-Kurve erzeugen zu können. Jetzt haben Sie nämlich zwei durch die Werte `cp1x`, `cp1y`, `cp2x` und `cp2y` vorgegebene Kontrollpunkte im Raster, um die Kurve zu formen.

Betrachten Sie einen einfachen Pfad, um zu schauen, wie die Methoden funktionieren:

```
function initiate(){
    var elem=document.getElementById('canvas');
    canvas=elem.getContext('2d');
```

```
    canvas.beginPath();
    canvas.moveTo(100,100);
    canvas.lineTo(200,200);
    canvas.lineTo(100,200);
    canvas.stroke();
}
window.addEventListener("load", initiate, false);
```

Listing 7.7 Ihr erster Pfad (Datei canvas05.js)

Ich empfehle Ihnen, die Anfangsposition des Stiftes immer direkt nach dem Starten des Pfads einzustellen. In Listing 7.7 haben wir den Stift zuerst an die Position 100,100 setzt und dann von diesem Punkt aus eine Linie nach 200,200 gezogen. Jetzt ist die aktuelle Stiftposition 200,200 und die nächste Linie wird von hier zum Punkt 100,200 gezogen. Zum Schluss wird der Pfad mit der Methode stroke() als Figurenumriss gezeichnet.

Wenn Sie den Code in Ihrem Browser testen, sehen Sie auf dem Bildschirm ein offenes Dreieck. Dieses kann mit verschiedenen Methoden geschlossen oder ausgefüllt werden, wie die folgenden Beispiele zeigen:

```
function initiate(){
var elem=document.getElementById('canvas');
    canvas=elem.getContext('2d');

    canvas.beginPath();
    canvas.moveTo(100,100);
    canvas.lineTo(200,200);
    canvas.lineTo(100,200);
    canvas.closePath();
    canvas.stroke();
}
window.addEventListener("load", initiate, false);
```

Listing 7.8 Das Dreieck vervollständigen (Datei canvas06.js)

Die Methode closePath() fügt dem Pfad einfach nur eine gerade Linie von seinem End- zu seinem Anfangspunkt hinzu und schließt damit die Form.

Mit der Methode stroke() am Ende des Pfads zeichnet man ein leeres Dreieck auf den Canvas. Für ein gefülltes Dreieck benötigen Sie die Methode fill():

```
function initiate(){
    var elem=document.getElementById('canvas');
    canvas=elem.getContext('2d');
```

```
    canvas.beginPath();
    canvas.moveTo(100,100);
    canvas.lineTo(200,200);
    canvas.lineTo(100,200);
    canvas.fill();
}
window.addEventListener("load", initiate, false);
```

Listing 7.9 Ein ausgefülltes Dreieck (Datei canvas07.js)

Jetzt ist die Figur auf dem Bildschirm ein gefülltes Dreieck. Die Methode `fill()` schließt den Pfad automatisch, so dass Sie `closePath()` nicht mehr benötigen.

Abbildung 7.3 Datei canvas07.html

Eine der vorerwähnten Methoden zum Zeichnen eines Pfads auf den Canvas war `clip()`. Diese Methode zeichnet nichts, sondern erzeugt eine Maske mit der Form des Pfads, um entscheiden zu können, was gezeichnet wird und was nicht. Alles, was außerhalb der Maske liegt, wird nicht gezeichnet.

```
function initiate(){
    var elem=document.getElementById('canvas');
    canvas=elem.getContext('2d');
    canvas.beginPath();
    canvas.moveTo(100,100);
    canvas.lineTo(200,200);
    canvas.lineTo(100,200);
    canvas.clip();

    canvas.beginPath();
    for(f=0; f<300; f=f+10){
        canvas.moveTo(0,f);
```

203

```
    canvas.lineTo(500,f);
  }
  canvas.stroke();
}
window.addEventListener("load", initiate, false);
```
Listing 7.10 Das Dreieck als Maske verwenden (Datei canvas08.js)

Um die Funktionsweise der Methode clip() zu veranschaulichen, haben Sie in
Listing 7.10 eine for-Schleife geschrieben, die immer im Abstand von 10 Pixeln
horizontale Linien generiert. Die Linien verlaufen von der linken bis zur rechten
Seite des Canvas, aber nur die Linienstücke, die innerhalb der dreieckigen Maske
liegen, werden angezeigt.

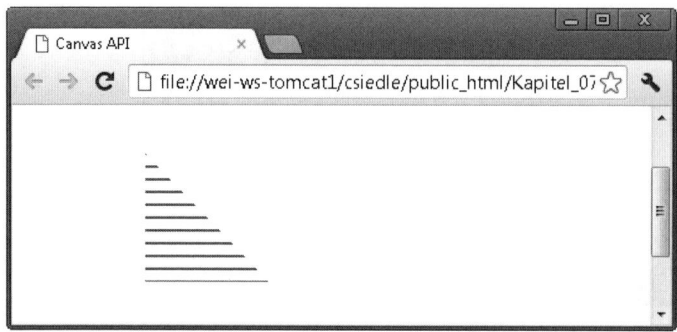

Abbildung 7.4 canvas05.html

Da Sie nun wissen, wie Pfade gezeichnet werden, schauen wir uns jetzt an, welche
Alternativen Sie noch haben, um sie zu erzeugen. Bisher haben Sie nur gerade
Linien und rechteckige Formen gezeichnet. Für kreisförmige Formen hat die API
aber auch drei neue Methoden, nämlich arc(), quadraticCurveTo() und bezier-
CurveTo(). Die erste ist relativ einfach und kann vollständige Kreise oder Teile von
Kreisen generieren, wie im Beispiel zu sehen ist:

```
function initiate(){
  var elem=document.getElementById('canvas');
  canvas=elem.getContext('2d');

  canvas.beginPath();
  canvas.arc(100,100,50,0,Math.PI*2, false);
  canvas.stroke();
}
window.addEventListener("load", initiate, false);
```
Listing 7.11 Kreise zeichnen mit arc() (Datei canvas09.js)

Wahrscheinlich fällt Ihnen an der arc()-Methode als Erstes die Verwendung des Wertes Pi auf. Diese Methode gibt die Winkel nicht in Grad an, sondern in Bogenmaß (englisch *radians*). Da Pi in Bogenmaß 180 Grad entspricht, wird in der Formel PI*2 Pi mit 2 multipliziert, um einen 360-Grad-Winkel zu erhalten.

Listing 7.11 generiert einen Bogen mit dem Mittelpunkt 100,100 und dem Radius 50 Pixel, beginnend bei 0 Grad und endend bei Math.PI*2 Grad, was einen vollständigen Kreis darstellt. Mit der Eigenschaft PI des Math-Objekts können Sie den genauen Wert von Pi erhalten.

Wenn Sie den Wert von Grad in Bogenmaß umrechnen müssen, verwenden Sie die Formel Math.PI / 180 * *Grad* wie im folgenden Beispiel:

```
function initiate(){
    var elem=document.getElementById('canvas');
    canvas=elem.getContext('2d');

    canvas.beginPath();
    var radians=Math.PI/180*45;
    canvas.arc(100,100,50,0,radians, false);
    canvas.stroke();
}
window.addEventListener("load", initiate, false);
```

Listing 7.12 Ein Bogen von 45 Grad (Datei canvas10.js)

Listing 7.12 liefert einen Bogen, der 45 Grad eines Kreises abdeckt. Wenn Sie den direction-Wert der Methode auf true umstellen, wird der Bogen von 0 bis 315 Grad gezogen, so dass ein offener Kreis entsteht.

Folgende Überlegung ist noch wichtig: Wenn Sie den Pfad nach dem Bogen weiter verfolgen, ist der aktuelle Anfangspunkt das Ende des Bogens. Wenn Sie dies verhindern möchten, müssen Sie die Stiftposition mit der moveTo()-Methode verschie-

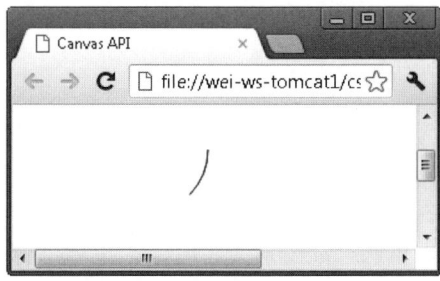

Abbildung 7.5 canvas10.html

205

ben. Ist jedoch die nächste Form ein weiterer Bogen, wie zum Beispiel in einem geschlossenen Kreis, so müssen Sie immer daran denken, dass die moveTo()-Methode den virtuellen Stift an den Punkt versetzt, an dem das Zeichnen des Kreises beginnt, und nicht etwa an den Mittelpunkt des Kreises. Wenn zum Beispiel dieser Mittelpunkt am Punkt 300,150 liegt und der Kreisradius 50 beträgt, versetzt moveTo() den Stift an die Position 350,150, um dort mit dem Zeichnen des Kreises zu beginnen.

Neben arc() existieren noch zwei weitere Methoden, um komplexere Kurven zu zeichnen. Die Methode quadraticCurveTo() generiert eine quadratische Bézier-Kurve und bezierCurveTo() ist für kubische Bézier-Kurven da. Der Unterschied zwischen den Methoden besteht darin, dass die erste nur einen Kontrollpunkt hat und die zweite zwei. Somit zeichnen sie unterschiedliche Kurven.

```
function initiate(){
    var elem=document.getElementById('canvas');
    canvas=elem.getContext('2d');

    canvas.beginPath();
    canvas.moveTo(50,50);
    canvas.quadraticCurveTo(100,125, 50,200);
    canvas.moveTo(250,50);
    canvas.bezierCurveTo(200,125, 300,125, 250,200);
    canvas.stroke();
}
window.addEventListener("load", initiate, false);
```

Listing 7.13 Komplexe Kurven (Datei canvas11.js)

Für die quadratische Kurve haben wir den virtuellen Stift auf die Position 50,50 gesetzt und die Kurve am Punkt 50,200 beendet. Der Kontrollpunkt dieser Kurve liegt bei der Position 100,125. Die von bezierCurveTo() generierte quadratische

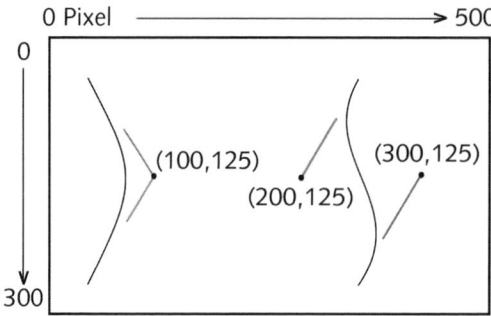

Abbildung 7.6 Bézier-Kurven und ihre Kontrollpunkte auf dem Canvas

Kurve ist ein wenig komplizierter. Für diese Kurve bestehen zwei Kontrollpunkte, einer an Position 200,125 und einer an Position 300,125.

Die Werte in Abbildung 7.6 zeigen an, wo die Kontrollpunkte für die Kurven liegen. Wenn Sie diese Punkte bewegen, ändern Sie die Form der Kurve.

Sie können so viele Kurven hinzufügen, wie für Ihre Form notwendig sind. Versuchen Sie, die Werte für die Kontrollpunkte in Listing 7.13 zu ändern, um zu sehen, wie das die Kurven beeinflusst. Erstellen Sie komplexere Formen aus Kurven und Linien, um zu erkennen, wie der Pfad konstruiert wird.

7.2.5 Linienstile

Bisher haben Sie alle Linien in demselben Stil auf den Canvas gezeichnet. Die Breite, das Ende und andere Aspekte lassen sich so einstellen, dass genau die Linie entsteht, die Sie für Ihre Zeichnungen benötigen.

Für diesen Zweck gibt es vier spezifische Eigenschaften:

- `lineWidth`: Diese Eigenschaft legt die Dicke der Linie fest und hat als Standardwert 1.0 Einheiten.

- `lineCap`: Diese Eigenschaft legt fest, welche Form das Ende der Linien hat. Die drei möglichen Werte lauten `butt`, `round` und `square` (auf Deutsch: Stumpf (abgeschnitten), rund und quadratisch).

- `lineJoin`: Diese Eigenschaft legt die Form der Verbindung zweier Linien fest. Die möglichen Werte lauten `round`, `bevel` und `miter` (auf Deutsch: rund, flach und Gehrung (spitz)).

- `miterLimit`: Zusammen mit `lineJoin` legt diese Eigenschaft fest, wie sehr die Verbindungen zwischen den Linien erweitert werden, wenn die Eigenschaft `lineJoin` den Wert `miter` hat.

Diese Eigenschaften wirken auf den gesamten Pfad. Immer wenn Sie die Merkmale der Linien ändern möchten, müssen Sie einen neuen Pfad mit neuen Eigenschaftswerten anlegen.

```
function initiate(){
    var elem=document.getElementById('canvas');
    canvas=elem.getContext('2d');
    canvas.beginPath();
    canvas.arc(200,150,50,0,Math.PI*2, false);
    canvas.stroke();
```

```
    canvas.lineWidth=10;
    canvas.lineCap="round";
    canvas.beginPath();
    canvas.moveTo(230,150);
    canvas.arc(200,150,30,0,Math.PI, false);
    canvas.stroke();
    canvas.lineWidth=5;
    canvas.lineJoin="miter";
    canvas.beginPath();
    canvas.moveTo(195,135);
    canvas.lineTo(215,155);
    canvas.lineTo(195,155);
    canvas.stroke();
}
window.addEventListener("load", initiate, false);
```

Listing 7.14 Die Eigenschaften für Linien testen (Datei canvas12.js)

Mit dem Code von Listing 7.14 beginnen Sie zu zeichnen, indem Sie einen Pfad für einen vollständigen Kreis mit den Standardeigenschaften anlegen. Danach ändern Sie mit lineWidth die Breite der Linie auf 10 und setzen lineCap auf den Wert round. Dadurch wird der nachfolgende Pfad dick und bekommt abgerundete Enden. Um den Pfad zu erstellen, setzen Sie den Stift an die Position 230,150 und erzeugen dann einen Halbkreis. Die gerundeten Enden werden dabei helfen, einen lächelnden Mund darzustellen.

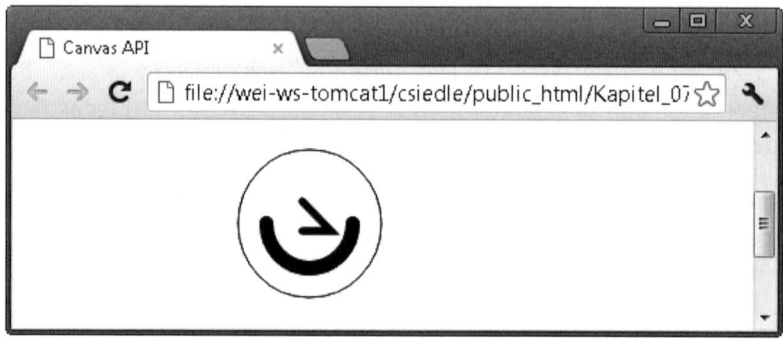

Abbildung 7.7 canvas12.html

Zum Schluss fügen Sie dem Canvas einen Pfad aus zwei Linien hinzu, um eine Nase zu formen. Die Linien für diesen Pfad bekommen die Breite 5 und werden mit der

Eigenschaft `lineJoin`, die auf den Wert `miter` eingestellt wurde, zusammengefügt. Diese Eigenschaft macht die Nase spitz, indem sie die Außenkanten der Ecke erweitern, bis sie denselben Punkt erreichen.

Versuchen Sie einmal, die Linien der Nase zu ändern, indem Sie zum Beispiel die Eigenschaft `miterLimit` auf den Wert `miterLimit=2` einstellen. Ändern Sie den Wert der Eigenschaft `lineJoin` auf `round` oder `bevel` ab. Sie können auch die Form des Mundes ändern, indem Sie der Eigenschaft `lineCap` verschiedene Werte geben.

7.2.6 Text

Um Text auf den Canvas zu schreiben, definieren Sie einfach nur einige Eigenschaften und rufen die passende Methode auf. Drei Eigenschaften dienen dem Konfigurieren von Text:

- `font`: Diese Eigenschaft hat dieselbe Syntax und dieselben Werte wie die `font`-Eigenschaft von CSS.

- `textAlign`: Für diese Eigenschaft sind mehrere Werte möglich. Der Text kann mit den Werten `start`, `end`, `left`, `right` und `center` ausgerichtet werden.

- `textBaseline`: Diese Eigenschaft dient der vertikalen Ausrichtung. Sie stellt für den Text (auch Unicode-Text) verschiedene Positionen ein. Ihre möglichen Werte sind `top`, `hanging`, `middle`, `alphabetic`, `ideographic` und `bottom`.

Zwei Methoden sind verfügbar, um Text auf den Canvas zu zeichnen:

- `strokeText(text, x, y)`: Wie die entsprechende Pfadmethode zeichnet auch diese Methode den angegebenen Text an den Positionen x,y als Formenumriss. Sie kann noch einen vierten Wert aufnehmen, um die maximale Größe anzugeben. Wenn der Text diesen Wert übersteigt, wird er verkleinert, bis er in diesen Wert passt.

- `fillText(text, x, y)`: Diese Methode gleicht der vorherigen, nur wird sie einen Text mit ausgefüllten Buchstaben erzeugen.

```
function initiate(){
    var elem=document.getElementById('canvas');
    canvas=elem.getContext('2d');

    canvas.font="bold 24px verdana, sans-serif";
    canvas.textAlign="start";
    canvas.fillText("Meine Nachricht", 100,100);
```

```
   }
window.addEventListener("load", initiate, false);
```

Listing 7.15 Text zeichnen (Datei canvas13.js)

Wie Listing 7.15 zeigt, kann die Eigenschaft font mit genau derselben Syntax wie CSS mehrere Werte gleichzeitig aufnehmen. Die Eigenschaft textAlign lässt das Zeichnen des Textes an der Position 100,100 beginnen. (Hätte diese Eigenschaft zum Beispiel den Wert end, würde der Text an Position 100,100 enden.) Abschließend zeichnet die Methode fillText einen Text mit ausgefüllten Buchstaben auf den Canvas.

Neben den zuvor erwähnten stellt diese API noch eine weitere, wichtige Methode für Text zur Verfügung:

measureText() liefert Informationen über die Größe eines bestimmten Texts. Sie kann nützlich sein, um Text mit anderen Formen auf dem Canvas zu kombinieren und in Animationen Positionen und sogar Kollisionen zu berechnen.

```
function initiate(){
   var elem=document.getElementById('canvas');
   canvas=elem.getContext('2d');

   canvas.font="bold 24px verdana, sans-serif";
   canvas.textAlign="start";
   canvas.textBaseline="bottom";
   canvas.fillText("Meine Nachricht", 100,124);

   var size=canvas.measureText("Meine Nachricht");
   canvas.strokeRect(100,100,size.width,24);
}
window.addEventListener("load", initiate, false);
```

Listing 7.16 Text messen (Datei canvas14.js)

Hier fügen Sie dem Code aus Listing 7.15 noch die vertikale Ausrichtung hinzu. Die textBaseline wurde auf bottom eingestellt, das heißt, der untere Rand des Textes liegt auf Position 124. So können Sie die genaue vertikale Position des Textes auf dem Canvas leichter ermitteln.

Mit der Methode measureText() und der Eigenschaft width erhalten Sie die horizontale Größe des Textes. Sind alle Messungen genommen, können Sie ein Rechteck zeichnen, das den Text umgibt. Testen Sie in Listing 7.16 (Datei *canvas14.js*) verschiedene Werte für die Eigenschaften textAlign und textBaseline. Prüfen Sie anhand des Rechtecks, wie sie funktionieren. Schreiben Sie einen anderen Text, um zu sehen, wie sich das Rechteck automatisch an jede Größe anpasst.

7.2.7 Schatten

Schatten sind natürlich auch ein wichtiger Teil der Canvas-API. Sie lassen sich für jeden Pfad und sogar für Text generieren. Die API stellt dazu vier Eigenschaften bereit:

- shadowColor: Diese Eigenschaft deklariert die Farbe des Schattens mit CSS-Syntax.

- shadowOffsetX: Diese Eigenschaft bekommt einen numerischen Wert, der angibt, wie weit der Schatten horizontal vom Objekt entfernt ist.

- shadowOffsetY: Diese Eigenschaft empfängt ebenfalls einen numerischen Wert, der angibt, wie weit der Schatten vertikal vom Objekt entfernt ist.

- shadowBlur: Diese Eigenschaft erzeugt einen Unschärfe-Effekt für den Schatten.

```
function initiate(){
    var elem=document.getElementById('canvas');
    canvas=elem.getContext('2d');

    canvas.shadowColor="rgba(0,0,0,0.5)";
    canvas.shadowOffsetX=4;
    canvas.shadowOffsetY=4;
    canvas.shadowBlur=5;

    canvas.font="bold 50px verdana, sans-serif";
    canvas.fillText("Meine Nachricht", 100,100);
}
window.addEventListener("load", initiate, false);
```

Listing 7.17 Schatten einsetzen (Datei canvas15.js)

Der mit Listing 7.17 erzeugte Schatten erhält durch die Funktion rgba() eine halbtransparente schwarze Farbe. Er liegt 4 Pixel vom Objekt entfernt und hat den blur-Wert 5.

Üben Sie diese Technik, indem Sie Schatten auch auf andere Formen anwenden, etwa auf Striche oder gefüllte Formen, die mit Rechtecken oder Kreisen erzeugt wurden.

211

Abbildung 7.8 canvas15.html

7.2.8 Transformationen

Die Canvas-API ermöglicht komplexe Operationen mit der Grafik und dem Canvas selbst. Diese Operationen werden durch fünf verschiedene Transformationsmethoden möglich und jede dient einem bestimmten Zweck.

- translate(x, y): Diese Transformationsmethode verschiebt den Ursprung des Canvas. Jeder Canvas hat seine obere, linke Ecke am Punkt 0,0 und innerhalb des Canvas steigen die Werte in jeder Richtung. Negative Werte liegen außerhalb des Canvas. Manchmal ist es gut, negative Werte zur Erstellung komplexer Formen einzusetzen. Mit der Methode translate() können Sie den Punkt 0,0 an eine andere Position verlagern, die dann als Ursprung und Bezugspunkt für Ihre Zeichnungen dient.

- rotate(angle): Diese Transformationsmethode dreht den Canvas um so viele Winkel wie angegeben um den Ursprung.

- scale(x, y): Diese Transformationsmethode erhöht oder vermindert die Einheiten im Canvas, um alles, was darauf gezeichnet wurde, entsprechend zu vergrößern oder zu verkleinern. Die Skala kann für horizontale und vertikale Werte mit x und y unabhängig geändert werden. Negative Werte erzeugen einen Spiegelungseffekt. Standardmäßig sind die Werte auf 1.0 eingestellt.

- transform(m1, m2, m3, m4, dx, dy): Der Canvas verfügt über eine Matrix von Werten, die seine Eigenschaften festlegen. Die Methode transform() legt eine neue Matrix über die bestehende, um den Canvas zu modifizieren.

- setTransform(m1, m2, m3, m4, dx, dy): Diese Methode setzt die aktuelle Transformation zurück und wendet gemäß den Werten ihrer Attribute eine neue an.

```
function initiate(){
    var elem=document.getElementById('canvas');
    canvas=elem.getContext('2d');

    canvas.font="bold 20px verdana, sans-serif";
    canvas.fillText("TEST",50,20);

    canvas.translate(50,70);
    canvas.rotate(Math.PI/180*45);
    canvas.fillText("TEST",0,0);

    canvas.rotate(-Math.PI/180*45);
    canvas.translate(0,100);
    canvas.scale(2,2);
    canvas.fillText("TEST",0,0);
}
window.addEventListener("load", initiate, false);
```

Listing 7.18 Verschieben, drehen und skalieren (Datei canvas16.js)

Die Funktionsweise von Transformationen wird am besten verständlich, wenn sie im Code angewendet werden. In Listing 7.18 verwenden Sie die Methoden translate(), rotate() und scale() für denselben Text. Zuerst zeichnen Sie einen Text auf den Canvas in seinem Standardzustand. Der Text wird an der Position 50,20 mit einer Größe von 20 Pixeln gezeichnet. Danach verschieben Sie den Ursprung des Canvas mit translate() auf die Position 50,70 und drehen den gesamten Canvas mit der Methode rotate() um 45 Grad.

Danach wird am neuen Ursprung ein anderer Text mit einer Neigung von 45 Grad gezeichnet. Da die angewandten Transformationen zu Standardwerten werden, verschieben Sie zum Testen der Methode scale() den rotation-Wert wieder um 45 Grad zurück auf seine Standardposition und setzen den Ursprung nun wieder um weitere 100 Pixel nach unten. Zum Schluss verdoppeln Sie die Größe des Canvas und zeichnen einen weiteren Text, diesmal doppelt so groß wie das Original.

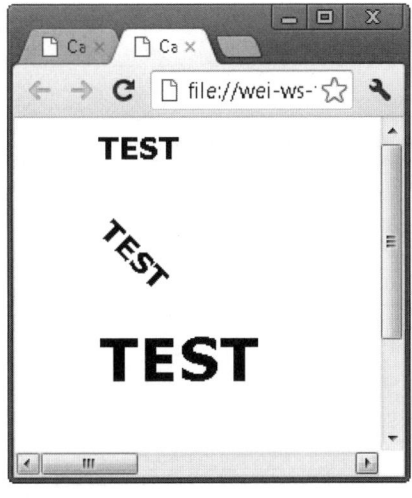

Abbildung 7.9 canvas16.html

Jede Transformation ist kumulativ. Wenn Sie zum Beispiel mit scale() zwei Trans-

213

formationen anwenden, führt die zweite Methode die Skalierung auf Grundlage des aktuellen Zustands aus. Sagen Sie zweimal hintereinander scale(2,2), vervierfacht sich die Größe des Canvas. Und die Matrixtransformationsmethode macht da keine Ausnahme. Deshalb haben wir zwei Methoden verwendet, um die Transformationen direkt auf die Matrix anzuwenden, nämlich transform() und setTransform().

```
function initiate(){
    var elem=document.getElementById('canvas');
    canvas=elem.getContext('2d');

    canvas.transform(3,0,0,1,0,0);

    canvas.font="bold 20px verdana, sans-serif";
    canvas.fillText("TEST",20,20);

    canvas.transform(1,0,0,10,0,0);

    canvas.font="bold 20px verdana, sans-serif";
    canvas.fillText("TEST",100,20);
}
window.addEventListener("load", initiate, false);
```

Listing 7.19 Kumulative Transformation über die Matrix (Datei canvas17.js)

In diesem Beispiel wenden Sie auf denselben Text wie in Listing 7.19 Transformationsmethoden an, um die Wirkungen zu vergleichen. Die Canvas-Matrix hat die Standardwerte 1,0,0,1,0,0. In der ersten Transformation ändern Sie den ersten

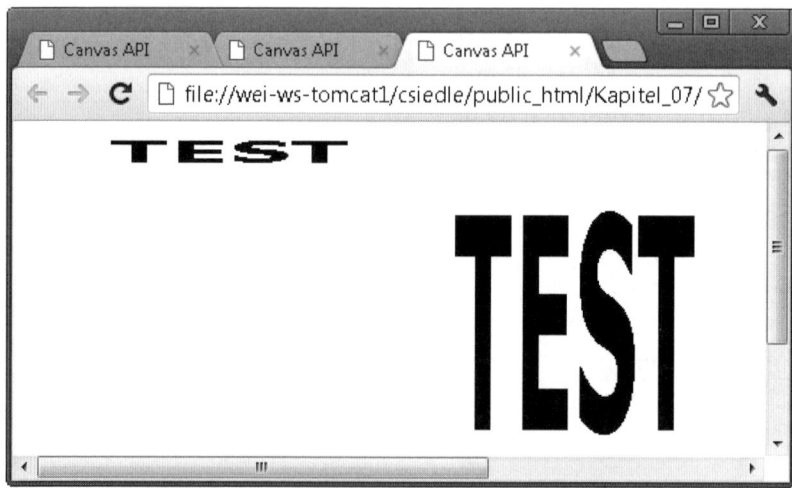

Abbildung 7.10 canvas17.html

214

Wert in 3 und dehnen damit die Matrix horizontal. Der Text, den Sie nach dieser Transformation schreiben, wird breiter als unter Normalbedingungen. Mit der nächsten Transformation dehnen Sie die Matrix vertikal, indem Sie den vierten Wert in 10 ändern und ansonsten die Standardwerte behalten.

Es ist wichtig, sich zu merken, dass Transformationen über die Matrix einer vorangegangenen Transformation gelegt werden. Deshalb wird der zweite Text, der in Listing 7.19 erzeugt wird, horizontal und vertikal gedehnt. Wenn Sie die Matrix zurücksetzen und ganz neue Transformationswerte angeben möchten, können Sie dies mit der Methode setTransform() tun.

Ersetzen Sie die letzte transform()-Methode im Beispiel durch setTransform() und prüfen Sie die Resultate. Dann ändern Sie für denselben Text jeden Wert in der transform()-Methode, um zu erkennen, welche Transformation jeder einzelne auf dem Canvas bewirkt.

7.2.9 Den Status wiederherstellen

Diese Ansammlung von Transformationen macht es wirklich schwer, zu früheren Zuständen zurückzukehren. In Listing 7.18 haben Sie sich zum Beispiel den Wert der Drehung merken müssen, um eine weitere Drehung zurück zur Ausgangssituation bewirken zu können. Daher hat die Canvas-API zwei Methoden, um den Zustand des Canvas zu speichern und abzurufen.

- save(): Diese Methode speichert den Zustand des Canvas einschließlich der bereits vorgenommenen Transformationen, der Werte von Styling-Eigenschaften und des aktuellen Clipping-Pfads (des von der clip()-Methode geschaffenen Bereichs, falls vorhanden).
- restore(): Diese Methode stellt den zuletzt gespeicherten Zustand wieder her.

```
function initiate(){
    var elem=document.getElementById('canvas');
    canvas=elem.getContext('2d');

    canvas.save();
    canvas.translate(50,70);
    canvas.font="bold 20px verdana, sans-serif";
```

```
canvas.fillText("TEST1",0,30);
canvas.restore();

canvas.fillText("TEST2",0,30);
}
window.addEventListener("load", initiate, false);
```

Listing 7.20 Den Zustand des Canvas speichern (Datei canvas18.js)

Wenn Sie Listing 7.20 in Ihrem Browser ausführen, werden Sie sehen, dass der Text »TEST1« in großen Buchstaben im Zentrum des Canvas steht und »TEST2« in kleineren Buchstaben in der Nähe des Ursprungs. Sie haben nämlich Folgendes getan: Sie haben den Zustand des Canvas gespeichert und anschließend die Position für den Ursprung und die Styles für den Text auf andere Werte eingestellt. Bevor Sie den zweiten Text auf den Canvas gezeichnet haben, haben wir den Ausgangszustand wiederhergestellt. Dadurch wird dieser zweite Text nicht mit den Styles des ersten Textes, sondern mit den Standard-Styles angezeigt.

Die Methode restore() stellt immer genau den vorherigen Zustand wieder her, ganz gleich, wie viele Transformationen Sie ausführen.

7.2.10 globalCompositeOperation

Im Abschnitt über Pfade habe ich erwähnt, dass es eine Eigenschaft gäbe, die festlegt, wie eine Form auf dem Canvas positioniert und mit vorangegangenen Formen kombiniert wird. Diese Eigenschaft heißt globalCompositeOperation und hat den Standardwert source-over, das heißt, die neue Form wird über die älteren gelegt, die zuvor auf den Canvas gezeichnet wurden. Es stehen jedoch noch elf weitere Werte zur Auswahl:

- source-in: Es wird nur der Teil der neuen Form gezeichnet, der sich mit der vorherigen Form überschneidet. Der Rest dieser und auch der vorherigen Form ist transparent.

- source-out: Es wird nur der Teil der neuen Form gezeichnet, der sich nicht mit der vorherigen Form überschneidet. Der Rest dieser und auch der vorherigen Form ist transparent.

- source-atop: Es wird nur der Teil der neuen Form gezeichnet, der sich mit der vorherigen Form überschneidet. Die vorherige Form wird bewahrt, aber der Rest der neuen Form wird transparent.

- lighter: Beide Formen werden gezeichnet, doch die Farbe der sich überschneidenden Teile wird durch Addition der Farbwerte bestimmt.

- xor: Beide Formen werden gezeichnet, aber die sich überschneidenden Teile werden transparent.

- destination-over: Dies ist das Gegenteil des Standardwerts. Die neuen Formen werden auf dem Canvas hinter den vorhergehenden Formen gezeichnet.

- destination-in: Von den vorhandenen Formen auf dem Canvas bleiben die Teile erhalten, mit denen sich die neue Form überschneidet. Alles andere, einschließlich der neuen Form, wird transparent.

- destination-out: Von den vorhandenen Formen auf dem Canvas bleiben die Teile erhalten, mit denen sich die neue Form nicht überschneidet. Alles andere, einschließlich der neuen Form, wird transparent.

- destination-atop: Von den vorhandenen Formen und der neuen Form bleibt nur der Teil erhalten, in dem sie sich überschneiden.

- darker: Beide Formen werden gezeichnet, aber die Farbe der sich überschneidenden Bereiche wird durch Subtraktion der Farbwerte festgelegt.

- copy: Nur die neue Form wird gezeichnet; die früheren werden transparent.

```
function initiate(){
    var elem=document.getElementById('canvas');
    canvas=elem.getContext('2d');

    canvas.fillStyle="#990000";
    canvas.fillRect(100,100,300,100);

    canvas.globalCompositeOperation="destination-atop";

    canvas.fillStyle="#AAAAFF";
    canvas.font="bold 80px verdana, sans-serif";
    canvas.textAlign="center";
    canvas.textBaseline="middle";
    canvas.fillText("TEST",250,110);
}
window.addEventListener("load", initiate, false);
```

Listing 7.21 Die Eigenschaft globalCompositeOperation testen (Datei canvas19.js)

Nur wenn Sie jeden einzelnen Wert von globalCompositeOperation in seiner visuellen Wirkung testen, können Sie seine Funktion verstehen. Diesem Zweck dient Listing 7.21. Wenn Sie diesen Code ausführen, wird in die Mitte des Canvas ein rotes Rechteck gezeichnet, von dem allerdings dank des Wertes destination-atop nur der Teil zu sehen ist, der sich mit dem Text überschneidet.

Kapitel

7

Ersetzen Sie den Wert `destination-atop` durch irgendeinen der anderen möglichen Werte für diese Eigenschaft und betrachten Sie das Ergebnis in Ihrem Browser. Testen Sie Ihren Code in verschiedenen Browsern.

7.3 Bilddateien anzeigen

Die Canvas-API wäre nichts ohne ihre Fähigkeit, Bilder darzustellen und zu bearbeiten. Doch obwohl Bilder so wichtig sind, gibt es für diesen Zweck nur eine einzige native Methode.

7.3.1 drawImage()

Die Methode `drawImage()` ist die einzige Methode, um Bilder auf den Canvas zu zeichnen. Allerdings kann sie eine Anzahl Werte aufnehmen, die unterschiedliche Ergebnisse produzieren. Diese Möglichkeiten wollen wir uns nun anschauen:

- `drawImage(image, x, y)`: Diese Syntax zeichnet auf dem Canvas ein Bild an der durch x und y vorgegebenen Stelle. Der erste Wert ist ein Verweis auf das Bild.
- `drawImage(image, x, y, width, height)`: Mit dieser Syntax können Sie das Bild skalieren, indem Sie seine Größe durch die Werte `width` und `height` ändern, bevor Sie es auf den Bildschirm zeichnen.
- `drawImage(image, x1, y1, width1, height1, x2, y2, width2, height2)`: Diese Syntax ist die komplizierteste, denn sie hat für jeden Parameter zwei Werte, um Scheiben von einem Bild abschneiden und dann in benutzerdefinierter Größe und Position auf den Canvas zeichnen zu können. Die Werte `x1` und `y1` bestimmen die obere linke Ecke des Bildteils, der abgeschnitten wird. Die Werte `width1` und `height1` legen die Größe dieses Bildteils fest. Die restlichen Werte (`x2`, `y2`, `width2` und `height2`) deklarieren den Platz, an dem dieser Bildteil auf den Canvas gezeichnet wird, sowie seine Größe (die vom Original abweichen kann).

In jedem Fall kann das erste Attribut ein Verweis auf ein Bild in demselben Dokument sein, das von Methoden wie `getElementById()` erstellt worden ist, oder auf ein neues Bildobjekt, das durch reguläre JavaScript-Methoden erschaffen wird. Sie können mit dieser Methode keine URLs verarbeiten oder Dateien aus externen Quellen laden.

```
function initiate(){
    var elem=document.getElementById('canvas');
    canvas=elem.getContext('2d');

    var img=new Image();
    img.src="snow.jpg";
    img.addEventListener("load", function(){
        canvas.drawImage(img,20,20)
    }, false);
}
window.addEventListener("load", initiate, false);
```

Listing 7.22 Mit Bildern arbeiten (Datei canvas20.js)

Beginnen wir mit einem einfachen Beispiel. Der Code in Listing 7.22 lädt einfach das Bild und zeichnet es auf den Canvas. Da der Canvas nur Bilder empfangen kann, die bereits geladen wurden, müssen Sie dies mit dem load-Event überprüfen. Sie haben den Listener hinzugefügt und eine anonyme Funktion geschrieben, um das Event zu behandeln. Die Methode drawImage() in der Funktion zeichnet das Bild, wenn es bereits geladen ist.

Erinnerung ✕

In Listing 7.22 wird in der Methode addEventListener() eine anonyme Funktion statt eines Verweises auf eine Funktion verwendet. In Fällen wie diesem, wo die Funktion klein ist, wird der Code durch diese Technik einfacher und verständlicher.

```
function initiate(){
    var elem=document.getElementById('canvas');
    canvas=elem.getContext('2d');

    var img=new Image();
    img.src="snow.jpg";
    img.addEventListener("load", function(){
        canvas.drawImage(img,0,0,elem.width,elem.height)
    }, false);
}
window.addEventListener("load", initiate, false);
```

Listing 7.23 Das Bild an die Größe des Canvas anpassen (Datei canvas21.js)

In Listing 7.23 werden der vorherigen drawImage()-Methode zwei Werte hinzugefügt, um das Bild zu skalieren. Die Eigenschaften width und height geben die Maße des Canvas zurück. Dieser Code wird also das Bild so strecken, dass es sich auf den gesamten Canvas ausdehnt.

Abbildung 7.11 canvas21.html

```
function initiate(){
    var elem=document.getElementById('canvas');
    canvas=elem.getContext('2d');

    var img=new Image();
    img.src="snow.jpg";
    img.addEventListener("load", function(){
        canvas.drawImage(img,135,30,50,50,0,0,200,200)
    }, false);
}
window.addEventListener("load", initiate, false);
```

Listing 7.24 Extrahieren, skalieren und zeichnen (Datei canvas22.js)

In Listing 7.24 sehen Sie die komplizierteste Syntax von drawImage(). Neun Werte werden bereitgestellt, um einen Teil des Bildes abzuschneiden, zu skalieren und dann auf den Canvas zu zeichnen. Dem ursprünglichen Bild wird an der Position 135,50 ein Quadrat mit der Größe 50,50 Pixel entnommen, auf eine Größe von 200,200 Pixeln gezogen und schließlich an der Position 0,0 auf den Canvas gezeichnet.

7.3.2 Bilddaten

Ehrlich gesagt habe ich ein wenig geschwindelt, als ich behauptet habe, drawImage() sei die einzige Methode, um Bilder auf den Canvas darzustellen. Es gibt noch einige andere Methoden, die ebenfalls auf den Canvas zeichnen können. Doch diese arbeiten genau genommen nicht mit Bildern, sondern mit Daten, so dass meine Aussage schon legitim ist. Aber warum sollte man Daten statt Bilder verarbeiten?

Jedes Bild kann durch eine Folge von Integern dargestellt werden, die rgba-Werte angeben (vier Werte für jedes Pixel). Eine Gruppe von Werten mit diesen Informationen stellt ein eindimensionales Array dar, das verwendet werden kann, um ein Bild zu generieren. Die Canvas-API hat drei Methoden, um diese Daten zu bearbeiten und auf diese Weise Bilder zu verarbeiten:

■ `getImageData(x, y, width, height)`: Diese Methode nimmt aus dem Canvas ein Rechteck der durch die Eigenschaften deklarierten Größe und konvertiert es in Daten. Sie gibt ein Objekt zurück, das später über seine Eigenschaften `width`, `height` und `data` zugänglich ist.

■ `putImageData(imagedata, x, y)`: Diese Methode verwandelt die Daten von `imagedata` in ein Bild und zeichnet dieses an der durch `x` und `y` vorgegebenen Position auf den Canvas. Das ist das Gegenteil von `getImageData()`.

■ `createImageData(width, height)`: Diese Methode erzeugt Daten für ein leeres Bild. Alle Pixel sind transparent schwarz. Sie kann auch Daten als Attribut empfangen (anstelle der Attribute `width` und `height`) und die aus diesen Daten entnommenen Bilddimensionen zurückgeben.

Die Position jedes Wertes im Array wird mit der Formel $(width*4*y)+(x*4)$ berechnet. Dies ist der erste Wert für das Pixel (Rot); für den Rest müssen Sie 1 zum Ergebnis addieren, wie zum Beispiel in $(width*4*y)+(x*4)+1$ für Grün, $(width*4*y)+(x*4)+2$ für Blau und $(width*4*y)+(x*4)+3$ für den Alphawert.

Warnung	✕

Aus Sicherheitsgründen können von einem Canvas-Element keine Daten mehr abgerufen werden, nachdem ein Bild aus einer externen Quelle auf dieses Element gezeichnet wurde. Nur wenn das Dokument und das Bild von derselben Quelle (URL) stammen, kann die Methode `getImageData()` richtig funktionieren. Daher müssen Sie das Bild *snow.jpg*, die HTML-Datei und die JavaScript-Datei auf Ihren eigenen Server hochladen, um dieses Beispiel zu testen. Wenn Sie die Datei nur auf Ihrem Computer speichern und dann versuchen, sie in Ihrem Browser zu öffnen, funktioniert es nicht.

Betrachten Sie folgendes Beispiel:

```
function initiate(){
    var elem=document.getElementById('canvas');
    canvas=elem.getContext('2d');

    var img=new Image();
    img.src="ciel.jpg";
    img.addEventListener("load", modimage, false);
}
function modimage(e){
    img=e.target;
    canvas.drawImage(img,0,0);
    var info=canvas.getImageData(0,0,175,262);

    var pos;
    for(x=0;x<=175;x++){
        for(y=0;y<=262;y++){
            pos=(info.width*4*y)+(x*4);
            info.data[pos]=255-info.data[pos];
            info.data[pos+1]=255-info.data[pos+1];
            info.data[pos+2]=255-info.data[pos+2];
        }
    }
    canvas.putImageData(info,0,0);
}
window.addEventListener("load", initiate, false);
```

Listing 7.25 Ein Negativ des Bildes generieren (Datei canvas23.js)

Diesmal müssen Sie eine neue Funktion erstellen (anstatt eine anonyme zu benutzen), um das Bild zu verarbeiten, nachdem es geladen wurde. Die Funktion modimage() erzeugt mit Hilfe der Eigenschaft target, die Sie aus früheren Beispielen kennen, einen Verweis auf das Bild. Mit diesem Verweis und der Methode drawImage() wird das Bild sodann an der Position 0,0 auf den Canvas gezeichnet. An diesem Teil des Programms ist nichts Ungewöhnliches, doch das wird sich noch ändern.

> **Warnung** ☒
>
> Sie müssen die Dateien für dieses Beispiel (einschließlich der Datei *ciel.jpg*) auf Ihren Server laden, damit sie ordentlich funktionieren.

Da das Bild von unserem Beispiel 350 Pixel breit und 262 Pixel hoch ist, erhalten Sie nur die linke Hälfte des Originalbilds, wenn Sie die Methode `getImageData()` mit den Werten 0,0 für die obere, linke Ecke und 175,262 für den horizontalen und vertikalen Offset anwenden. Diese Daten werden in der Variablen `info` gespeichert. Nachdem Sie diese Informationen beisammenhaben, bearbeiten Sie jedes Pixel, um das gewünschte Ergebnis (in unserem Beispiel ein Negativ dieses Bildteils) zu erhalten.

Da jede Farbe durch einen Wert zwischen 0 und 255 deklariert wird, erhalten Sie den negativen Wert, indem Sie den tatsächlichen Wert von 255 subtrahieren. Die Formel lautet `farbe=255-farbe`. Um dies mit jedem Pixel unseres Bildes zu tun, benötigen Sie zwei `for`-Schleifen (nämlich eine für die Spalten und eine für die Zeilen), um jede Farbe abzurufen und den Wert des entsprechenden Negativs zu berechnen. Beachten Sie, dass die `for`-Schleife für x-Werte von 0 bis 175 geht (die Breite des Bildteils, den Sie aus dem Canvas genommen haben) und die `for`-Schleife für y-Werte geht von 0 bis 262 (die gesamte vertikale Bildgröße und auch die vertikale Größe des Bildteils, den Sie verarbeiten).

Nachdem jedes Pixel verarbeitet wurde, wird die `info`-Variable mit den Bilddaten mit der Methode `putImageData()` als Bild an den Canvas geschickt. Das Bild wird an dieselbe Stelle wie das Original gesetzt, so dass die linke Hälfte unseres Originalbilds durch unser neu erstelltes Negativ ersetzt wird.

Die Methode `getImageData()` gibt ein Objekt zurück, das durch seine Eigenschaften (`width`, `height` und `data`) bearbeitet werden oder durch die Methode `putImageData()` so, wie es ist, verwendet werden kann. Es gibt noch eine andere Möglichkeit, Daten vom Canvas abzurufen: Diese gibt den Inhalt des Canvas als String mit base64-Kodierung zurück. Diesen String können Sie später zum Beispiel als Quelle für einen anderen Canvas oder für ein HTML-Element wie `<img>` nutzen oder ihn an den Server senden oder in einer Datei speichern. Die folgende Methode wurde für diesen Zweck geschaffen:

`toDataURL(type)`: Das `<canvas>`-Element hat die beiden Eigenschaften `width` und `height` und die beiden Methoden `getContext()` und `toDataURL()`. Die letzte Methode gibt eine `data:url` mit einer Darstellung des Canvas-Inhalts im PNG-Format zurück (oder einem anderen, durch das `type`-Attribut festgelegten Bildformat).

Weiter hinten in diesem Buch zeige ich Ihnen einige Beispiele für `toDataURL()` und die Art, wie diese Methode hilft, Canvas in andere APIs zu integrieren.

7.3.3 Muster

Muster sind eine Neuerung, die Pfade verbessert. Mit Mustern können Sie den Formen, die Sie geschaffen haben, mit Hilfe eines Bildes eine Textur verleihen. Das Verfahren ist ähnlich wie bei Farbverläufen: Das Muster wird mit der Methode createPattern() erzeugt und dann dem Pfad als Farbe zugewiesen.

createPattern(image, type): Das Attribut image ist ein Verweis auf das Bild und type kann vier Werte haben: repeat, repeat-x, repeat-y und no-repeat.

```
function initiate(){
    var elem=document.getElementById('canvas');
    canvas=elem.getContext('2d');
    var img=new Image();
    img.src="bricks.jpg";
    img.addEventListener("load", modimage, false);
}
function modimage(e){
    img=e.target;
    var pattern=canvas.createPattern(img,'repeat');
    canvas.fillStyle=pattern;
    canvas.fillRect(0,0,500,300);
}
window.addEventListener("load", initiate, false);
```

Listing 7.26 Den Pfaden ein Muster beigeben (Datei canvas24.js)

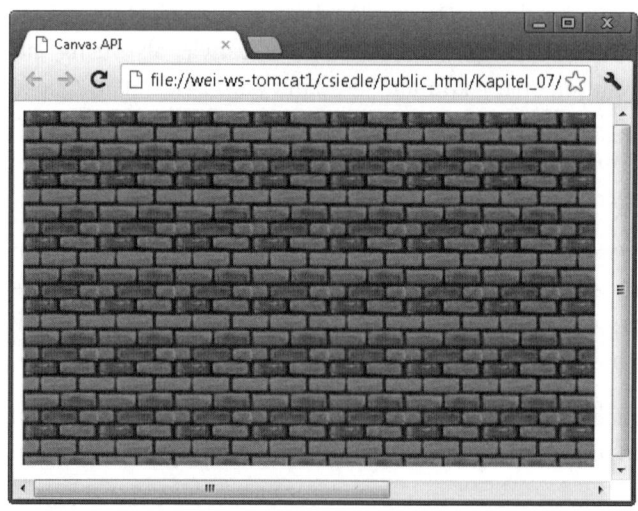

Abbildung 7.12 canvas24.html

Experimentieren Sie mit den verschiedenen Werten für `createPattern()` und anderen Formen.

7.4 Animationen

Animationen werden mit normalem JavaScript-Code erstellt. Es existiert weder eine Methode noch eine vordefinierte Prozedur, die helfen würde, Dinge auf dem Canvas zu animieren. Im Grunde müssen Sie den Canvas-Bereich, den Sie animieren möchten, leeren, Formen darauf zeichnen und diesen Prozess immer wieder wiederholen. Sind die Formen einmal gezeichnet, sind sie unbeweglich. Nur indem Sie den Bereich löschen und die Formen neu zeichnen, können Sie eine Animation konstruieren. Daher sollten Sie für Spiele oder andere Anwendungen, in denen viele Objekte animiert werden müssen, eher Bilder verwenden als Formen, die auf komplexen Pfaden beruhen (Spiele verwenden zum Beispiel normalerweise keine PNG-Bilder).

In der Welt der Programmierung gibt es mehrere Animationstechniken. Manche sind einfach, andere so komplex wie die Anwendung, für die die Animationen geschaffen wurden. Ich zeige Ihnen mit der Methode `clearRect()` ein einfaches Beispiel dafür, wie der Canvas gelöscht und neu gezeichnet wird und dadurch eine Animation durch nur eine einzige Funktion bewirkt wird. Wenn Sie raffinierte Effekte erzeugen möchten, sollten Sie bei Bedarf allerdings vorher ein JavaScript-Buch für Fortgeschrittene lesen.

```
function initiate(){
    var elem=document.getElementById('canvas');
    canvas=elem.getContext('2d');
    window.addEventListener('mousemove', animation, false);
}

function animation(e){
    canvas.clearRect(0,0,300,500);
    var xmouse=e.clientX;
    var ymouse=e.clientY;
    var xcenter=220;
    var ycenter=150;
    var ang=Math.atan2(xmouse-xcenter,ymouse-ycenter);
    var x=xcenter+Math.round(Math.sin(ang)*10);
    var y=ycenter+Math.round(Math.cos(ang)*10);

    canvas.beginPath();
```

```
canvas.arc(xcenter,ycenter,20,0,Math.PI*2, false);
canvas.moveTo(xcenter+70,150);
canvas.arc(xcenter+50,150,20,0,Math.PI*2, false);
canvas.stroke();

canvas.beginPath();
canvas.moveTo(x+10,y);
canvas.arc(x,y,10,0,Math.PI*2, false);
canvas.moveTo(x+60,y);
canvas.arc(x+50,y,10,0,Math.PI*2, false);
canvas.fill();
}
window.addEventListener("load", initiate, false);
```

Listing 7.27 Eine erste Animation (Datei canvas25.js)

Listing 7.27 erzeugt zwei Augen, die fortwährend auf den Mauszeiger blicken. Um die Augen zu bewegen, müssen Sie ihre Position jedes Mal, wenn sich der Mauszeiger bewegt, aktualisieren. Für diesen Zweck wurde der Funktion `initiate()` ein Listener für das `mousemove`-Event hinzugefügt. Nun wird immer, wenn das Event ausgelöst wird, die Funktion `animation()` aufgerufen.

Die Funktion leert als Erstes mit der Anweisung `clearRect(0,0,300,500)` den Canvas. Danach wird die Mausposition aufgezeichnet und die Position des ersten Auges in den Variablen `xcenter` und `ycenter` gespeichert.

Nachdem die Variablen initialisiert sind, ist die Mathematik am Zug. Aus den Werten der Positionen der Maus und des Mittelpunkts des linken Auges berechnen Sie den Winkel der unsichtbaren Linie, die die beiden Punkte verbindet, mit der vordefinierten JavaScript-Methode `atan2`. Aus diesem Winkel berechnen Sie an-

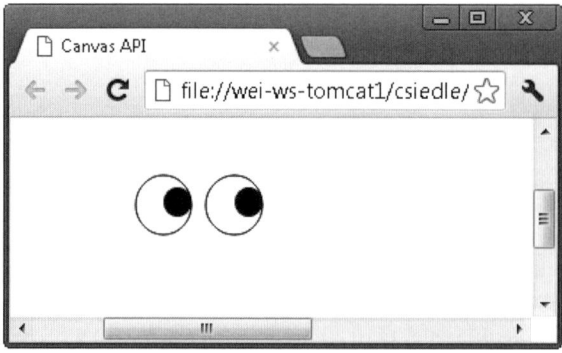

Abbildung 7.13 canvas25.html

226

schließend mit der Formel `xcenter + Math.round(Math.sin(ang) * 10)` genau, an welchem Punkt das Zentrum der Iris liegt. Die 10 in der Formel repräsentiert die Entfernung vom Zentrum des Auges zum Zentrum der Iris (denn die Iris liegt nicht im Mittelpunkt des Auges, sondern immer an seinem Rand).

Mit all diesen Werten können Sie endlich anfangen, Augen auf den Canvas zu zeichnen. Der erste Pfad besteht aus zwei Kreisen für die Augen. Die erste `arc()`-Methode für das erste Auge wird mit den Werten `xcenter` und `ycenter` positioniert und der Kreis für das zweite Auge wird 50 Pixel weiter rechts mit der Anweisung `arc (xcenter+50, 150, 20, 0, Math.PI*2, false)` erzeugt.

Als Nächstes wird mit dem zweiten Pfad der animierte Teil der Grafik erzeugt. Dieser Pfad verwendet die Variablen `x` und `y` mit der zuvor aus dem Winkel berechneten Position. Beide Iris werden mit `fill()` als ausgefüllte, schwarze Kreise gezeichnet. Jedes Mal, wenn das `mousemove`-Event eintritt, wiederholt sich dieser Vorgang und die Werte werden neu berechnet.

Schreiben Sie den Code aus Listing 7.27 in eine JavaScript-Datei und öffnen Sie sie mit der HTML-Code aus Listing 7.1 in Ihrem Browser. Sie können die Dateien namens *canvas25.js* und *canvas25.html* natürlich auch wieder herunterladen.

Kapitel

7

7.5   Videos

Was für Animationen gilt, gilt auch hier: Es gibt keine spezielle Methode, um Videos auf einem Canvas-Element zu zeigen. Die einzige Möglichkeit besteht darin, jeden Frame aus dem `<video>`-Element zu nehmen und mit `drawImage()` als Bild auf den Canvas zu zeichnen. Im Grunde funktioniert also die Videoverarbeitung auf Canvas durch Kombination von Techniken, die Sie bereits kennen.

Sie müssen zuerst eine neue Vorlage und dann den Code erstellen, um zu sehen, worum es geht.

```
<!DOCTYPE html>
<html lang="de">
<head>
    <title>Video auf dem Canvas</title>
```

```
    <style>
        .boxes{
            display: inline-block;
            margin: 10px;
            padding: 5px;
            border: 1px solid #999999;
        }
    </style>
    <script src="canvasvideo.js"></script>
</head>
<body>
    <section class="boxes">
        <video id="media" width="483" height="272">
            <source src="trailer2.ogg">
            <source src="trailer2.mp4">
        </video>
    </section>
    <section class="boxes">
        <canvas id="canvas" width="483" height="272">
            Ihr Browser unterstützt das canvas-Element nicht
        </canvas>
    </section>
</body>
</html>
```

Listing 7.28 Eine Vorlage für Videos auf dem Canvas (Datei canvasvideo.html)

Die Vorlage aus Listing 7.28 enthält zwei spezifische Komponenten, nämlich das <video>-Element und das <canvas>-Element. Mit einer Kombination beider Elemente werden Sie ein Video verarbeiten und auf dem Canvas abspielen.

Die Vorlage enthält auch eingebettete CSS-Styles für die Boxen und eine JavaScript-Datei namens *canvasvideo.js* für den folgenden Code:

```
function initiate(){
    var elem=document.getElementById('canvas');
    canvas=elem.getContext('2d');
    video=document.getElementById('media');
    video.addEventListener('click', push, false);
}
function push(){
    if(!video.paused && !video.ended){
        video.pause();
        window.clearInterval(loop);
```

```
    }else{
       video.play();
       loop=setInterval(processFrames, 33);
    }
}
function processFrames(){
    canvas.drawImage(video,0,0);

    var info=canvas.getImageData(0,0,483,272);
    var pos;
    var gray;
    for(x=0;x<=483;x++){
       for(y=0;y<=272;y++){
          pos=(info.width*4*y)+(x*4);
          gray=parseInt(info.data[pos]*0.2989 + info.data[pos+1]*0.5870
                     + info.data[pos+2]*0.1140);
          info.data[pos]=gray;
          info.data[pos+1]=gray;
          info.data[pos+2]=gray;
       }
    }
    canvas.putImageData(info,0,0);
}
window.addEventListener("load", initiate, false);
```

Listing 7.29 Farbvideos in Schwarzweiß konvertieren (Datei canvasvideo.js)

Abbildung 7.13 canvasvideo.js (links in Farbe, rechts in Schwarz-Weiß)

Erstellen Sie eine neue HTML-Datei namens *canvasvideo.html* mit dem Code aus Listing 7.28 und eine JavaScript-Datei namens *canvasvideo.js* mit dem Code aus Listing 7.29. Um das Video zu starten, klicken Sie auf den linken Kasten.

Warnung ✖

Dieses Beispiel verarbeitet die Bilddaten mit den Methoden getImageData() und putImageData(). Wie bereits erwähnt, ziehen diese Methoden Informationen aus dem Canvas. Aus Sicherheitsgründen wird diese Entnahme von Informationen aus dem Canvas deaktiviert, sobald das Element Inhalte aus einer Quelle bezieht, die nicht die Quelle des Dokuments ist (das heißt, das Dokument gehört zu einer anderen Domäne als die Videos). Daher müssen Sie die Videos, die Sie bei den Beispieldateien finden, zusammen mit den anderen Dateien auf Ihren eigenen Server hochladen, um dieses Beispiel zu testen.

Nehmen wir einmal den Code von Listing 7.29 unter die Lupe. Wie erwähnt, müssen Sie auf bereits bekannte Techniken zurückgreifen, um Videos auf dem Canvas zu verarbeiten. In diesem Code verwenden wir die aus Kapitel 5 bekannte Funktion push(), um das Video zu starten oder anzuhalten, wenn man darauf klickt. Außerdem haben wir eine Funktion namens processFrames erstellt, die denselben Code von Listing 7.25 aus diesem Kapitel verwendet, nur dass wir dieses Mal (anstatt das Bild umzukehren) eine Formel einsetzen, die alle Farben in jedem Frame des Videos in Graustufen verwandelt. Das verwandelt unser Farbvideo in ein Schwarzweiß-Video.

Die push()-Funktion dient zwei Zwecken: Sie kann das Video starten und anhalten, und sie kann ein Intervall initiieren, das alle 33 Millisekunden die Funktion processFrames() auslöst. Diese Funktion nimmt aus dem <video>-Element einen Frame und zeichnet ihn mit der Anweisung drawImage(video,0,0) auf den Canvas. Danach werden die Daten mit der Methode getImageData() aus dem Canvas wieder hervorgeholt und jedes Pixel des betreffenden Frames mit zwei for-Schleifen verarbeitet.

Warnung ✖

Dieses Beispiel dient nur zu Schulungszwecken. Videoverarbeitung in Echtzeit ist nicht zu empfehlen. Je nach der Konfiguration des Computers und Browsers, auf dem die Anwendung ausgeführt wird, werden Sie spürbare Verzögerungen in der Verarbeitung bemerken. Wenn Sie nützliche JavaScript-Anwendungen schreiben möchten, sollten Sie immer auch an die Performance denken.

Der Prozess, der Farben in die entsprechenden Graustufen verwandelt, ist äußerst populär und im Internet entsprechend einfach zu finden. Die Formel lautet: `red * 0.2989 + green * 0.5870 + blue * 0.1140`. Wurde dies berechnet, muss das Ergebnis jeder Farbe des Pixels (Rot, Grün, Blau) zugewiesen werden, wie wir es im Code mit der Variablen `gray` getan haben. Der Prozess endet damit, dass der Frame mit der Methode `putImageData()` wieder auf den Canvas gezeichnet wird.

Kapitel

7

Kapitel 8
Die Drag&Drop-API

Kapitel

8

In Desktop-Anwendungen geschieht es andauernd, dass man ein Element mit der Maus von einem Ort zum anderen zieht und dort ablegt, doch niemand erwartet, dass das auch im Web möglich wäre. Nicht etwa, weil Webanwendungen anders wären, sondern weil die Entwickler noch keine Standardtechnologie haben, um diese Funktion anzubieten.

Jetzt stellt die in der HTML5-Spezifikation eingeführte Drag&Drop-API endlich die Möglichkeit bereit, für das Web Software zu programmieren, die sich genau wie Desktop-Anwendungen verhält.

8.1   Neue Events

Einer der wichtigsten Aspekte dieser API sind sieben neue Events für unterschiedliche Situationen. Einige dieser Events werden von der Quelle ausgelöst (dem Element, das gezogen wird) und andere vom Ziel (dem Element, auf dem die Quelle abgelegt wird). Wenn ein Benutzer zum Beispiel eine Drag&Drop-Operation ausführt, löst die Quelle die folgenden drei Events aus:

▓ dragstart: Dieses Event wird in dem Moment ausgelöst, in dem die Drag-Operation anfängt. Zu diesem Zeitpunkt werden im System die Daten des Quell-Elements eingestellt.

▓ drag: Dieses Event ähnelt dem mousemove-Event, wird aber während der Drag-Operation vom Quellelement ausgelöst.

▓ dragend: Wenn die Drag-Operation (erfolgreich oder nicht) vorbei ist, wird dieses Event von der Quelle ausgelöst.

Und dies sind die Events, die das Ziel während derselben Operation auslöst.

▓ dragenter: Wenn der Mauszeiger während einer Drag-Operation in den Bereich eines möglichen Zielelements gerät, wird dieses Event ausgelöst.

▓ dragover: Dieses Event ähnelt dem mousemove-Event, wird allerdings von möglichen Zielelementen während einer Drag-Operation ausgelöst.

▓ drop: Wenn während einer Drag-Operation eine Drop-Operation eintritt (das heißt, das Element wird abgelegt), dann löst das Ziel dieses Event aus.

▓ dragleave: Dieses Event wird ausgelöst, wenn die Maus ein Element während einer Drag-Operation verlässt. Es wird zusammen mit dragenter genutzt, um Feedback zu geben und den Benutzern zu helfen, das Zielelement zu erkennen.

Bevor Sie mit diesem Feature arbeiten, gibt es noch etwas Wichtiges zu bedenken. Browser führen während einer Drag&Drop-Operation standardmäßig Aktionen aus. Um die gewünschten Ergebnisse zu erhalten, müssen Sie eventuell das Standardverhalten unterbinden und Aktionen selbst steuern. Für manche Events, wie zum Beispiel dragenter, dragover und drop ist es notwendig, Verhalten zu unterbinden, selbst wenn es sich um eine benutzerdefinierte Aktion handelt. Das folgende, einfache Beispiel zeigt, wie Sie vorgehen müssen.

```
<!DOCTYPE html>
<html lang="de">
<head>
    <title>Drag and Drop</title>
    <link rel="stylesheet" href="dragdrop.css">
    <script src="dragdrop01.js"></script>
</head>
<body>
    <section id="dropbox">
        Das Bild hierhin ziehen und ablegen
    </section>
```

```
    <section id="picturesbox">
        <img id="image" src="monster1.gif">
    </section>
</body>
</html>
```

Listing 8.1 Eine Vorlage für Drag&Drop (Datei dragdrop01.html)

Das HTML-Dokument aus Listing 8.1 enthält ein als dropbox bezeichnetes <section>-Element, das als Ziel dienen soll, und ein Bild, das die Quelle ist. Außerdem sind da zwei Dateien mit CSS-Styles und der JavaScript-Code, der die Operation ausführt.

```
#dropbox{
    float: left;
    width: 500px;
    height: 300px;
    margin: 10px;
    border: 1px solid #999999;
}
#picturesbox{
    float: left;
    width: 320px;
    margin: 10px;
    border: 1px solid #999999;
}
#picturesbox > img{
    float: left;
    padding: 5px;
}
```

Listing 8.2 Styles für die Vorlage (Datei dragdrop.css)

Die Regeln in Listing 8.2 stylen lediglich die Boxen, die erkennen lassen, was die Quelle und was die Dropbox ist.

```
function initiate(){
    source1=document.getElementById('image');
    source1.addEventListener('dragstart', dragged, false);

    drop=document.getElementById('dropbox');
    drop.addEventListener('dragenter', function(e){
        e.preventDefault(); }, false);
    drop.addEventListener('dragover', function(e){
        e.preventDefault(); }, false);
    drop.addEventListener('drop', dropped, false);
}
```

Kapitel

8

235

```
function dragged(e){
    var code='<img src="'+source1.getAttribute('src')+'">';
    e.dataTransfer.setData('Text', code);
}
function dropped(e){
    e.preventDefault();
    drop.innerHTML=e.dataTransfer.getData('Text');
}
window.addEventListener('load', initiate, false);
```

Listing 8.3 Elementarer Code für eine Drag&Drop-Operation (Datei dragdrop01.js)

In HTML-Elementen können Sie auch einige Attribute einsetzen, um die Prozedur einer Drag&Drop-Operation zu konfigurieren, doch im Grunde erledigt JavaScript das alles. In Listing 8.3 gibt es drei Funktionen: initiate() fügt die Event-Listener für diese Operation hinzu und dragged() und dropped() generieren und empfangen die Informationen, die während des Vorgangs übermittelt werden.

Für eine normale Drag&Drop-Operation müssen Sie die Informationen vorbereiten, die zwischen dem Quell- und dem Zielelement ausgetauscht werden. Hierzu haben Sie einen Listener für das dragstart-Event hinzugefügt. Dieser Listener ruft die Funktion dragged() auf, wenn das Event ausgelöst wird, und setData() bereitet in dieser Funktion die Informationen vor.

Die Drop-Aktion (das Ablegen) ist normalerweise in den meisten Elementen des Dokuments standardmäßig nicht erlaubt. Um diese Operation für die Dropbox zu

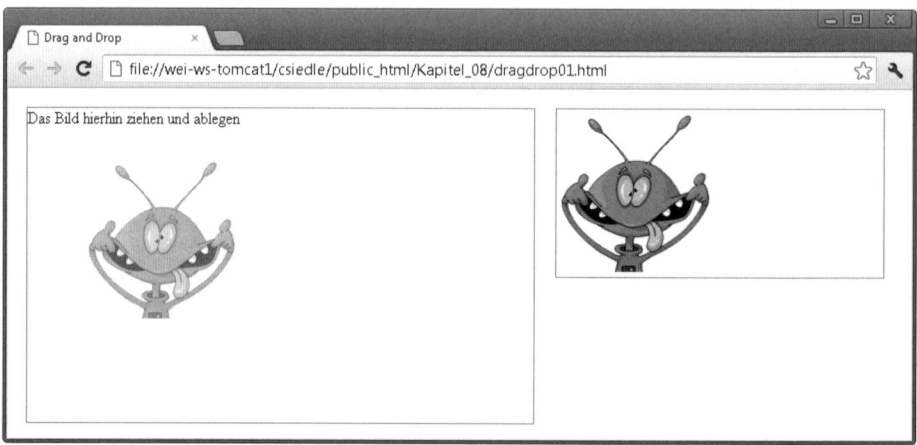

Abbildung 8.1 dragdrop01.html

ermöglichen, müssen Sie also das Standardverhalten unterbinden. Hierzu fügen Sie einen Listener für die Events dragenter und dragover hinzu und führen mit einer anonymen Funktion die Methode preventDefault() aus.

Abschließend fügen Sie einen Listener für das drop-Event hinzu, der die Funktion dropped() aufruft, die die von der Quelle gesendeten Daten in Empfang nimmt und verarbeitet.

Erinnerung ✕

Für die Events dragenter und dragover lassen Sie die Methode preventDefault()von einer anonymen Funktion aufrufen. Mit der Variablen e verweisen Sie innerhalb der Funktion auf das Event.

Sobald die Drag-Operation beginnt, wird das dragstart-Event ausgelöst und die Funktion dragged() aufgerufen. In dieser Funktion beschaffen Sie sich den Wert des src-Attributs des Elements, das gezogen wird, und sagen mit der Methode setData() des dataTransfer-Objekts, welche Daten übermittelt werden. Auf der anderen Seite passiert Folgendes: Wenn ein Element über unserer Dropbox abgelegt wird, wird das drop-Event ausgelöst und die dropped()-Funktion aufgerufen. Diese Funktion modifiziert den Inhalt der Dropbox mit den mit Hilfe von getData() erlangten Informationen. Da die Browser ebenfalls Aktionen ausführen, wenn dieses Event stattfindet (zum Beispiel einen Link öffnen oder das Fenster aktualisieren, um das Bild zu zeigen, das abgelegt wurde), müssen Sie dieses Verhalten mit der Methode preventDefault() verhindern, wie Sie es auch für andere Events getan haben.

Erstellen Sie eine HTML-Datei mit der Vorlage aus Listing 8.1, eine CSS-Datei mit den Styles aus Listing 8.2 und eine JavaScript-Datei mit dem Code aus Listing 8.3 oder laden Sie sich die entsprechenden Beispieldateien *dragdrop01.html, dragdrop. css* und *dragdrop01.js* von der Seite *www.sybex.de/zusatzmaterial* herunter. Um das Beispiel zu testen, öffnen Sie wie gewohnt die HTML-Datei in Ihrem Browser.

Kapitel

8

8.2 Das Drag&Drop-Objekt dataTransfer

Dies ist das Objekt, das die Informationen in einer Drag&Drop-Operation hält. Es hat mehrere Methoden und Eigenschaften; die Methoden setData() und getData() haben Sie bereits im Beispiel aus Listing 8.3 gesehen. Zusammen mit clearData() sind dies die Methoden, die sich um die zu übermittelnden Informationen kümmern:

- `setData(type, data)`: Diese Methode wird verwendet, um die zu sendenden Daten und ihren Typ anzugeben. Die Methode nimmt normale Datentypen auf (zum Beispiel `text/plain`, `text/html` oder `text/uri-list`), Spezialtypen (zum Beispiel URL oder Text) oder sogar personalisierte Typen. Für jeden Datentyp, den Sie in einer Operation versenden, muss eine `setData()`-Methode aufgerufen werden.

- `getData(type)`: Diese Methode gibt die Daten des angegebenen Typs zurück, die vom Quellelement gesendet wurden.

- `clearData()`: Diese Methode entfernt die Daten des angegebenen Typs.

In der Funktion `dragged()` in Listing 8.3 haben wir HTML-Code einschließlich des Werts des `src`-Attributs des Elements verwendet, von dem das `dragstart`-Event ausging, diesen in der Variablen `code` gespeichert und dann diese Variable mit der Methode `setData()` gesendet. Da es sich um Text handelt, wir für diese Daten den Typ `Text` deklariert.

> **Warnung** ✖
>
> Wir hätten für das Beispiel auch einen passenderen Typ wählen können, wie zum Beispiel `text/html` oder einen benutzerdefinierten Typ, aber da einige Browser zurzeit nur wenige Typen zulassen, ist die Anwendung mit dem Typ `Text` kompatibler und unser Beispiel kann direkt getestet werden.

Als Sie die Daten der Funktion `dropped()` mit der Methode `getData()` abgerufen haben, mussten Sie angeben, welchen Typ von Daten Sie auslesen möchten. Der Grund dafür ist, dass ein Element mehrere Datentypen zur selben Zeit versenden kann. Ein Bild kann zum Beispiel das Bild selbst, die zugehörige URL und einen Text senden, der das Bild beschreibt. Alle diese Informationen können mit mehreren `setData()`-Aufrufen unterschiedlichen Typs versendet und dann mit `getData()`-Aufrufen jeweils desselben Typs abgeholt werden.

Das `dataTransfer`-Objekt hat noch mehr Methoden und Eigenschaften, die für Anwendungen nützlich sein können:

- `setDragImage(element, x, y)`: Manche Browser zeigen eine Miniaturansicht des Elements, das gezogen wird. Mit dieser Methode können Sie das Bild anpassen und mit den Attributen `x` und `y` relativ zum Mauszeiger positionieren.

- types: Diese Eigenschaft gibt ein Array mit den Typen zurück, die im dragstart-Event (vom Code oder vom Browser) eingestellt wurden. Sie können dieses Array in einer Variablen speichern (list=dataTransfer.types) und dann mit einer for-Schleife auslesen.

- files: Diese Eigenschaft gibt ein Array mit Informationen über die Dateien zurück, die gezogen werden.

- dropEffect: Diese Eigenschaft gibt den Typ der ausgewählten Operation zurück. Sie kann auch eingesetzt werden, um die gewählte Operation zu ändern. Mögliche Werte sind none, copy, link und move.

- effectAllowed: Diese Eigenschaft gibt die Typen der Operationen zurück, die zulässig sind. Sie kann auch eingesetzt werden, um die zulässigen Operationen zu ändern. Mögliche Werte sind none, copy, copyLink, copyMove, link, linkMove, move, all und uninitialized.

Einige dieser Eigenschaften und Methoden werden Sie in den folgenden Beispielen anwenden.

8.3 Event-Steuerung mit dragenter, dragleave und dragend

Bisher haben Sie mit dem dragenter-Event noch nichts unternommen. Sie haben es nur gestrichen, um das Standardverhalten des Browsers zu unterbinden. Und die Events dragleave und dragend haben Sie auch noch nicht benutzt, obwohl sie wichtig sind, um den Benutzern Feedback zu geben, das ihr Verhalten steuert, wenn sie Elemente über den Bildschirm ziehen.

```
function initiate(){
    source1=document.getElementById('image');
    source1.addEventListener('dragstart', dragged, false);
    source1.addEventListener('dragend', ending, false);

    drop=document.getElementById('dropbox');
    drop.addEventListener('dragenter', entering, false);
    drop.addEventListener('dragleave', leaving, false);
    drop.addEventListener('dragover', function(e){
        e.preventDefault(); }, false);
    drop.addEventListener('drop', dropped, false);
}
```

Kapitel

8

```
function entering(e){
    e.preventDefault();
    drop.style.background='rgba(0,150,0,.2)';
}
function leaving(e){
    e.preventDefault();
    drop.style.background='#FFFFFF';
}
function ending(e){
    elem=e.target;
    elem.style.visibility='hidden';
}
function dragged(e){
    var code='<img src="'+source1.getAttribute('src')+'">';
    e.dataTransfer.setData('Text', code);
}
function dropped(e){
    e.preventDefault();
    drop.style.background='#FFFFFF';
    drop.innerHTML=e.dataTransfer.getData('Text');
}
window.addEventListener('load', initiate, false);
```

Listing 8.4 Die gesamte Drag&Drop-Operation steuern (Datei dragdrop02.js)

Der JavaScript-Code in Listing 8.4 ersetzt den aus Listing 8.3. In diesem neuen Code wurden zwei Funktionen für die Dropbox und eine Funktion für die Quelle

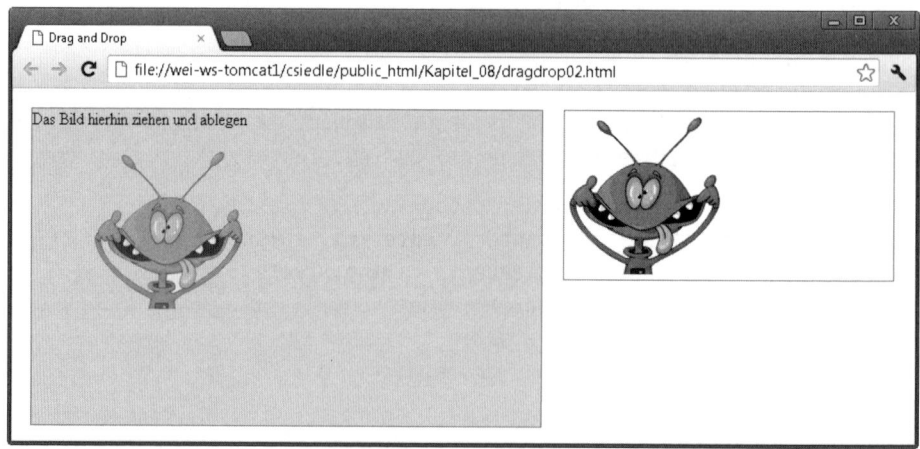

Abbildung 8.2 dragdrop02.html

hinzugefügt. Die Funktionen `entering()` und `leaving()` ändern die Hintergrundfarbe unserer Dropbox, wenn die Maus etwas zieht und den Bereich, den das Element einnimmt, betritt oder verlässt. (Diese beiden Aktionen lösen die Events `dragenter` und `dragleave` aus.) Außerdem ruft der Listener für das `dragend`-Event die Funktion `ending()` auf, wenn das Element abgelegt wird. Beachten Sie, dass dieses Event und diese Funktion nicht kontrollieren, ob der Prozess Erfolg hatte oder nicht; das müssen Sie schon selber tun.

Durch diese Funktionen wird die Dropbox jedes Mal grün, wenn die Maus etwas in ihren Bereich hineinzieht, und wenn das Element abgelegt wird, wird das Bild der Quelle verborgen. Die sichtbaren Änderungen haben keine Auswirkungen auf den Drag&Drop-Prozess, sondern geben nur den Benutzern während dieser Operation Feedback.

Um Standardaktionen zu vermeiden, müssen Sie in jeder Funktion die Methode `preventDefault()` aufrufen, auch dann, wenn benutzerdefinierte Aktionen deklariert wurden.

Kopieren Sie den Code aus Listing 8.4 in eine JavaScript-Datei, öffnen Sie das HTML-Dokument von Listing 8.1 in Ihrem Browser und ziehen Sie das Bild in die Dropbox.

Kapitel

8

8.4   Eine gültige Quelle auswählen

Es gibt keine spezifische Methode, um zu erkennen, ob die Quelle gültig ist oder nicht. Auf die Informationen, die die Methode `getData()` liefert, können Sie sich nicht verlassen, denn selbst wenn Sie nur Daten des im Attribut angegebenen Typs bekommen, könnten noch weitere Quellen Daten desselben Typs liefern, mit denen Sie nicht gerechnet haben. Das `dataTransfer`-Objekt hat eine Eigenschaft namens `types`, die ein Array mit einer durch das `dragstart`-Event eingestellten Typenliste liefert, aber auch dieses ist für Validierungszwecke ungeeignet.

Deshalb können die Techniken, um die Daten auszuwählen und zu validieren, die in einer Drag&Drop-Operation übertragen werden, variabel und so simpel oder kompliziert wie nötig sein.

```
<!DOCTYPE html>
<html lang="de">
<head>
   <title>Drag and Drop</title>
```

```
      <link rel="stylesheet" href="dragdrop.css">
      <script src="dragdrop03.js"></script>
</head>
<body>
   <section id="dropbox">
      Bilder hierhin ziehen
   </section>
   <section id="picturesbox">
      <img id="image1" src="monster1.gif">
      <img id="image2" src="monster2.gif">
      <img id="image3" src="monster3.gif">
      <img id="image4" src="monster4.gif">
   </section>
</body>
</html>
```

Listing 8.5 Eine neue Vorlage mit mehr Quellen (Datei dragdrop03.html)

Mit dem neuen HTML-Dokument aus Listing 8.5 filtern Sie die Quellen anhand des id-Attributs des Bildes. Der folgende JavaScript-Code gibt an, welches Bild abgelegt werden kann und welches nicht:

```
function initiate(){
   var images=document.querySelectorAll('#picturesbox > img');
   for(var i=0; i<images.length; i++){
      images[i].addEventListener('dragstart', dragged, false);
   }

   drop=document.getElementById('dropbox');
   drop.addEventListener('dragenter', function(e){
      e.preventDefault(); }, false);
   drop.addEventListener('dragover', function(e){
      e.preventDefault(); }, false);
   drop.addEventListener('drop', dropped, false);
}
function dragged(e){
   elem=e.target;
   e.dataTransfer.setData('Text', elem.getAttribute('id'));
}
function dropped(e){
   e.preventDefault();
   var id=e.dataTransfer.getData('Text');
```

```
if(id!="image4"){
    var src=document.getElementById(id).src;
    drop.innerHTML='<img src="'+src+'">';
}else{
    drop.innerHTML='Nicht erlaubt';
}
}
window.addEventListener('load', initiate, false);
```

Listing 8.6 Das id-Attribut senden (Datei dragdrop03.js)

In Listing 8.6 hat sich gegenüber den vorherigen Scripts nicht viel geändert. Mit der Methode querySelectorAll() fügen Sie jedem Bild im picturesbox-Element einen Listener für das dragstart-Event hinzu, senden das id-Attribut mit setData() jedes Mal, wenn ein Bild gezogen wird, und prüfen mit der Funktion dropped() den Wert dieser id, um zu verhindern, dass der Benutzer das Bild mit der id="image4" ablegt. (In der Dropbox erscheint die Nachricht *Nicht erlaubt*, wenn der Benutzer dieses Bild abzulegen versucht.)

Dies ist ein einfacher Filter. Sie können zum Beispiel mit der Methode querySelectorAll() in der dropped()-Funktion überprüfen, ob sich das empfangene Bild im picturesbox-Element befindet, oder auch Eigenschaften des dataTransfer-Objekts (wie types oder files) verwenden, doch dies ist immer ein benutzerdefinierter Prozess. Mit anderen Worten: Sie müssen sich schon selbst darum kümmern.

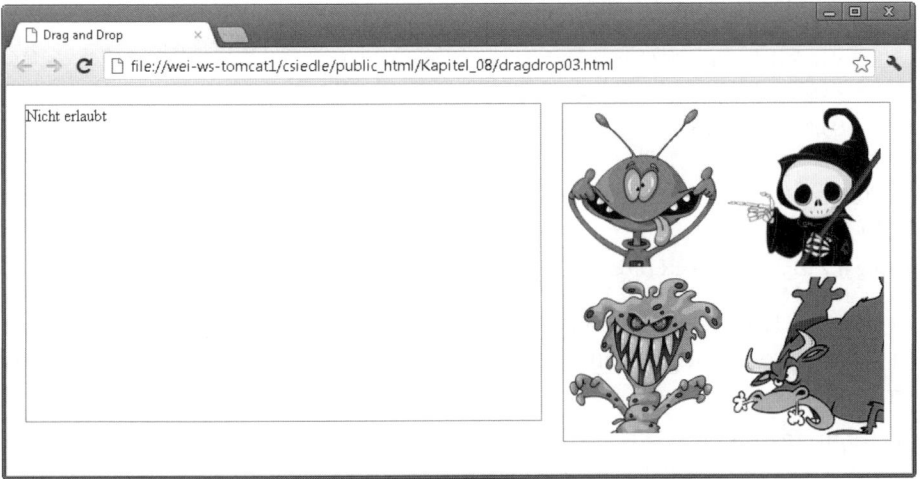

Abbildung 8.3 dragdrop03.html

Kapitel

8

8.5 Bild positionieren mit setDragImage()

Zunächst mag es sinnlos erscheinen, das Bild zu ändern, das bei einer Drag&Drop-Operation mit dem Mauszeiger gezogen wird, aber manchmal kann es einem Kopfschmerzen ersparen. Die Methode setDragImage() kann nicht nur das Bild ändern, sondern nimmt auch die beiden Attribute x und y entgegen, um die Position dieses Bildes in Bezug auf den Mauszeiger zu definieren. Normalerweise generiert der Browser eine Miniaturdarstellung aus der Bildquelle, aber die Position dieser Miniaturdarstellung im Verhältnis zum Mauszeiger wird anhand der Position eingestellt, an der sich die Maus am Anfang der Operation befand. Mit der Methode setDragImage() können Sie eine spezifische Position bestimmen, die für jede Drag&Drop-Operation die gleiche bleibt.

```html
<!DOCTYPE html>
<html lang="de">
<head>
    <title>Drag and Drop</title>
    <link rel="stylesheet" href="dragdrop.css">
    <script src="dragdrop04.js"></script>
</head>
<body>
    <section id="dropbox">
        <canvas id="canvas" width="500" height="300"></canvas>
    </section>
    <section id="picturesbox">
        <img id="image1" src="monster1.gif">
        <img id="image2" src="monster2.gif">
        <img id="image3" src="monster3.gif">
        <img id="image4" src="monster4.gif">
    </section>
</body>
</html>
```

Listing 8.7 Ein <canvas> als Dropbox (Datei dragdrop04.html)

Im neuen HTML-Dokument aus Listing 8.7 sehen Sie, warum die Methode set-DragImage() so wichtig ist und werden dabei ein <canvas>-Element als Dropbox verwenden.

```javascript
function initiate(){
    var images=document.querySelectorAll('#picturesbox > img');
    for(var i=0; i<images.length; i++){
```

```
      images[i].addEventListener('dragstart', dragged, false);
      images[i].addEventListener('dragend', ending, false);
   }

   drop=document.getElementById('canvas');
   canvas=drop.getContext('2d');

   drop.addEventListener('dragenter', function(e){
      e.preventDefault(); }, false);
   drop.addEventListener('dragover', function(e){
      e.preventDefault(); }, false);
   drop.addEventListener('drop', dropped, false);
}
function ending(e){
   elem=e.target;
   elem.style.visibility='hidden';
}
function dragged(e){
   elem=e.target;
   e.dataTransfer.setData('Text', elem.getAttribute('id'));
   e.dataTransfer.setDragImage(e.target, 0, 0);
}
function dropped(e){
   e.preventDefault();
   var id=e.dataTransfer.getData('Text');
   var elem=document.getElementById(id);

   var posx=e.pageX-drop.offsetLeft;
   var posy=e.pageY-drop.offsetTop;

   canvas.drawImage(elem,posx,posy);
}
window.addEventListener('load', initiate, false);
```

Listing 8.8 Eine kleine Drag&Drop-Anwendung (Datei dragdrop04.js)

Mit diesem Beispiel nähern wir uns bereits einer realistischen Anwendung an. Der
Code in Listing 8.8 steuert drei verschiedene Aspekte des Prozesses. Wenn das Bild
gezogen wird, wird die Funktion dragged() aufgerufen und stellt mit der Methode
setDragImage() ein benutzerdefiniertes Bild zum Ziehen ein. Der Code besorgt sich
auch den Kontext, um mit dem Canvas zu arbeiten, und zeichnet das Bild, das
abgelegt wurde, mit der Methode drawImage() und dem Verweis auf die Quelle.
Zum Schluss wird die Quelle mit der Funktion ending() verborgen.

Abbildung 8.4 dragdrop04.html

Für die benutzerdefinierte Miniaturdarstellung haben Sie das Element verwendet, das gezogen wurde. An diesem Aspekt haben wir nichts geändert, aber die Position als 0,0 angegeben, was bedeutet, dass Sie jetzt genau wissen, wo sich die Miniaturdarstellung im Verhältnis zur Maus befindet. Diese Information haben wir in der Funktion dropped() genutzt. Mit derselben Technik, die Sie bereits in früheren Kapiteln verwendet hatten, haben Sie genau berechnet, wo die Quelle auf dem Canvas abgelegt wurde, und das Bild an dieser präzisen Stelle gezeichnet. Wenn Sie dieses Beispiel in Browsern testen, die die Methode setDragImage() bereits unterstützen (zum Beispiel Firefox 4), können Sie sehen, dass das Bild genau an der Position der Miniaturdarstellung auf den Canvas gezeichnet wird. Das macht es den Benutzern leicht, den richtigen Platz zu finden, wo sie das Bild ablegen.

> **Warnung** ✕
>
> Der Code in Listing 8.8 verwendet das dragend-Event, um das Originalbild zu verbergen, wenn die Operation abgeschlossen ist. Das Event wird von der Quelle ausgelöst, wenn eine Drag-Operation (mit oder ohne Erfolg) zu Ende ist. In unserem Beispiel wird das Bild in beiden Fällen verborgen. Wenn Sie nur im Erfolgsfall fortfahren möchten, müssen Sie selbst die richtigen Steuerungen dazu einbauen.

8.6   Dateien

Die Fähigkeit, mit Dateien zu arbeiten, ist vielleicht das interessanteste Merkmal der Drag&Drop-API. Diese API steht nicht nur innerhalb des Dokuments zur

Verfügung, sondern ist auch in das System integriert, so dass die Benutzer Elemente aus dem Browser in andere Anwendungen ziehen können und umgekehrt. Und normalerweise sind Dateien die Elemente, die von externen Anwendungen am meisten gebraucht werden.

Wie Sie bereits gesehen haben, besitzt das `dataTransfer`-Objekt für diesen Zweck eine Eigenschaft, die ein Array mit der Liste der Dateien, die gezogen wurden, zurückliefert. Mit Hilfe dieser Information können Sie komplexe Scripts schreiben, die den Benutzern helfen, mit Dateien zu arbeiten oder sie auf den Server hochzuladen.

```
<!DOCTYPE html>
<html lang="de">
<head>
    <title>Drag and Drop</title>
    <link rel="stylesheet" href="dragdrop.css">
    <script src="dragdrop05.js"></script>
</head>
<body>
    <section id="dropbox">
        Die Dateien hierhin ziehen
    </section>
</body>
</html>
```

Listing 8.9 Eine einfache Vorlage zum Ziehen von Dateien (Datei dragdrop05.html)

Das HTML-Dokument aus Listing 8.9 stellt nur eine Dropbox zur Verfügung. Die Dateien werden aus einer externen Anwendung (zum Beispiel dem Datei-Explorer) in diese Box gezogen. Die Daten aus den Dateien werden durch folgenden Code verarbeitet:

```
function initiate(){
    drop=document.getElementById('dropbox');
    drop.addEventListener('dragenter', function(e){
        e.preventDefault(); }, false);
    drop.addEventListener('dragover', function(e){
        e.preventDefault(); }, false);
    drop.addEventListener('drop', dropped, false);
}
function dropped(e){
    e.preventDefault();
    var files=e.dataTransfer.files;
    var list='';
```

247

```
    for(var f=0;f<files.length;f++){
        list+='File: '+files[f].name+' '+files[f].size+'<br>';
    }
    drop.innerHTML=list;
}
window.addEventListener('load', initiate, false);
```

Listing 8.10 Die Dateidaten verarbeiten (Datei dragdrop05.js)

Die von der `files`-Eigenschaft zurückgegebenen Informationen können in einer Variablen gespeichert und dann mit einer `for`-Schleife ausgelesen werden. In Listing 8.10 wird nur der Name und die Größe jeder Datei in der Dropbox gezeigt. Um diese Informationen für komplexere Anwendungen nutzen zu können, müssen Sie auf andere APIs und Programmiertechniken zurückgreifen, die später in diesem Buch noch behandelt werden.

Erstellen Sie neue Dateien aus den Listings 8.9 und 8.10 und öffnen Sie die Vorlage in Ihrem Browser. Ziehen Sie mehrere Dateien auf einmal aus dem Datei-Explorer oder einem anderen, ähnlichen Programm in die Dropbox der Vorlage. Nun müsste innerhalb dieser Box eine Liste mit dem Namen und der Größe jeder Datei erscheinen, die dort abgelegt wurde.

Abbildung 8.5 dragdrop05.html

Kapitel 9
Die Geolocation-API

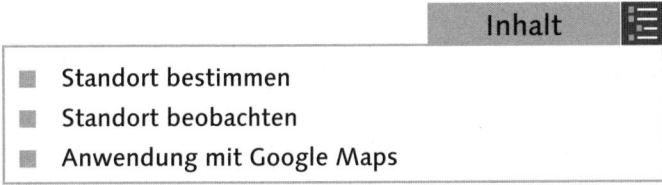

- Standort bestimmen
- Standort beobachten
- Anwendung mit Google Maps

Die Geolocation-API wurde geschaffen, um die Browser mit einem standardmäßigen Erkennungsmechanismus auszustatten, der den Entwicklern ermöglicht, den Standort des Benutzers ausfindig zu machen. Früher gab es nur die Möglichkeit, eine große Datenbank mit IP-Adressen anzulegen und ressourcenintensive Scripts für den Server zu schreiben, die nur eine annähernde Vorstellung vom Standort des Benutzers gaben (normalerweise nur eine Angabe des Landes).

Diese API nutzt neue Systeme, wie zum Beispiel Netzwerk-Triangulation oder GPS, um den genauen Standort des Geräts zu liefern, auf dem die Anwendung läuft. Mit diesen wertvollen Informationen können Sie Anwendungen programmieren, die sich selbst auf die speziellen Bedürfnisse der Benutzer einstellen oder automatisch lokalisierte Informationen zur Verfügung stellen.

Drei Methoden werden zur Verfügung gestellt, um mit der API zu arbeiten:

- `getCurrentPosition(location, error, configuration)`: Dies ist die Methode für Einzelabfragen. Sie kann drei Attribute aufnehmen: eine Funktion, um den zurückgelieferten Standort zu verarbeiten, eine Funktion, um zurückgelieferte Fehler zu verarbeiten, und ein Objekt, um zu konfigurieren, wie die Informationen beschafft werden. Um zu funktionieren, benötigt die Methode nur das erste Attribut.

Kapitel

9

■ watchPosition(location, error, configuration): Diese Methode ähnelt der vorherigen, startet allerdings einen Beobachtungsprozess zur Erkennung neuer Standorte. Sie funktioniert ähnlich wie die JavaScript-Methode setInterval(), indem sie den Prozess automatisch über einen gewissen Zeitraum wiederholt, entweder gemäß der Standardkonfiguration oder entsprechend dem Wert ihres Attributs.

■ clearWatch(id): Die Methode watchPosition() gibt einen id-Wert zurück, der in einer Variablen gespeichert und dann von der Methode clearWatch() zum Beenden der Beobachtung verwendet werden kann. Sie funktioniert wie die Methode clearInterval(), die den von setInterval() gestarteten Prozess anhält.

9.1 Standort bestimmen mit getCurrentPosition()

Wie erwähnt: Von seinen drei möglichen Attributen ist nur das erste Attribut location notwendig, damit die Methode getCurrentPosition() ordentlich funktioniert.

9.1.1 Geoinformationen empfangen mit getCurrentPosition(location)

Das Attribut location ist eine Rückruffunktion, die ein Objekt namens Position mit allen von den Geoinformationssystemen abgerufenen Informationen empfängt. Das Position-Objekt hat zwei Attribute:

■ coords: Dieses Attribut enthält Werte, die die Position des Geräts und weitere, wichtige Informationen feststellen. Auf die Werte kann mit sieben internen Attributen zugegriffen werden: latitude, longitude, altitude (in Metern), accuracy (in Metern), altitudeAccuracy (in Metern), heading (in Grad) und speed (in Metern pro Sekunde).

■ timestamp: Dieses Attribut gibt den Zeitpunkt an, zu dem die Informationen beschafft wurden.

Dieses Objekt wird an die Rückruffunktion übergeben und von da an sind die Werte innerhalb dieser Funktion zugänglich. Sehen Sie sich das folgende Beispiel für diese Methode an:

```
<!DOCTYPE html>
<html lang="de">
<head>
   <title>Geolocation</title>
   <script src="standort01.js"></script>
</head>
<body>
   <section id="location">
      <button id="getlocation">Finde meinen Standort</button>
   </section>
</body>
</html>
```

Listing 9.1 Ein HTML-Dokument für die Standortbestimmung (Datei standort01.html)

Listing 9.1 wird für den Rest dieses Kapitels als Vorlage dienen. Es ist denkbar einfach, nämlich mit nur einem <button>-Element innerhalb eines <section>-Elements, mit dem die vom Geoinformationssystem abgerufenen Informationen angezeigt werden.

```
function initiate(){
   var get=document.getElementById('getlocation');
   get.addEventListener('click', getlocation, false);
}
function getlocation(){
   navigator.geolocation.getCurrentPosition(showinfo);
}
function showinfo(position){
   var location=document.getElementById('location');
   var data='';
   data+='Latitude: '+position.coords.latitude+'<br>';
   data+='Longitude: '+position.coords.longitude+'<br>';
   data+='Accuracy: '+position.coords.accuracy+' Meter<br>';
   location.innerHTML=data;
}
window.addEventListener('load', initiate, false);
```

Listing 9.2 Standortinformationen beschaffen (Datei standort01.js)

Die Implementierung der Geolocation-API ist einfach: Sie benötigen die Methode getCurrentPosition() und erstellen eine Funktion, die die Rückgabewerte anzeigt. Die Methode getCurrentPosition() gehört zum geolocation-Objekt. Dieses neue Objekt gehört zu dem JavaScript-Objekt navigator, das schon zuvor implementiert wurde, um Informationen über den Browser und das System zurückzugeben. Für

251

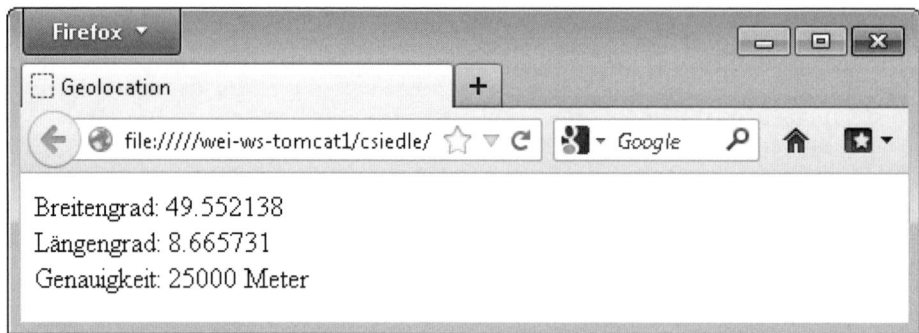

Abbildung 9.1 standort01.html

den Zugriff auf die Methode `getCurrentPosition()` verwenden Sie also die Syntax `navigator.geolocation.getCurrentPosition(function)`, wobei `function` eine benutzerdefinierte Funktion ist, die das zurückgegebene `Position`-Objekt in Empfang nimmt und die Informationen verarbeitet.

In Listing 9.2 heißt diese Funktion `showinfo`. Ein Aufruf der Methode `getCurrentPosition()` erzeugt ein neues `Position`-Objekt mit den relevanten Informationen und sendet es an die Funktion `showinfo()`. Auf dieses Objekt innerhalb der Funktion beziehen Sie sich mit der Variablen `position`, die dann auch zum Anzeigen der Daten eingesetzt wird.

Das `Position`-Objekt hat zwei wichtige Attribute: `coords` und `timestamp`. In dem Beispiel wird nur `coords` verwendet, um an die gewünschten Informationen (`latitude`, `longitude` und `accuracy`) heranzukommen. Diese Werte werden in der Variablen `data` gespeichert und dann auf dem Bildschirm als neuer Inhalt des `location`-Elements angezeigt.

Erstellen Sie Dateien aus den Listings 9.1 und 9.2, laden Sie diese auf Ihren Server hoch und öffnen Sie dann das HTML-Dokument in Ihrem Browser. Wenn Sie auf den Button klicken, müssen Sie dem Browser gegebenenfalls noch die Genehmigung erteilen, dass er das Geolocation-System für diese Anwendung aktivieren darf. Wenn Sie Ihrer Anwendung den Zugriff auf diese Informationen erlauben, werden Ihr Breiten- und Längengrad sowie die Genauigkeit dieser Informationen auf dem Bildschirm angezeigt.

9.1.2 Eine Fehlermeldung für getCurrentPosition(location, error)

Doch was geschieht, wenn Sie dem Browser keinen Zugriff auf Ihre Standortinformationen geben? Indem Sie ein anderes Attribut (eine andere Funktion) mitschicken, können Sie Fehler behandeln, die bei diesem Vorgang auftreten, und einer dieser Fehler tritt ein, wenn der Benutzer den Zugriff verweigert.

Neben dem `Position`-Objekt gibt die Methode `getCurrentPosition()` das `PositionError`-Objekt zurück, wenn ein Fehler entdeckt wird. Das Objekt wird an das zweite Attribut von `getCurrentPosition()` gesendet und besitzt seinerseits die beiden Attribute `error` und `message`, die den Wert und die Beschreibung des Fehlers zurückliefern. Drei mögliche Fehler werden durch Konstanten angegeben:

- `PERMISSION_DENIED`: Wert 1. Dieser Fehler tritt auf, wenn der Benutzer der Geolocation-API den Zugriff auf seine Standortinformationen verweigert.

- `POSITION_UNAVAILABLE`: Wert 2. Dieser Fehler tritt ein, wenn der Standort des Geräts nicht ermittelt werden konnte.

- `TIMEOUT`: Wert 3. Dieser Fehler tritt ein, wenn der Standort des Geräts nicht ermittelt werden konnte, weil der dafür konfigurierte Zeitraum abgelaufen ist.

```
function initiate(){
    var get=document.getElementById('getlocation');
    get.addEventListener('click', getlocation, false);
}
function getlocation(){
    navigator.geolocation.getCurrentPosition(showinfo, showerror);
}
function showinfo(position){
    var location=document.getElementById('location');
    var data='';
    data+='Latitude: '+position.coords.latitude+'<br>';
    data+='Longitude: '+position.coords.longitude+'<br>';
    data+='Accuracy: '+position.coords.accuracy+' Meter<br>';
    location.innerHTML=data;
}
function showerror(error){
    alert('Error: '+error.code+' '+error.message);
}
window.addEventListener('load', initiate, false);
```

Listing 9.3 Fehlermeldungen anzeigen (Datei standort02.js)

Die Fehlermeldungen sind zum internen Gebrauch gedacht, damit die Anwendung einen Mechanismus hat, die Situation zu erfahren und entsprechend vorzugehen. In Listing 9.3 wird der Methode `getCurrentPosition()` ein zweiter Parameter (eine weitere Rückruffunktion) hinzugefügt und mit der `showerror()`-Funktion die Infor-

Kapitel

9

mationen der Attribute code und message angezeigt. Der Wert von code ist je nach Fehlernummer (siehe oben) eine Zahl zwischen 0 und 3.

Zu Lernzwecken zeigen wir die Daten mit der Methode alert() an, aber in der Praxis sollten Sie nach Möglichkeit auf stille Weise reagieren, ohne den Benutzer über irgendetwas zu alarmieren.

Das PositionError-Objekt wird an die Funktion showerror() gesendet und von der Variablen error dargestellt. Sie könnten auch nach individuellen Fehlern suchen (zum Beispiel mit error.PERMISSION_DENIED) und nur dann warnen, wenn diese spezielle Bedingung eintritt.

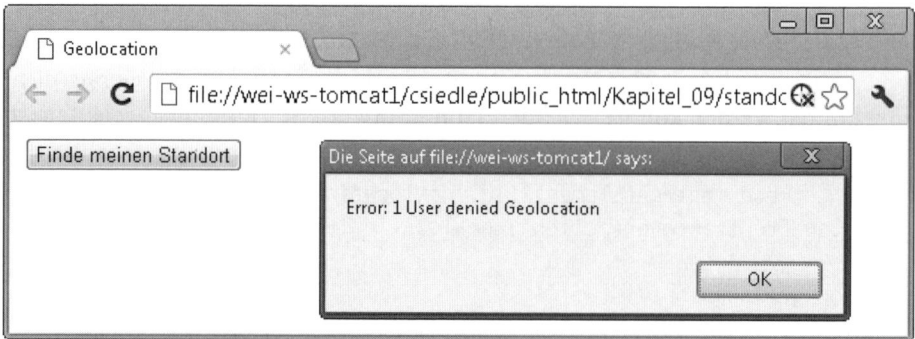

Abbildung 9.2 standort02.html

9.1.3 Konfigurieren von getCurrentPosition(location, error, configuration)

Der dritte mögliche Wert der Methode getCurrentPosition() ist ein Objekt mit bis zu drei Attributen:

- enableHighAccuracy: Dieses boolesche Attribut sagt dem System, dass der Standort mit der größtmöglichen Präzision angegeben werden muss. Der Browser versucht, sich diese Informationen durch Systeme wie zum Beispiel GPS zu beschaffen, um den Standort des Geräts genau herauszufinden. Diese Systeme sind sehr ressourcenintensiv und sollten daher nur unter besonderen Umständen eingesetzt werden. Aus diesem Grunde ist der Standardwert dieses Attributs false.

- timeout: Dieses Attribut legt fest, wie lange die Operation maximal dauern darf. Sind die Informationen in dieser Zeit nicht zu beschaffen, wird der TIMEOUT-Fehler zurückgegeben. Der Wert wird in Millisekunden angegeben.

- maximumAge: Die früheren Standorte werden im System zwischengespeichert. Wenn Sie es für besser halten, die zuletzt gespeicherten Informationen abzurufen, statt den neuen Standort zu bestimmen (zum Beispiel um keine Ressourcen zu belegen oder eine schnelle Antwort zu geben), kann dieses Attribut mit einem bestimmten Zeitlimit angegeben werden. Ist der zuletzt gespeicherte Standort älter, als dieses Attribut zulässt, wird vom System ein neuer Standort ermittelt. Der Wert dieses Attributs wird in Millisekunden angegeben.

```
function initiate(){
    var get=document.getElementById('getlocation');
    get.addEventListener('click', getlocation, false);
}
function getlocation(){
    var geoconfig={
        enableHighAccuracy: true,
        timeout: 10000,
        maximumAge: 60000
    };
    navigator.geolocation.getCurrentPosition(showinfo, showerror,
                                             geoconfig);
}
function showinfo(position){
    var location=document.getElementById('location');
    var data='';
    data+='Latitude: '+position.coords.latitude+'<br>';
    data+='Longitude: '+position.coords.longitude+'<br>';
    data+='Accuracy: '+position.coords.accuracy+' Meter<br>';
    location.innerHTML=data;
}
function showerror(error){
    alert('Error: '+error.code+' '+error.message);
}
window.addEventListener('load', initiate, false);
```

Listing 9.4 Die Systemkonfiguration (Datei standort03.js)

Listing 9.4 versucht, in maximal zehn Sekunden den Standort des Geräts möglichst genau zu bestimmen, aber nur, wenn im Cache keine Standortangabe vorliegt, die jünger als 60 Sekunden ist. (Findet sich eine solche Standortangabe, wird diese im Position-Objekt zurückgegeben.)

Das Objekt mit den Konfigurationswerten wird zuerst angelegt und dann mit der Methode getCurrentPosition() angesprochen. Der restliche Code bleibt unverändert. Die Funktion showinfo() zeigt die Informationen auf dem Bildschirm, ganz gleich, ob sie aus dem Cache stammen oder brandneu sind.

Kapitel

9

255

Erinnerung ✖

JavaScript bietet verschiedene Möglichkeiten, ein Objekt zu erstellen. Der Klarheit halber habe ich Ihnen gezeigt, wie Sie das Objekt zuerst erzeugen, dann in der Variablen geoconfig speichern und anschließend diesen Verweis in der Methode getCurrentPosition()verwenden. Sie könnten das Objekt aber auch direkt als Attribut in die Methode einfügen. In kleinen Anwendungen lassen sich Objekte normalerweise vermeiden, doch in komplexeren Programmen ist das nicht möglich.

Mit dem letzten Code sind Sie dem wahren Zweck der Geolocation-API auf die Spur gekommen. Die effektivsten und nützlichsten Funktionen zielen nämlich auf mobile Geräte. Der Wert true für das Attribut enableHighAccuracy würde zum Beispiel unterstellen, dass der Browser ein System wie GPS verwendet, um den Standort möglichst präzise zu bestimmen. Die Methoden watchPosition() und clearWatch(), die Sie als Nächstes kennen lernen, funktionieren über Standort-Updates, was natürlich nur möglich ist, wenn das Gerät, das auf die Anwendung zugreift, mobil ist (und sich bewegt).

Das bringt zwei wichtige Themen ins Spiel: Erstens müssen die meisten Programme auch auf einem mobilen Gerät getestet werden, um genau zu wissen, wie sie sich in realen Situationen verhalten. Und zweitens müssen Sie mit dieser API verantwortungsvoll umgehen. GPS und andere Geoinformationssysteme belegen viele Ressourcen, und wenn Sie nicht aufpassen, ist bei den Geräten rasch der Akku leer. Was den ersten Punkt betrifft, gibt es eine Alternative: Gehen Sie zu *dev.w3.org/geo/api/test-suite/* und schauen Sie sich die Test-Suite für die Geolocation-API an. Und was den zweiten Punkt betrifft, habe ich einen kleinen Rat für Sie: Stellen Sie enableHighAccuracy nur dann auf true ein, wenn es unbedingt notwendig ist, und gehen Sie nicht leichtfertig damit um.

9.2   Standort beobachten mit watchPosition()

Wie getCurrentPosition() nimmt auch die Methode watchPosition() drei Attribute und erledigt dieselbe Aufgabe: Sie beschafft sich den Standort des Geräts, das auf die Anwendung zugreift. Der einzige Unterschied besteht darin, dass die erste eine einmalige Operation ist, während watchPosition() automatisch jedes Mal, wenn sich der Standort ändert, neue Daten anbietet. Diese Methode schläft nie, sondern sendet ihre Informationen an die Rückruffunktion, wann immer ein neuer Standort zu verzeichnen ist, so lange, bis Sie den Prozess mit der Methode clearWatch() beenden.

Das folgende Beispiel zeigt, wie die Methode watchPosition() basierend auf den früheren Programmen implementiert wird:

```
function initiate(){
    var get=document.getElementById('getlocation');
    get.addEventListener('click', getlocation, false);
}
function getlocation(){
    var geoconfig={
        enableHighAccuracy: true,
        maximumAge: 60000
    };
    control=navigator.geolocation.watchPosition(showinfo, showerror,
                                                geoconfig);
}
function showinfo(position){
    var location=document.getElementById('location');
    var data='';
    data+='Latitude: '+position.coords.latitude+'<br>';
    data+='Longitude: '+position.coords.longitude+'<br>';
    data+='Accuracy: '+position.coords.accuracy+' Meter<br>';
    location.innerHTML=data;
}
function showerror(error){
    alert('Error: '+error.code+' '+error.message);
}
window.addEventListener('load', initiate, false);
```

Listing 9.5 Die Methode watchPosition() wird getestet (Datei standort04.js).

Auf einem statischen PC werden Sie von diesem Code nichts merken, doch mit einem mobilen Gerät sehen Sie bei jedem Standortwechsel aktualisierte Informationen. Das Attribut maximumAge bestimmt, wie oft diese Informationen an showinfo() gesendet werden. Wenn der neue Standort mehr als 60 Sekunden (60000 Millisekunden) nach dem alten abgerufen wird, wird er angezeigt; anderenfalls wird die Funktion showinfo() nicht aufgerufen.

Beachten Sie, dass der Rückgabewert der Methode watchPosition() in der Variablen control gespeichert wurde. Diese Variable ist wie eine id für diese Operation. Wenn Sie später die Verarbeitung dieser Methode abbrechen möchten, müssen Sie nur die

Kapitel

9

Zeile `clearWatch(control)` ausführen, und schon hört `watchPosition()` auf, die Informationen zu aktualisieren.

Wenn Sie diesen Code auf einem Desktop-Computer ausführen, wird sich `watch-Position()` wie `getCurrentPosition()` verhalten und keine Informationen aktualisieren. Die Rückruffunktion wird nur aufgerufen, wenn sich der Standort ändert.

9.3 Praktische Anwendung mit Google Maps

Bisher haben Sie die Standortdaten auf dem Bildschirm so gezeigt, wie Sie sie empfangen. Normale Menschen können diese Werte kaum verstehen. Niemand weiß in jedem Augenblick, an welchem Breiten- und Längengrad er sich befindet, geschweige denn, welche Breiten- und Längengrade andere Orte der Welt haben. Sie haben zwei Alternativen: Entweder berechnen Sie intern aus diesen Werten die Position, Entfernung und andere Angaben, um den Benutzern spezifische Resultate liefern zu können (zum Beispiel Produkte oder Restaurants in ihrer Gegend), oder Sie zeigen die mit der Geolocation-API besorgten Informationen gleich auf verständlichere Weise an. Und was könnte einen geografischen Standort besser wiedergeben als ein Punkt auf einer Landkarte?

In Kapitel 4, »JavaScript«, habe ich die Google-Maps-API schon einmal erwähnt. Dies ist eine externe, von Google bereitgestellte JavaScript-API, die zwar nichts mit HTML5 zu tun hat, aber in modernen Websites und Anwendungen heutzutage viel benutzt wird. Sie bietet mehrere Alternativen, um mit interaktiven Landkarten und sogar realen Bildern bestimmter Orte durch die Streetview-Technologie zu arbeiten.

Ich zeige Ihnen ein einfaches Beispiel, das einen Teil dieser API namens Static-Maps-API verwendet. Mit dieser spezifischen API müssen Sie nur eine URL mit den Standortinformationen erstellen, um ein Bild dieses Standorts in einer Landkarte zurückzubekommen.

```
function initiate(){
    var get=document.getElementById('getlocation');
    get.addEventListener('click', getlocation, false);
}
function getlocation(){
    navigator.geolocation.getCurrentPosition(showinfo, showerror);
}
function showinfo(position){
    var location=document.getElementById('location');
```

```
    var mapurl='http://maps.google.com/maps/api/staticmap?center='
             +position.coords.latitude+','+position.coords.longitude+
             '&zoom=12&size=400x400&sensor=false&markers='
             +position.coords.latitude+','+position.coords.longitude;
    location.innerHTML='<img src="'+mapurl+'">';
}
function showerror(error){
    alert('Error: '+error.code+' '+error.message);
}
window.addEventListener('load', initiate, false);
```

Listing 9.6 Den Standort auf einer Karte darstellen (Datei standort05.js)

Abbildung 9.3 standort05.html

Kapitel

9

Der Code ist einfach. Wie gewohnt haben Sie die Methode getCurrentPosition() benutzt und die Informationen an showinfo() geschickt, doch nun werden in dieser Funktion die Werte des Position-Objekts einer Google-URL hinzugefügt und die Adresse dann als Quelle für ein <img>-Element benutzt, um die Landkarte auf dem Bildschirm zu zeigen.

Testen Sie Listing 9.6 mit der Vorlage aus Listing 9.1 in Ihrem Browser (Beispieldateien *standort05.html* und *standort05.js*). Suchen Sie anschließend auf der Webseite der Google-Maps-API nach anderen Alternativen: *code.google.com/apis/maps/*. Ändern Sie die Werte der Attribute zoom und size in der URL, um die Landkarte zu ändern, die von der API zurückgegeben wird.

Kapitel 10
Die Web-Storage-API

Ursprünglich war das World Wide Web als Möglichkeit gedacht, Informationen lediglich zu zeigen. Die Verarbeitung dieser Informationen begann erst später, zuerst mit Server-Anwendungen und dann, ziemlich ineffizient, mit kurzen Scripts und Plugins auf der Clientseite. Doch das Wesen des Web blieb immer noch das gleiche: Die Informationen wurden auf dem Server ausgekocht und dann den Benutzern gezeigt. Die Arbeit passierte fast immer auf der Serverseite, weil das System die Ressourcen im Computer des Benutzers nicht ausnutzen konnte.

Durch HTML5 wird diese Situation ausgewogener. Motiviert durch die Sondermerkmale der mobilen Geräte, die Entstehung von Cloud Computing und die Notwendigkeit, Technologien und Innovationen zu standardisieren, die in all diesen Jahren nur durch Plugins eingebunden worden waren, bot die HTML5-Spezifikation Funktionen auf, die es nun ermöglichen, vollständige, funktionierende Anwendungen auf den Computern der Benutzer auszuführen, selbst wenn gar keine Netzwerkverbindung verfügbar ist.

Jede Anwendung benötigt vor allem eine Möglichkeit, Daten zu speichern und bei Bedarf wieder zur Verfügung zu stellen, doch bisher gab es keinen effektiven Mechanismus, der das möglich machte. Kleine Datenmengen konnten auf der Clientseite in Cookies gespeichert werden, die aber von Natur aus auf kurze Strings und ganz bestimmte Umstände beschränkt waren.

Kapitel

10

Die Web-Storage-API ist im Grunde eine Verbesserung des Cookie-Konzepts. Sie lässt uns Daten auf der Festplatte des Benutzers speichern und später verwenden, wie es auch eine Desktop-Anwendung tun würde. Der von dieser API ermöglichte Speicherprozess lässt sich auf zwei konkrete Situationen anwenden: Entweder sollen die Informationen nur für eine Sitzung bereitstehen oder der Benutzer entscheidet, wie lange sie gespeichert werden. Um es für Entwickler klarzustellen: Die API wurde in zwei Teile aufgeteilt, nämlich sessionStorage und localStorage.

- sessionStorage: Dieser Speichermechanismus hält Daten nur für die Dauer einer Seitensitzung zur Verfügung. Anders als bei wirklichen Sitzungen stehen die damit gespeicherten Informationen nur in einem einzigen Fenster oder Reiter zur Verfügung, und das auch nur so lange, bis das Fenster wieder geschlossen wird. Die Spezifikation spricht immer noch von »Sitzungen«, weil die Informationen erhalten bleiben, wenn das Fenster aktualisiert oder eine neue Seite von derselben Website geladen wird.

- localStorage: Dieser Mechanismus funktioniert wie ein Speichersystem für Desktop-Anwendungen. Die Daten bleiben dauerhaft erhalten und stehen der Anwendung, von der sie angelegt wurden, immer zur Verfügung.

Beide Mechanismen arbeiten über eine ähnliche Schnittstelle und mit denselben Methoden und Eigenschaften. Und beide hängen vom Ursprung ab, das heißt, die Informationen stehen nur auf der Website zur Verfügung, von der sie angelegt wurden. Jede Website bekommt ihren eigenen Speicherplatz, der je nach dem verwendeten Mechanismus entweder erhalten bleibt, bis das Fenster geschlossen wird, oder darüber hinaus.

Die API unterscheidet klar zwischen temporären und permanenten Daten. Das erleichtert sowohl die Programmierung kleiner Anwendungen, die nur einige Strings und einen temporären Verweis speichern müssen (wie zum Beispiel Warenkörbe), als auch die Konstruktion komplizierterer Anwendungen, die komplette Dokumente so lange speichern müssen, wie sie benötigt werden.

Warnung ✕

Die meisten Browser funktionieren nur dann mit dieser API, wenn die Quelle ein wirklicher Server ist. Um die folgenden Programme zu testen, empfehle ich Ihnen daher, die Dateien zuerst auf Ihren Server hochzuladen.

10.1 Daten temporär speichern mit sessionStorage

Der sessionStorage-Teil der API ist so etwas wie ein Cookie-Ersatz. Cookies und sessionStorage halten die Daten nur für einen bestimmten Zeitraum zur Verfügung, doch während sich Cookies auf Browser beziehen, bezieht sich session-Storage auf ein einzelnes Fenster oder eine Registerkarte. Folglich sind Cookies, die für eine Sitzung angelegt werden, verfügbar, solange noch irgendein Browserfenster offen ist, aber die Daten, die sessionStorage anlegt, nur so lange, bis das Fenster geschlossen wird (und auch nur für dieses spezielle Fenster beziehungsweise diese Registerkarte).

10.1.1 Die Implementierung von Datenspeicherung

Da beide Systeme, sowohl sessionStorage als auch localStorage, mit derselben Schnittstelle arbeiten, benötigen Sie nur ein einziges HTML-Dokument und ein einfaches Formular, um die diversen Codestücke zu testen und mit dieser API zu experimentieren:

```html
<!DOCTYPE html>
<html lang="de">
<head>
   <title>Web-Storage-API</title>
   <link rel="stylesheet" href="storage.css">
   <script src="storage01.js"></script>
</head>
<body>
   <section id="formbox">
     <form name="form">
        <p>Schlüsselwort:<br><input type="text" name="keyword"
                              id="keyword"></p>
        <p>Wert:<br><textarea name="text" id="text"></textarea></p>
        <p><input type="button" name="save" id="save"
                 value="Speichern"></p>
     </form>
   </section>
   <section id="databox">
     Keine Informationen verfügbar
   </section>
</body>
</html>
```

Listing 10.1 Die Vorlage für die Storage-API (Datei storage01.html)

Kapitel

10

Sie müssen jetzt noch einige einfache Styles anlegen, um die Seite zu gestalten und den Formularbereich von der Box zu unterscheiden, in der die Daten angezeigt und aufgelistet werden:

```
#formbox{
    float: left;
    padding: 20px;
    border: 1px solid #999999;
}
#databox{
    float: left;
    width: 400px;
    margin-left: 20px;
    padding: 20px;
    border: 1px solid #999999;
}
#keyword, #text{
    width: 200px;
}
#databox > div{
    padding: 5px;
    border-bottom: 1px solid #999999;
}
```

Listing 10.2 Die Styles für die Vorlage (Datei storage.css)

Erstellen Sie eine HTML-Datei mit dem Code in Listing 10.1 und eine CSS-Datei mit den Styles in Listing 10.2. Außerdem benötigen Sie eine Datei, um den nachfolgenden JavaScript-Code zu speichern und zu testen. Alternativ können Sie sich die Beispieldateien *storage01.html*, *storage.css* und *storage01.js* herunterladen von der Seite *www.sybex.de/zusatzmaterial*.

10.1.2 Daten anlegen

Sowohl sessionStorage als auch localStorage speichern Daten als Schlüsselwort/Wert-Paare, die *Elemente* genannt werden, wobei jeder Wert vor dem Speichern in einen String konvertiert wird. Die Elemente können Sie sich als Variablen, die jede einen Namen hat, sowie einen Wert vorstellen, der geändert, bearbeitet oder gelöscht werden kann.

Die API besitzt zwei neue Methoden, um ein solches Element zu erstellen und von seinem Speicherplatz abzurufen:

■ setItem(key, value): Diese Methode müssen Sie aufrufen, um ein Element zu erstellen. Es wird entsprechend dem angegebenen Attribut aus einem Schlüsselwort und einem Wert erstellt. Existiert bereits ein Element mit demselben Schlüsselwort, so wird dieses mit dem neuen Wert aktualisiert. Somit lässt sich diese Methode auch einsetzen, um Daten zu ändern.

■ getItem(key): Um den Wert eines Elements abzufragen, müssen Sie diese Methode unter Angabe des Schlüsselworts des gewünschten Elements aufrufen. In diesem Fall ist das Schlüsselwort dasselbe, das bei der Erzeugung des Elements mit setItem() angegeben wurde.

```
function initiate(){
    var button=document.getElementById('save');
    button.addEventListener('click', newitem, false);
}
function newitem(){
    var keyword=document.getElementById('keyword').value;
    var value=document.getElementById('text').value;
    sessionStorage.setItem(keyword,value);

    show(keyword);
}
function show(keyword){
    var databox=document.getElementById('databox');
    var value=sessionStorage.getItem(keyword);
    databox.innerHTML='<div>'+keyword+' - '+value+'</div>';
}
window.addEventListener('load', initiate, false);
```

Listing 10.3 Daten speichern und abfragen (Datei storage01.js)

Der Prozess ist ganz einfach: Die Methoden gehören zu sessionStorage und werden mit der Syntax sessionStorage.setItem() aufgerufen. In Listing 10.3 wird immer dann die Funktion newitem() ausgeführt, wenn der Benutzer auf den Button im Formular klickt. Diese Funktion erzeugt ein Element mit den Daten, die in das Formular eingetragen wurden, und ruft dann die Funktion show() auf. Diese besorgt sich das Element anhand des Schlüsselworts, das ihr übergeben wurde, mit Hilfe der Methode getItem() und zeigt dann den Inhalt dieses Elements auf dem Bildschirm an.

Neben diesen Methoden kennt die API auch eine Abkürzung, um ein Element zu erzeugen und aus dem Speicher abzurufen. Sie können nämlich das Schlüsselwort des Elements auch als Eigenschaft verwenden und auf diese Weise darauf zugrei-

Kapitel

10

265

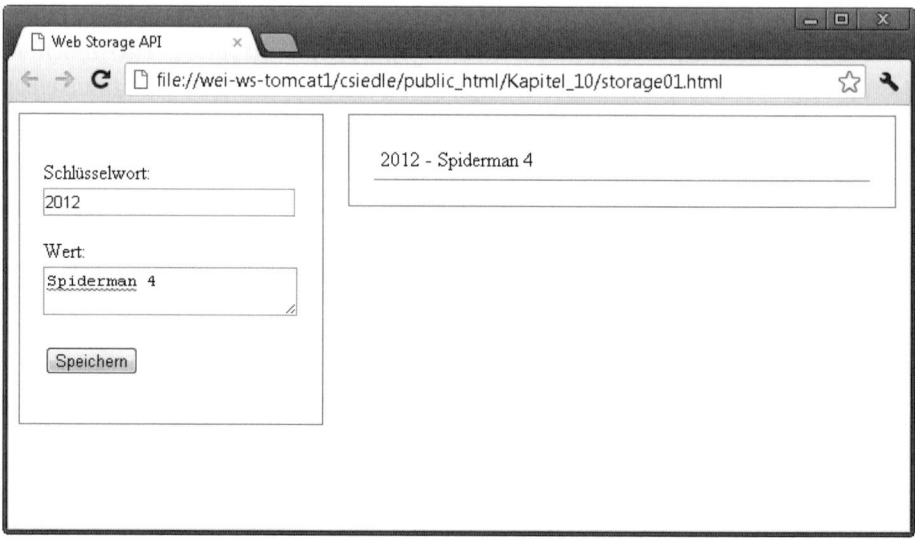

Abbildung 10.1 storage01.html

fen. Diese Methode hat zwei Syntaxvarianten, je nach der Art der Informationen, die Sie zur Erzeugung des Elements verwenden. Sie können eine Variable für das Schlüsselwort in eckigen Klammern einsetzen (zum Beispiel sessionStorage[keyword]=value) oder den String als Eigenschaftsnamen verwenden (zum Beispiel sessionStorage.myitem=value).

```
function initiate(){
    var button=document.getElementById('save');
    button.addEventListener('click', newitem, false);
}
function newitem(){
    var keyword=document.getElementById('keyword').value;
    var value=document.getElementById('text').value;
    sessionStorage[keyword]=value;
    show(keyword);
}
function show(keyword){
    var databox=document.getElementById('databox');
    var value=sessionStorage[keyword];
    databox.innerHTML='<div>'+keyword+' - '+value+'</div>';
}
window.addEventListener('load', initiate, false);
```

Listing 10.4 Eine Abkürzung für die Arbeit mit Elementen (Datei storage02.js)

10.1.3 Daten lesen

Das obige Beispiel fragt nur das zuletzt gespeicherte Element ab. Jetzt werden Sie den Code noch verbessern und nützlicher machen, indem Sie weitere Methoden und Eigenschaften einsetzen, die die API zur Bearbeitung von Elementen bereitstellt:

- ▨ length: Diese Eigenschaft gibt an, wie viele Elemente im Speicherplatz für diese Anwendung angesammelt wurden. Sie funktioniert genau wie die Eigenschaft length, die regelmäßig in JavaScript für Arrays verwendet wird, und ist nützlich für sequenzielle Lesevorgänge.

- ▨ key(index): Die Elemente werden sequenziell gespeichert und mit einem automatischen Index beginnend mit 0 durchnummeriert. Mit dieser Methode können Sie ein spezifisches Element abrufen oder eine Schleife erstellen, um alle gespeicherten Informationen auszulesen.

```
function initiate(){
    var button=document.getElementById('save');
    button.addEventListener('click', newitem, false); show();
}
function newitem(){
    var keyword=document.getElementById('keyword').value;
    var value=document.getElementById('text').value;

    sessionStorage.setItem(keyword,value); show();
    document.getElementById('keyword').value='';
    document.getElementById('text').value='';
}
function show(){
    var databox=document.getElementById('databox');
    databox.innerHTML='';
    for(var f=0;f<sessionStorage.length;f++){
        var keyword=sessionStorage.key(f);
        var value=sessionStorage.getItem(keyword);
        databox.innerHTML+='<div>'+keyword+' - '+value+'</div>';
    }
}
window.addEventListener('load', initiate, false);
```

Listing 10.5 Elemente auflisten (Datei storage03.js)

Der Zweck von Listing 10.5 ist es, eine vollständige Liste der Elemente in die rechte Box auf dem Bildschirm zu laden. Die Funktion show() wird dazu mit der Eigenschaft

Kapitel

10

Abbildung 10.2 storage03.html

length und der Methode key() verbessert. Sie erstellen eine Schleife, die von 0 bis zur Anzahl der Elemente im Speicherplatz geht. Innerhalb der Schleife gibt die Methode key() das entsprechende Schlüsselwort für das Element in jeder Position zurück. Wenn zum Beispiel das Element an der Position 0 des Speichers mit dem Schlüsselwort myitem angelegt wird, gibt der Code sessionStorage.key(0) "myitem" zurück. Der Aufruf dieser Methode in einer Schleife ermöglicht es, alle Elemente komplett mit Schlüsselwort und Wert auf dem Bildschirm aufzulisten.

Die show()-Funktion wird in der initiate()-Funktion aufgerufen, um die Elemente zu zeigen, die bereits im Speicher liegen, sobald die Anwendung startet.

Mit der in Kapitel 6 beschriebenen Forms-API können Sie die Gültigkeit der Eingabefelder überprüfen und verhindern, dass dort ungültige oder leere Elemente eingefügt werden.

10.1.4 Daten löschen

Die Elemente können erzeugt, gelesen und natürlich auch gelöscht werden. Für diesen Zweck existieren zwei Methoden:

■ removeItem(key): Diese Methode löscht ein einziges Element. Dieses muss mit demselben Schlüsselwort bezeichnet werden wie bei seiner Erzeugung mit der Methode setItem().

■ clear(): Diese Methode leert einfach nur den Speicherplatz. Dabei werden alle
Elemente gelöscht.

```javascript
function initiate(){
   var button=document.getElementById('save');
   button.addEventListener('click', newitem, false); show();
}
function newitem(){
   var keyword=document.getElementById('keyword').value;
   var value=document.getElementById('text').value;

   sessionStorage.setItem(keyword,value); show();
   document.getElementById('keyword').value='';
   document.getElementById('text').value='';
}
function show(){
   var databox=document.getElementById('databox');
   databox.innerHTML='<div><button onclick="removeAll()">Alles löschen
                      </button></div>';
   for(var f=0;f<sessionStorage.length;f++){
      var keyword=sessionStorage.key(f);
      var value=sessionStorage.getItem(keyword);
      databox.innerHTML+='<div>'+keyword+' - '+value+'<br>
      <button onclick="remove(\''+keyword+'\')">Löschen</button></div>';
   }
}
function remove(keyword){
   if(confirm('Sind Sie sicher?')){
      sessionStorage.removeItem(keyword);
      show();
   }
}
function removeAll(){
   if(confirm('Sind Sie sicher?')){
      sessionStorage.clear();
      show();
   }
}
window.addEventListener('load', initiate, false);
```

Listing 10.6 Elemente löschen (Datei storage04.js)

Kapitel

10

269

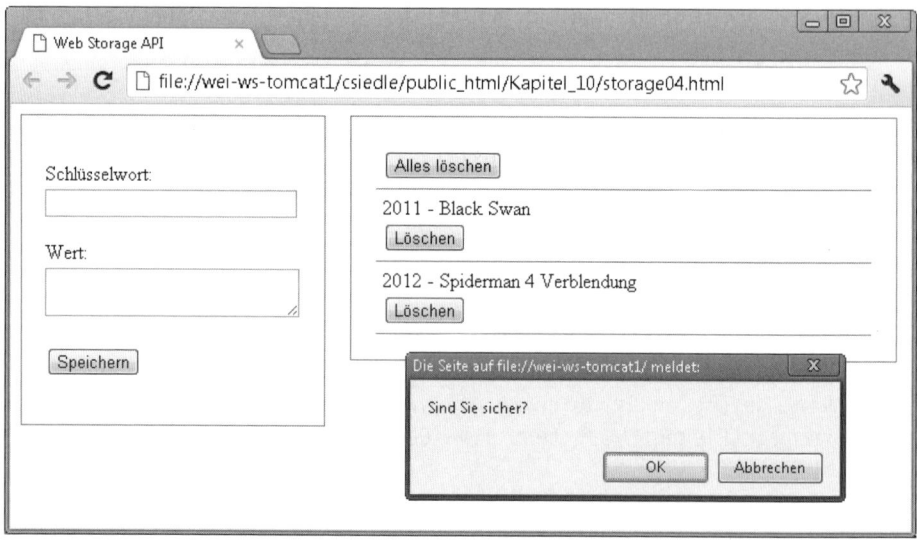

Abbildung 10.3 storage04.html

Die Funktionen `initiate()` und `newitem()` in Listing 10.6 sind dieselben wie zuvor. Nur die Funktion `show()` ändert sich, sie enthält jetzt den Event-Handler `onclick`, um Funktionen aufzurufen, die ein einzelnes Element oder alle Elemente löschen. Die Liste der Elemente wird wie zuvor erstellt, doch diesmal wird jedem Element ein LÖSCHEN-Button hinzugefügt, um es wieder entfernen zu können. Ein weiterer Button ganz oben auf der Liste löscht alle Elemente.

Die Funktion `remove()` löscht das ausgewählte Element und `removeAll()` leert den Speicherplatz. Beide rufen zum Schluss `show()` auf, um die Bildschirmanzeige der Elemente zu aktualisieren.

Mit Listing 10.6 können Sie testen, wie die Informationen von `sessionStorage` verarbeitet werden. Öffnen Sie die Vorlage aus Listing 10.1 in Ihrem Browser, erzeugen Sie neue Elemente und öffnen Sie die Vorlage dann in einem neuen Fenster. Die Informationen sind in jedem Fenster anders; das frühere Fenster hält seine Daten weiter zur Verfügung und im neuen Fenster ist der Speicherplatz leer. Im Gegensatz zu anderen Systemen (zum Beispiel Cookies) betrachtet `session-Storage` jedes Fenster als unabhängige Instanz der Anwendung und die Sitzungsinformationen erstrecken sich nicht auf beide.

Das System `sessionStorage` speichert die in einem Fenster angelegten Daten nur, bis das Fenster geschlossen wird. Es ist nützlich, um Warenkörbe oder andere Anwendungen zu steuern, die nur kurzfristig Zugriff auf die Daten benötigen.

10.2 Daten dauerhaft speichern mit localStorage

Ein zuverlässiges System, um während einer Fenster-Sitzung Daten zu speichern, mag in manchen Situationen sehr nützlich sein, doch wenn Sie mächtige Desktop-Anwendungen im Web emulieren möchten, reicht vielleicht ein temporärer Datenspeicher nicht aus.

Für diesen Fall umfasst die Storage-API ein zweites System, das für jeden Ursprung einen Speicherplatz unterhält, wo die Informationen dauerhaft zur Verfügung stehen. Mit localStorage können Sie endlich auch große Datenmengen speichern und den Nutzer selbst entscheiden lassen, ob die Informationen noch von Nutzen sind und bewahrt werden sollten oder nicht.

Da localStorage dieselbe Schnittstelle wie sessionStorage verwendet, stehen diesem System alle bisher in diesem Kapitel beschriebenen Methoden und Eigenschaften ebenfalls zur Verfügung. Um den Code vorzubereiten, müssen Sie lediglich das Präfix session durch local ersetzen.

```javascript
function initiate(){
    var button=document.getElementById('save');
    button.addEventListener('click', newitem, false);
    show();
}
function newitem(){
    var keyword=document.getElementById('keyword').value;
    var value=document.getElementById('text').value;

    localStorage.setItem(keyword,value);
    show();
    document.getElementById('keyword').value='';
    document.getElementById('text').value='';
}
function show(){
    var databox=document.getElementById('databox');
    databox.innerHTML='';
    for(var f=0;f<localStorage.length;f++){
        var keyword=localStorage.key(f);
        var value=localStorage.getItem(keyword);
        databox.innerHTML+='<div>'+keyword+' - '+value+'</div>';
    }
}
window.addEventListener('load', initiate, false);
```

Listing 10.7 Verwendung von localStorage (Datei storage05.js)

Kapitel

10

271

In Listing 10.7 habe ich einfach ein früheres Programm genommen und `session-Storage` gegen `localStorage` ausgetauscht. Jetzt wird jedes erzeugte Element quer über alle Fenster und sogar noch nach dem Schließen des Browsers gespeichert.

Testen Sie mit der Vorlage aus Listing 10.1 den Code aus Listing 10.7 (Beispieldateien *storage05.html* und *storage05.js*). Dieser wird aus den Formularinformationen ein neues Element anlegen und automatisch alle verfügbaren Elemente in dem Speicher ablegen, der für diese Anwendung reserviert ist. Wenn Sie den Browser schließen und die HTML-Datei erneut öffnen, werden Sie sehen, dass alle Elemente der Liste noch vorhanden sind.

10.2.1 Fensterkommunikation mit dem storage-Event

Da `localStorage` die Informationen in jedem Fenster zur Verfügung stellt, in dem dieselbe Anwendung geladen ist, stellen sich zumindest zwei Probleme: Wie sollen diese Fenster kommunizieren und wie können Sie die Informationen in einem Fenster aktualisieren, das nicht markiert oder aktiv ist? Um beide Probleme zu lösen, wurde das `storage`-Event in die Spezifikation aufgenommen.

`storage` wird vom Fenster immer dann ausgelöst, wenn im Speicher eine Änderung eintritt. Es kann verwendet werden, um jedes mit derselben Anwendung geöffnete Fenster darüber zu informieren, dass eine Änderung im Speicher eingetreten ist, die Maßnahmen erforderlich macht.

```
function initiate(){
    var button=document.getElementById('save');
    button.addEventListener('click', newitem, false);
    window.addEventListener("storage", show, false);

    show();
}
function newitem(){
    var keyword=document.getElementById('keyword').value;
    var value=document.getElementById('text').value;
    localStorage.setItem(keyword,value);
    show();
    document.getElementById('keyword').value='';
    document.getElementById('text').value='';
}
function show(){
    var databox=document.getElementById('databox');
    databox.innerHTML='';
```

```
  for(var f=0;f<localStorage.length;f++){
    var keyword=localStorage.key(f);
    var value=localStorage.getItem(keyword);
    databox.innerHTML+='<div>'+keyword+' - '+value+'</div>';
  }
}
window.addEventListener('load', initiate, false);
```

Listing 10.8 Das storage-Event überwachen, um die Liste der Elemente aktuell zu halten (Datei storage06.js)

Im Code von Listing 10.8 müssen Sie nur anfangen, in der `initiate()`-Funktion auf das `storage`-Event zu lauschen, um jedes Mal, wenn ein Element erzeugt, geändert oder gelöscht wird, die `show()`-Funktion aufzurufen. Nun wird alles, was sich in einem Fenster ändert, automatisch auch in den übrigen Fenstern gezeigt, die dieselbe Anwendung ausführen.

10.2.2 Speicherplatz

Die Informationen werden mit `localStorage` dauerhaft gespeichert, es sei denn, der Benutzer entscheidet, dass sie nicht mehr notwendig sind. Dies bedeutet, dass die Anwendungen bei jeder Benutzung mit ihren Informationen mehr Speicherplatz auf der Festplatte belegen. Bis jetzt empfiehlt die HTML5-Spezifikation den Browser-Herstellern, für jeden Ursprung (Website oder Anwendung) mindestens fünf Megabytes zu reservieren. Dies ist nur eine Empfehlung und wird sich in den kommenden Jahren wahrscheinlich noch drastisch ändern. Manche Browser fragen den Benutzer, ob dieser Speicherplatz überschritten werden darf oder nicht, wenn die Anwendung es benötigt. Sie sollten jedoch diese Einschränkung im Gedächtnis behalten, wenn Sie Ihre eigenen Anwendungen entwickeln.

Warnung ✕

Sicherheitshalber weise ich Sie noch einmal darauf hin, dass die meisten Browser mit dieser API nur dann richtig funktionieren, wenn die Quelle ein echter Server ist. Um die Programme zu testen, empfehle ich Ihnen also, die Dateien zuerst auf einen Server zu laden.

Kapitel

10

273

Kapitel 11
Die IndexedDB-API

Inhalt

- IndexedDB zum Speichern größerer Datenmengen
- Objektdatenbank anlegen
- Daten anzeigen, löschen und suchen

Die im vorigen Kapitel beschriebene Web-Storage-API ist nützlich, um kleine Datenmengen zu speichern, doch für größere Mengen strukturierter Daten benötigen Sie ein Datenbanksystem. HTML5 bietet dafür die IndexedDB-API als Lösung an.

11.1 Eine API der unteren Ebene

IndexedDB ist ein Datenbanksystem, das indizierte Informationen auf dem Computer des Benutzers speichert. Es wurde als API der unteren Ebene entwickelt, um möglichst viele Einsatzbereiche zu ermöglichen. Das macht es zu der mächtigsten API von allen, aber auch zu der kompliziertesten. Das Ziel war, eine möglichst elementare Infrastruktur zu schaffen, auf der die Entwickler aufsetzen und Schnittstellen der höheren Ebene für sehr spezifische Bedürfnisse programmieren konnten. In einer API der unteren Ebene wie dieser müssen Sie sich um alles kümmern und die Bedingung jedes Prozesses in jeder Operation kontrollieren, die Sie ausführen. Das Ergebnis ist eine API, an die sich die meisten Entwickler wohl nur langsam gewöhnen und die sie wahrscheinlich eher indirekt anwenden werden, nämlich durch populäre Bibliotheken, wie zum Beispiel jQuery und andere, die in nächster Zeit entstehen werden.

Die von IndexedDB propagierte Struktur ist anders als SQL oder andere verbreitete Datenbanksysteme, an die die Entwickler gewöhnt sind. Die Informationen werden in der Datenbank nämlich als Objekte (Datensätze oder Records) in so genannten Objektspeichern (Tabellen) gespeichert. Die Objektspeicher haben keine bestimmte Struktur, sondern nur einen Namen und Indizes, damit man die Objekte darin finden kann. Auch diese Objekte haben keine vordefinierte Struktur; sie können ganz verschieden sein und so komplex, wie Sie nur wollen. Die einzige Bedingung für Objekte ist, dass sie mindestens eine Eigenschaft als Index besitzen müssen, damit der Objektspeicher sie wiederfinden kann.

11.1.1 Datenbank

Die Datenbank selbst ist einfach. Da jede Datenbank mit einem Computer und einer Website oder Anwendung verknüpft ist, müssen Sie keine Benutzer oder Zugriffsrechte berücksichtigen, sondern einfach nur den Namen und die Version angeben, und schon ist die Datenbank fertig.

Die in dieser API deklarierte Schnittstelle verfügt über das Attribut `indexedDB` und die Methode `open()`, um eine Datenbank anzulegen. Diese Methode gibt ein Objekt zurück, über das zwei Events ausgelöst werden, die entweder einen Fehler oder einen Erfolg bei der Erstellung der Datenbank verbuchen.

Der zweite Aspekt, den Sie berücksichtigen müssen, um eine Datenbank zu erstellen oder zu öffnen, ist die Version. Die API verlangt, dass der Datenbank eine Version zugewiesen wird, um das System für zukünftige Migrationen vorzubereiten. Wenn Sie die Struktur einer Datenbank auf der Serverseite ändern müssen, um mehr Tabellen oder Indizes hinzufügen zu können, schalten Sie normalerweise den Server aus, migrieren die Daten in die neue Struktur und schalten dann den Server wieder ein. Doch den Computer des Benutzers können Sie nicht gut ausschalten, um diesen Vorgang in einem Browser zu vollziehen. Folglich muss zuerst die Version der Datenbank geändert und dann der Datenbestand von der alten auf die neue Version migriert werden.

Für den Umgang mit Datenbankversionen hat diese API die Eigenschaft `version` und die Methode `setVersion()`. Die Eigenschaft gibt den Wert der aktuellen Version zurück und die Methode weist der Datenbank, die gerade in Gebrauch ist, einen neuen Versionswert zu. Dieser Wert kann eine Zahl oder auch jeder gewünschte String sein.

11.1.2 Objekte und Objektspeicher

Die früheren Datensätze heißen in IndexedDB jetzt Objekte. Diese Objekte haben Eigenschaften, um Werte zu speichern und zu identifizieren. Wie viele Eigenschaften vorhanden sind und wie die Objekte strukturiert sind, ist irrelevant. Sie müssen nur mindestens eine Eigenschaft haben, die als Index deklariert ist, damit der Objektspeicher sie finden kann.

Die Objektspeicher (Tabellen) haben ebenfalls keine bestimmte Struktur. Wenn sie angelegt werden, müssen nur ihr Name und ein oder mehrere Indizes angegeben werden, damit man die Objekte darin wiederfindet.

Wie in Abbildung 11.1 gezeigt, enthält ein Objektspeicher diverse Objekte mit verschiedenen Eigenschaften. Manche haben die Eigenschaft DVD, andere die Eigenschaft Book und so weiter. Jedes hat seine eigene Struktur, aber die Objekte müssen mindestens eine Eigenschaft zur Verwendung als Index haben, damit sie wiedergefunden werden können. In Abbildung 11.1 wäre das die Eigenschaft Id.

Objektspeicher

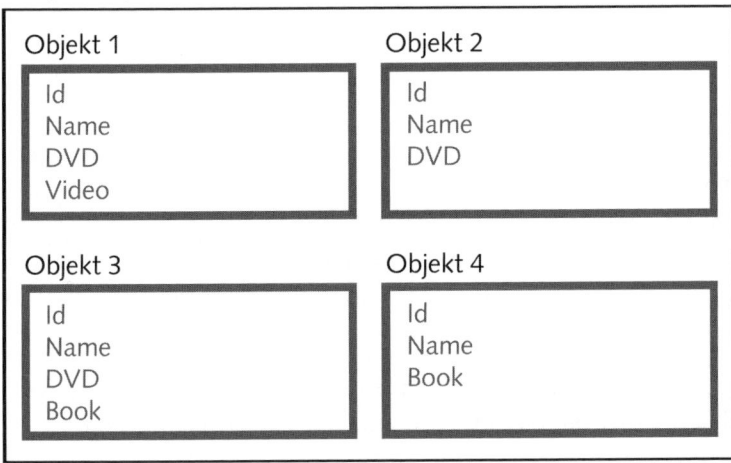

Abbildung 11.1 Objekte mit verschiedenen Eigenschaften sind in einem Objektspeicher gespeichert.

Um mit Objekten und Objektspeicher arbeiten zu können, müssen Sie nur den Objektspeicher anlegen, die Eigenschaften deklarieren, die als Indizes verwendet werden, und anfangen, Objekte darin zu speichern. Sie brauchen sich im Moment noch keine Gedanken um die Struktur und den Inhalt der Objekte zu machen; nur an die Indizes sollten Sie denken, weil sie benötigt werden, um die Objekte später wiederzufinden.

Die API hat mehrere Methoden zur Bearbeitung der Objektspeicher:

- createObjectStore(name, keyPath, autoIncrement): Diese Methode legt einen neuen Objektspeicher an, dessen Name und Konfiguration durch seine Attribute festgelegt sind. Das Attribut name ist obligatorisch. Der keyPath gibt einen gemeinsamen Index für jedes Objekt an und autoIncrement ist ein boolescher Wert, der festlegt, ob der Objektspeicher über einen Schlüsselgenerator verfügt.

- objectStore(name): Um auf die Objekte in einem Objektspeicher zugreifen zu können, muss eine Transaktion gestartet und der Objektspeicher für diese Transaktion geöffnet werden. Diese Methode öffnet den Objektspeicher, dessen Name im Attribut name angegeben ist.

- deleteObjectStore(name): Diese Methode zerstört den Objektspeicher, dessen Name im Attribut name angegeben ist.

Die Methoden createObjectStore() und deleteObjectStore() und andere Methoden, die für die Konfiguration der Datenbank zuständig sind, können nur angewendet werden, wenn die Datenbank angelegt oder auf eine neue Version aktualisiert wird.

11.1.3 Indizes

Um Objekte in einem Objektspeicher finden zu können, müssen Sie einige Eigenschaften dieser Objekte als Indizes verwenden. Dazu deklarieren Sie einfach das Attribut keyPath in der Methode createObjectStore(). Die als keyPath deklarierte Eigenschaft ist dann der gemeinsame Index für alle in diesem Objektspeicher gespeicherten Objekte. Wenn Sie einen keyPath einrichten, muss diese Eigenschaft in jedem Objekt vorhanden sein.

Neben dem keyPath können Sie mit den folgenden, für diesen Zweck bereitgestellten Methoden jeden gewünschten Index in einem Objektspeicher erstellen:

- createIndex(name, property, unique): Diese Methode erzeugt einen Index für ein spezifisches Objekt. Das Attribut name ist der Name des Index und das Attribut property gibt an, welche Eigenschaft als Index verwendet wird. Der boolesche Wert unique weist auf die Möglichkeit hin, dass sich mehrere Objekte den gleichen Indexwert teilen.

- index(name): Um einen Index verwenden zu können, müssen Sie zuerst einen Verweis auf den Index erzeugen und dann diesen Verweis der Transaktion zuweisen. Die Methode `index()` erzeugt einen Verweis auf den Index, der durch das `name`-Attribut deklariert ist.

- `deleteIndex(name)`: Wenn Sie keinen Index mehr benötigen, können Sie ihn mit dieser Methode wieder löschen.

11.1.4 Transaktionen

Ein Datenbanksystem auf einem Browser muss gewisse einzigartige Umstände in Betracht ziehen, die auf anderen Plattformen gar nicht vorkommen können. Der Browser könnte abstürzen oder plötzlich geschlossen werden, der Prozess könnte vom Benutzer angehalten werden oder eine andere Website könnte in dasselbe Fenster geladen werden, um nur einige Beispiele zu nennen. In vielen Situationen können Fehlfunktionen oder sogar Datenverluste auftreten, wenn Sie direkt mit einer Datenbank arbeiten. Um dies zu verhindern, werden alle Aktionen als Transaktionen durchgeführt.

Die Methode zum Generieren einer Transaktion heißt `transaction()` und mehrere Attribute stellen den Typ dieser Transaktion ein.

- `READ_ONLY`: Dieses Attribut versieht die Transaktion mit Schreibschutz. Änderungen sind nicht zulässig.

- `READ_WRITE`: Mit einer Transaktion dieses Typs können Sie Daten lesen und schreiben. Änderungen sind hier erlaubt.

- `VERSION_CHANGE`: Dieser Transaktionstyp wird nur verwendet, um die Version der Datenbank zu aktualisieren.

Die häufigsten Transaktionen sind die Read/Write-Transaktionen (RW-Transaktionen). Um Missbrauch vorzubeugen, ist jedoch der Typ `READ_ONLY` als Standardtyp eingestellt, damit Sie, wenn Sie einfach nur einige Informationen aus der Datenbank holen wollen, nur noch den Gültigkeitsbereich der Transaktion einstellen müssen (normalerweise ist dies der Name des Objektspeichers, aus dem Sie die Informationen lesen).

11.1.5 Methoden für Objektspeicher

Die API hat mehrere Methoden, um mit Objektspeichern zu arbeiten und die Informationen darin lesen und speichern zu können:

- `add(object)`: Diese Methode empfängt ein Schlüsselwort/Wert-Paar oder ein Objekt, das mehrere solcher Paare enthält, und fügt dem ausgewählten Objektspeicher ein Objekt mit diesen Informationen hinzu. Wenn bereits ein Objekt mit demselben Index existiert, gibt die Methode `add()` einen Fehler zurück.

■ `put(object)`: Diese Methode ähnelt der vorigen, nur dass sie ein vorhandenes Objekt mit demselben Index überschreibt. Sie ist nützlich, um Objekte, die bereits im betreffenden Objektspeicher gespeichert sind, zu modifizieren.

■ `get(key)`: Mit dieser Methode können Sie ein bestimmtes Objekt aus einem Objektspeicher abrufen. Das Attribut `key` ist der Indexwert des gewünschten Objekts.

■ `delete(key)`: Um ein Objekt aus dem ausgewählten Objektspeicher zu löschen, rufen Sie einfach diese Methode mit dem Index des betreffenden Objekts als Attribut auf.

11.2 IndexedDB implementieren

Genug der grauen Theorie! Jetzt erstellen Sie Ihre erste Datenbank und wenden einige der in diesem Kapitel erwähnten Methoden an. Sie werden eine Anwendung simulieren, die Daten über Spielfilme speichert. Sie können natürlich auch Ihre eigenen Informationen hinzufügen, aber ich werde nur vier Filme erwähnen und zwar in der folgenden Form:

■ Schlüsselwort: tt0068646; Titel: Der Pate; Datum: 1972

■ Schlüsselwort: tt0086567; Titel: War Games; Datum: 1983

■ Schlüsselwort: tt0111161; Titel: Die Verurteilten; Datum: 1994

■ Schlüsselwort: tt1285016; Titel: The Social Network; Datum: 2010

Schlüsselwort entspricht dabei der Eigenschaft `id`, *Titel* entspricht `name` und *Datum* `date`.

Tipp ✕

Die Namen der Eigenschaften (`id`, `name` und `date`) werde ich für den Rest dieses Kapitels für alle Beispiele verwenden. Die Informationen stammen von der Website *www.imdb.com*, aber Sie können auch Ihre eigene Liste anlegen oder beliebige Informationen sammeln, um die Codebeispiele zu testen.

11.2.1 Die Vorlage

Wie gewohnt benötigen Sie ein HTML-Dokument und einige CSS-Styles, um die Kästen für ein Formular zu erhalten und die abgefragten Informationen anzuzeigen. Mit dem Formular können Sie neue Spielfilme in die Datenbank eintragen, indem Sie ein Schlüsselwort, den Titel des Films und sein Erscheinungsjahr abfragen.

```
<!DOCTYPE html>
<html lang="de">
<head>
   <title>IndexedDB-API</title>
   <link rel="stylesheet" href="indexed.css">
   <script src="indexed01.js"></script>
</head>
<body>
   <section id="formbox">
      <form name="form">
         <p>Schlüsselwort:<br><input type="text" name="keyword"
                              id="keyword"></p>
         <p>Titel:<br><input type="text" name="text" id="text"></p>
         <p>Jahr:<br><input type="text" name="year" id="year"></p>
         <p><input type="button" name="save" id="save"
                  value="Speichern"></p>
      </form>
   </section>
   <section id="databox">
      Keine Informationen verfügbar
   </section>
</body>
</html>
```

Listing 11.1 Eine Vorlage für die IndexedDB-API (Datei indexed01.html)

Die CSS-Styles definieren die Boxen für die Form und die Bildschirmwiedergabe der Informationen:

```
#formbox{
   float: left;
   padding: 20px;
   border: 1px solid #999999;
}
#databox{
   float: left;
   width: 400px;
```

```
   margin-left: 20px;
   padding: 20px;
   border: 1px solid #999999;
}
#keyword, #text{
   width: 200px;
}
#databox > div{
   padding: 5px;
   border-bottom: 1px solid #999999;
}
```

Listing 11.2 Styles für Boxen (Datei indexed.css)

Erstellen Sie eine HTML-Datei für die Vorlage aus Listing 11.1, eine CSS-Datei für die Styles aus Listing 11.2 und eine JavaScript-Datei für den weiter unten entwickelten Programmcode oder laden Sie die Beispieldateien *indexed01.html*, *indexed.css* und *indexed01.js* von *www.sybex.de/zusatzmaterial* herunter.

11.2.2 Die Datenbank öffnen

Im JavaScript-Programm öffnen Sie als Erstes die Datenbank. Das Attribut indexedDB und die Methode open() öffnen die Datenbank mit dem angegebenen Namen oder erstellen eine neue, falls sie nicht existiert:

```
function initiate(){
   databox=document.getElementById('databox');
   var button=document.getElementById('save');
   button.addEventListener('click', addobject, false);
   if('webkitIndexedDB' in window){
      window.indexedDB=window.webkitIndexedDB;
      window.IDBTransaction=window.webkitIDBTransaction;
      window.IDBKeyRange=window.webkitIDBKeyRange;
      window.IDBCursor=window.webkitIDBCursor;
   }else if('mozIndexedDB' in window){
      window.indexedDB=window.mozIndexedDB;
   }
   var request=indexedDB.open('mydatabase');
   request.addEventListener('error', showerror, false);
   request.addEventListener('success', start, false);
}
```

Listing 11.3 Die Datenbank öffnen (Teil 1 von indexed01.js)

Die Funktion `initiate()` in Listing 11.3 bereitet die Elemente der Vorlage vor und öffnet die Datenbank. Die Anweisung `indexedDB.open()` versucht, eine Datenbank namens `mydatabase` zu öffnen und gibt das `request`-Objekt mit dem Ergebnis der Operation zurück. Die Events, die einen Fehler (`error`) oder Erfolg (`success`) melden, werden je nach dem Ergebnis der Operation von diesem Objekt ausgelöst.

Warnung ❌

Während ich dies geschrieben habe, hat sich diese API noch im Experimentierstadium befunden. Manche Attribute, darunter auch `indexedDB`, benötigen in manchen Browsern daher ein Präfix, um zu funktionieren. Aus diesem Grund müssen Sie derzeit noch zunächst prüfen, ob `webkitIndexedDB` oder `mozIndexedDB` vorhanden sind, und das Attribut für den spezifischen Browser vorbereiten, bevor Sie die Datenbank mit der `initiate()`-Funktion öffnen. Sobald die Experimentierphase vorbei ist, können Sie den Bedingungsausdruck mit `if` zu Beginn von Listing 11.3 löschen.

Events sind ein wichtiger Teil dieser API. IndexedDB ist sowohl eine synchrone als auch eine asynchrone API. Der synchrone Teil wird zurzeit gerade entwickelt und soll einmal mit der Web-Workers-API zusammenarbeiten. Der asynchrone Teil dagegen ist für die normale Nutzung im Web gedacht und steht bereits zur Verfügung. Ein asynchrones System erledigt Aufgaben im Hintergrund und gibt die Ergebnisse später zurück. Für diesen Zweck löst die API verschiedene Events für jede Operation aus. Alle Aktionen mit der Datenbank und ihrem Inhalt werden im Hintergrund ausgeführt (während das System andere Programme ausführt) und später informieren Events über die Resultate.

Nachdem die API die Datenbankanfrage verarbeitet hat, löst sie ein `error`- oder `success`-Event aus und unser Programm führt die Funktion `showerror()` oder `start()` aus, um entweder die Fehler zu behandeln oder mit der Definition der Datenbank fortzufahren.

11.2.3 Die Datenbankversion

Uns bleibt noch einiges zu tun, um die Datenbankdefinition fertigzustellen. Wie bereits erwähnt, haben IndexedDB-Datenbanken Versionen. Wird die Datenbank erzeugt, wird ihr ein Nullwert als Versionsnummer zugewiesen. Durch Prüfung dieses Werts können Sie also herausfinden, ob die Datenbank neu ist oder nicht:

```
function showerror(e){
    alert('Error: '+e.code+' '+e.message);
}
function start(e){
    db=e.result || e.target.result;
    if(db.version==''){
        var request=db.setVersion('1.0');
        request.addEventListener('error', showerror, false);
        request.addEventListener('success', createdb, false);
    }
}
```

Listing 11.4 Version einstellen und auf Events reagieren (Teil 2 von indexed01.js)

Die showerror()-Funktion ist simpel (für diese kleine Anwendung brauchen Sie keine Fehler zu verarbeiten). Hier benutzen wir nur die Attribute code und message der Schnittstelle IDBErrorEvent, um eine Warnmeldung zu generieren. Die start ()-Funktion allerdings vollzieht die richtigen Schritte, um die Version der Datenbank zu erkennen oder selbst eine Version zu definieren, falls dies das erste Mal ist, dass der Benutzer unsere Anwendung ausführt. Die Funktion weist das vom Event erzeugte result-Objekt der Variablen db zu, die später die Datenbank darstellt.

Warnung	✕

Zurzeit senden manche Browser das Ergebnisobjekt über das Event selbst zurück und andere senden es durch das Element, von dem das Event ausgelöst wurde. Mit der Logik e.result || e.target.result wählen Sie automatisch immer den richtigen Verweis. Wenn die Spezifikation fertig ist, werden Sie vermutlich nur noch einen dieser Verweise benötigen.

Die Schnittstelle IDBDatabase teilt der Eigenschaft version den Wert der aktuellen Version mit und stellt mit der Methode setVersion() auf eine neue Version um. In der start()-Funktion in Listing 11.4 wird die aktuelle Datenbankversion erkannt und dann anhand dieses Werts eine neue Version eingestellt oder nicht. Wenn die Datenbank bereits existiert, ist der Wert der Eigenschaft version verschieden von null und Sie brauchen nichts zu konfigurieren. Doch wenn der Benutzer unsere Anwendung gerade zum ersten Mal ausführt, ist die Eigenschaft version null, das heißt, Sie müssen eine neue Version angeben und die Datenbank konfigurieren.

Die Methode setVersion() bekommt einen String (eine Zahl oder einen beliebigen anderen String), um die Version zu deklarieren. Sie sollten nur darauf achten, dass Sie immer denselben String verwenden, um die gewünschte Version der Datenbank zu öffnen. Diese Methode ist asynchron, wie auch die anderen Prozeduren in diesem Teil der API. Die Version wird im Hintergrund eingestellt und das Ergebnis wird durch Events informiert. Wenn ein Fehler auftritt, rufen Sie wieder `showerror()` auf, aber wenn die Version richtig angegeben wurde, rufen Sie die Funktion `createdb()` auf, um die Objektspeicher und Indizes für diese neue Version zu deklarieren.

11.2.4 Objektspeicher und Indizes

Zurzeit müssen Sie sich noch im Voraus überlegen, welche Art von Objekten Sie in der Datenbank speichern möchten und wie diese Informationen später aus dem Objektspeicher abgefragt werden sollen. Wenn Sie etwas falsch machen oder in Zukunft etwas zur Konfiguration Ihrer Datenbank hinzufügen möchten, müssen Sie eine neue Version aufsetzen und die Daten aus der Vorversion dorthin migrieren. Der Grund: Objektspeicher und Indizes können nur während einer Set-Version-Transaktion erzeugt werden.

```
function createdb(){
    var objectstore=db.createObjectStore('movies',{keyPath:'id'});
    objectstore.createIndex('SearchYear', 'date',{unique: false});
}
```

Listing 11.5 Objektspeicher und Indizes deklarieren (Teil 3 von indexed01.js)

Für das Beispiel benötigen Sie nur einen einzigen Objektspeicher (um die Filme zu speichern) und zwei Indizes. Der erste Index, `id`, wird der Methode `createObject-Store()` als `keyPath`-Attribut beigegeben, wenn der Objektspeicher angelegt wird. Der zweite Index wird dem Objektspeicher mit der Methode `createIndex()` zugewiesen. Dieser Index wurde mit dem Namen `SearchYear` bezeichnet und für die Eigenschaft `date` deklariert. Ihn werden Sie benutzen, um die Filme nach Erscheinungsjahr zu ordnen.

11.2.5 Objekte hinzufügen

Bisher heißt unsere Datenbank `mydatabase`; sie hat die Version 1.0 und enthält einen Objektspeicher namens `movies` mit den beiden Indizes `id` und `date`. Jetzt können Sie anfangen, Objekte in diesen Objektspeicher zu speichern.

```
function addobject(){
    var keyword=document.getElementById('keyword').value;
    var title=document.getElementById('text').value;
    var year=document.getElementById('year').value;
```

```
    var transaction=db.transaction(['movies'],
        IDBTransaction.READ_WRITE);
    var objectstore=transaction.objectStore('movies');
    var request=objectstore.add({id: keyword, name: title, date: year});
    request.addEventListener('success', function(){ show(keyword) },
                            false);
    document.getElementById('keyword').value='';
    document.getElementById('text').value='';
    document.getElementById('year').value='';
}
```

Listing 11.6 Objekte hinzufügen (Teil 4 von indexed01.js)

Am Anfang der Funktion `initiate()` fügen Sie dem Button im Formular einen Listener für das `click`-Event hinzu. Dieser Listener führt die Funktion `addobject()` aus, wenn das Event ausgelöst wird. Die Funktion nimmt die Werte aus dem Formular (`keyword`, `text` und `year`) und generiert dann eine Transaktion, um ein neues Objekt aus diesen Informationen zu speichern.

Um die Transaktion zu starten, müssen Sie die Methode `transaction()` verwenden und die an der Transaktion beteiligten Objektspeicher sowie den Transaktionstyp angeben. In diesem Falle gibt es nur den Objektspeicher `movies` und der Typ wird auf `READ_WRITE` eingestellt.

Im nächsten Schritt wählen Sie den Objektspeicher aus, den Sie benutzen werden. Da die Transaktion für mehrere Objektspeicher ausgelöst worden sein kann, müssen Sie angeben, welcher dieser Objektspeicher der anschließenden Operation entspricht. Mit der Methode `objectStore()` öffnen Sie den Objektspeicher und weisen ihn der Transaktion mit folgender Zeile zu:

```
transaction.objectStore('movies')
```

Jetzt können Sie ein Objekt in den Objektspeicher laden. In diesem Beispiel tun Sie das mit der `add()`-Methode, weil Sie neue Objekte anlegen möchten. Wollten Sie vorhandene Objekte ändern oder ersetzen, hätten Sie dafür die `put()`-Methode verwendet. Die `add()`-Methode nimmt die Eigenschaften `id`, `name` und `date` und die Variablen `keyword`, `title` und `year` entgegen und erzeugt das Objekt, indem sie aus diesen Eigenschaften Schlüsselwort/Wert-Paare macht.

Abschließend lauschen Sie auf das Event, das dieser Request auslöst, und führen im Erfolgsfall die `show()`-Funktion aus. Zwar gibt es natürlich auch ein `error`-Event, aber da die Antwort von Ihrer Anwendung abhängt, bleibt diese Möglichkeit im vorliegenden Beispiel unberücksichtigt.

11.2.6 Objekte abfragen

Wurde das Objekt richtig gespeichert, wird das success-Event ausgelöst und die
show()-Funktion ausgeführt. In Listing 11.6 wurde diese innerhalb einer anonymen Funktion deklariert, um die Variable keyword übergeben zu können. Jetzt
werden Sie diesen Wert nehmen, um das zuvor gespeicherte Objekt zu lesen:

```
function show(keyword){
    var transaction=db.transaction(['movies']);
    var objectstore=transaction.objectStore('movies');
    var request=objectstore.get(keyword);
    request.addEventListener('success', showlist, false);
}
function showlist(e){
    var result=e.result || e.target.result;
    databox.innerHTML='<div>'+result.id+' - '+result.name+' - '
                       +result.date +'</div>';
}
```

Listing 11.7 Das neue Objekt anzeigen (Teil 5 von indexed01.js)

Listing 11.7 generiert eine READ_ONLY-Transaktion und ruft das Objekt mit dem betreffenden Schlüsselwort mit Hilfe der get()-Methode ab. Sie deklarieren keinen
Transaktionstyp, weil READ_ONLY die Standardeinstellung ist.

Die get()-Methode gibt das Objekt mit der Eigenschaft id=keyword zurück. Hätten
Sie zum Beispiel den Film »Der Pate« gesucht, hätte die Variable keyword den Wert
"tt0068646". Dieser Wert wird von der show()-Funktion empfangen und von der
get()-Methode benutzt, um den Film »Der Pate« abzurufen. Wie Sie sehen, dient
dieser Code nur der Veranschaulichung, weil er nur denselben Film zurückgibt,
den Sie soeben hinzugefügt haben.

Da jede Operation asynchron ist, benötigen Sie zwei Funktionen, um diese Informationen anzuzeigen. Die show()-Funktion generiert die Transaktion und showlist()
zeigt den Wert der Eigenschaften im Erfolgsfall auf dem Bildschirm an. Auch hier
beobachten Sie nur das success-Event; allerdings würde diese Operation bei einem
Misserfolg auch ein error-Event auslösen.

Da die showlist()-Funktion ein Objekt entgegennimmt, müssen Sie nur die Variable, die das Objekt repräsentiert, und den Namen einer gewünschten Eigenschaft
schreiben (zum Beispiel result.id), um auf diese Eigenschaft zugreifen zu können.
Die Variable result repräsentiert das Objekt und id ist eine seiner Eigenschaften.

11.2.7 Das Script fertigstellen und testen

Wie schon in vergangenen Programmbeispielen benötigen Sie auch hier einen Listener für das load-Event, um die initiate()-Funktion auszuführen, sobald die Anwendung in den Browser geladen wurde:

```
window.addEventListener('load', initiate, false);
```

Listing 11.8 Die Anwendung initiieren (Teil 6 von indexed01.js)

Nach dem Fertigstellen der JavaScript-Datei öffnen Sie das HTML-Dokument von Listing 11.1 in Ihrem Browser. Geben Sie die Daten der Filme, die am Anfang dieses Kapitels aufgeführt wurden, in das Bildschirmformular ein. Immer wenn ein neuer Film eingefügt wird, erscheinen die zugehörigen Informationen in der Box rechts vom Formular.

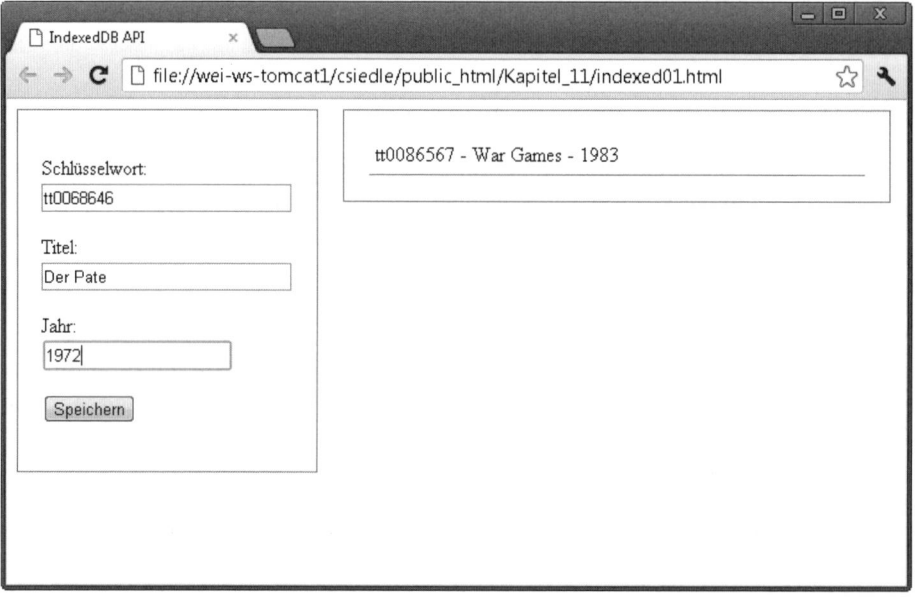

Abbildung 11.2 indexed01.html

11.3 Daten auflisten

Die get()-Methode, die wir in Listing 11.7 implementiert haben, gibt immer nur ein einziges Objekt zurück (nämlich den zuletzt eingefügten Film). In diesem Beispiel werden Sie einen Cursor verwenden, um eine Liste aller im Objektspeicher movies gespeicherten Filme zu erhalten.

11.3.1 Cursor

Cursor sind die Alternative, die diese API anbietet, um eine Gruppe von Objekten abzurufen oder zu durchlaufen, die von der Datenbank in einer Transaktion zurückgegeben wird. Ein Cursor holt sich eine spezifische Liste von Objekten aus dem Objektspeicher und erzeugt einen Zeiger, der jeweils immer nur auf ein Objekt aus der Liste verweist.

Zum Öffnen eines Cursors besitzt die API die Methode openCursor(). Diese Methode extrahiert Informationen aus dem ausgewählten Objektspeicher und gibt ein IDBCursor-Objekt zurück, das über eigene Attribute und Methoden verfügt, um den Cursor zu manipulieren:

- continue(): Diese Methode versetzt den Zeiger des Cursors um eine Position und lässt das success-Event erneut aussenden. Wenn der Zeiger am Ende der Liste angekommen ist, wird dieses Event ebenfalls ausgelöst, allerdings ist dann das Rückgabe-Objekt leer. Der Zeiger kann auch an eine bestimmte Position versetzt werden, wenn er in den Klammern einen Indexwert geliefert bekommt.

- delete(): Diese Methode löscht das Objekt an der aktuellen Cursor-Position.

- update(value): Diese Methode ähnelt put(), doch sie aktualisiert den Wert des Objekts an der aktuellen Cursor-Position.

Die Methode openCursor() hat außerdem ein Attribut, um die Art und Reihenfolge der Rückgabe-Objekte zu spezifizieren. Die Werte geben standardmäßig alle im ausgewählten Objektspeicher verfügbaren Objekte in aufsteigender Reihenfolge zurück. Später werden Sie mehr darüber erfahren.

```
function initiate(){
    databox=document.getElementById('databox');
    var button=document.getElementById('save');
    button.addEventListener('click', addobject, false);
    if('webkitIndexedDB' in window){
        window.indexedDB=window.webkitIndexedDB;
        window.IDBTransaction=window.webkitIDBTransaction;
        window.IDBKeyRange=window.webkitIDBKeyRange;
        window.IDBCursor=window.webkitIDBCursor;
    }else if('mozIndexedDB' in window){
        window.indexedDB=window.mozIndexedDB;
    }
```

```
  var request=indexedDB.open('mydatabase');
  request.addEventListener('error', showerror, false);
  request.addEventListener('success', start, false);
}
function showerror(e){
  alert('Error: '+e.code+' '+e.message);
}
function start(e){
  db=e.result || e.target.result;
  if(db.version==''){
    var request=db.setVersion('1.0');
    request.addEventListener('error', showerror, false);
    request.addEventListener('success', createdb, false);
  }else{
    show();
  }
}
function createdb(){
  var objectstore=db.createObjectStore('movies',{keyPath: 'id'});
  objectstore.createIndex('SearchYear', 'date',{unique: false});
}
function addobject(){
  var keyword=document.getElementById('keyword').value;
  var title=document.getElementById('text').value;
  var year=document.getElementById('year').value;
  var transaction=db.transaction(['movies'],
                  IDBTransaction.READ_WRITE);
  var objectstore=transaction.objectStore('movies');
  var request=objectstore.add({id: keyword, name: title, date: year});
  request.addEventListener('success', show, false);
  document.getElementById('keyword').value='';
  document.getElementById('text').value='';
  document.getElementById('year').value='';
}
function show(){
  databox.innerHTML='';
  var transaction=db.transaction(['movies']);
  var objectstore=transaction.objectStore('movies');
  var newcursor=objectstore.openCursor();
  newcursor.addEventListener('success', showlist, false);
}
```

```
function showlist(e){
   var cursor=e.result || e.target.result;
   if(cursor){
      databox.innerHTML+='<div>'+cursor.value.id+' - '
                        +cursor.value.name+' - '
                        +cursor.value.date+'</div>';
      cursor.continue();
   }
}
window.addEventListener('load', initiate, false);
```

Listing 11.9 Eine Objektliste (Datei indexed02.js)

Listing 11.9 zeigt den gesamten JavaScript-Code für dieses Beispiel. Von allen Funktionen, die die Datenbank konfigurieren, hat sich nur start() geringfügig geändert. Jetzt wird die show()-Funktion ausgeführt, wenn die Version der Datenbank von null verschieden ist (das heißt, die Datenbank bereits angelegt wurde). Da diese Funktion nun die Liste der im Objektspeicher gespeicherten Objekte anzeigt, können Sie jetzt, wenn die Datenbank bereits existiert, in der Box rechts im Bildschirm eine Liste der Objekte sehen, sobald die Website geladen wird.

Die großen Neuerungen dieses Listings spielen sich in den Funktionen show() und showlist() ab, denn hier arbeiten Sie zum ersten Mal mit Cursorn. Mit einem Cursor Informationen aus der Datenbank zu lesen, ist ebenfalls eine Operation, die eine Transaktion erforderlich macht. Deshalb erzeugen Sie in der show()-Funktion als Erstes eine READ_ONLY-Transaktion über den Objektspeicher movies. Sie wählen diesen Objektspeicher für die Transaktion aus und öffnen dann mit der Methode openCursor() den Cursor über diesem Objektspeicher.

Wenn die Operation Erfolg hat, wird ein Objekt mit allen aus dem Objektspeicher extrahierten Informationen zurückgegeben, ein success-Event über dem Objekt ausgelöst und die showlist()-Funktion ausgeführt. Um die Informationen lesen zu können, hat das Rückgabe-Objekt der Operation mehrere Attribute:

- key: Dieses Attribut gibt den Wert des Schlüssels für das Objekt an der aktuellen Cursor-Position zurück.

- value: Dieses Attribut gibt den Wert einer Eigenschaft für das Objekt an der aktuellen Cursor-Position zurück. Der Name dieser Eigenschaft muss als Eigenschaft des Attributs angegeben werden, wie zum Beispiel value.year.

- direction: Die Objekte können in auf- oder absteigender Reihenfolge gelesen werden. Dieses Attribut gibt die jeweils gültige Richtung zurück.

◼ count: Dieses Attribut gibt die ungefähre Anzahl der Objekte im Cursor zurück.

In der showlist()-Funktion in Listing 11.9 haben wir mit einem Bedingungsausdruck mit if den Inhalt des Cursors überprüft. Wenn keine Objekte zurückgegeben werden oder der Zeiger am Ende der Liste angelangt ist, ist das Objekt leer und die Schleife endet. Verweist der Zeiger hingegen noch auf ein gültiges Objekt, werden die Informationen auf dem Bildschirm gezeigt und der Zeiger rückt mit continue() auf die nächste Position vor.

Es ist wichtig, zu erwähnen, dass Sie hier keine while-Schleife benötigen, weil die continue()-Methode wieder das success-Event auslöst und die gesamte Funktion erneut ausgeführt wird, bis der Cursor null zurückgibt und continue() nicht mehr aufgerufen wird.

Dann öffnen Sie den HTML-Code aus Listing 11.1 jetzt mit dem neuen JavaScript-Code und erfassen, falls noch nicht geschehen, alle zu Beginn dieses Kapitels aufgeführten Filme (Beispieldateien *indexed02.html* und *indexed02.js*). Sie sehen dann die vollständige Liste der Filme in aufsteigender Reihenfolge des Werts ihrer id-Eigenschaft im rechten Kasten.

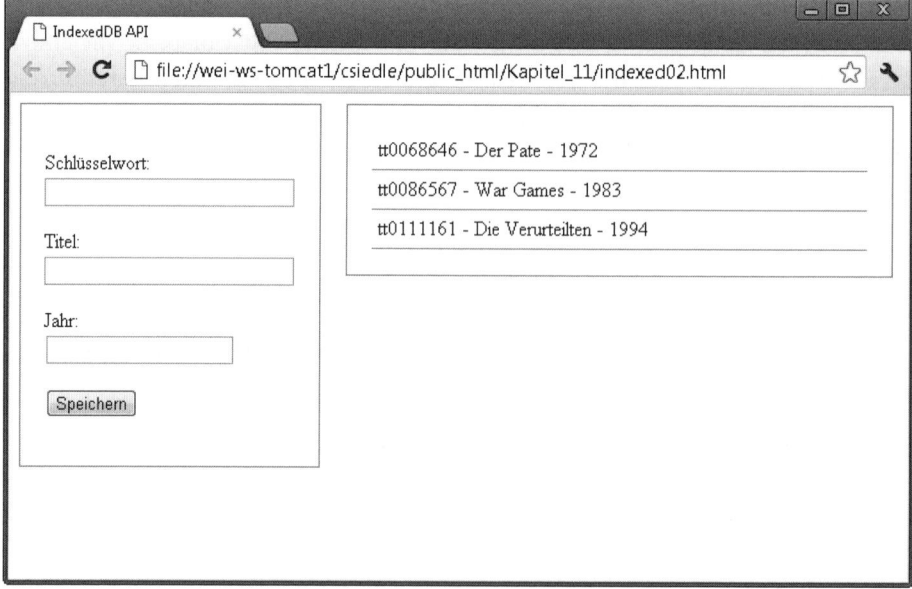

Abbildung 11.3 indexed02.html

11.3.2 Die Reihenfolge ändern

Zwei Dinge sollten Sie noch ändern, um die Liste zu erhalten, die Sie eigentlich wünschen. Alle Filme in dem Beispiel werden in aufsteigender Reihenfolge aufgeführt und nach der Eigenschaft id geordnet. Diese Eigenschaft ist der keyPath für das movies-Objekt, aber sie ist normalerweise nicht der Wert, der die Benutzer interessiert.

Deshalb haben Sie in der createdb()-Funktion einen anderen Index angelegt. Dieser Index heißt SearchYear und seine Eigenschaft ist date. Mit diesem Index können Sie die Filme nach dem Jahr ordnen, in dem sie gedreht wurden.

```
function show(){
    databox.innerHTML='';
    var transaction=db.transaction(['movies']);
    var objectstore=transaction.objectStore('movies');
    var index=objectstore.index('SearchYear');

    var newcursor=index.openCursor(null, IDBCursor.PREV);
    newcursor.addEventListener('success', showlist, false);
}
```

Listing 11.10 Absteigende Reihenfolge der Jahre (Datei indexed03.js)

Die Funktion in Listing 11.10 ersetzt die show()-Funktion aus Listing 11.9. Die neue Funktion erzeugt eine Transaktion, weist dann den Index SearchYear dem in der Transaktion verwendeten Objektspeicher zu und holt sich schließlich mit openCursor() die Objekte, deren Eigenschaft (hier date) diesem Index entspricht.

Sie können zwei Attribute angeben, um die Rückgabedaten des Cursors auszuwählen und zu ordnen. Das erste Attribut gibt den Wertebereich an, aus dem Objekte gewählt werden, und das zweite ist eine der folgenden Konstanten:

- NEXT: Die Objekte werden in aufsteigender Reihenfolge zurückgegeben (das ist der Standardwert).

- NEXT_NO_DUPLICATE: Die Objekte werden in aufsteigender Reihenfolge zurückgegeben und doppelte werden ignoriert (tritt dasselbe Schlüsselwort wieder auf, wird nur das erste Objekt zurückgegeben).

- PREV: Die Objekte werden in absteigender Reihenfolge zurückgegeben.

- PREV_NO_DUPLICATE: Die Objekte werden in absteigender Reihenfolge zurückgegeben und doppelte werden ignoriert (tritt dasselbe Schlüsselwort wieder auf, wird nur das erste Objekt zurückgegeben).

Mit der Methode `openCursor()` aus der `show()`-Funktion in Listing 11.10 haben Sie die Objekte in absteigender Reihenfolge gelesen und das `range`-Attribut als null deklariert. Am Ende dieses Kapitels werden Sie einen Wertebereich mit `range` aufbauen.

Ersetzen Sie im Listing 11.9 die `show()`-Funktion durch die neue Funktion aus Listing 11.10 (Beispieldateien *indexed03.html* und *indexed03.js*). Diese neue Funktion listet die Filme auf dem Bildschirm nach dem Erscheinungsjahr in absteigender Reihenfolge auf (der neueste Film kommt also zuerst). Das Ergebnis sollte folgendermaßen aussehen:

- tt1285016 – The Social Network – 2010

- tt0111161 – Die Verurteilten – 1994

- tt0086567 – WarGames – 1983

- tt0068646 – Der Pate – 1972

11.4 Daten löschen

Sie wissen jetzt, wie Sie Daten hinzufügen, abfragen und auflisten können. Nun benötigen Sie noch eine Möglichkeit, Daten aus dem Objektspeicher zu löschen. Wie bereits erwähnt, nimmt die Methode `delete()` dieser API einen Wert entgegen und löscht das Objekt, dessen Schlüsselwort mit diesem Wert übereinstimmt.

Der Code ist einfach: Sie müssen nur für jedes Objekt auf dem Bildschirm einen Button erzeugen und eine READ_WRITE-Transaktion starten, um die Löschoperation ausführen zu können:

```
function showlist(e){
    var cursor=e.result || e.target.result;
    if(cursor){
        databox.innerHTML+='<div>'+cursor.value.id+' - '
                            +cursor.value.name+' <button onclick=
                            "remove(\''+cursor.value.id+ '\')">Löschen
                            </button></div>';
        cursor.continue();
    }
}
function remove(keyword){
    if(confirm('Sind Sie sicher?')){
        var transaction=db.transaction(['movies'],
            IDBTransaction.READ_WRITE);
```

```
    var objectstore=transaction.objectStore('movies');
    var request=objectstore.delete(keyword);
    request.addEventListener('success', show, false);
  }
}
```

Listing 11.11 Objekte löschen (in Datei indexed04.js)

Der Button, der jedem Objekt in der showlist()-Funktion in Listing 11.11 hinzugefügt wird, hat einen Inline-Event-Handler. Jedes Mal, wenn der Benutzer auf einen dieser Buttons klickt, wird die Funktion remove() mit dem Wert der id-Eigenschaft als Attribut ausgeführt. Diese Funktion generiert zuerst die READ_WRITE-Transaktion und löscht dann anhand des empfangenen Schlüsselworts das entsprechende Objekt aus dem Objektspeicher movies.

Wenn die Operation erfolgreich verläuft, wird zum Schluss das success-Event ausgelöst und die show()-Funktion ausgeführt, um die Liste der Filme auf dem Bildschirm zu aktualisieren.

Ersetzen Sie in Listing 11.9 die showlist()-Funktion und fügen Sie die remove()-Funktion aus Listing 11.11 hinzu. Danach öffnen Sie das HTML-Dokument aus Listing 11.1, um die Anwendung zu testen (Beispieldateien *indexed04.html* und *indexed04.js*). Sie sehen dann die Liste der Filme wie zuvor, doch nun enthält jede Zeile auch einen Button, um den Film aus dem Objektspeicher zu löschen.

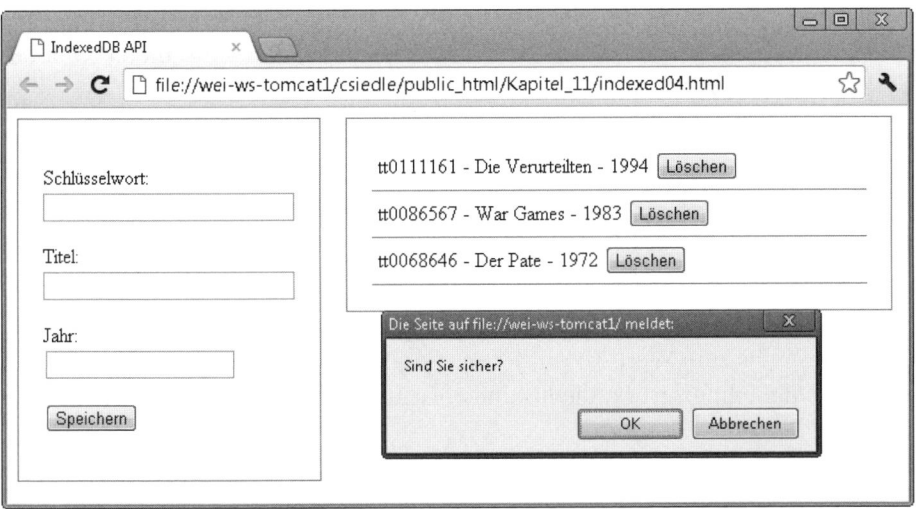

Abbildung 11.4 indexed04.html

11.5 Daten suchen

Die wichtigste Operation in einem Datenbanksystem ist das Suchen. Schließlich ist es der Sinn und Zweck derartiger Systeme, die gespeicherten Daten zu indizieren, damit sie leichter aufzufinden sind. Wie bereits weiter vorn in diesem Kapitel erwähnt, kann die get()-Methode einzelne Objekte zurückgeben, wenn Sie deren Schlüsselwert kennen. Doch normalerweise sind Suchoperationen komplizierter.

Um eine bestimmte Liste von Objekten aus einem Objektspeicher zu erhalten, müssen Sie einen Wertebereich als erstes Argument an die Methode openCursor() übergeben. Die API umfasst daher die Schnittstelle IDBKeyRange mit mehreren Methoden und Eigenschaften, damit Sie einen Bereich angeben und die Rückgabe-Objekte eingrenzen können:

- only(value): Nur die Objekte, deren Schlüsselwort dem Wert value entspricht, werden zurückgegeben. Wenn Sie zum Beispiel Filme mit only("1972") suchen, wird nur der Film »Der Pate« von unserer Liste zurückgegeben.

- bound(lower, upper, lowerOpen, upperOpen): Um einen wirklichen Wertebereich anzugeben, müssen Sie Start- und Endwerte angeben und sagen, ob diese zur Liste gehören sollen oder nicht. Der Wert des Attributs lower gibt den Startpunkt der Liste und upper ihren Endpunkt an. Und lowerOpen beziehungsweise upperOpen sind boolesche Werte, die angeben, ob die Objekte, die genau auf den Endpunkten lower und upper liegen, ignoriert werden. So liefert zum Beispiel bound("1972", "2010", false, true) die Liste der Filme, die von 1972 bis 2010 gedreht wurden, außer denen, die genau 2010 entstanden (weil der boolesche Wert für den Endpunkt true ist).

- lowerBound(value, open): Diese Methode erzeugt ein offenes Intervall, das bei value anfängt und bis zum Ende der Liste reicht. So liefert zum Beispiel lowerBound("1983", true) alle nach 1983 entstandenen Filme, aber nicht die, die genau im Jahr 1983 gedreht wurden.

- upperBound(value, open): Diese Methode ist das Gegenteil der vorigen Methode. Sie erzeugt ein offenes Intervall, dessen Elemente allerdings vom Anfang der Liste bis zum Wert value reichen. So gibt zum Beispiel upperBound("1983", false) die Filme zurück, die bis und einschließlich 1983 entstanden sind.

Legen Sie zunächst eine neue Vorlage als Formular für die Suche nach Filmen an:

```
<!DOCTYPE html>
<html lang="de">
<head>
    <title>IndexedDB-API</title>
    <link rel="stylesheet" href="indexed.css">
    <script src="indexed02.js"></script>
</head>
<body>
    <section id="formbox">
        <form name="form">
            <p>Suche Film nach Erscheinungsjahr:<br><input type="text"
                name="year" id="year"></p>
            <p><input type="button" name="find" id="find"
                    value="Suchen"></p>
        </form>
    </section>
    <section id="databox">
        Keine Informationen verfügbar
    </section>
</body>
</html>
```

Listing 11.12 Ein Suchformular (Datei indexed05.html)

Dieses neue HTML-Dokument enthält einen Button und ein Textfeld, damit Sie das Jahr eingeben und Filme mit dem im folgenden Code programmierten Intervall finden können:

```
function initiate(){
    databox=document.getElementById('databox');
    var button=document.getElementById('find');
    button.addEventListener('click', findobjects, false);
    if('webkitIndexedDB' in window){
        window.indexedDB=window.webkitIndexedDB;
        window.IDBTransaction=window.webkitIDBTransaction;
        window.IDBKeyRange=window.webkitIDBKeyRange;
        window.IDBCursor=window.webkitIDBCursor;
    }else if('mozIndexedDB' in window){
        window.indexedDB=window.mozIndexedDB;
    }

    var request=indexedDB.open('mydatabase');
    request.addEventListener('error', showerror, false);
```

297

```
      request.addEventListener('success', start, false);
}
function showerror(e){
      alert('Error: '+e.code+' '+e.message);
}
function start(e){
      db=e.result || e.target.result;
      if(db.version==''){
            var request=db.setVersion('1.0');
            request.addEventListener('error', showerror, false);
            request.addEventListener('success', createdb, false);
      }
}
function createdb(){
      var objectstore=db.createObjectStore('movies', {keyPath: 'id'});
      objectstore.createIndex('SearchYear', 'date', { unique: false });
}
function findobjects(){
      databox.innerHTML='';
      var find=document.getElementById('year').value;
      var transaction=db.transaction(['movies']);
      var objectstore=transaction.objectStore('movies');
      var index=objectstore.index('SearchYear');
      var range=IDBKeyRange.only(find);
      var newcursor=index.openCursor(range);
      newcursor.addEventListener('success', showlist, false);
}
function showlist(e){
      var cursor=e.result || e.target.result;
      if(cursor){
            databox.innerHTML+='<div>'+cursor.value.id+' - '
                              +cursor.value.name+' - '+cursor.value.date+'
                              </div>';
            cursor.continue();
      }
}
window.addEventListener('load', initiate, false);
```

Listing 11.13 Filme suchen (Datei indexed05.js)

Die Funktion findobjects() ist in Listing 11.13 das Wichtigste. In dieser Funktion generieren Sie eine READ_ONLY-Transaktion für die Filme im Objektspeicher, öffnen den Index SearchYear, um die Eigenschaft date als Index zu verwenden, und er-

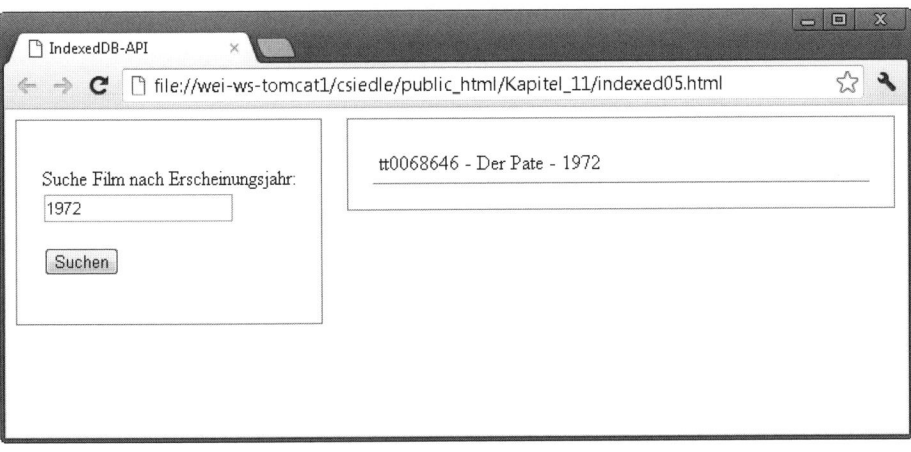

Abbildung 11.5 indexed05.html

stellen ein Intervall aus dem Wert der Variablen find (dem in das Formular eingetragenen Jahr). Wir erstellen den Wertebereich mit der Methode only(), aber Sie können das auch mit jeder der anderen vorerwähnten Methoden testen. Dieser Wertebereich wird der Methode openCursor() als Argument übergeben. Nach einer erfolgreichen Operation zeigt die showlist()-Funktion auf dem Bildschirm die Liste der Filme an, die mit dem ausgewählten Jahr übereinstimmen.

Die Methode only() gibt nur Filme zurück, die genau mit dem Wert der Variablen find übereinstimmen. Um andere Methoden zu testen, können Sie auch eigene Werte als Attribute angeben, zum Beispiel bound(find, "2011", false, true).

Die Methode openCursor() kann zwei mögliche Attribute gleichzeitig entgegennehmen. Somit ist eine Anweisung wie openCursor(range, IDBCursor.PREV) gültig und liefert die Objekte, die im Wertebereich liegen, in absteigender Reihenfolge (mit demselben Index als Referenz).

Warnung ✕

Zurzeit ist auch eine Volltext-Suchfunktion im Gespräch, aber sie wurde noch nicht entwickelt oder in die offizielle Spezifikation aufgenommen. Wenn sich etwas in dieser Hinsicht tun sollte, werde ich auf meiner Website *www.minkbooks.com/ updates.php* darüber berichten.

Kapitel 12
Die File-API

Inhalt

- Dateien erstellen und verarbeiten
- Dateiinhalt lesen und schreiben
- Das Dateisystem

Dateien sind Informationseinheiten, die Benutzer einfach weitergeben können, zum Beispiel auf einer DVD, einem Speicherstick oder einer Festplatte, über das Internet oder mit sonstigen Mitteln. Dateien können große Datenmengen speichern und unabhängig von der Art ihres Inhalts verschoben, kopiert oder übertragen werden.

Schon immer waren Dateien ein wesentlicher Bestandteil jeder Anwendung, doch bisher gab es keine Möglichkeit, im Web mit ihnen zu arbeiten. Es gab nur die Option, vorhandene Dateien auf die Server oder die Computer der Benutzer hoch- beziehungsweise herunterzuladen. Im Web Dateien anzulegen, zu kopieren oder zu verarbeiten, war vor HTML5 unmöglich.

Die HTML5-Spezifikation wurde mit Rücksicht auf jeden Aspekt der Konstruktion und Operation von Webanwendungen entwickelt. Vom Design bis hin zur elementaren Datenstruktur wurde alles abgedeckt. Dateien konnte man natürlich nicht übergehen. Aus diesem Grunde umfasst die Spezifikation jetzt auch die File-API.

Die File-API hat einige Merkmale mit der Storage-API gemein, die bereits in früheren Kapiteln beschrieben wurde. Sie besitzt eine Infrastruktur der unteren Ebene, wenn auch nicht so komplex wie die von IndexedDB, und sie kann sowohl synchron als auch asynchron arbeiten. Der synchrone Teil wurde für die Arbeit mit der Web-Workers-API entwickelt, wie etwa IndexedDB und andere APIs, und der asynchrone Teil ist für normale Webanwendungen gedacht. Das bedeutet, dass Sie sich um jeden Aspekt des Vorgangs kümmern, Sie müssen Erfolg oder Misserfolg prüfen und wohl auch einfachere APIs nutzen (oder selbst entwickeln), die auf dieser in Zukunft aufsetzen werden.

Die File-API ist eine alte API, die verbessert und erweitert wurde. Zurzeit besteht sie aus mindestens drei Spezifikationen: *File-API*, *File-API: Directories & System* und *File-API: Writer*. Doch das kann sich in den nächsten Monaten noch ändern, falls neue Spezifikationen aufgenommen oder einige davon sogar vereinheitlicht werden. Im Grunde ermöglicht die File-API den Umgang mit lokalen Dateien und die Verarbeitung ihrer Inhalte in einer Anwendung. Die Erweiterung File-API: Directories & System stellt Tools zur Verfügung, um mit einem kleinen Dateisystem zu arbeiten, das speziell für jede Anwendung angelegt wird, und die Erweiterung File-API: Writer dient dazu, Inhalt in Dateien zu schreiben, die von der Anwendung angelegt oder heruntergeladen worden sind.

12.1 Benutzerdateien verarbeiten

Es ist gefährlich, von einer Webanwendung aus mit lokalen Dateien zu arbeiten. Die Browser müssen Sicherheitsmaßnahmen beachten, bevor sie die Möglichkeit auch nur in Betracht ziehen, einer Anwendung Zugriff auf die Dateien der Benutzer zu geben. In dieser Hinsicht bietet die File-API nur zwei Lademethoden: das `<input>`-Tag und die Drag&Drop-Operation.

In Kapitel 8 haben Sie erfahren, wie man mit der Drag&Drop-API Dateien von Desktop-Anwendungen in eine Dropbox auf eine Webseite ziehen kann. Das `<input>`-Tag mit den Dateitypen hat ähnliche Merkmale. Doch dieses Tag und die Drag&Drop-API übermitteln Dateien mit der `files`-Eigenschaft. Wie bereits zuvor müssen Sie lediglich den Wert dieser Eigenschaft inspizieren, um jede Datei zu erhalten, die ausgewählt oder gezogen worden ist.

Warnung

Diese API und ihre Erweiterungen funktionieren zurzeit noch nicht auf einem lokalen Host und Implementierungen stehen nur für Chrome und Firefox zur Verfügung. Zurzeit sind einige dieser Implementierungen noch so neu, dass sie lediglich in experimentellen Browsern funktionieren, wie zum Beispiel in Chromium (*www.chromium.org*) oder Firefox Beta. Um die Programme aus diesem Kapitel zu testen, müssen Sie jede Datei auf einen Server hochladen und in den neuen Browser-Versionen testen.

12.1.1 Die Vorlage

In diesem Teil des Kapitels werden Sie die Dateien mit dem `<input>`-Tag auswählen, aber Sie können jederzeit in Kapitel 8 nachschlagen, um diesen Code in die Drag&Drop-API zu integrieren.

```html
<!DOCTYPE html>
<html lang="de">
<head>
   <title>File-API</title>
   <link rel="stylesheet" href="file.css">
   <script src="file01.js"></script>
</head>
<body>
   <section id="formbox">
      <form name="form">
         <p>Datei:<br><input type="file" name="myfiles" id="myfiles"></p>
      </form>
   </section>
   <section id="databox">
      Keine Datei ausgewählt
   </section>
</body>
</html>
```

Listing 12.1 Vorlage für die Arbeit mit Dateien des Benutzers (Datei file01.html)

Die CSS-Datei enthält Styles für diese Vorlage und für andere, die Sie später verwenden werden:

```css
#formbox{
   float: left;
   padding: 20px;
   border: 1px solid #999999;
}
#databox{
   float: left;
   width: 500px;
   margin-left: 20px;
   padding: 20px;
   border: 1px solid #999999;
}
.directory{
   color: #0000FF;
```

```
    font-weight: bold;
    cursor: pointer;
}
```

Listing 12.2 Styles für das Formular und die databox (Datei file.css)

12.1.2 Dateien lesen

Um die Dateien der Benutzer auf deren Computer zu lesen, benötigen Sie die Schnittstelle FileReader. Diese gibt ein FileReader-Objekt mit mehreren Methoden zurück, um die Inhalte der Dateien zu lesen:

- readAsText(file, encoding): Diese Methode verwenden Sie, um den Inhalt als Text zu verarbeiten. Wenn die Datei geladen ist, wird ein load-Event über dem FileReader-Objekt ausgelöst. Der Inhalt wird dekodiert als UTF-8-Text zurückgegeben, wenn nicht das Attribut encoding angegeben wurde. Diese Methode versucht, alle Bytes und Byte-Sequenzen als Textzeichen zu interpretieren.

- readAsBinaryString(file): Diese Methode liest die Informationen als Abfolge von ganzen Zahlen zwischen 0 und 255. Die Methode stellt sicher, dass jedes Byte so gelesen wird, wie es ist, ohne jeden Versuch, es zu interpretieren. Sie ist nützlich, um binäre Inhalte wie Bilder oder Videos zu verarbeiten.

- readAsDataURL(file): Diese Methode generiert eine base64-kodierte data:url, die die Daten in der Datei darstellt.

- readAsArrayBuffer(file): Diese Methode generiert Daten als Array-Buffer aus den Dateidaten.

```
function initiate(){
    databox=document.getElementById('databox');
    var myfiles=document.getElementById('myfiles');
    myfiles.addEventListener('change', process, false);
}
function process(e){
    var files=e.target.files;
    var file=files[0];
    var reader=new FileReader();
    reader.onload=show;
    reader.readAsText(file);
}
```

```
function show(e){
    var result=e.target.result;
    databox.innerHTML=result;
}
window.addEventListener('load', initiate, false);
```

Listing 12.3 Eine Textdatei lesen (Datei file01.js)

Im Eingabefeld des HTML-Dokuments in Listing 12.1 kann der Benutzer wählen, welche Datei er verarbeiten möchte. Um diese Wahl zu erkennen, wurde dem <input>-Element in der initiate()-Funktion in Listing 12.3 ein Listener für das change-Event hinzugefügt und die process()-Funktion für die Behandlung dieses Events ausgelegt.

Das <input>-Element (und die Drag&Drop-API) sendet als files-Eigenschaft ein Array, das alle ausgewählten Dateien enthält. Wenn das <input>-Element kein multiple-Attribut hat, ist es nicht möglich, mehrere Dateien auszuwählen, so dass das erste Element des Arrays auch das einzige ist. Am Anfang der process()-Funktion Sie den Inhalt der files-Eigenschaft in der Variablen files gespeichert und dann mit der Zeile var file=files[0] das erste Array-Element ausgewählt.

Warnung ✖

Wenn Sie mehr über das multiple-Attribut erfahren möchten, schlagen Sie in Kapitel 6 das Listing 6.17 nach. Ein weiteres Beispiel für die Arbeit mit mehreren Dateien finden Sie in Kapitel 8 im Listing 8.10.

Das Erste, was Sie zur Verarbeitung der Datei unternehmen müssen, ist, mit dem Konstruktor FileReader() ein FileReader-Objekt zu beschaffen. In der process()-Funktion in Listing 12.3 haben wir dieses Objekt reader genannt. Als Nächstes müssen Sie den onload-Event-Handler für reader registrieren, um erkennen zu können, wann die zu lesende Datei fertig geladen und bereit zur Verarbeitung ist. Zum Schluss liest die Methode readAsText() die Datei als Text.

Hat die Methode readAsText() die Datei fertig gelesen, wird das load-Event ausgelöst und die show()-Funktion aufgerufen. Diese Funktion nimmt den Inhalt der Datei aus der result-Eigenschaft des reader-Objekts und zeigt ihn auf dem Bildschirm an.

Dieser Code erwartet natürlich Textdateien, da die Methode readAsText() alles als Text auffasst und interpretiert, einschließlich Dateien mit binärem Inhalt, wie zum Beispiel Bilder. Wenn Sie eine Datei auswählen, die keinen Text enthält, werden Sie eine Menge komischer Zeichen auf dem Bildschirm sehen.

Kapitel

12

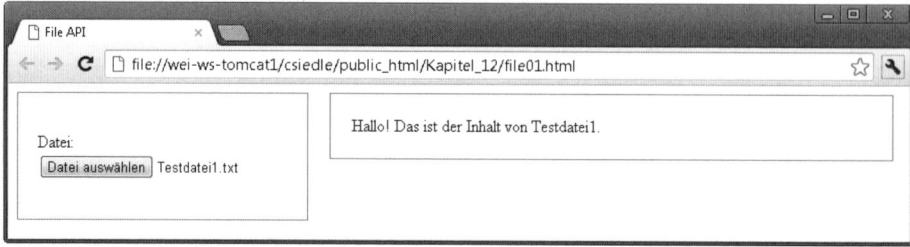

Abbildung 12.1 file01.html

Legen Sie HTML, CSS- und JavaScript-Dateien mit dem Code aus den Listings 12.1, 12.2 und 12.3 an oder laden Sie die Beispieldateien *file01.html*, *file.css* und *file01.js* von der Seite *www.sybex.de/zusatzmaterial* herunter. Öffnen Sie die Vorlage in Ihrem Browser und wählen Sie mit dem Formular eine Datei von Ihrem Computer aus. Versuchen Sie das mit Text- und mit Bilddateien, um zu sehen, wie die verschiedenen Inhalte auf dem Bildschirm angezeigt werden.

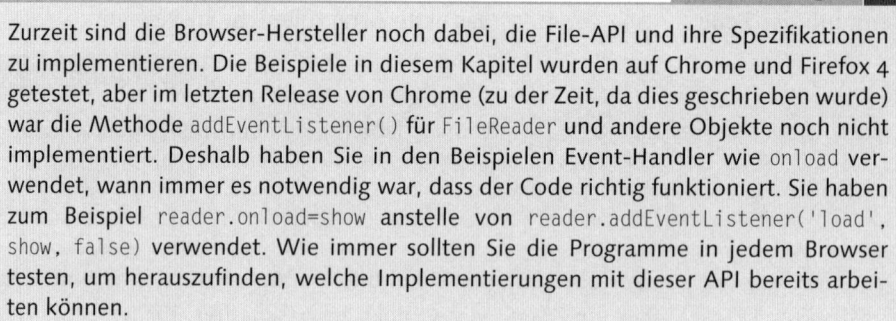

Warnung ✗

Zurzeit sind die Browser-Hersteller noch dabei, die File-API und ihre Spezifikationen zu implementieren. Die Beispiele in diesem Kapitel wurden auf Chrome und Firefox 4 getestet, aber im letzten Release von Chrome (zu der Zeit, da dies geschrieben wurde) war die Methode `addEventListener()` für `FileReader` und andere Objekte noch nicht implementiert. Deshalb haben Sie in den Beispielen Event-Handler wie `onload` verwendet, wann immer es notwendig war, dass der Code richtig funktioniert. Sie haben zum Beispiel `reader.onload=show` anstelle von `reader.addEventListener('load', show, false)` verwendet. Wie immer sollten Sie die Programme in jedem Browser testen, um herauszufinden, welche Implementierungen mit dieser API bereits arbeiten können.

12.1.3 File-Eigenschaften

In einer echten Anwendung sind Informationen wie zum Beispiel der Name, die Größe oder der Typ der Datei notwendig, um dem Benutzer zu sagen, welche Dateien verarbeitet werden, oder sogar, um seine Eingabe zu steuern. Das vom `<input>`-Tag versendete `file`-Objekt bietet für diesen Zweck mehrere Eigenschaften:

- `name`: Diese Eigenschaft gibt den vollen Namen der Datei (einschließlich Erweiterung) zurück.

- `size`: Diese Eigenschaft gibt die Größe der Datei in Bytes zurück.

- `type`: Diese Eigenschaft gibt den Dateityp als MIME-Typ zurück.

```
function initiate(){
   databox=document.getElementById('databox');
   var myfiles=document.getElementById('myfiles');
   myfiles.addEventListener('change', process, false);
}
function process(e){
   var files=e.target.files; databox.innerHTML='';
   var file=files[0];
   if(!file.type.match(/image.*/i)){
      alert('insert an image');
   }else{
      databox.innerHTML+='Name: '+file.name+'<br>';
      databox.innerHTML+='Size: '+file.size+' bytes<br>';

      var reader=new FileReader();
      reader.onload=show;
      reader.readAsDataURL(file);
   }
}
function show(e){
   var result=e.target.result;
   databox.innerHTML+='<img src="'+result+'">';
}
window.addEventListener('load', initiate, false);
```

Listing 12.4 Bilder laden (Datei file02.js)

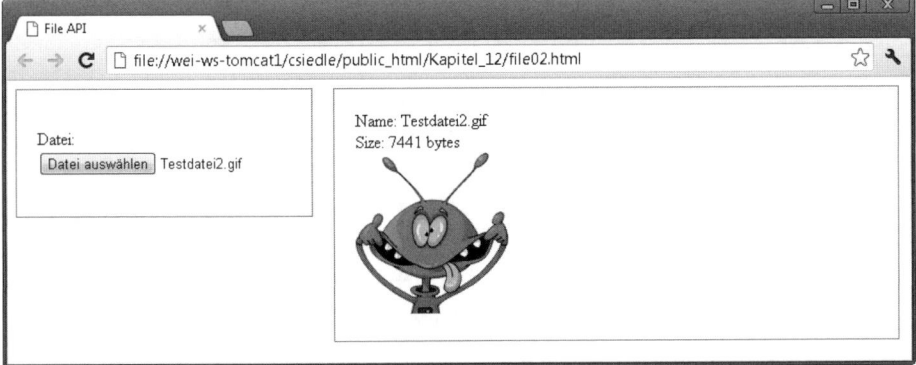

Abbildung 12.2 file01.html

Listing 12.4 ähnelt dem vorigen Beispiel, nur wurde die Datei diesmal mit der Methode `readAsDataURL()` gelesen. Diese Methode gibt den Inhalt der Datei im Format `data:url` zurück, das später als Quelle für ein `<img>`-Tag dienen kann, um das ausgewählte Bild auf dem Bildschirm zu zeigen.

Wenn Sie einen bestimmten Dateityp verarbeiten möchten, müssen Sie als Erstes auf die `type`-Eigenschaft der Datei schauen. Diese Prüfung nehmen Sie in Listing 12.4 mit der `process()`-Funktion unter Ausnutzung der alten `match()`-Methode vor. Wenn die Datei kein Bild ist, zeigt die Methode `alert()` eine Fehlermeldung an. Ist sie jedoch ein Bild, erscheinen der Name und die Größe der Datei auf dem Bildschirm und die Datei wird geöffnet.

Obwohl Sie `readAsDataURL()` verwenden, ist der Prozess, der die Datei öffnet, genau der gleiche. Das `FileReader`-Objekt wird erzeugt, der `onload`-Event-Handler wird registriert und die Datei wird geladen. Sobald der Prozess zu Ende ist, macht die `show()`-Funktion aus dem Inhalt die `result`-Eigenschaft, die wiederum als Quelle für ein `<img>`-Tag dient, und das Bild wird auf dem Bildschirm angezeigt.

Erinnerung ✕

Zur Erstellung des Filters haben Sie reguläre Ausdrücke (Regular Expressions) und die alte JavaScript-Methode `match()` eingesetzt. Diese Methode sucht eine Übereinstimmung zwischen dem regulären Ausdruck und dem String und liefert ein Array mit Übereinstimmungen oder null zurück. Der MIME-Typ für Bilder ist so etwas wie `image/jpeg` für JPG-Bilder oder `image/gif` für GIF-Bilder, so dass der Ausdruck `/image.*/i` es ermöglicht, nur Bilder zu lesen.

12.1.4 BLOBs

Die API kann nicht nur mit Dateien, sondern auch mit anderen Quellen arbeiten: nämlich so genannten *BLOBs (Binary Large Objects)*. Ein BLOB ist ein Objekt, das Rohdaten repräsentiert. Ursprünglich sollte es die Beschränkungen von JavaScript für den Umgang mit Binärdaten überwinden. Ein BLOB wird normalerweise, aber nicht immer, aus einer Datei generiert. Es ist eine gute Alternative, um mit Daten zu arbeiten, ohne die gesamte Datei in den Arbeitsspeicher laden zu müssen, und es bietet die Möglichkeit, Binärdaten in kleinen Stücken zu verarbeiten.

Ein BLOB hat mehrere Zwecke, aber vor allem soll es eine bessere Möglichkeit eröffnen, um große Mengen von Rohdaten oder umfangreiche Dateien zu verarbeiten. Um aus einem alten BLOB oder einer Datei mehrere neue zu machen, bietet die API die `slice()`-Methode an:

`slice(start, length, type)` gibt ein BLOB zurück, das aus einem anderen BLOB oder einer Datei generiert wurde. Das erste Attribut gibt den Startpunkt an, das zweite die Länge des neuen BLOB und das dritte ist ein optionaler Parameter, um den Datentyp anzugeben.

```
function initiate(){
    databox=document.getElementById('databox');
    var myfiles=document.getElementById('myfiles');
    myfiles.addEventListener('change', process, false);
}
function process(e){
    var files=e.target.files; databox.innerHTML='';
    var file=files[0]; var reader=new FileReader();
    reader.onload=function(e){ show(e, file); };
    var blob=file.slice(0,1000);
    reader.readAsBinaryString(blob);
}
function show(e, file){
    var result=e.target.result;
    databox.innerHTML='Name: '+file.name+'<br>';
    databox.innerHTML+='Type: '+file.type+'<br>';
    databox.innerHTML+='Size: '+file.size+' bytes<br>';
    databox.innerHTML+='Blob size: '+result.length+' bytes<br>';
    databox.innerHTML+='Blob: '+result;
}
window.addEventListener('load', initiate, false);
```

Listing 12.5 Mit BLOBs arbeiten (Datei file03.js)

> **Warnung** ☒
>
> Aufgrund von Inkonsistenzen mit den vorherigen Methoden wurde zu dem Zeitpunkt, da dies geschrieben wurde, ein Ersatz für `slice` entwickelt. Bis die neue Methode zur Verfügung steht, können Sie Listing 12.5 nur in den neuesten Versionen von Firefox und Google Chrome testen, indem Sie `slice` durch `mozSlice` beziehungsweise `webkitSlice` ersetzen.

In Listing 12.5 tun wir genau dasselbe wie zuvor, nur dass wir diesmal nicht die gesamte Datei lesen, sondern stattdessen mit der Methode `slice()` ein BLOB erzeugen. Dieses ist 1.000 Bytes lang und beginnt beim Byte 0 der Datei. Wenn die geladene Datei kleiner als 1000 Bytes ist, wird das BLOB so lang wie die Datei (vom Anfang bis zum *EOF* oder *End of File*).

Um die damit beschafften Informationen zu zeigen, registrieren Sie den onload-Event-Handler mit einer anonymen Funktion, um einen Verweis auf das file-Objekt zu senden. Dieser Verweis wird von der show()-Funktion empfangen und die Werte seiner Eigenschaften werden auf dem Bildschirm angezeigt.

BLOBs haben zahllose Vorteile. Sie können zum Beispiel eine Schleife schreiben, um mehrere BLOBs aus einer Datei zu erzeugen und diese Informationen dann stückweise zu verarbeiten, indem Sie etwa asynchrone Uploader oder Bildverarbeitungsprogramme erstellen. BLOBs verleihen JavaScript ganz neue Möglichkeiten.

12.1.5 Events

Es hängt von der Größe einer Datei ab, wie lange es dauert, sie in den Arbeitsspeicher zu laden. Bei kleinen Dateien scheint dies augenblicklich zu geschehen, aber große Dateien brauchen manchmal mehrere Minuten, bis sie geladen sind. Neben dem bereits bekannten load-Event kennt diese API noch mehrere Spezial-Events, um den Prozess jederzeit zu informieren.

- loadstart: Dieses Event wird vom FileReader-Objekt ausgelöst, wenn der Lesevorgang anfängt.

- progress: Dieses Event wird regelmäßig ausgelöst, während die Datei oder das BLOB gelesen wird.

- abort: Dieses Event wird ausgelöst, wenn der Lesevorgang abgebrochen wird.

- error: Dieses Event wird ausgelöst, wenn der Lesevorgang scheitert.

- loadend: Dieses Event ähnelt load, wird aber bei einem Erfolg oder Misserfolg ausgelöst.

```
function initiate(){
    databox=document.getElementById('databox');
    var myfiles=document.getElementById('myfiles');
    myfiles.addEventListener('change', process, false);
}
function process(e){
    var files=e.target.files; databox.innerHTML='';
    var file=files[0]; var reader=new FileReader();
    reader.onloadstart=start; reader.onprogress=status;
    reader.onloadend=function(){ show(file); };
    reader.readAsBinaryString(file);
}
```

```
function start(e){
    databox.innerHTML='<progress value="0" max="100">0%</progress>';
}
function status(e){
    var per=parseInt(e.loaded/e.total*100);
    databox.innerHTML='<progress value="'+per+'"
    max="100">'+per+'%</progress>';
}
function show(file){
    databox.innerHTML='Name: '+file.name+'<br>';
    databox.innerHTML+='Type: '+file.type+'<br>';
    databox.innerHTML+='Size: '+file.size+' bytes<br>';
}
window.addEventListener('load', initiate, false);
```

Listing 12.6 Den Prozess mit Events steuern (Datei file04.js)

In Listing 12.6 wird eine Anwendung erstellt, die eine Datei liest und mit einem Fortschrittsbalken den Fortschritt dieser Operation anzeigt. Drei Event-Handler werden für das FileReader-Objekt registriert, um den Leseprozess zu steuern, und zwei neue Funktionen werden integriert, um auf diese Events zu antworten, nämlich start() und status(). Die Funktion start() initialisiert den Fortschrittsbalken mit 0% und zeigt ihn auf dem Bildschirm an. Dieser Balken kann jeden Wert oder Wertebereich verwenden, aber ich habe mich für Prozentsätze entschieden, um das Ganze verständlicher zu machen. In der status()-Funktion wird dieser Prozentsatz aus den vom progress-Event zurückgegebenen Eigenschaften loaded und total berechnet. Jedes Mal, wenn das progress-Event ausgelöst wird, wird der Fortschrittsbalken auf dem Bildschirm aktualisiert.

Versuchen Sie, mit der Vorlage aus Listing 12.1 und der JavaScript-Datei aus Listing 12.6 eine große Datei, wie ein Video oder eine umfangreiche Datendatei zu lesen, um den Fortschrittsbalken zu testen (Beispieldateien *file04.html* und *file04.js*). Wenn der Browser das <progress>-Element nicht erkennt, wird stattdessen der Inhalt dieses Elements angezeigt.

Warnung ✕

Ich habe dem Dokument mit innerHTML ein neues <progress>-Element hinzugefügt. Dieses Vorgehen wird zwar nicht empfohlen, ist aber für dieses Beispiel nützlich und praktisch. Normalerweise werden Elemente dem DOM mit der JavaScript-Methode createElement() und mit appendChild() hinzugefügt.

12.2 Dateien erstellen

Die File-API ist nützlich, um Dateien vom Computer des Benutzers zu laden und zu verarbeiten, aber sie arbeitet nur mit Dateien, die bereits auf der Festplatte liegen, und zieht nicht die Möglichkeit in Betracht, neue Dateien oder Verzeichnisse anzulegen. Darum kümmert sich eine Erweiterung dieser API namens File-API: Directories & System. Diese API reserviert auf der Festplatte einen bestimmten Speicherplatz, in dem die Webanwendung genau wie jede Desktop-Anwendung Dateien und Verzeichnisse erstellen und verarbeiten kann. Dieser Platz ist einzigartig und steht nur der Anwendung offen, die ihn angelegt hat.

> **Warnung** ✕
>
> Als dies geschrieben wurde, war Chrome der einzige Browser, der diese Erweiterung der File-API implementiert hatte, da noch daran gearbeitet wird. Es ist davon auszugehen, dass es in Zukunft noch Änderungen geben wird, die Sie dann selbst recherchieren müssten.

12.2.1 Die Vorlage

Um diesen Teil der API zu testen, benötigen Sie ein neues Formular mit einem Eingabefeld und einem Button, um die Dateien und Verzeichnisse anzulegen und zu verarbeiten:

```
<!DOCTYPE html>
<html lang="de">
<head>
   <title>File-API</title>
   <link rel="stylesheet" href="file.css">
   <script src="file05.js"></script>
</head>
<body>
   <section id="formbox">
      <form name="form">
         <p>Name:<br><input type="text" name="myentry" id="myentry"
                    required>
         </p>
         <p><input type="button" name="fbutton" id="fbutton"
                    value="Tu es">
         </p>
      </form>
   </section>
```

```
<section id="databox">
   Keine Einträge vorhanden
</section>
</body>
</html>
```

Listing 12.7 Eine neue Vorlage für die File-API: Directories & System (Datei file05.html)

Das neue HTML-Dokument bietet ein neues Formular, allerdings mit derselben Struktur und denselben CSS-Styles. Um die folgenden Beispiele zu brauchen Sie noch eine JavaScript-Datei mit dem folgenden Code (Beispieldateien *file05.html* und *file05.js*).

> **Warnung** ✕
>
> Das request-Attribut gehört zwar zum <input>-Element, wird aber in den Codebeispielen dieses Kapitels nicht berücksichtigt. Für einen wirkungsvollen Validierungsprozess muss die Forms-API angewendet werden. Ein Beispiel dafür finden Sie in Kapitel 10 im Listing 10.5.

12.2.2 Speicherplatz für die Dateien

Der für die Anwendung reservierte Platz ist wie eine Sandbox: eine kleine Festplatteneinheit mit eigenem Stammverzeichnis und eigener Konfiguration. Um damit zu arbeiten, müssen Sie erst ein Dateisystem anfordern, das für Ihre Anwendung initialisiert wird.

■ requestFileSystem(type, size, success function, error function): Diese Methode erzeugt ein Dateisystem, dessen Größe und Typ den Attributen entsprechen. Das Attribut type kann entweder TEMPORARY oder PERSISTENT sein, je nachdem, wie lange die Daten aufbewahrt werden sollen. Das Attribut size legt fest, wie viel Speicherplatz in Bytes auf der Festplatte für dieses Dateisystem reserviert wird. Im Falle eines Fehlers oder Erfolgs ruft diese Methode die entsprechenden Rückruffunktionen auf.

Die Methode requestFileSystem() gibt ein FileSystem-Objekt mit zwei Eigenschaften zurück:

■ root: Der Wert dieser Eigenschaft ist ein Verweis auf das Stammverzeichnis des Dateisystems. Dieser ist auch ein DirectoryEntry-Objekt mit allen Methoden, die solche Objekte besitzen, wie Sie später noch sehen werden. Mit dieser

Eigenschaft können Sie den betreffenden Speicherplatz ansprechen und mit Dateien und Verzeichnissen arbeiten.

■   name: Diese Eigenschaft liefert Informationen über das Dateisystem, wie zum Beispiel den vom Browser zugewiesenen Namen und seine Bedingung.

```
function initiate(){
    databox=document.getElementById('databox');
    var button=document.getElementById('fbutton');
    button.addEventListener('click', create, false);
    window.webkitRequestFileSystem(window.TEMPORARY, 5*1024*1024,
                                   createhd, showerror);
}
function createhd(fs) {
    hd=fs.root;
}
function create(){
    var name=document.getElementById('myentry').value;
    if(name!=''){
        hd.getFile(name, {create: true, exclusive: false}, show, sho
werror);
    }
} function show(entry){
    document.getElementById('myentry').value='';

    databox.innerHTML='Entry created!<br>';
    databox.innerHTML+='Name: '+entry.name+'<br>';
    databox.innerHTML+='Path: '+entry.fullPath+'<br>';
    databox.innerHTML+='FileSystem: '+entry.filesystem.name;
}
function showerror(e){
    alert('Error: '+e.code);
}
window.addEventListener('load', initiate, false);
```

Listing 12.8 Ein eigenes Dateisystem einrichten (Datei file05.js)

Mit dem HTML-Dokument in Listing 12.7 und dem Code aus Listing 12.8 besitzen Sie jetzt eine erste Anwendung für die Arbeit mit neuen Dateien im Computer des Benutzers. Der Code ruft die Methode requestFileSystem() auf, um ein Dateisystem zu erzeugen oder einen Verweis auf ein vorhandenes zu bekommen. Wenn dies der erste Besuch ist, wird das Dateisystem mit einer Größe von 5 Megabytes angelegt (5*1024*1024). Wenn das erfolgreich verläuft, wird die Funktion createhd() ausgeführt und fährt mit dem Initialisierungsprozess fort. Fehler behandeln Sie mit der einfachen Funktion showerror(), wie Sie es schon zuvor bei anderen APIs getan haben.

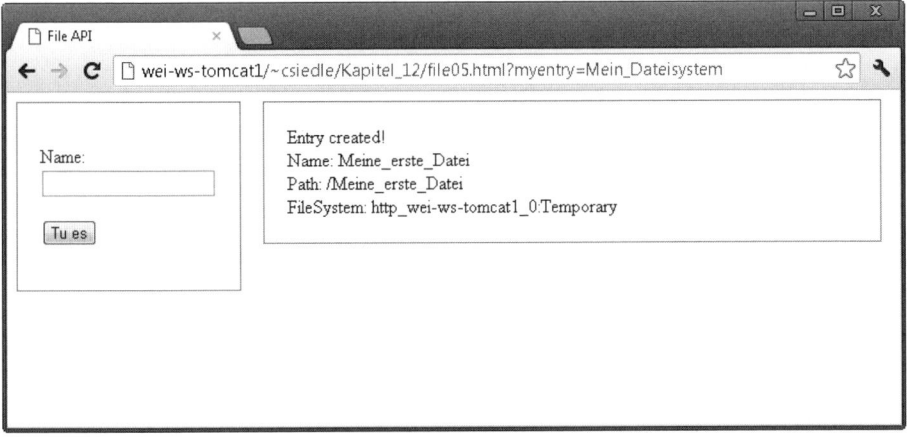

Abbildung 12.3 file05.html

Warning ✕

Google Chrome ist zurzeit wie gesagt der einzige Browser mit einer funktionierenden Implementierung dieses Teils der API. Da die Implementierung noch experimentell ist, müssen Sie die Methode requestFileSystem() durch die Chrome-spezifische Methode webkitRequestFileSystem() ersetzen. Mit dieser Methode sind Sie in der Lage, die Programme für dieses und die folgenden Beispiele in Ihrem Browser zu testen.

Wird das Dateisystem erzeugt oder geöffnet, erhält die Funktion createhd() ein FileSystem-Objekt und speichert in der Variablen hd einen Verweis darauf mit dem Wert der root-Eigenschaft.

12.2.3 Dateien erzeugen

Der Startprozess für das Dateisystem ist jetzt vorbei. Die restlichen Funktionen in Listing 12.8 erzeugen eine neue Datei und zeigen die Daten des Eintrags auf dem Bildschirm. Wird im Formular der TU ES-Button angeklickt, tritt die create()-Funk-

315

tion auf den Plan. Diese Funktion weist den im `<input>`-Element eingefügten Text der Variablen `name` zu und legt mit Hilfe der Methode `getFile()` eine Datei dieses Namens an.

Diese Methode gehört zum DirectoryEntry-Interface dieser API. Diese Schnittstelle verfügt über insgesamt vier Methoden, um Dateien und Verzeichnisse anzulegen und zu bearbeiten:

- `getFile(path, options, success function, error function)`: Diese Methode erzeugt oder öffnet eine Datei. Das Attribut `path` muss den Namen der Datei und ihren Pfad enthalten (angefangen von der Wurzel des Dateisystems). Mit den beiden Flags `create` und `exclusive` können Sie die Optionen für diese Methode vorgeben. Beide bekommen boolesche Werte. Das Flag `create` zeigt an, ob die Datei erzeugt wird oder nicht. Wenn das Flag `exclusive` auf `true` eingestellt wird, zwingt es die Methode `getFile()`, einen Fehler zurückzugeben, wenn Sie versuchen, eine Datei zu erzeugen, die bereits existiert. Diese Methode nimmt auch zwei Rückruffunktionen auf; eine für den Erfolgsfall und eine für den Fall eines Fehlers.

- `getDirectory(path, options, success function, error function)`: Diese Methode hat exakt die gleichen Merkmale wie die vorherige, gilt aber ausschließlich für Verzeichnisse.

- `createReader()`: Diese Methode gibt ein `DirectoryReader`-Objekt zurück, um Einträge aus einem gegebenen Verzeichnis zu lesen.

- `removeRecursively()`: Diese Methode löscht ein Verzeichnis und seinen gesamten Inhalt.

In Listing 12.8 beschafft oder erzeugt die Methode `getFile()` die Datei mit dem in der `name`-Variablen gespeicherten Namen. Die Datei wird angelegt, wenn sie noch nicht existiert (`create: true`), oder sie wird auf andere Weise beschafft (`exclusive: false`). Die `create()`-Funktion prüft auch den Wert der `name`-Variablen, bevor `getFile()` ausgeführt wird.

Die Methode `getFile()` reagiert auf einen Erfolg mit der Rückruffunktion `show()` und auf einen Misserfolg mit der Rückruffunktion `showerror()`. Die `show()`-Funktion empfängt ein `Entry`-Objekt und zeigt den Wert ihrer Eigenschaften auf dem Bildschirm an. Diese Art von Objekt hat mehrere Methoden und Eigenschaften, auf die ich später noch zurückkommen werde. Vorläufig werden wir nur die Eigenschaften `name`, `fullPath` und `filesystem` benutzen.

12.2.4 Verzeichnisse anlegen

Die dateispezifische Methode `getFile()`und ihre verzeichnisspezifische Schwester `getDirectory()` sind genau gleich. Um aus der Vorlage von Listing 12.7 ein Verzeichnis anzulegen, ersetzen Sie einfach `getFile()` durch `getDirectory()`:

```
function create(){
    var name=document.getElementById('myentry').value;
    if(name!=''){
        hd.getDirectory(name, {create: true, exclusive: false},
                        show, showerror);
    }
}
```

Listing 12.9 Ein Verzeichnis anlegen mit getDirectory()

Beachten Sie, dass beide Methoden zu einem `DirectoryEntry`-Objekt namens `root` gehören, das Sie mit der `hd`-Variablen darstellen. Also müssen Sie immer diese Variable verwenden, um die Methoden aufzurufen und im Dateisystem unserer Anwendung Dateien und Verzeichnisse anzulegen.

Ersetzen Sie die `create()`-Funktion aus Listing 12.8 durch die Funktion aus Listing 12.9, um anstelle von Dateien Verzeichnisse anzulegen. Laden Sie die Dateien auf Ihren Server, öffnen Sie das HTML-Dokument aus Listing 12.7 in Ihrem Browser und erstellen Sie mit dem Formular auf dem Bildschirm ein Verzeichnis.

12.2.5 Dateien auflisten

Wie bereits erwähnt, können Sie mit der Methode `createReader()` eine Liste von Einträgen (Dateien und Verzeichnisse) mit einem bestimmten Pfad abrufen. Diese Methode gibt ein `DirectoryReader`-Objekt zurück, das die Methode `readEntries()` enthält, um Einträge aus einem bestimmten Verzeichnis zu lesen.

`readEntries(success function, error function)` liest den nächsten Block von Einträgen aus dem ausgewählten Verzeichnis. Immer wenn sie aufgerufen wird, gibt die `success`-Funktion ein Objekt mit der Liste der Einträge zurück, oder null, wenn keine Einträge vorhanden sind.

Die Methode `readEntries()` liest die Liste der Einträge in Blöcken. Deshalb ist nicht garantiert, dass alle Einträge mit einem einzigen Aufruf zurückgegeben werden. Sie müssen diese Methode so lange aufrufen, bis sie ein leeres Objekt zurückgibt.

Es gibt noch etwas Anderes zu überlegen, bevor Sie den nächsten Code schreiben. Die Methode `createReader()` gibt ein `DirectoryReader`-Objekt für ein bestimmtes

317

Verzeichnis zurück. Um die gewünschten Dateien zu bekommen, müssen Sie also zuerst das entry-Objekt für das Verzeichnis beschaffen, das Sie lesen möchten.

```
function initiate(){
    databox=document.getElementById('databox');
    var button=document.getElementById('fbutton');
    button.addEventListener('click', create, false);

    window.webkitRequestFileSystem(window.TEMPORARY, 5*1024*1024,
                                    createhd, showerror);
}
function createhd(fs) {
    hd=fs.root;
    path='';
    show();
}
function showerror(e){
    alert('Error: '+e.code);
}
function create(){
    var name=document.getElementById('myentry').value;
    if(name!=''){
      name=path+name;
      hd.getFile(name, {create: true, exclusive: false}, show, showerror);
    }
}
function show(){
    document.getElementById('myentry').value='';
    databox.innerHTML='';
    hd.getDirectory(path,null,readdir,showerror);
}
function readdir(dir){
    var reader=dir.createReader();
    var read=function(){
        reader.readEntries(function(files){
            if(files.length){
                list(files);
                read();
            }
        }, showerror);
    }
    read();
}
```

```
function list(files){
   for(var i=0; i<files.length; i++) {
      if(files[i].isFile) {
         databox.innerHTML+=files[i].name+'<br>';
      }else if(files[i].isDirectory){
         databox.innerHTML+='<span onclick="changedir(\''+files[i].name+
            '\')" class="directory">'+files[i].name+'</span><br>';
      }
   }
}
function changedir(newpath){
   path=path+newpath+'/';
   show();
}
window.addEventListener('load', initiate, false);
```

Listing 12.10 Eine Dateisystemanwendung (Datei file06.js)

Dieses Programm kann zwar nicht den Windows-Explorer ersetzen, doch es liefert zumindest alle Informationen, die Sie benötigen, um ein brauchbares Dateisystem in Ihren Browser einzubauen. Schauen wir uns den Code Stück für Stück an.

Die initiate()-Funktion tut dasselbe wie in den früheren Programmbeispielen: Sie startet oder erzeugt das Dateisystem und ruft im Erfolgsfall die Funktion createhd() auf. Diese wiederum deklariert die hd-Variable, initialisiert die Variable path mit einem leeren String (der die Wurzel repräsentiert) und ruft die show()-Funktion auf, um die Liste der Dateien auf dem Bildschirm anzuzeigen, sobald die Anwendung geladen ist.

Die path-Variable wird in der weiteren Anwendung den aktuellen Pfad speichern, in dem der Benutzer arbeitet. Sie können zum Beispiel sehen, wie die create()-Funktion in Listing 12.10 modifiziert wurde, um diesen Wert zu verwenden. Jedes Mal, wenn das Formular einen neuen Namen sendet, wird diesem Namen jetzt auch der Pfad hinzugefügt und die Datei wird im aktuellen Verzeichnis angelegt.

Wie bereits erwähnt: Um die Liste der Einträge anzeigen zu können, müssen Sie zuerst das Verzeichnis öffnen, das Sie lesen möchten. Die Methode getDirectory() in der show()-Funktion öffnet das laut dem Wert von path aktuelle Verzeichnis und sendet im Erfolgsfall einen Verweis auf dieses Verzeichnis an die readdir()-Funktion. Diese Funktion speichert den Verweis in der dir-Variablen, erzeugt ein neues DirectoryReader-Objekt für das aktuelle Verzeichnis und ruft die Liste der Einträge mit der Methode readEntries() ab.

In `readdir()` dienen anonyme Funktionen dazu, alles zu organisieren und in demselben Gültigkeitsbereich zu halten. Zuerst erzeugt `createReader()` ein `DirectoryReader`-Objekt für das in `dir` gespeicherte Verzeichnis. Dann wird dynamisch eine neue Funktion namens `read()` erzeugt, um die Einträge mit Hilfe der Methode `readEntries()` zu lesen. Die Methode `readEntries()` liest die Einträge blockweise, das heißt, die Methode muss mehrmals aufgerufen werden, um sicherzustellen, dass jeder verfügbare Eintrag im Verzeichnis abgerufen wird. Die `read()`-Funktion hilft dabei, dieses Ziel zu erreichen. Der Prozess verläuft wie folgt: Am Ende der `readdir()`-Funktion wird die `read()`-Funktion zum ersten Mal aufgerufen. Innerhalb von `read()` wird die Methode `readEntries()` aufgerufen. Diese Methode verwendet eine andere, anonyme Funktion als Rückruffunktion im Erfolgsfall, um das `files`-Objekt abzurufen und seinen Inhalt zu prüfen. Ist das Objekt nicht leer, wird die Funktion `list()` aufgerufen, um die bereits gelesenen Einträge auf dem Bildschirm anzuzeigen, und die `read()`-Funktion wird abermals aufgerufen, um den nächsten Block an Einträgen zu bearbeiten. (Die Funktion ruft sich selbst auf, bis keine Einträge mehr zurückgeliefert werden.)

Der `list()`-Funktion obliegt es, die Liste der Einträge (Dateien und Verzeichnisse) auf dem Bildschirm wiederzugeben. Sie nimmt das `files`-Objekt und schaut sich das Merkmal jedes Eintrags an. Dazu verwendet sie zwei weitere, wichtige Eigenschaften des Entry-Interface: `isFile` und `isDirectory`. Wie die Namen schon sagen, enthalten diese Eigenschaften boolesche Werte, die aussagen, ob es sich um eine Datei oder um ein Verzeichnis handelt. Nachdem die Bedingung des Eintrags untersucht wurde, werden die Informationen mit Hilfe der Eigenschaft `name` auf dem Bildschirm angezeigt.

Dateien und Verzeichnisse werden auf dem Bildschirm unterschiedlich dargestellt. Wird ein Eintrag als Verzeichnis erkannt, wird er durch ein `<span>`-Element mit einem `onclick`-Event-Handler repräsentiert, der die `changedir()`-Funktion aufruft, wenn das Element angeklickt wird. Diese Funktion hat den Zweck, den neuen Pfad einzustellen. Sie nimmt den Namen des Verzeichnisses auf, fügt dieses zum Pfad hinzu und ruft die `show()`-Funktion auf, um die Liste der Einträge auf dem Bildschirm zu aktualisieren. Mit diesem Feature können Sie mit einem einzigen Mausklick Verzeichnisse öffnen und den Inhalt anzeigen, genau wie im richtigen Datei-Explorer.

Dieses Beispiel berücksichtigt nicht die Möglichkeit, rückwärtszugehen. Um dies zu tun, benötigen Sie eine andere Methode des Entry-Interface:

`getParent(success function, error function)` gibt ein Entry-Objekt des Verzeichnisses zurück, in dem der ausgewählte Eintrag liegt. Sobald Sie dieses Entry-Objekt besitzen, können Sie aus seinen Eigenschaften alle notwendigen Informationen über das übergeordnete Verzeichnis des betreffenden Eintrags lesen.

Die Funktionsweise der Methode getParent() ist einfach: Angenommen, Sie haben einen Verzeichnisbaum wie zum Beispiel bilder/urlaub und der Benutzer listet gerade den Inhalt von urlaub auf. Um ins Verzeichnis bilder zurückzugehen, könnten Sie in dem HTML-Dokument einen Link mit einem onclick-Event-Handler bereitstellen, der eine Funktion aufruft, die den aktuellen Pfad auf die neue Position einstellt. Die Funktion, die der Event-Handler aufruft, könnte etwa so aussehen:

```
function goback(){
    hd.getDirectory(path,null,function(dir){
        dir.getParent(function(parent){
            path=parent.fullPath;
            show();
        }, showerror);
    },showerror);
}
```

Listing 12.11 Zurück zum übergeordneten Verzeichnis

Die goback()-Funktion in Listing 12.11 ändert den Wert der path-Variablen, so dass er auf das dem aktuellen übergeordnete Verzeichnis verweist. Als Erstes beschaffen Sie sich mit der Methode getDirectory() einen Verweis auf das aktuelle Verzeichnis. Haben Sie damit Erfolg, ruft die Methode eine anonyme Funktion auf, die mit der Methode getParent() das Verzeichnis sucht, das über dem von dir referenzierten (aktuellen) Verzeichnis liegt. War die Methode erfolgreich, führt sie eine weitere anonyme Funktion aus, um den Wert des aktuellen Pfads auf den Wert der fullPath-Eigenschaft dieses Elternobjekts einzustellen. Zum Schluss wird auch die show()-Funktion aufgerufen, um den Bildschirm zu aktualisieren, indem sie die Einträge im neuen Pfad anzeigt. Diese Anwendung lässt sich natürlich noch stark verbessern, aber das ist Ihre Hausaufgabe.

Fügen Sie die Funktion aus Listing 12.11 an den Code in Listing 12.10 an und erstellen Sie im HTML-Dokument einen Link, um diese Funktion aufzurufen (zum Beispiel <span onclick="goback()">zurück</span>).

12.2.6 Mit Dateien arbeiten

Ich habe bereits erwähnt, dass das Entry-Interface mehrere Eigenschaften und Methoden besitzt, um Informationen aus Dateien zu holen und mit Dateien zu arbeiten. Die meisten Eigenschaften haben Sie schon in vergangenen Beispielen

321

gesehen. Mit den Eigenschaften isFile und isDirectory haben Sie die Bedingung eines Eintrags geprüft und die Werte von name, fullPath und filesystem haben Ihnen dabei geholfen, Informationen auf dem Bildschirm anzuzeigen. Die weiter vorn beschriebene Methode getParent() gehört ebenfalls zu dieser Schnittstelle. Es gibt jedoch noch mehr Methoden, die für gängige Operationen mit Dateien und Verzeichnissen praktisch sind. Mit diesen Methoden können Sie Einträge genau wie in jeder Desktop-Anwendung verschieben, kopieren und löschen:

- moveTo(parent, new name, success function, error function): Diese Methode verschiebt einen Eintrag an einen anderen Ort im Dateisystem. Wird das Attribut new name angegeben, wird der Eintrag in diesen Namen umbenannt.

- copyTo(parent, new name, success function, error function): Diese Methode kopiert einen Eintrag an einen anderen Ort im Dateisystem. Wird das Attribut new name angegeben, wird der neue Eintrag in diesen Namen umbenannt.

- remove: Diese Methode löscht eine Datei oder ein leeres Verzeichnis. (Um ein Verzeichnis mit Inhalt zu löschen, verwenden Sie die zuvor erwähnte Methode removeRecursively().)

Eine neue Vorlage ist notwendig, um diese Methoden zu testen. Um den Code zu vereinfachen, stellen Sie nur zwei Eingabefelder für den Ursprung und das Ziel jeder Operation bereit:

```html
<!DOCTYPE html>
<html lang="de">
<head>
   <title>File-API</title>
   <link rel="stylesheet" href="file.css">
   <script src="file07.js"></script>
</head>
<body>
   <section id="formbox">
     <form name="form">
        <p>Ursprung:<br><input type="text" name="origin" id="origin"
           required></p>
        <p>Ziel:<br><input type="text" name="destination"
                          id="destination" required></p>
        <p><input type="button" name="fbutton" id="fbutton"
                 value="Tu es"></p>
     </form>
   </section>
```

```
<section id="databox"></section>
</body>
</html>
```

Listing 12.12 Eine neue Vorlage für die Arbeit mit Dateien (Datei file07.html)

12.2.7 Dateien verschieben

Die Methode moveTo() benötigt ein Entry-Objekt für die Datei und ein weiteres für das Verzeichnis, in das die Datei verschoben wird. Sie müssen also zuerst mit getFile() einen Verweis auf die Datei anlegen, dann mit getDirectory() einen Verweis auf das Zielverzeichnis und schließlich die Methode moveTo() mit den folgenden Informationen anwenden:

```
function initiate(){
    databox=document.getElementById('databox');
    var button=document.getElementById('fbutton');
    button.addEventListener('click', modify, false);

    window.webkitRequestFileSystem(window.TEMPORARY, 5*1024*1024,
                                    createhd, showerror);
}
function createhd(fs){
    hd=fs.root;
    path='';
    show();
}
function showerror(e){
    alert('Error: '+e.code);
}
function modify(){
    var origin=document.getElementById('origin').value;
    var destination=document.getElementById('destination').value;

    hd.getFile(origin,null,function(file){
        hd.getDirectory(destination,null,function(dir){
            file.moveTo(dir,null,success,showerror);
        },showerror);
    },showerror);
}
```

```javascript
function success(){
   document.getElementById('origin').value='';
   document.getElementById('destination').value='';
   show();
}
function show(){
   databox.innerHTML='';
   hd.getDirectory(path,null,readdir,showerror);
}
function readdir(dir){
   var reader=dir.createReader();
   var read=function(){
       reader.readEntries(function(files){
           if(files.length){
              list(files);
              read();
           }
       }, showerror);
   }
   read();
}
function list(files){
   for(var i=0; i<files.length; i++) {
      if(files[i].isFile) {
         databox.innerHTML+=files[i].name+'<br>';
      }else if(files[i].isDirectory){
         databox.innerHTML+='<span onclick="changedir(\''+files[i].name+
            '\')" class="directory">'+files[i].name+'</span><br>';
      }
   }
}
function changedir(newpath){
   path=path+newpath+'/';
   show();
}
window.addEventListener('load', initiate, false);
```

Listing 12.13 Dateien verschieben (Datei file07.js)

Um das Dateisystem zu erzeugen oder zu öffnen und die Liste der Einträge auf dem Bildschirm zu zeigen, verwenden Sie die aus früheren Beispielen bekannten Funktionen. Die einzige neue Funktion in Listing 12.13 ist modify(). Sie nimmt die Werte der Felder origin (Ursprung) und destination (Ziel) aus dem Formular und

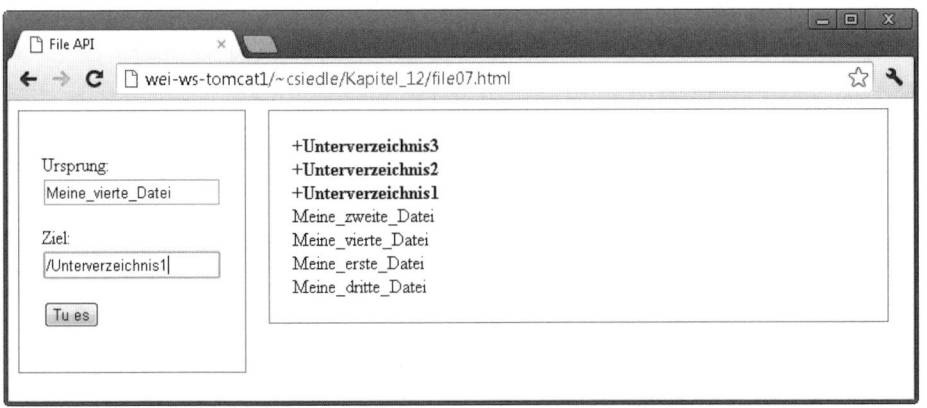

Abbildung 12.4 file07.html

öffnet zuerst die Datei am Ursprung und dann, falls sie damit Erfolg hatte, das Zielverzeichnis. Verliefen beide Operationen erfolgreich, wird die moveTo()-Methode auf das file-Objekt angewendet und die betreffende Datei in das durch dir dargestellte Verzeichnis verschoben. Wenn alles gutging, wird die success()-Funktion aufgerufen, um die Formularfelder zu leeren und mit einem erneuten Aufruf von show() die Liste der Einträge auf dem Bildschirm zu aktualisieren.

Um dieses Beispiel zu testen, benötigen Sie eine HTML- bzw. eine JavaScript-Datei mit dem Code aus den Listing 12.12 und 12.13 an oder verwenden Sie die Beispieldateien *file07.html* und *file07.js*. (Denken Sie daran, die Dateien vor dem Testen auf den Server hochzuladen.) Legen Sie in Ihrem Dateisystem Dateien und Verzeichnisse an, damit Sie etwas haben, womit Sie arbeiten können. Für diesen Zweck können Sie die früheren Programmbeispiele verwenden. Mit dem Formular aus dem letzten HTML-Dokument fügen Sie die Werte der zu verschiebenden Datei ein (mit dem gesamten Pfad ab dem Stammverzeichnis) und das Verzeichnis, in das die Datei verschoben werden soll. (Ist das Verzeichnis das Stammverzeichnis des Dateisystems, benötigen Sie keine Schrägstriche, sondern nur seinen Namen.)

12.2.8 Dateien kopieren

Der einzige Unterschied zwischen den Methoden moveTo() und copyTo() besteht darin, dass die Kopiermethode die Originaldatei bewahrt. Um mit copyTo() zu arbeiten, müssen Sie nur den Namen der Methode in Listing 12.13 ändern. Die modify()-Funktion endet dann folgendermaßen:

```
function modify(){
    var origin=document.getElementById('origin').value;
    var destination=document.getElementById('destination').value;

    hd.getFile(origin,null,function(file){
        hd.getDirectory(destination,null,function(dir){
            file.copyTo(dir,null,success,showerror);
        },showerror);
    },showerror);
}
```

Listing 12.14 Dateien kopieren

Ersetzen Sie die modify()-Funktion in Listing 12.13 durch diese hier und öffnen Sie die Vorlage aus Listing 12.12, um den Code zu testen. Um eine Datei zu kopieren, wiederholen Sie denselben Vorgang wie beim Verschieben. Sie fügen den Pfad der zu kopierenden Datei in das origin-Feld ein und den Pfad des Verzeichnisses, in das Sie die Datei kopieren möchten, in das Feld destination.

12.2.9 Dateien löschen

Dateien und Verzeichnisse zu löschen ist sogar noch einfacher, als sie zu verschieben und zu kopieren. Sie müssen lediglich das Entry-Objekt für die zu löschende Datei oder das Verzeichnis beschaffen und dann die Methode remove() auf diesem Verweis aufrufen:

```
function modify(){
    var origin=document.getElementById('origin').value;
    var origin=path+origin;
    hd.getFile(origin,null,function(entry){
        entry.remove(success,showerror);
    },showerror);
}
```

Listing 12.15 Dateien und Verzeichnisse löschen

Listing 12.15 benötigt nur den Wert des Formularfelds origin. Zusammen mit dem Wert der path-Variablen repräsentiert dieser Wert die Datei, die Sie löschen möchten. Deshalb erstellen Sie mit der Methode getFile() das Entry-Objekt für diese Datei und rufen dann remove() darüber auf.

Ersetzen Sie die modify()-Funktion in Listing 12.13 durch die neue aus Listing 12.15. Diesmal müssen Sie nur den Wert des Felds origin angeben, um anzugeben, welche Datei gelöscht werden soll.

Um ein Verzeichnis statt einer Datei zu löschen, muss das Entry-Objekt mit getDirectory() erzeugt werden, aber die remove()-Methode funktioniert genau wie oben. Nur eine Situation müssen Sie für Verzeichnisse dennoch bedenken: Ist das Verzeichnis nicht leer, gibt die remove()-Methode einen Fehler zurück. Um ein Verzeichnis mitsamt seinem Inhalt zu löschen, benötigen Sie die (zuvor in diesem Kapitel bereits erwähnte) Methode removeRecursively():

```
function modify(){
    var destination=document.getElementById('destination').value;
    hd.getDirectory(destination,null,function(entry){
        entry.removeRecursively(success,showerror);
    },showerror);
}
```

Listing 12.16 Verzeichnisse samt Inhalt löschen

In der Funktion in Listing 12.16 benutzen Sie den Inhalt des Felds destination, um anzugeben, welches Verzeichnis gelöscht werden sollte. Die Methode remove-Recursively() löscht das Verzeichnis und seinen Inhalt in nur einem Durchgang und ruft im Erfolgsfall die success()-Funktion auf.

Die modify()-Funktionen aus den Listings 12.14, 12.15 und 12.16 wurden erstellt, um die modify()-Funktion aus Listing 12.13 zu ersetzen. Um diese Beispiele zu testen, ersetzen Sie die modify()-Funktion in Listing 12.13 durch die Version, die Sie ausprobieren möchten, und öffnen die Vorlage aus Listing 12.12 in Ihrem Browser. Je nachdem, welche Methode Sie testen, müssen Sie einen oder zwei Werte aus dem Formular übergeben.

> **Warnung** ✖
>
> Wenn diese Beispiele von Ihrem Browser nicht ausgeführt werden, empfehle ich Ihnen, stattdessen den Chromium-Browser zu verwenden (*www.chromium.org*).

12.3   Der Dateiinhalt

Zusätzlich zur hauptsächlichen File-API und ihrer Erweiterung, die ich soeben beschrieben habe, existiert noch eine weitere, wichtige Erweiterung der File-API: Writer. Diese Spezifikation deklariert neue Schnittstellen, um Inhalt in Dateien zu schreiben. Sie funktioniert zusammen mit dem Rest der API, indem sie Methoden kombiniert und Objekte übergibt, um ihr Ziel zu erreichen.

Warnung ❌

Die Integration aller Spezifikationen, die an der File-API beteiligt sind, hat eine Debatte darüber ausgelöst, ob bestimmte Schnittstellen von einer API in eine andere verlegt werden sollten oder nicht. Für den aktuellen Stand der Debatte finden Sie auf meiner Website Links zu jeder in diesem Buch beschriebenen API. Außerdem können Sie sich auf der Website des W3C unter *www.w3.org* informieren.

12.3.1 Inhalt schreiben

Um Inhalt in eine Datei schreiben zu können, müssen Sie ein `FileWriter`-Objekt erzeugen. Diese Objekte werden von der Methode `createWriter()` des FileEntry-Interface erzeugt. Dieses ist eine Zugabe zum Entry-Interface und enthält insgesamt zwei Methoden für den Umgang mit Dateien:

◼ `createWriter(success function, error function)`: Diese Methode gibt ein `File-Writer`-Objekt für den ausgewählten Eintrag zurück.

◼ `file(success function, error function)`: Mit dieser Methode werden Sie später den Inhalt der Datei lesen. Sie erzeugt für den ausgewählten Eintrag ein `File`-Objekt (wie jenes, das vom `<input>`-Element oder einer Drag&Drop-Operation zurückgegeben wird).

Das mit `createWriter()` erzeugte `FileWriter`-Objekt hat seine eigenen Methoden, Eigenschaften und Events, die es erleichtern, eine Datei mit Inhalt zu füllen:

◼ `write(data)`: Dies ist die Methode, die den Inhalt in die Datei schreibt. Dieser Inhalt wird durch das `data`-Attribut als BLOB übergeben.

◼ `seek(offset)`: Diese Methode stellt ein, an welcher Position in der Datei der Inhalt hinzugefügt wird. Der Wert des `offset`-Attributs muss in Bytes angegeben werden.

◼ `truncate(size)`: Diese Methode ändert die Länge der Datei entsprechend dem Wert des `size`-Attributs (in Bytes).

◼ `position`: Diese Eigenschaft gibt die tatsächliche Position zurück, an der der nächste Schreibvorgang eintritt. Diese ist 0, wenn die Datei neu ist, und verschieden von 0, wenn die Datei bereits Inhalt hat oder zuvor die `seek()`-Methode angewendet wurde.

◼ `length`: Dies gibt die Länge der Datei zurück.

◼ `writestart`: Dieses Event wird ausgelöst, wenn der Schreibvorgang beginnt.

- `progress`: Dieses Event wird periodisch ausgelöst, um den Fortschritt zu melden.

- `write`: Dieses Event wird ausgelöst, wenn die Daten vollständig geschrieben worden sind.

- `abort`: Dieses Event wird ausgelöst, wenn der Vorgang abgebrochen wird.

- `error`: Dieses Event wird ausgelöst, wenn ein Fehler auftritt.

- `writeend`: Dieses Event wird ausgelöst, wenn der Vorgang zu Ende ist.

Sie benötigen aber noch ein weiteres Objekt, um den Inhalt vorzubereiten, der in die Datei geschrieben werden soll. Der Konstruktor `BlobBuilder()` gibt ein `Blob-Builder`-Objekt mit folgenden Methoden zurück:

- `getBlob(type)`: Diese Methode gibt den Inhalt des `BlobBuilder`-Objekts als BLOB zurück. Sie dient dazu, das BLOB zu erzeugen, den Sie für die `write()`-Methode benötigen.

- `append(data)`: Diese Methode fügt den Wert von `data` an das `BlobBuilder`-Objekt an. Das `data`-Attribut kann ein BLOB, ein Array-Buffer oder einfach nur Text sein.

Das HTML-Dokument in Listing 12.17 enthält noch ein zweites Feld, um Text einzugeben, der den Inhalt der Datei darstellt. Diese Vorlage werden wir für die nachfolgenden Beispiele verwenden:

```
<!DOCTYPE html>
<html lang="de">
<head>
  <title>File-API</title>
  <link rel="stylesheet" href="file.css">
  <script src="file08.js"></script>
</head>
<body>
  <section id="formbox">
    <form name="form">
      <p>Datei:<br><input type="text" name="myentry" id="myentry"
         required></p>
      <p>Text:<br><textarea name="mytext" id="mytext" required>
         </textarea></p>
      <p><input type="button" name="fbutton" id="fbutton"
              value="Tu es"></p>
    </form>
  </section>
```

```
<section id="databox">
    Keine Informationen verfügbar
</section>
</body>
</html>
```

Listing 12.17 Die Vorlage zum Einfügen von Dateiname und -inhalt (Datei file08.html)

Für den Schreibvorgang müssen Sie das Dateisystem öffnen, die Datei mit `getFile()` beschaffen oder erstellen und dann in die geöffnete Datei Werte einfügen, die der Benutzer angegeben hat. Dies tun Sie mit den beiden Funktionen `writefile()` und `writeContent()`.

Warnung ☒

Ich habe versucht, den Code zu Lernzwecken möglichst einfach zu gestalten. Sie können jedoch immer anonyme Funktionen nutzen, um alles innerhalb desselben Gültigkeitsbereichs (derselben Funktion) zu halten oder durch objektorientierte Programmierung raffiniertere und skalierbare Implementierungen zu entwickeln.

```
function initiate(){
    databox=document.getElementById('databox');
    var button=document.getElementById('fbutton');
    button.addEventListener('click', writefile, false);
    window.webkitRequestFileSystem(window.TEMPORARY, 5*1024*1024,
                                   createhd, showerror);
}
function createhd(fs){
    hd=fs.root;
}
function showerror(e){
    alert('Error: '+e.code);
}
function writefile(){
    var name=document.getElementById('myentry').value;
    hd.getFile(name, {create: true, exclusive: false},function(entry){
        entry.createWriter(writeContent, showerror);
    }, showerror);
}
function writeContent(fileWriter) {
    var text=document.getElementById('mytext').value;
    fileWriter.onwriteend=success;
    var blob=new WebKitBlobBuilder();
```

```
   blob.append(text);
   fileWriter.write(blob.getBlob());
}
function success(){
   document.getElementById('myentry').value='';
   document.getElementById('mytext').value='';
   databox.innerHTML='Fertig!';
}
window.addEventListener('load', initiate, false);
```

Listing 12.18 Inhalt schreiben (Datei file08.js)

Warnung ✖

Google Chrome versieht sowohl die Methode `requestFileSystem()` als auch den Konstruktor `BlobBuilder()` in der aktuellen Implementierung mit einem Präfix. In diesem und den folgenden Beispielen müssen Sie `WebKitBlobBuilder()` verwenden, um die Programme in Ihrem Browser zu testen.

Wenn der Tu es-Button angeklickt wird, werden die Informationen in den Feldern von den Funktionen `writefile()` und `writeContent()` verarbeitet. Die Funktion `writefile()` nimmt den Wert von `myentry` auf und öffnet oder erzeugt mit `getFile()` die Datei. Aus dem zurückgelieferten `Entry`-Objekt erzeugt `createWriter()` ein File-Writer-Objekt. Ist die Operation erfolgreich, wird die Funktion `writeContent()` aufgerufen.

Die Funktion `writeContent()` nimmt das `FileWriter`-Objekt entgegen und schreibt anhand des Werts des `mytext`-Felds Inhalt in die Datei. Der Text muss zuerst in ein BLOB umgewandelt werden, ehe er benutzt werden kann. Zu diesem Zweck erzeugen Sie mit dem Konstruktor `BlobBuilder()` ein `BlobBuilder`-Objekt, fügen diesem mit der `append()`-Methode Text hinzu und rufen den Inhalt mit `getBlob()` als BLOB ab. Jetzt haben die Daten das richtige Format, um sie mittels `write()` in die Datei zu schreiben.

Dieser gesamte Prozess verläuft asynchron, das heißt, der Status der Operation wird permanent durch Events nachgehalten. In der Funktion `writeContent()` horchen Sie nur auf das `writeend`-Event (mit dem Event-Handler `onwriteend`), um die `success()`-Funktion aufrufen zu können und den String »Fertig!« auf den Bildschirm zu schreiben, wenn die Operation erfolgreich war. Sie können den Fortschritt aber auch kontrollieren und auf Fehler achten, indem Sie die restlichen Events überwachen, die das `FileWriter`-Objekt auslöst.

Abbildung 12.5 file08.html

Schreiben Sie die Vorlage aus Listing 12.17 in eine neue HTML-Datei und erstellen Sie eine JavaScript-Datei mit dem Code aus Listing 12.18 (Beispieldateien *file08. html* und *file08.js*). Öffnen Sie das HTML-Dokument in Ihrem Browser und fügen Sie den Namen und Text der Datei ein, die Sie anlegen möchten. Wenn der String »Fertig!« auf Ihrem Bildschirm erscheint, war der Prozess erfolgreich.

12.3.2 Inhalt hinzufügen

Da wir nicht festgelegt haben, an welcher Position der Inhalt geschrieben werden soll, schreibt das obige Programm das BLOB einfach an den Anfang der Datei. Um eine bestimmte Position auszuwählen oder den Inhalt am Ende einer bestehenden Datei anzufügen, verwenden Sie die Methode seek().

```
function writeContent(fileWriter) {
    var text=document.getElementById('mytext').value;
    fileWriter.seek(fileWriter.length);
    fileWriter.onwriteend=success;
    var blob=new WebKitBlobBuilder();
    blob.append(text);
    fileWriter.write(blob.getBlob());
}
```

Listing 12.19 Zusätzlichen Inhalt hinzufügen

Die Funktion in Listing 12.19 verbessert die vorherige writeContent()-Funktion durch Hinzufügen einer seek()-Methode, die die Schreibposition an das Ende der Datei verlagert. So wird der Inhalt, den die write()-Methode einfügt, den vorhandenen Inhalt der Datei nicht überschreiben. Mit Hilfe der length-Eigenschaft berechnen Sie die Position am Ende der Datei in Byte. Der restliche Code ist genau derselbe wie in Listing 12.18.

Ersetzen Sie die writeContent()-Funktion in Listing 12.18 durch die Funktion in Listing 12.19 und öffnen Sie die HTML-Datei in Ihrem Browser. Schreiben Sie in das Formular den Namen der Datei, die Sie mit dem obigen Programm angelegt haben, und den Text, den Sie am Ende dieser Datei anfügen möchten.

12.3.3 Inhalt lesen

Als Nächstes möchten wir das, was wir geschrieben haben, auch lesen. Der Leseprozess verwendet Techniken der File-API-Hauptspezifikation vom Beginn dieses Kapitels. Sie verwenden den Konstruktor FileReader() und Lesemethoden wie zum Beispiel readAsText(), um den Inhalt einer Datei zu lesen und abzurufen.

```
function initiate(){
   databox=document.getElementById('databox');
   var button=document.getElementById('fbutton');
   button.addEventListener('click', readfile, false);
   window.webkitRequestFileSystem(window.TEMPORARY, 5*1024*1024,
                                  createhd, showerror);
}
function createhd(fs){
   hd=fs.root;
}
function showerror(e){
   alert('Error: '+e.code);
}
function readfile(){
   var name=document.getElementById('myentry').value;
   hd.getFile(name, {create: false}, function(entry) {
      entry.file(readContent, showerror);
   }, showerror);
}
function readContent(file){
   databox.innerHTML='Name: '+file.name+'<br>';
   databox.innerHTML+='Type: '+file.type+'<br>';
   databox.innerHTML+='Size: '+file.size+' bytes<br>';
   var reader=new FileReader();
   reader.onload=success;
   reader.readAsText(file);
}
```

```
function success(e){
   var result=e.target.result;
   document.getElementById('myentry').value='';
   databox.innerHTML+='content: '+result;
}
window.addEventListener('load', initiate, false);
```

Listing 12.20 Eine Datei aus dem Dateisystem lesen (Datei file09.js)

Die Methoden, die das FileReader-Interface zum Lesen des Inhalts einer Datei bereitstellt, wie zum Beispiel readAsText(), nehmen ein BLOB oder ein File-Objekt als Attribut an. Das File-Objekt repräsentiert die zu lesende Datei und wird vom <input>-Element oder von einer Drag&Drop-Operation generiert. Wie erwähnt, bietet das FileEntry-Interface die Möglichkeit, mit einer Methode namens file() solche Objekte zu erzeugen.

Wird der TU ES-Button angeklickt, nimmt die readfile()-Funktion den Wert des myentry-Felds entgegen und öffnet die Datei dieses Namens mit getFile(). Das Entry-Objekt, das diese Methode im Erfolgsfall zurückgibt, wird in der entry-Variablen gespeichert und dient dazu, mit der Methode file() das File-Objekt zu erzeugen.

Da das File-Objekt genau dasselbe ist, das auch durch das <input>-Element oder eine Drag&Drop-Operation generiert würde, stehen alle zuvor benutzten Eigenschaften zur Verfügung und Sie können grundlegende Informationen über die Datei bereits anzeigen, ehe der Leseprozess auch nur begonnen hat. In der read-Content()-Funktion werden die Werte dieser Eigenschaften auf dem Bildschirm angezeigt und der Inhalt der Datei wird gelesen.

Der Leseprozess ist eine genaue Kopie von dem in Listing 12.3. Mit dem Konstruktor FileReader() wird ein FileReader-Objekt erzeugt, der onload-Event-Handler wird registriert, um nach Abschluss des Prozesses die success()-Funktion aufzurufen, und der Inhalt der Datei wird von der Methode readAsText() gelesen.

Mit der success()-Funktion geben Sie jetzt keinen String mehr aus, wie zuvor, sondern zeigen den Datei-Inhalt auf dem Bildschirm. Dazu nehmen Sie den Wert der result-Eigenschaft des FileReader-Objekts und geben ihn in der Datenbox aus.

Listing 12.20 nimmt nur den Wert des myentry-Felds entgegen. Öffnen Sie in Ihrem Browser die HTML-Datei mit der letzten Vorlage (Beispieldateien *file09.html* und *file09.js*). und fügen Sie den Namen der Datei ein, die Sie lesen möchten. Es muss eine Datei sein, die Sie bereits angelegt haben, denn sonst gibt das System eine

Fehlermeldung zurück (create: false). Ist der Name der Datei korrekt, werden Informationen über sie und ihr Inhalt auf dem Bildschirm angezeigt.

12.4 Das Dateisystem in der Praxis

Beispiele aus der Praxis sind immer gut, um zu erkennen, welches Potenzial die hier vermittelten Konzepte haben. Zum Schluss dieses Kapitels erstellen Sie eine Anwendung, die mehrere Techniken der File-API mit den Möglichkeiten der Bildbearbeitung kombiniert, die Canvas bietet.

Für dieses Beispiel sind mehrere Bilddateien notwendig, die an willkürlichen Stellen auf den Canvas gemalt werden. Jede Änderung im canvas-Element wird in einer Datei gespeichert, damit jedes Mal, wenn Sie auf die Anwendung zugreifen, die letzte Arbeit auf dem Bildschirm gezeigt wird.

Das HTML-Dokument für dieses Beispiel ähnelt der ersten Vorlage in diesem Kapitel, enthält aber nunmehr ein canvas-Element in der Datenbox:

```
<!DOCTYPE html>
<html lang="de">
<head>
   <title>File-API</title>
   <link rel="stylesheet" href="file.css">
   <script src="file10.js"></script>
</head>
<body>
   <section id="formbox">
      <form name="form">
         <p>Bilder:<br><input type="file" name="myfiles" id="myfiles"
            multiple></p>
      </form>
   </section>
   <section id="databox">
      <canvas id="canvas" width="500" height="350"></canvas>
   </section>
</body>
</html>
```

Listing 12.21 Eine neue Vorlage mit einem <canvas>-Element (Datei file10.html)

Der Code für das Beispiel enthält Methoden und Programmiertechniken, die Sie bereits kennen, doch die Kombination von Spezifikationen mag zunächst verwirrend sein. Ich werde ihn deswegen Schritt für Schritt erläutern.

```javascript
function initiate(){
   var elem=document.getElementById('canvas');
   canvas=elem.getContext('2d');
   var myfiles=document.getElementById('myfiles');
   myfiles.addEventListener('change', process, false);
   window.webkitRequestFileSystem(window.TEMPORARY, 5*1024*1024,
                                  createhd, showerror);
}
function createhd(fs){
   hd=fs.root;
   loadcanvas();
}
function showerror(e){
   alert('Error: '+e.code);
}
function process(e){
   var files=e.target.files;
   for(var f=0;f<files.length;f++){
      var file=files[f];
      if(file.type.match(/image.*/i)){
         var reader=new FileReader();
         reader.onload=show;
         reader.readAsDataURL(file);
      }
   }
}
function show(e){
   var result=e.target.result;
   var image=new Image();
   image.src=result;
   image.addEventListener("load", function(){
      var x=Math.floor(Math.random()*451);
      var y=Math.floor(Math.random()*301);
      canvas.drawImage(image,x,y,100,100);
      savecanvas();
   }, false);
}
```

```
function loadcanvas(){
    hd.getFile('canvas.dat', {create: false}, function(entry) {
        entry.file(function(file){
            var reader=new FileReader();
            reader.onload=function(e){
                var image=new Image();
                image.src=e.target.result;
                image.addEventListener("load", function(){
                    canvas.drawImage(image,0,0);
                }, false);
            };
            reader.readAsBinaryString(file);
        }, showerror);
    }, showerror);
}
function savecanvas(){
    var elem=document.getElementById('canvas');
    var info=elem.toDataURL();
    hd.getFile('canvas.dat', {create: true, exclusive: false},
                function(entry) {
        entry.createWriter(function(fileWriter){
            var blob=new WebKitBlobBuilder();
            blob.append(info);
            fileWriter.write(blob.getBlob());
        }, showerror);
    }, showerror);
}
window.addEventListener('load', initiate, false);
```

Listing 12.22 Eine Canvas-Anwendung mit der File-API (Datei file10.js)

In diesem Beispiel arbeiten Sie mit zwei APIs: der File-API (mit ihren Erweiterungen) und der Canvas-API. In der initiate()-Funktion werden beide APIs initialisiert. Zuerst wird mit getContext() der Zeichenkontext für den Canvas generiert und dann wird später das Dateisystem mit requestFileSystem() angefragt.

Sobald das Dateisystem bereit ist, wird wie immer die Funktion createhd() aufgerufen und die hd-Variable darin mit einem Verweis auf die Wurzel des Dateisystems initialisiert. Diesmal wurde am Ende von createhd() ein Aufruf einer neuen Funktion hinzugefügt, um die Datei mit dem Bild laden zu können, das die Anwendung bei ihrer letzten Ausführung erzeugt hatte.

Wie wird dieses Bild nun generiert? Wenn der Benutzer in dem vom HTML-Dokument bereitgestellten Formular neue Bilddateien auswählt, sendet das <input>-Element ein change-Event aus und die process()-Funktion wird aufgerufen. Diese Funktion übernimmt die Dateien aus der Eingabe, extrahiert jedes File-Objekt aus dem übergebenen Array, prüft, ob die Datei ein Bild ist oder nicht, und liest den Inhalt jedes Eintrags mit der Methode readAsDataURL(), wobei sie einen Wert im Format data:url zurückgibt.

Wie Sie erkennen können, werden die Dateien von process() immer eine nach der anderen gelesen. Wenn das klappt, wird für jede Datei ein load-Event ausgesendet und die show()-Funktion aufgerufen. Somit verarbeitet diese Funktion jedes Bild, das der Benutzer ausgewählt hat.

Die show()-Funktion entnimmt die Daten aus dem reader-Objekt, erzeugt mit Image() ein neues Bildobjekt und weist die Daten in der Zeile image.src=result als Quelle dieses Bildes zu.

Beim Arbeiten mit Bildern müssen Sie immer die Zeit berücksichtigen, die das Bild braucht, um geladen zu werden. Daher haben Sie nach dem Deklarieren der neuen Quelle für das Bildobjekt einen Listener für ein load-Event hinzugefügt, um sicherzustellen, dass das Bild vollständig geladen ist, bevor Sie seine Daten verarbeiten. Sobald das load-Event ausgelöst wird (das Bild geladen ist), wird die anonyme Funktion ausgeführt, die in der Methode addEventListener() deklariert wurde. Diese Funktion berechnet eine Zufallsposition für das Bild und zeichnet es mit drawImage() und in der festgelegten Größe von 100x100 auf den Bildschirm. (In der show()-Funktion in Listing 12.22 können Sie den Vorgang nachvollziehen.)

Wurde das Bild gezeichnet, wird die Funktion savecanvas() aufgerufen. Diese Funktion speichert den Status des Canvas nach jeder Modifikation ab, damit die Anwendung die jüngsten Änderungen lädt, wenn sie das nächste Mal geöffnet wird. Eine Methode aus der Canvas-API namens toDataURL() wird verwendet, um den Inhalt des Canvas als data:url zurückzuliefern. Eine Reihe von Operationen werden in savecanvas() ausgeführt, um diese Daten zu verarbeiten. Zuerst wird die vom Canvas generierte data:url in der info-Variablen gespeichert. Dann wird die Datei *canvas.dat* erzeugt (falls sie noch nicht existiert) und mit getFile() geöffnet. Wenn getFile() Erfolg hat, übernimmt eine anonyme Funktion den Eintrag und die Methode createWriter() erzeugt ein FileWriter-Objekt. Wenn auch dies gelingt, ruft diese Methode abermals eine anonyme Funktion auf, die den Wert der info-Variablen an ein BlobBuilder-Objekt anhängt und den Blob mit write() in die Datei schreibt.

> **Warnung** ✕
>
> Diesmal haben wir nicht auf jedes Event des FileWriter-Objekts geachtet, weil wir auf einen Erfolg oder Misserfolg nicht konkret reagieren möchten. Sie können aber natürlich jederzeit die Events nutzen, um auf dem Bildschirm Statusmeldungen auszugeben oder absolute Kontrolle über jeden Teil des Prozesses zu erlangen.

Kommen wir nun zurück zu loadcanvas(). Ich habe bereits erwähnt, dass diese Funktion in der createhd()-Funktion aufgerufen wird, sobald die Anwendung startet. Sie lädt die Datei mit der bisher getanen Arbeit und zeichnet sie auf den Canvas. Da Sie mittlerweile wissen, welche Datei das ist und wie diese generiert wird, schauen wir nun, welche Arbeit die loadcanvas()-Funktion leistet.

Die loadcanvas()-Funktion wird von createhd() aufgerufen, sobald das Dateisystem fertig ist. Wie ihr Name schon sagt, lädt sie die Datei *canvas.dat*, um sich die data:url zu holen, die generiert wurde, als die letzte Änderung im canvas-Element eintrat, und zeichnet den Inhalt dieser Datei. Wenn die Datei nicht vorhanden ist, meldet die getFile()-Methode einen Fehler; wenn sie aber vorhanden ist, ruft die Methode eine anonyme Funktion auf, um die Datei zu lesen und ihren Inhalt mit readAsBinary-String() in Form eines Binärstrings abzuholen. Dieser Inhalt, ein data:url-String, muss als Bildquelle zugewiesen werden, bevor das Bild auf den Canvas gezeichnet werden kann. Also erzeugen Sie in der anonymen Funktion, die vom load-Event auf-

Abbildung 12.6 file10.html

gerufen wurde, das Bildobjekt, deklarieren die `data:url` aus der Datei als Bildquelle und zeichnen das Bild (wenn es geladen wurde) mit `drawImage()` auf den Canvas.

Der Effekt ist ganz einfach: Die aus dem `<input>`-Element ausgewählten Bilder werden an willkürlichen Stellen auf den Canvas gezeichnet und diese Arbeit wird in einer Datei gespeichert. Wenn der Browser geschlossen wird, wird die Datei geladen, der Canvas wird wiederhergestellt und unsere Arbeit ist immer noch vorhanden. Unser Beispiel hier ist nicht gerade nützlich, aber es zeigt, welches Potenzial in diesem Verfahren steckt.

Mit der Drag&Drop-API können Sie Bilddateien auf den Canvas ziehen, anstatt sie aus einem `<input>`-Element zu laden. Versuchen Sie, den Code aus Listing 12.22 mit einigen Programmbeispielen aus Kapitel 8 zu kombinieren, um sich in der Integration dieser APIs zu üben.

Kapitel 13
Die Communication-API

Inhalt

- Ajax-Anwendungen erstellen
- Anwendungsübergreifende Kommunikation ermöglichen
- Effizientere Kommunikation zwischen Browsern und Servern mit Web Sockets

Das, was inoffiziell als *Communication-API* bezeichnet wird, setzt sich zusammen aus den drei Kommunikationstechnologien *XMLHttpRequest Level 2*, *Cross Document Messaging* (Web-Messaging-API) und *Web Sockets* (WebSocket-API). Diese ermöglichen bzw. vereinfachen das Entwickeln von Ajax-Anwendungen, das anwendungsübergreifende Kommunizieren sowie die effizientere Kommunikation zwischen Browsern und Servern.

13.1 Ajax Level 2

Ajax Level 2 ist der erste Teil der Communication-API. Es ist eine Verbesserung des alten `XMLHttpRequest`-Objekts, das bisher sehr oft genutzt wird, um mit Servern zu kommunizieren und Ajax-Anwendungen zu erstellen.

Der Level 2 von `XMLHttpRequest` bezieht einige neue Funktionen ein, darunter die Cross-Origin-Kommunikation und Events, um die Evolution der Anfrage zu steuern. Diese Verbesserungen vereinfachen die Scripts und bieten neue Möglich-

keiten, wie zum Beispiel die Interaktion mit mehreren Servern von derselben Anwendung aus oder die Arbeit mit kleinen Datenstücken statt mit ganzen Dateien,
um nur ein paar zu nennen.

Das wichtigste Element dieser API ist natürlich das XMLHttpRequest-Objekt. Um es
zu erzeugen, wurde ein Konstruktor definiert:

- XMLHttpRequest(): Dieser Konstruktor gibt ein XMLHttpRequest-Objekt zurück,
  mit dem Sie eine Anfrage starten und auf Events lauschen können, um den
  Kommunikationsprozess zu steuern.

Das Objekt, das der Konstruktor XMLHttpRequest() erzeugt, hat wichtige Methoden,
um die Anfrage zu starten und zu steuern:

- open(method, url, async): Diese Methode konfiguriert eine anhängige Anfrage.
  Das method-Attribut gibt an, mit welcher HTTP-Methode die Verbindung geöffnet wird, zum Beispiel GET oder POST. Das url-Attribut gibt an, wo das Script
  liegt, das die Anfrage verarbeiten wird. Und der boolesche Wert async bestimmt, ob die Kommunikation synchron (false) oder asynchron (true) ist.
  Diese Methode kann auch Werte zur Angabe von Benutzer und Passwort
  aufnehmen, wenn es notwendig ist.

- send(data): Dies ist die Methode, die die eigentliche Anfrage initiiert. Ein
  XMLHttpRequest-Objekt verfügt über mehrere Versionen dieser Methode, um
  verschiedene Arten von Daten verarbeiten zu können. Das data-Attribut kann
  weggelassen werden, oder es wird als Array-Buffer, Blob, Dokument, String
  oder FormData-Objekt deklariert.

- abort(): Mit dieser einfachen Methode lässt sich die Anfrage abbrechen.

13.1.1 Daten abfragen

Als Erstes erstellen wir ein Beispiel, um aus einer Textdatei auf dem Server mit der
GET-Methode Daten zu lesen. Um die Anfrage zu starten, benötigen Sie ein neues
HTML-Dokument mit einem Button:

```
<!DOCTYPE html>
<html lang="de">
<head>
    <title>Ajax Level 2</title>
    <link rel="stylesheet" href="ajax.css">
    <script src="ajax01.js"></script>
</head>
```

```
<body>
   <section id="formbox">
      <form name="form">
         <p><input type="button" name="button" id="button"
                   value="Tu es"></p>
      </form>
   </section>
   <section id="databox"></section>
</body>
</html>
```

Listing 13.1 Eine Vorlage für Ajax-Anfragen (Datei ajax01.html)

Zur Vereinfachung der Beispiele nehmen Sie dieselbe HTML-Struktur wie immer und wenden für die visuelle Darstellung einige elementare Styles an:

```
#formbox{
   float: left;
   padding: 20px;
   border: 1px solid #999999;
}
#databox{
   float: left;
   width: 500px;
   margin-left: 20px;
   padding: 20px;
   border: 1px solid #999999;
}
```

Listing 13.2 Styles zur Bildschirmdarstellung der Boxen (Datei ajax.css)

Legen Sie eine HTML-Datei mit der Vorlage aus Listing 13.1, eine CSS-Datei mit den Regeln aus Listing 13.2. und eine JavaScript-Datei mit dem folgenden Code an (Beispieldateien *ajax01.html*, *ajax.css* und *ajax01.js*). Um die folgenden Beispiele testen zu können, müssen Sie alle Dateien auf Ihren Server hochladen.

Der Code in diesem Beispiel liest eine Datei auf dem Server und zeigt ihren Inhalt auf dem Bildschirm an. Es werden keine Daten an den Server gesandt; Sie stellen lediglich eine GET-Anfrage und zeigen anschließend die abgefragten Informationen an.

```
function initiate(){
   databox=document.getElementById('databox');

   var button=document.getElementById('button');
   button.addEventListener('click', read, false);
}
```

Kapitel

13

343

```
function read(){
    var url="textfile.txt";
    var request=new XMLHttpRequest();
    request.addEventListener('load',show,false);
    request.open("GET", url, true);
    request.send(null);
}
function show(e){
    databox.innerHTML=e.target.responseText;
}
window.addEventListener('load', initiate, false);
```

Listing 13.3 Eine Datei lesen (Datei ajax01.js)

In Listing 13.3 finden Sie wieder die typische initiate()-Funktion, die aufgerufen wird, wenn das Dokument lädt. Sie erzeugt einen Verweis auf die Datenbox und fügt dem Button einen Listener für das click-Event hinzu.

Wenn der Tu es-Button angeklickt wird, wird die read()-Funktion aufgerufen. Hier sehen Sie nun alle zuvor beschriebenen Methoden in Aktion. Zuerst wird die URL der zu lesenden Datei deklariert. Da ich Ihnen noch nicht erklärt habe, wie Cross-Origin-Anfragen funktionieren, muss diese Datei in derselben Domäne (und in diesem Beispiel auch in demselben Verzeichnis) wie der JavaScript-Code liegen. Im nächsten Schritt wird mit dem Konstruktor XMLHttpRequest() das Objekt erzeugt und der request-Variablen zugewiesen. Diese Variable wird anschließend verwendet, um einen Event-Listener für das load-Event hinzuzufügen und die Anfrage mit den Methoden open() und send() zu starten. Da in dieser Anfrage keine Daten gesendet werden, ist die send()-Methode leer (null), aber die open()-Methode benötigt ihre Attribute, um die Anfrage zu konfigurieren. Mit dieser Methode haben Sie die Anfrage als GET-Request, die URL der zu lesenden Datei und den Typ der Operation (true, das heißt asynchron) deklariert.

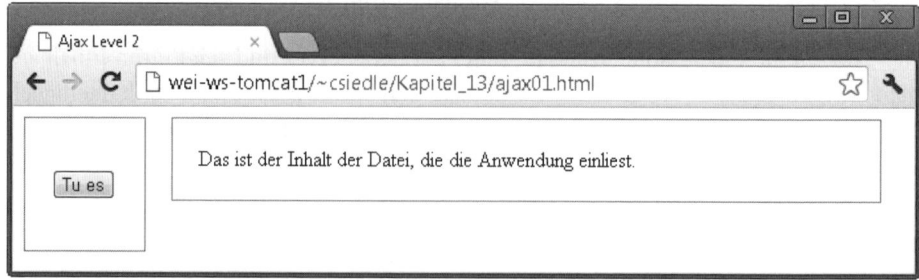

Abbildung 13.1 ajax01.html

344

Eine asynchrone Operation bedeutet, dass der Browser den Code weiterhin verarbeitet, während die Datei gelesen wird. Das Ende der Operation wird durch das load-Event angezeigt. Wenn die Datei schließlich geladen ist, wird dieses Event ausgelöst und die show()-Funktion aufgerufen. Diese Funktion ersetzt den Inhalt der Datenbox durch den Wert der Eigenschaft responseText. Damit ist der Prozess beendet.

Um dieses Beispiel zu testen, legen Sie eine Textdatei namens *textfile.txt* an und schreiben etwas hinein. Dann laden Sie diese und die restlichen Dateien, die aus den Listings 13.1, 13.2 und 13.3 (*ajax01.html*, *ajax.css* und *ajax01.js*) bestehen, auf Ihren Server hoch und öffnen das HTML-Dokument in Ihrem Browser. Wenn Sie jetzt auf den Button TU ES klicken, erscheint der Inhalt der Textdatei auf dem Bildschirm.

> **Warnung** ✖
>
> Wenn die Antwort mit innerHTML verarbeitet wird, werden der HTML- und Java-Script-Code interpretiert. Aus Sicherheitsgründen ist es immer besser, stattdessen innerText zu verwenden. Diese Entscheidung sollten Sie je nach den Anforderungen Ihrer Anwendung treffen.

13.1.2 Response-Eigenschaften

Für die Antwort gibt es drei verschiedene Arten von Response-Eigenschaften, mit denen Sie die Informationen verarbeiten können, die eine Anfrage zurückliefert:

- response: Dies ist eine Allzweck-Eigenschaft. Sie gibt die Antwort auf die Anfragen entsprechend dem Wert des responseType-Attributs zurück.
- responseText: Diese Eigenschaft gibt die Antwort auf die Anfrage als Text zurück.
- responseXML: Diese Eigenschaft gibt die Antwort auf die Anfrage wie ein XML-Dokument zurück.

13.1.3 Events

Neben dem load-Event bietet die Spezifikation noch andere Events für das XMLHttpRequest-Objekt:

- loadstart: Dieses Event wird ausgelöst, wenn die Anfrage beginnt.
- progress: Dieses Event wird periodisch ausgelöst, während Daten gesendet oder empfangen werden.

■ abort: Dieses Event wird ausgelöst, wenn die Anfrage abgebrochen wird.

■ error: Dieses Event wird ausgelöst, wenn während der Anfrage ein Fehler auftritt.

■ load: Dieses Event wird ausgelöst, wenn die Anfrage abgeschlossen ist.

■ timeout: Wenn ein timeout-Wert angegeben wurde, wird dieses Event ausgelöst, wenn die Anfrage nicht im vorgegebenen Zeitraum abgeschlossen werden konnte.

■ loadend: Dieses Event wird ausgelöst, wenn die Anfrage mit oder ohne Erfolg abgeschlossen wurde.

Das beste von allen Events ist wohl progress. Dieses Event wird ungefähr alle 50 Millisekunden ausgelöst, um den Status der Anfrage zu melden. Mit progress können Sie den Benutzer über jeden Schritt des Prozesses informieren und professionelle Kommunikationsanwendungen erstellen.

```
function initiate(){
    databox=document.getElementById('databox');

    var button=document.getElementById('button');
    button.addEventListener('click', read, false);
}
function read(){
    var url="trailer.ogg";
    var request=new XMLHttpRequest();
    request.addEventListener('loadstart',start,false);
    request.addEventListener('progress',status,false);
    request.addEventListener('load',show,false);
    request.open("GET", url, true);
    request.send(null);
}
function start(){
    databox.innerHTML='<progress value="0" max="100">0%</progress>';
}
function status(e){
    if(e.lengthComputable){
        var per=parseInt(e.loaded/e.total*100);
        var progressbar=databox.querySelector("progress");
        progressbar.value=per;
        progressbar.innerHTML=per+'%';
    }
}
```

```
function show(e){
    databox.innerHTML='Fertig';
}
window.addEventListener('load', initiate, false);
```

Listing 13.4 Den Fortschritt der Anfrage melden (Datei ajax02.js)

In Listing 13.4 wird die Anfrage mit den drei Events loadstart, progress und load gesteuert. Das loadstart-Event ruft die start()-Funktion auf, um erstmals den Fortschrittsbalken auf dem Bildschirm anzuzeigen. Während die Datei heruntergeladen wird, führt das progress-Event mehrmals die status()-Funktion aus. Diese meldet den Fortschritt durch das <progress>-Element und den Wert der Eigenschaften von ProgressEvent.

Ist die Datei schließlich vollständig heruntergeladen, wird das load-Event ausgelöst und die show()-Funktion zeigt auf dem Bildschirm den String *Fertig*.

> **Warnung** ✖
>
> Ich habe innerHTML verwendet, um das Dokument mit einem neuen <progress>-Element auszustatten. Das ist zwar für das Beispiel praktisch, wird aber generell nicht empfohlen. Normalerweise werden Elemente dem DOM mit der JavaScript-Methode createElement() und appendChild() hinzugefügt.

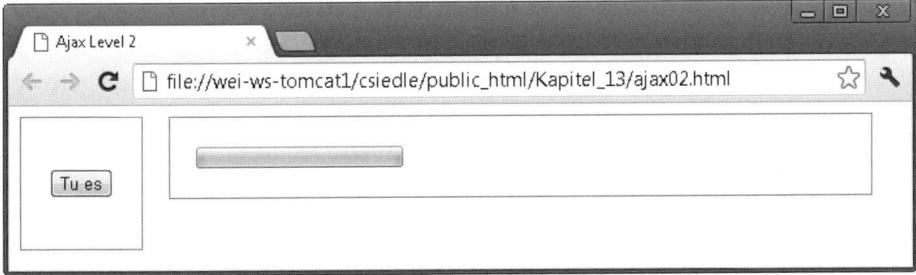

Abbildung 13.2 ajax02.html

Das progress-Event wird von der Spezifikation im ProgressEvent-Interface deklariert. Diese Schnittstelle ist allen APIs gemeinsam und enthält drei wichtige Eigenschaften, um Informationen über den Prozess zu liefern, den das Event überwacht:

- lengthComputable: Dies ist einfach ein boolescher Wert, der true zurückgibt, wenn sich die Länge der Fortschrittsanzeige berechnen lässt, und false, wenn nicht. Wir verwenden ihn in den Beispielen, um sicherzustellen, dass die Werte in den restlichen Eigenschaften gültig sind.

■ loaded: Diese Eigenschaft gibt an, wie viele Bytes bereits hoch- oder herunter-geladen wurden.

■ total: Diese Eigenschaft gibt die Gesamtgröße der hoch- oder herunterzula-denden Daten in Bytes an.

Warnung	☒

Je nach Ihrer Internetverbindung müssen Sie eventuell recht große Dateien verwen-den, um den Fortschrittsbalken in Aktion zu sehen. In Listing 13.4 wurde das Video *trailer.ogg* als URL deklariert, das Sie bereits in Kapitel 5 für die Media-API verwendet haben. Sie können das entsprechende Video aus den Beispieldateien verwenden oder eine eigene Datei.

13.1.4 Daten senden

Bisher haben Sie Informationen vom Server abgeholt, aber keine Daten gesendet, ja noch nicht einmal eine andere HTTP-Methode als GET eingesetzt. Im folgenden Beispiel werden Sie mit der POST-Methode und einem neuen Objekt arbeiten, das es ermöglicht, über virtuelle Formularelemente Informationen zu senden.

Ich habe bisher noch nicht erwähnt, wie Daten mit einer GET-Methode gesendet werden, weil das wie üblich so einfach ist, wie Werte in die URL zu schreiben. Sie erstellen einen Pfad für die url-Variable, wie textfile.txt?val1=1&val2=2, und schon werden die Werte zusammen mit der Anfrage verschickt. Die Attribute val1 und val2 in diesem Beispiel werden auf dem Server als GET-Variablen gelesen. Da diese Informationen natürlich nicht von einer Textdatei verarbeitet werden können, empfangen Sie die Werte auf der Serverseite normalerweise mit einer PHP-Datei oder einem anderen Script. Bei POST-Anfragen liegen die Dinge aller-dings komplizierter.

Wie Sie vermutlich wissen, enthält eine POST-Anfrage alle Informationen, die von einer GET-Methode versendet werden, aber zusätzlich auch einen Message-Body. Dieser ermöglicht es, Informationen jeden Typs in jeder gewünschten Länge zu senden. Normalerweise ist ein HTML-Formular das beste Mittel, um diese Infor-mationen zu übergeben, aber für dynamische Anwendungen ist dies wohl nicht die beste Option. Um dieses Problem zu lösen, enthält die API das FormData-Interface. Diese einfache Schnittstelle hat nur einen Konstruktor und eine Metho-de, um mit FormData-Objekten zu arbeiten.

■ FormData(): Dieser Konstruktor gibt ein FormData-Objekt zurück, das später von der send()-Methode verwendet wird, um die Informationen zu senden.

■ append(name, value): Diese Methode schreibt Daten in das FormData-Objekt. Sie nimmt ein Schlüsselwort/Wert-Paar als Attribut auf. Das value-Attribut kann entweder ein String oder ein Blob sein und die Rückgabedaten stellen ein Formularfeld dar.

```
function initiate(){
    databox=document.getElementById('databox');

    var button=document.getElementById('button');
    button.addEventListener('click', send, false);
}
function send(){
    var data=new FormData();
    data.append('name','John');
    data.append('nachname','Doe');

    var url="process.php";
    var request=new XMLHttpRequest();
    request.addEventListener('load',show,false);
    request.open("POST", url, true);
    request.send(data);
}
function show(e){
    databox.innerHTML=e.target.responseText;
}
window.addEventListener('load', initiate, false);
```

Listing 13.5 Ein virtuelles Formular senden (Datei ajax03.js)

Informationen werden an einen Server gesendet, damit sie verarbeitet werden und ein Ergebnis produzieren. Normalerweise wird dieses Ergebnis im Server gespeichert und einige Informationen werden als Feedback zurückgeschickt. In dem Beispiel in Listing 13.5 senden wir Daten an die Datei *process.php* und zeigen die Informationen, die dieses Script zurückliefert, auf dem Bildschirm an.

Um dieses Beispiel zu testen, geben Sie einfach die Werte, die von *process.php* empfangen werden, mit folgendem Script aus:

```
<?PHP
    print('Ihr Name ist: '.$_POST['name'].'<br>');
    print('Ihr Nachname ist: '.$_POST['nachname']);
?>
```

Listing 13.6 Eine einfache Antwort auf eine POST-Anfrage (process.php)

Schauen Sie einmal, wie die Informationen für den Versand vorbereitet werden. In der send()-Funktion in Listing 13.5 wird der Konstruktor FormData() aufgerufen und das zurückgegebene FormData-Objekt in der Variablen data gespeichert. Diesem Objekt werden mit der Methode append() zwei Schlüsselwort/Wert-Paare namens name und nachname hinzugefügt, die die Formular-Eingabefelder darstellen.

Die Anfrage wird genau wie in früheren Beispielen initialisiert, nur dass diesmal das erste Attribut der Methode open() kein GET ist, sondern ein POST und das Attribut der Methode send() nicht null ist, sondern ein data-Objekt.

Ein Klick auf den TU ES-Button ruft die send()-Funktion auf und diese sendet das im FormData-Objekt erzeugte Formular an den Server. Die Datei process.php nimmt diese Daten entgegen (name und nachname) und gibt dem Browser einen Text mit diesen Informationen zurück. Ist der Prozess abgeschlossen, wird die show()-Funktion ausgeführt und die empfangenen Informationen werden mit Hilfe der Eigenschaft responseText auf dem Bildschirm angezeigt.

Für dieses Beispiel müssen mehrere Dateien auf den Server hochgeladen werden. Verwenden Sie dasselbe HTML-Dokument und dieselben CSS-Styles aus Listing 13.1 und 13.2. Der alte JavaScript-Code wird durch Listing 13.5 ersetzt. Außerdem müssen Sie eine neue process.php-Datei mit dem Code aus Listing 13.6 anlegen. (Beispieldateien *ajax03.html*, *ajax.css*, *ajax03.js* und *process.php*). Diese Dateien laden Sie alle auf den Server und öffnen dann das HTML-Dokument in Ihrem Browser. Wenn Sie auf TU ES klicken, sollte der von *process.php* zurückgegebene Text auf dem Bildschirm erscheinen.

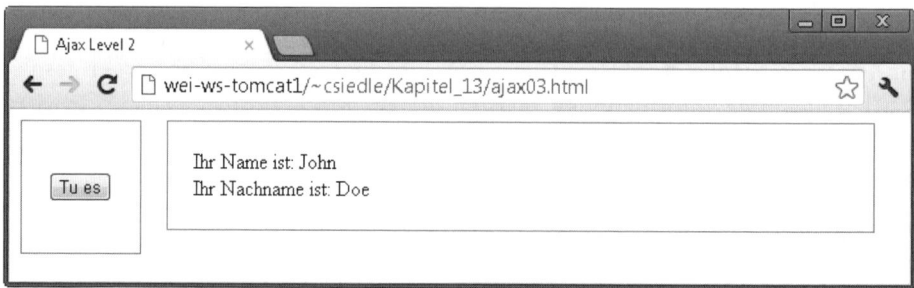

Abbildung 13.3 ajax03.html

13.1.5 Cross-Origin-Anfragen

Sie haben schon mit Scripts und Datendateien gearbeitet, die in demselben Verzeichnis und derselben Domäne liegen, aber mit XMLHttpRequest Level 2 können Sie auch Cross-Origin-Anfragen generieren, so dass Sie jetzt in derselben Anwendung auch mit verschiedenen Servern interagieren können.

Der Zugriff von einer Domäne auf eine andere muss vom Server genehmigt werden. Diese Genehmigung wird erteilt, indem die Domänen, die auf die Anwendung zugreifen dürfen, deklariert werden. Das geschieht in dem vom Server gesendeten Header, der die Datei zuweist, die die Anfrage verarbeitet.

Wenn die Anwendung zum Beispiel auf *www.domain1.com* liegt und Sie auf die *process.php*-Datei des Beispiels auf *www.domain2.com* zugreifen, muss der zweite Server so konfiguriert sein, dass er den Ursprung *www.domain1.com* als gültigen Ursprung für einen Aufruf von XMLHttpRequest ansieht.

Diese Deklaration können Sie in den Konfigurationsdateien des Servers oder im Header des Scripts vornehmen. Im zweiten Fall ist die Lösung für unser Beispiel einfach: Sie fügen dem Script *process.php* lediglich den Header `Access-Control-Allow-Origin` hinzu:

```php
<?PHP
    header('Access-Control-Allow-Origin: *');
    print('Ihr Name ist: '.$_POST['name'].'<br>');
    print('Ihr Nachname ist: '.$_POST['nachname']);
?>
```

Listing 13.7 Anfragen von mehreren Stellen erlauben

Der Wert * für den Header `Access-Control-Allow-Origin` steht für mehrere Ursprünge. Jeder darf auf den Code in Listing 13.7 zugreifen, solange nicht der Wert * durch einen spezifischen Ursprung wie *http://www.domain1.com* ersetzt wird. (Dann dürfen nur noch Anwendungen von *www.domain1.com* auf das Script zugreifen.)

Warnung ✕

Der PHP-Code in Listing 13.7 fügt den Wert nur dem Header hinzu, der vom Script *process.php* zurückgegeben wird. Soll dieser Parameter in jedem Header stehen, den der Server zurückgibt, müssen Sie die Konfigurationsdateien Ihres HTTP-Servers ändern. Um mehr darüber zu erfahren, schauen Sie in die Anleitungen für Ihren HTTP-Server.

13.1.6 Dateien hochladen

Wie die Dateien auf den Server gelangen, ist eine der größten Sorgen der Webentwickler. Es ist eine Funktion, die fast alle modernen Online-Anwendungen benötigen, die aber die Browser nicht einkalkulieren. Diese API packt das Problem mit einem neuen Attribut an, das ein XMLHttpRequestUpload-Objekt zurückgibt, das nicht nur auf alle Methoden, Eigenschaften und Events eines XMLHttpRequest-Objekts Zugriff hat, sondern auch den Upload-Prozess steuert.

upload gibt ein XMLHttpRequestUpload-Objekt zurück. Es muss von einem existierenden XMLHttpRequest-Objekt aufgerufen werden.

Um damit zu arbeiten, benötigen Sie eine neue Vorlage, in deren <input>-Feld Sie eine Datei zum Hochladen auswählen können:

```
<!DOCTYPE html>
<html lang="de">
<head>
    <title>Ajax Level 2</title>
    <link rel="stylesheet" href="ajax.css">
    <script src="ajax04.js"></script>
</head>
<body>
    <section id="formbox">
        <form name="form">
            <p>Datei zum Hochladen:<br><input type="file" name="myfiles"
                                              id="myfiles"></p>
        </form>
    </section>
    <section id="databox"></section>
</body>
</html>
```

Listing 13.8 Eine Vorlage zum Hochladen von Dateien (Datei ajax04.html)

Um eine Datei hochladen zu können, benötigen Sie einen Verweis auf die Datei, den Sie als Formularfeld übermitteln. Das im vorigen Beispiel eingeführte FormData-Objekt kann mit dieser Art von Daten umgehen. Das System erkennt automatisch, welche Art von Informationen das FormData-Objekt enthält, und erzeugt die richtigen Header für die Anfrage. Der übrige Prozess gleicht dem, den Sie weiter oben in diesem Kapitel bereits sahen.

```
function initiate(){
    databox=document.getElementById('databox');
    var myfiles=document.getElementById('myfiles');
```

```
   myfiles.addEventListener('change', upload, false);
}
function upload(e){
   var files=e.target.files;
   var file=files[0];

   var data=new FormData();
   data.append('file',file);

   var url="process.php";
   var request=new XMLHttpRequest();
   var xmlupload=request.upload;

   xmlupload.addEventListener('loadstart',start,false);
   xmlupload.addEventListener('progress',status,false);
   xmlupload.addEventListener('load',show,false);
   request.open("POST", url, true);
   request.send(data);
}
function start(){
   databox.innerHTML='<progress value="0" max="100">0%</progress>';
}
function status(e){
   if(e.lengthComputable){
      var per=parseInt(e.loaded/e.total*100);
      var progressbar=databox.querySelector("progress");
      progressbar.value=per; progressbar.innerHTML=per+'%';
   }
}
function show(e){
   databox.innerHTML='Fertig';
}
window.addEventListener('load', initiate, false);
```

Listing 13.9 Eine Datei mit FormData hochladen (Datei ajax04.js)

Die wichtigste Funktion in Listing 13.9 ist upload(). Sie wird aufgerufen, wenn der Benutzer eine neue Datei aus dem <input>-Element der Vorlage auswählt (wenn das change-Event ausgelöst wird). Die ausgewählte Datei wird empfangen und in der file-Variablen gespeichert, genau so, wie Sie es bereits mit der File-API in Kapitel 12 und der Drag&Drop-API in Kapitel 8 getan haben. Alle diese Methoden geben das gleiche File-Objekt zurück.

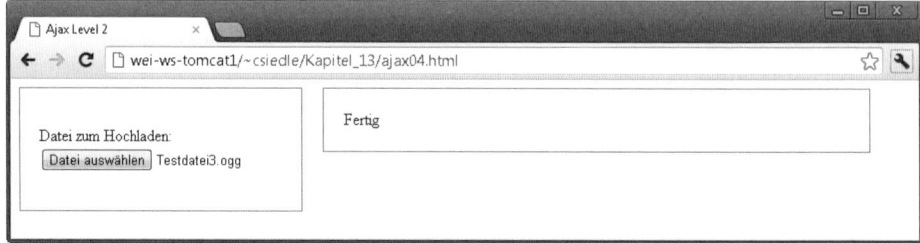

Abbildung 13.4 ajax04.html

Sobald Sie einen Verweis auf die Datei haben, wird das FormData-Objekt erzeugt und die Datei diesem Objekt mit append() hinzugefügt. Um das Formular zu übermitteln, starten Sie eine POST-Anfrage. Zuerst wird der request-Variablen ein normales XMLHttpRequest-Objekt zugewiesen. Später wird mit dem upload-Attribut ein XMLHttpRequestUpload-Objekt erzeugt und in der Variablen xmlupload gespeichert. Mit Hilfe dieser neuen Variablen fügen Sie Event-Listener für alle vom Upload-Prozess ausgelösten Events hinzu und senden zu guter Letzt die Anfrage.

Der übrige Code tut dasselbe wie in Listing 13.4: Er zeigt einen Fortschrittsbalken auf dem Bildschirm, wenn der Upload startet, und aktualisiert die Anzeige je nach dem Fortschritt des Prozesses.

13.1.7 Die Anwendung in der Praxis

Die meisten Webentwickler würden die Dateien nicht immer nur eine nach der anderen hochladen, und ebenso wenig würden sie die Dateien für den Upload in einem <input>-Feld auswählen lassen. Normalerweise möchte jeder Programmierer möglichst intuitive Anwendungen schreiben, und das funktioniert am besten mit einer Kombination von Techniken und Methoden, die den Benutzern bereits vertraut sind. Mit der Drag&Drop-API werden Sie nun eine realistische Anwendung schreiben, um mehrere Dateien gleichzeitig durch simples Ziehen und Ablegen auf den Server zu laden.

Zuerst erstellen Sie ein HTML-Dokument mit der Dropbox:

```
<!DOCTYPE html>
<html lang="de">
<head>
    <title>Ajax Level 2</title>
    <link rel="stylesheet" href="ajax.css">
    <script src="ajax05.js"></script>
</head>
```

```
<body>
   <section id="databox">
      <p>Datei hier ablegen</p>
   </section>
</body>
</html>
```

Listing 13.10 Ein Bereich zum Ablegen von Dateien (Datei ajax05.html)

Der JavaScript-Code für dieses Beispiel ist womöglich bisher der komplizierteste. Er kombiniert zwei APIs und arbeitet andauernd mit anonymen Funktionen, um alles gut zu gliedern und in demselben Gültigkeitsbereich (derselben Funktion) zu halten. Sie nehmen die Dateien, die in das databox-Element gezogen wurden, und listen sie auf dem Bildschirm auf; Sie bereiten das Formular mit der zu sendenden Datei vor und senden für jede Datei eine Upload-Anfrage und aktualisieren jeden Fortschrittsbalken, während die Dateien hochgeladen werden.

```
function initiate(){
   databox=document.getElementById('databox');

   databox.addEventListener('dragenter',
                            function(e) { e.preventDefault(); }, false);
   databox.addEventListener('dragover',
                            function(e) { e.preventDefault(); }, false);
   databox.addEventListener('drop', dropped, false);
}
function dropped(e){
   e.preventDefault();
   var files=e.dataTransfer.files;
   if(files.length){
      var list='';
      for(var f=0;f<files.length;f++){
         var file=files[f];
         list+='<blockquote>File: '+file.name;
         list+='<br><span><progress value="0" max="100">0%</progress>
                  </span>';
         list+='</blockquote>';
      }
      databox.innerHTML=list;

      var count=0;
      var upload=function(){
         var file=files[count];
         var data=new FormData();
```

```
            data.append('file',file);
            var url="process.php";
            var request=new XMLHttpRequest();
            var xmlupload=request.upload;

            xmlupload.addEventListener('progress',function(e){
                if(e.lengthComputable){
                    var child=count+1;
                    var per=parseInt(e.loaded/e.total*100);
                    var progressbar=databox.querySelector("blockquote:
                        nth-child("+child+") > span > progress");
                    progressbar.value=per;
                    progressbar.innerHTML=per+'%';
                }
            },false);
            xmlupload.addEventListener('load',function(){
                var child=count+1;
                var elem=databox.querySelector("blockquote:
                                nth-child("+child+") > span");
                elem.innerHTML='Fertig!';

                count++;
                if(count<files.length){
                    upload();
                }
            },false);
            request.open("POST", url, true);
            request.send(data);
        }
        upload();
    }
}
window.addEventListener('load', initiate, false);
```

Listing 13.11 Dateien nacheinander hochladen (Datei ajax05.js)

Dieser Code lässt sich zwar nicht ganz leicht verfolgen, aber Schritt für Schritt wird es schon gehen. Wie immer fängt alles mit der `initiate()`-Funktion an, die aufgerufen wird, sobald das Dokument geladen ist. Diese erstellt einen Verweis auf die `databox`, die unsere Dropbox für dieses Beispiel sein soll, und fügt Listener für drei Events hinzu, um die Drag&Drop-Operation zu steuern. (Mehr über Drag &Drop können Sie in Kapitel 8 nachlesen.) Das `dragenter`-Event wird ausgelöst, wenn die Dateien in den Bereich der Dropbox gezogen werden; das `dragover`-Event wird ausgelöst, während die Dateien über der Dropbox schweben, und das drop-Event wird ausgelöst, wenn die Dateien in der Dropbox abgelegt werden. Für dragenter und dragover müssen Sie in diesem Beispiel nichts weiter unternehmen. Das einzige Event, auf das Sie reagieren müssen, ist drop. Der Listener für dieses Event ruft immer dann, wenn etwas in der databox abgelegt wird, die dropped()-Funktion auf.

Die erste Zeile in der dropped()-Funktion enthält auch die Methode preventDefault(), um das Standardverhalten des Browsers auszuschalten. Da Sie nun die Situation voll unter Kontrolle haben, können Sie an die Verarbeitung der abgelegten Dateien gehen. Zuerst holen Sie uns die Dateien aus dem dataTransfer-Objekt. Sein Rückgabewert ist ein Array von Dateien, das Sie in der files-Variablen speichern. Um sicherzustellen, dass nur Dateien (und keine anderen Elemente) in unserer Dropbox abgelegt wurden, prüfen Sie den Wert der length-Eigenschaft mit dem Bedingungsausdruck if(files.length). Ist dieser Wert verschieden von 0 oder null, so bedeutet dies, dass eine oder mehrere Dateien abgelegt wurden und Sie fortfahren können.

Jetzt wollen wir mit den empfangenen Dateien arbeiten. Mit einer for-Schleife durchlaufen Sie das files-Array und erzeugen eine Liste von <blockquote>-Elementen mit dem Namen der Datei und einem in <span>-Tags eingeschlossenen Fortschrittsbalken. Ist die Liste fertig, wird das Ergebnis als Inhalt der databox auf dem Bildschirm angezeigt.

Es mag so erscheinen, als ob die dropped()-Funktion die ganze Arbeit tut, doch innerhalb dieser Funktion haben Sie eine weitere Funktion namens upload() geschrieben, die sich um den Upload-Prozess jeder Datei kümmert. Nachdem die Dateien auf dem Bildschirm angezeigt wurden, ist unser nächster Schritt also, diese Funktion zu erstellen und für jede Datei auf der Liste aufzurufen.

Die upload()-Funktion wurde mit Hilfe einer anonymen Funktion erstellt. Darin wählen Sie zuerst eine Datei aus dem Array, wobei die count-Variable als Index dient. Da count mit 0 initialisiert wurde, wird beim ersten Aufruf der upload()-Funktion die erste Datei von der Liste ausgewählt und hochgeladen.

Um alle Dateien hochzuladen, gehen Sie genauso vor wie in früheren Beispielen: Sie speichern einen Verweis auf die Datei in der file-Variablen, erzeugen mit dem Konstruktor FormData() ein FormData-Objekt und hängen die Datei mit append() an das Objekt an.

Kapitel

13

Diesmal achten Sie auf zwei Events, um den Prozess zu steuern: progress und load. Jedes progress-Event führt zum Aufruf einer anonymen Funktion, die den Status des Fortschrittsbalkens für die Datei, die gerade lädt, aktualisiert. Um das richtige <progress>-Element für diese Datei zu finden, verwenden Sie die Methode query-Selector() mit der Pseudoklasse :nth-child(). Der Index für die Pseudoklasse wird anhand des Werts der count-Variablen berechnet. Diese Variable enthält die Indexnummer für das files-Array, doch dessen Index startet bei 0 und der Index für die Liste der Kindelemente, auf die :nth-child() zugreift, startet bei 1. Um den richtigen Indexwert des entsprechenden <progress>-Elements zu finden, addieren Sie also 1 zum Wert von count, speichern das Ergebnis in der child-Variablen und benutzen diese Variable dann als Index.

Jedes Mal, wenn dieser Prozess zu Ende ist, muss das gemeldet und die nächste Datei im files-Array angepackt werden. Daher erhöhen Sie in der anonymen Funktion, die bei einem load-Event ausgeführt wird, den Wert von count inkrementell um 1, ersetzen das <progress>-Element durch den String "Fertig!" und rufen die upload()-Funktion erneut auf, falls noch weitere Dateien zur Verarbeitung ausstehen.

Wenn Sie den Code in Listing 13.11 verfolgen, werden Sie sehen, dass die upload()-Funktion, nachdem sie einmal deklariert ist, am Ende der dropped()-Funktion zum ersten Mal aufgerufen wird. Da count zuvor mit dem Wert 0 initialisiert wurde, wird die erste Datei des files-Arrays auch als erste verarbeitet. Wenn diese Datei fertig hochgeladen wurde, wird das load-Event ausgelöst und die anonyme Funktion zur Behandlung dieses Events erhöht den Wert von count inkrementell um 1 und führt erneut die upload()-Funktion aus, um die nächste Datei im Array zu verarbeiten. Am Ende wurden alle Dateien, die in der Dropbox abgelegt wurden, eine nach der anderen auf den Server geladen.

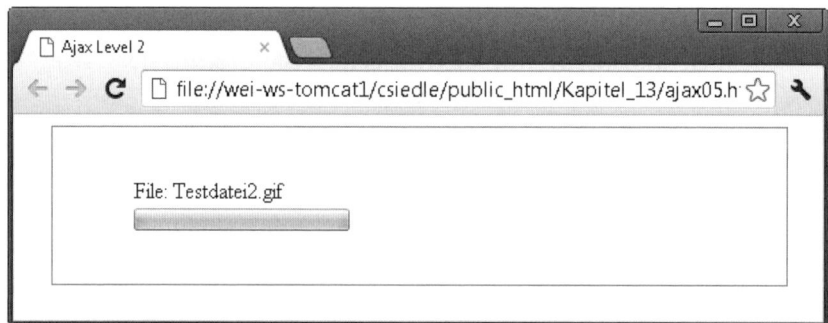

Abbildung 13.5 ajax05.html

13.2 Cross Document Messaging – Web-Messaging-API

Dieser Teil der Communication-API wird offiziell als Web-Messaging-API bezeichnet. Cross Document Messaging ist eine Technik, mit der Anwendungen von verschiedenen Ursprüngen aus miteinander kommunizieren können. Anwendungen aus unterschiedlichen Frames, Tabs, Fenstern oder sogar andere APIs können jetzt mit Hilfe dieser Technologie miteinander reden. Das Verfahren ist einfach: Sie senden eine Nachricht von einem Dokument und verarbeiten diese Nachricht im Zieldokument.

13.2.1 Ein Konstruktor zum Versenden von Nachrichten

Zum Versenden von Nachrichten bietet die API die postMessage()-Methode an:

■ postMessage(message, target): Diese Methode wird auf das contentWindow des Window-Objekts angewendet, das die Nachricht empfängt. Das message-Attribut ist ein String, der die zu übermittelnde Nachricht darstellt, und das target-Attribut ist die Domäne des Zieldokuments (Hostname oder ein Port, wie Sie später noch sehen werden). Das Ziel kann als konkrete Domäne oder mit dem Symbol * als ein beliebiges Dokument oder mit dem Symbol / als dem Ursprungsort gleich angegeben werden. Die Methode kann als drittes Attribut auch ein Array von Ports aufnehmen.

13.2.2 Das message-Event und seine Eigenschaften

Die Kommunikationsmethode ist asynchron. Um auf die Nachrichten an ein bestimmtes Dokument zu lauschen, stellt die API das message-Event bereit, das die Informationen mittels seiner Eigenschaften zurückgibt:

■ data: Diese Eigenschaft gibt den Inhalt der Nachricht zurück.

■ origin: Diese gibt den Ursprung des Absender-Dokuments zurück, normalerweise den Hostnamen. Dieser Wert kann auch verwendet werden, um eine Nachricht zurückzuschicken.

■ source: Diese Eigenschaft gibt ein Objekt zurück, um die Quelle der Nachricht zu identifizieren. Der Wert kann benutzt werden, um auf den Absender zu verweisen und die Nachricht zu beantworten, wie Sie später noch sehen werden.

Kapitel

13

13.2.3 Eine Nachricht senden

Um für diese API ein Beispiel zu verfassen, müssen Sie Folgendes berücksichtigen: Da der Kommunikationsprozess zwischen verschiedenen Fenstern (Fenster, Frames, Tabs oder andere APIs) stattfindet, müssen Sie auf allen Seiten Dokumente und Scripts bereitstellen. Unser Beispiel umfasst eine Vorlage mit einem Iframe und den jeweils richtigen JavaScript-Programmen für jede Seite. Wir beginnen mit dem Hauptdokument in HTML:

```
<!DOCTYPE html>
<html lang="de">
<head>
   <title>Cross Document Messaging</title>
   <link rel="stylesheet" href="messaging.css">
   <script src="messaging01.js"></script>
</head>
<body>
   <section id="formbox">
      <form name="form">
         <p>Ihr Name: <input type="text" name="name" id="name"
            required></p>
         <p><input type="button" name="button" id="button"
                  value="Senden"></p>
      </form>
   </section>
   <section id="databox">
      <iframe id="iframe" src="iframe01.html" width="500" height="350">
      </iframe>
   </section>
</body>
</html>
```

Listing 13.12 Das Hauptdokument mit einem Iframe (Datei messaging01.html)

Sie sehen hier zwei <section>-Elemente, wie auch in früheren Vorlagen, aber die databox enthält diesmal einen <iframe>, der die Datei *iframe01.html* lädt. Darauf komme ich später zurück. Erst fügen Sie der Struktur einige Styles hinzu:

```
#formbox{
   float: left;
   padding: 20px;
   border: 1px solid #999999;
}
```

```
#databox{
    float: left;
    width: 500px;
    margin-left: 20px;
    padding: 20px;
    border: 1px solid #999999;
}
```

Listing 13.13 Styles für die Boxen (Datei messaging.css)

Der JavaScript-Code für das Hauptdokument muss den Wert der name-Eingabe aus dem Formular mit der postMessage()-Methode an das Dokument innerhalb des Iframe senden:

```
function initiate(){
    var button=document.getElementById('button');
    button.addEventListener('click', send, false);
}
function send(){
    var name=document.getElementById('name').value;
    var iframe=document.getElementById('iframe');

    iframe.contentWindow.postMessage(name, '*');
}
window.addEventListener('load', initiate, false);
```

Listing 13.14 Eine Nachricht senden (Datei messaging01.js)

In Listing 13.14 wurde die Nachricht aus dem Wert der name-Eingabe gebildet. Als Ziel benennen Sie das Symbol *, um die Nachricht an jedes Dokument zu schicken, das im Iframe ausgeführt wird (unabhängig von seinem Ursprung).

Mit einem Klick auf den SENDEN-Button wird die send()-Funktion aufgerufen und der Wert des Eingabefelds an den Inhalt des Iframe geschickt. Nun können Sie diese Nachricht aus dem Iframe entnehmen und verarbeiten. Erstellen Sie ein kleines HTML-Dokument für den Iframe, um diese Informationen auf dem Bildschirm anzuzeigen:

```
<!DOCTYPE html>
<html lang="de">
<head>
    <title>iframe-Fenster</title>
    <script src="iframe01.js"></script>
</head>
```

Kapitel 13

361

```
<body>
   <section>
      <div><b>Nachricht vom Hauptfenster:</b></div>
      <div id="databox"></div>
   </section>
</body>
</html>
```

Listing 13.15 Vorlage für den Iframe (Datei iframe01.html)

Die Vorlage hat ihre eigene databox, die Sie zur Bildschirmanzeige der Nachricht einsetzen können, und ihren eigenen JavaScript-Code, um diese Nachricht zu verarbeiten:

```
function initiate(){
   window.addEventListener('message', receiver, false);
}
function receiver(e){
   var databox=document.getElementById('databox');
   databox.innerHTML='message from: '+e.origin+'<br>';
   databox.innerHTML+='message: '+e.data;
}
window.addEventListener('load', initiate, false);
```

Listing 13.16 Nachrichten im Zieldokument verarbeiten (iframe01.js)

Wie bereits erwähnt, bietet die API das message-Event und einige Eigenschaften für den Umgang mit Nachrichten an. In Listing 13.16 wird für dieses Event ein Listener hinzugefügt und die receiver()-Funktion als die Funktion eingestellt, die aufgerufen wird, wenn dieses Event auftritt. Die Funktion zeigt den Inhalt der Nachricht mit Hilfe der Eigenschaft data und informiert durch den Wert von origin über das Dokument, das die Nachricht ausgesendet hat.

Denken Sie daran, dass dieser Code zu dem HTML-Dokument für den Iframe gehört, und nicht zum Hauptdokument aus Listing 13.12. Das sind zwei verschiedene Dokumente mit jeweils eigener Umgebung, eigenem Gültigkeitsbereich und eigenen Scripts: Das eine ist im Haupt-Browserfenster und das andere innerhalb des Iframe.

Um das obige Beispiel zu testen, müssen insgesamt fünf Dateien angelegt und auf den Server geladen werden. Zuerst legen Sie eine neue HTML-Datei mit dem Code aus Listing 13.12 für das Hauptdokument an (*messaging01.html*). Dieses erfordert auch die Datei *messaging.css* mit den Styles aus Listing 13.13 und die Datei *messaging01.js* mit dem JavaScript-Code aus Listing 13.14. Die Vorlage aus Lis-

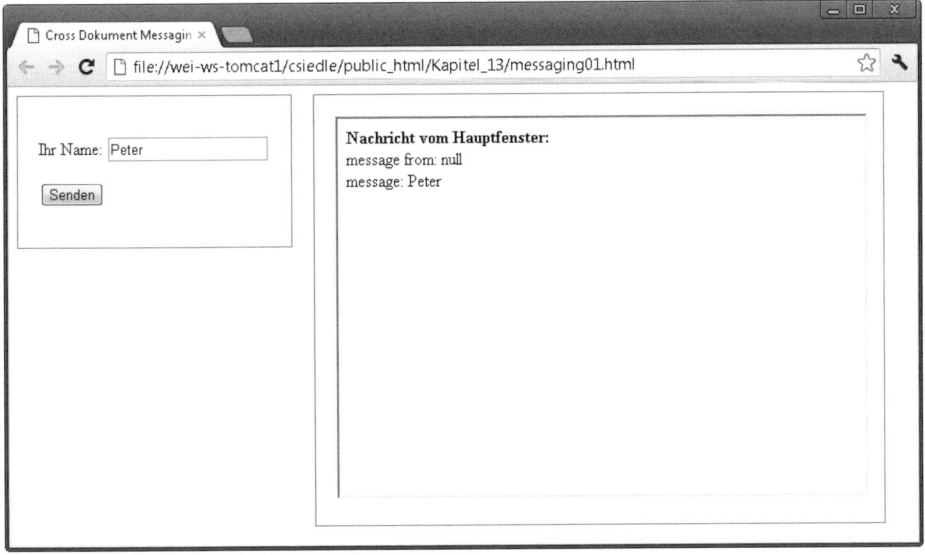

Abbildung 13.6 messaging01.html

ting 13.12 hat ein `<iframe>`-Element mit *iframe01.html* als Quelle. Diese Datei legen Sie mit dem Code aus Listing 13.15 an und die zugehörige *iframe01.js*-Datei mit dem Code aus Listing 13.16. Dann laden Sie alle diese Dateien auf den Server, öffnen das erste HTML-Dokument in Ihrem Browser und senden Ihren Namen über das Formular an den Iframe.

13.2.4 Filter und Cross-Origin

Unser bisheriges Vorgehen ist nicht gerade Best Practice, schon gar nicht in Sachen Sicherheit. Der Code im Hauptdokument sendet eine Nachricht an einen bestimmten Iframe, kontrolliert aber nicht, welches Dokument sie lesen darf. Jedes Dokument innerhalb des Iframe kann die Nachricht lesen. Hinzu kommt, dass der Code des Iframe die Herkunft nicht kontrolliert und jede empfangene Nachricht verarbeitet. Beide Teile der Kommunikation müssen verbessert werden, um Missbrauch vorzubeugen.

Im nächsten Beispiel beheben wir diese Schwächen. Ich zeige Ihnen, wie Sie vom Ziel aus eine Nachricht beantworten können, indem Sie eine andere Eigenschaft des `message`-Events namens `source` einsetzen.

Kapitel

13

```html
<!DOCTYPE html>
<html lang="de">
<head>
    <title>Cross Document Messaging</title>
    <link rel="stylesheet" href="messaging.css">
    <script src="messaging02.js"></script>
</head>
<body>
    <section id="formbox">
        <form name="form">
            <p>Ihr Name: <input type="text" name="name" id="name"
                required></p>
            <p><input type="button" name="button" id="button"
                    value="Senden"></p>
        </form>
    </section>
    <section id="databox">
        <iframe id="iframe" src="http://www.domain2.com/iframe02.html"
                width="500" height="350"></iframe>
    </section>
</body>
</html>
```

Listing 13.17 Die Kommunikation mit bestimmten Ursprüngen/Zielen (Datei messaging02.html)

Angenommen, auf *www.domain1.com* liegt das neue HTML-Dokument aus Listing 13.17, doch bei der Durchsicht des Codes sehen Sie, dass der Iframe eine Datei von einem anderen Ursprungsort lädt, nämlich *www.domain2.com*. Um Missbrauch vorzubeugen, müssen Sie diese Domänen in Ihren JavaScript-Scripts deklarieren und genau angeben, wer von wo aus eine Nachricht lesen können soll.

In Listing 13.17 wird nicht nur wie zuvor die HTML-Datei als Quelle des Iframe bereitgestellt, sondern auch der vollständige Pfad zu einer anderen Domäne (*www. domain2.com*) deklariert. Das Hauptdokument liegt unter *www.domain1.com* und der Inhalt des Iframe unter *www.domain2.com*. Die folgenden Codes berücksichtigen diese Situation:

```javascript
function initiate(){
    var button=document.getElementById('button');
    button.addEventListener('click', send, false);
    window.addEventListener('message', receiver, false);
}
```

```
function send(){
    var name=document.getElementById('name').value;
    var iframe=document.getElementById('iframe');
    iframe.contentWindow.postMessage(name, 'http://www.domain2.com');
}
function receiver(e){
    if(e.origin=='http://www.domain2.com'){
        document.getElementById('name').value=e.data;
    }
}
window.addEventListener('load', initiate, false);
```

Listing 13.18 Die Kommunikation mit bestimmten Ursprüngen (Datei messaging02.js)

Achten Sie auf die `send()`-Funktion in Listing 13.18. Die Methode `postMessage()` deklariert jetzt das genaue Ziel für die Nachricht (*www.domain2.com*). Nur Dokumente innerhalb des Iframe und von diesem spezifischen Ursprung sind jetzt noch in der Lage, die Nachricht zu lesen.

In der `initiate()`-Funktion in Listing 13.18 fügen Sie auch einen Listener für das `message`-Event hinzu. Dieser Event-Listener und die `receiver()`-Funktion in diesem Code haben die Aufgabe, auf Antwort der Dokumente im Iframe zu lauschen. Den Sinn davon werden Sie später erkennen.

Betrachten Sie nun den Code für den Iframe, um zu sehen, wie eine Nachricht von einem spezifischen Ursprung verarbeitet wird und wie Sie diese Nachricht beantworten. (Wir verwenden für den Iframe genau dasselbe HTML-Dokument wie in Listing 13.15.)

```
function initiate(){
    window.addEventListener('message', receiver, false);
}
function receiver(e){
    var databox=document.getElementById('databox');
    if(e.origin=='http://www.domain1.com'){
        databox.innerHTML='valid message: '+e.data;
        e.source.postMessage('message received', e.origin);
    }else{
        databox.innerHTML='invalid origin';
    }
}
window.addEventListener('load', initiate, false);
```

Listing 13.19 Auf das Hauptdokument antworten (Datei iframe02.js)

Der Ursprungsfilter ist einfach: Wir vergleichen den Wert der Eigenschaft `origin` mit der Domäne, von der wir Nachrichten lesen möchten. Erweist sich der Ursprung als gültig, wird die Nachricht auf dem Bildschirm angezeigt und mit Hilfe des Werts der `source`-Eigenschaft eine Antwort zurückgeschickt. Die `origin`-Eigenschaft wird auch genutzt, um festzulegen, dass diese Antwort nur dem Fenster zur Verfügung steht, das die Nachricht abgesendet hatte. Nun können Sie zu Listing 13.18 zurückkehren und schauen, wie die `receiver()`-Funktion diese Antwort verarbeitet.

Dieses Beispiel ist ein wenig knifflig. Da Sie zwei verschiedene Ursprünge verwenden, benötigen Sie zwei verschiedene Domänen oder Sub-Domänen, um den Code zu testen. Ersetzen Sie die Domänen im Code durch Ihre eigenen und laden Sie dann auf die eine Domäne die Programme für das Hauptdokument und auf die andere Domäne die Programme für den Iframe hoch. Das Hauptdokument wird den Code von der zweiten Domäne in den Iframe laden, und Sie können sehen, wie dieser Kommunikationsprozess domänenübergreifend funktioniert.

13.3 WebSockets

Zum Schluss stelle ich Ihnen die letzte Komponente der Communication-API vor. Die WebSocket-API unterstützt Verbindungen, damit die wechselseitige Kommunikation zwischen Browsern und Servern schneller und effektiver wird. Die Verbindung wird über ein TCP-Socket ohne HTTP-Header hergestellt, so dass nicht so viele Daten bei jedem Aufruf übertragen werden müssen. Die Verbindung ist außerdem persistent und ermöglicht dadurch den Servern, die Clients ohne vorherige Anfrage auf dem neuesten Stand zu halten, das heißt, Sie müssen den Server nicht anrufen, um Updates zu bekommen. Stattdessen sendet Ihnen der Server automatisch Informationen über die jeweils aktuellen Bedingungen.

Man kann sich WebSocket als besseres Ajax vorstellen, tatsächlich ist es jedoch eine völlig andere Alternative für die Kommunikation, die es möglich macht, auf einer skalierbaren Plattform Echtzeit-Anwendungen wie zum Beispiel Multiplayer-Videogames oder Chatrooms zu erbauen.

Die JavaScript-API ist einfach; sie hat nur einige Methoden und Events, um die Verbindung zu öffnen und zu schließen und um Nachrichten zu senden oder darauf zu lauschen. Da jedoch kein Server dieses neue Protokoll standardmäßig unterstützt, müssen Sie Ihren eigenen WS-Server (WebSocket-Server) installieren, um die Kommunikation zwischen dem Browser und dem Server, auf dem unsere Anwendung läuft, zu etablieren.

13.3.1 WS-Server

Wenn Sie ein gewiefter Programmierer sind, kommen Sie wahrscheinlich selbst darauf, wie Sie ein eigenes WS-Server-Script erstellen können. Doch für diejenigen, die ihre Zeit lieber für andere Dinge verwenden, stehen bereits mehrere fertige Scripts bereit, um einen WS-Server zu konfigurieren und auf die Verarbeitung von WS-Verbindungen einzustellen. Je nach Geschmack können Sie ein Script in PHP, Java, Ruby oder anderen Sprachen auswählen.

Im Folgenden zeige ich Ihnen, wie Sie einen PHP-Server installieren, mit dem Sie die Beispiele testen können. Es gibt verschiedene Versionen, wir werden jedoch eine einfache namens *phpws* verwenden, die Sie von der Seite *http://code.google.com/p/ phpws* herunterladen können.

> **Warnung** ✖
>
> Zu dem Zeitpunkt, da ich dies schreibe, ist die Unterstützung von Web-Socket-Verbindungen nur bei Chrome voreingestellt. Testen Sie die folgenden Beispiele daher am besten mit Chrome und recherchieren Sie gegebenenfalls im Web nach anderen WS-Server-Versionen.
>
> Der *phpws*-Server erfordert außerdem mindestens PHP 5.3, und Sie müssen mit dem Server über eine Shell kommunizieren.

Einen WS-Server installieren und ans Laufen bringen

Das *phpws*-Skript umfasst mehrere Dateien, die Klassen und Methoden erzeugen, mit denen Ihr WS-Server läuft. Laden Sie die neueste Zip-Datei von *http://code.google.com/ p/phpws/* herunter, dekomprimieren Sie sie und laden Sie sie auf Ihren Webserver. In denselben Ordner laden Sie die Datei *server.php*, die Sie in den Beispieldateien dieses Buchs finden. Diese Datei ist eine leicht veränderte Version der Demodatei des Servers, in die ich nur den Code eingefügt habe, mit dem das Skript an unsere Beispiele angepasst wird und den WS-Server dazu bringt, auf Benutzereingaben zu reagieren. Sie können den Code später an Ihre Bedürfnisse anpassen.

Wenn alle Dateien auf Ihrem Webserver liegen, können Sie das Skript laufen lassen. Da WebSocket eine persistente Verbindung verwendet, muss der WS-Server andauernd laufen, Anfragen erfassen und Updates an den Benutzer senden.

Kapitel

13

Um die PHP-Datei auszuführen, müssen Sie den Zugang zu Ihrem Webserver über einen SSH-Verbindung herstellen, zu dem Ordner navigieren, in dem alle oben genannten Dateien liegen und den Befehl `php server.php` eingeben. Anschließend sollte der WS-Server laufen, so dass Sie jetzt mit den Beispielen weitermachen können.

Hinweis ✕

SSH (Secure Shell) ist ein Netzwerkprotokoll, mit dem Sie auf Ihren Webserver zugreifen und ihn steuern können. Sie können dort mit Ordnern und Dateien arbeiten und Skripte ausführen. Eine Shell-Konsole bietet zum Beispiel die freie Software `PuTTY`, die Sie von der Seite *www.chiark.greenend.org.uk/~sgtatham/putty/* herunterladen können. Nachdem Sie PuTTY gestartet und die Domain Ihres Servers angegeben haben, öffnet sich eine Textkonsole, in der Sie Ihre Zugangsdaten eingeben müssen. Anschließend haben Sie Zugriff auf den Ordner, in dem die WS-Server-Dateien liegen, und können das Skript wie oben beschrieben ausführen.

13.3.2 Der Konstruktor

Bevor Sie den Code für eine Interaktion mit dem WS-Server programmieren, zeige ich Ihnen, was die API für diesen Zweck zu bieten hat. Die Spezifikation deklariert nur eine einzige Schnittstelle mit einigen Methoden, Eigenschaften und Events plus einem Konstruktor zum Einrichten der Verbindung:

- `WebSocket(url)`: Dieser Konstruktor startet eine Verbindung zwischen der Anwendung und dem WS-Server, auf den das `url`-Attribut verweist. Er gibt ein `WebSocket`-Objekt zurück, das auf diese Verbindung verweist. Ein zweites, optionales Attribut kann angegeben werden, um ein Array mit Kommunikations-Subprotokollen mitzuliefern.

13.3.3 Methoden

Da der Konstruktor die Verbindung aufbaut, haben Sie hier nur zwei Methoden, mit denen Sie arbeiten:

- `send(data)`: Diese Methode ist notwendig, um eine Nachricht an den WS-Server zu senden. Das `data`-Attribut repräsentiert einen String mit den zu übergebenden Informationen.

- `close()`: Mit dieser Methode wird die Verbindung geschlossen.

13.3.4 Eigenschaften

Einige Eigenschaften informieren über die Konfiguration und den Status der Verbindung:

- `url`: Diese Eigenschaft zeigt an, mit welcher URL die Anwendung verbunden ist.

- `protocol`: Diese Eigenschaft gibt das Subprotokoll zurück, sofern vorhanden.

- `readyState`: Diese Eigenschaft gibt eine Zahl zurück, die den Zustand der Verbindung anzeigt. 0 bedeutet, dass die Verbindung noch nicht aufgebaut wurde, 1 bedeutet, dass sie geöffnet wurde, 2 bedeutet, dass sie gerade geschlossen wird, und 3 bedeutet, dass sie geschlossen wurde.

- `bufferedAmount`: Diese sehr nützliche Eigenschaft verrät, welche Daten zwar angefordert, aber noch nicht an den Server gesandt wurden. Der Rückgabewert hilft dabei, die Datenmenge und die Häufigkeit der Anfragen so zu regulieren, dass der Server nicht überlastet wird.

13.3.5 Events

Events informieren über den Status der Verbindung und über Nachrichten, die der Server versendet. Diese API bietet folgende an:

- `open`: Dieses Event wird ausgelöst, wenn die Verbindung geöffnet wird.

- `message`: Dieses Event wird ausgelöst, wenn auf dem Server eine Nachricht zur Verfügung steht.

- `error`: Dieses Event wird ausgelöst, wenn ein Fehler auftritt.

- `close`: Dieses Event wird ausgelöst, wenn die Verbindung geschlossen wird.

Kapitel

13

13.3.6 Die Vorlage

Die Datei *server.php*, die wir für diese Beispiele verwenden, hat eine Funktion namens `onMessage()`, die eine kleine Liste von vordefinierten Befehlen verarbeitet und die richtige Antwort zurückschickt. Zu Testzwecken verwenden Sie ein Formular, um diese Befehle an den Server zu schicken:

```
<!DOCTYPE html>
<html lang="de">
<head>
   <title>WebSocket</title>
   <link rel="stylesheet" href="websocket.css">
```

```
    <script src="websocket01.js"></script>
</head>
<body>
    <section id="formbox">
        <form name="form">
            <p>Befehl:<br><input type="text" name="command"
                                 id="command"></p>
            <p><input type="button" name="button" id="button"
                      value="Senden"></p>
        </form>
    </section>
    <section id="databox"></section>
</body>
</html>
```

Listing 13.20 Befehle einfügen (Datei websocket01.html)

Zusätzlich erstellen Sie eine CSS-Datei mit den folgenden Styles und dem Namen *websocket.css*:

```
#formbox{
    float: left;
    padding: 20px;
    border: 1px solid #999999;
}
#databox{
    float: left;
    width: 500px;
    height: 350px;
    overflow: auto;
    margin-left: 20px;
    padding: 20px;
    border: 1px solid #999999;
}
```

Listing 13.21 Die üblichen Styles für die Boxen (Datei websocket.css)

13.3.7 Die Kommunikation starten

Wie immer ist der JavaScript-Code für den gesamten Prozess zuständig. Erstellen Sie die folgende Kommunikationsanwendung, um zu sehen, wie die API funktioniert:

```
function initiate(){
    databox=document.getElementById('databox');
    var button=document.getElementById('button');
    button.addEventListener('click', send, false);

    socket=new WebSocket("ws://IHRE_IP-ADRESSE:12345/server.php");
    socket.addEventListener('message', received, false);
}
function received(e){
    var list=databox.innerHTML;
    databox.innerHTML='Received: '+e.data+'<br>'+list;
}
function send(){
    var command=document.getElementById('command').value;
    socket.send(command);
}
window.addEventListener('load', initiate, false);
```

Listing 13.22 Meldungen an den Server senden (Datei websocket01.js)

Warnung ✕

Ersetzen Sie *IHRE_IP-ADRESSE* durch die IP-Adresse Ihres Servers. Grundsätzlich könnten Sie stattdessen zwar auch Ihre Domain angeben, allerdings vermeiden Sie durch die Angabe der IP-Adresse die DNS-Übersetzung, die sich negativ auf die Performance auswirken würde.

In der initiate()-Funktion wird das WebSocket-Objekt erzeugt und in der Variablen socket gespeichert. Das url-Attribut verweist auf den Speicherort der *server.php*-Datei auf Ihrem Server. Außerdem wird in dieser URL der Port für die Verbindung angegeben. Normalerweise wird dieser mit der IP-Nummer des Servers bezeichnet und hat den Wert 8000 oder 8080, doch das hängt von Ihren Bedürfnissen, Ihrer Serverkonfiguration, den verfügbaren Ports, dem Speicherort der Datei auf Ihrem Server und anderen Fragen ab.

Nachdem Sie das WebSocket-Objekt beschafft haben, wird ihm ein Listener für das message-Event hinzugefügt. Dieses Event wird immer ausgelöst, wenn der WS-Server eine Nachricht an den Browser schickt, und zu seiner Behandlung wird die Funktion received() aufgerufen. Wie in anderen Communication-APIs enthält dieses Event die data-Eigenschaft mit dem Inhalt der Nachricht. Diese verwenden Sie in der received()-Funktion, um die Nachricht auf dem Bildschirm anzuzeigen.

Kapitel 13

Die send()-Funktion haben wir einbezogen, um Nachrichten an den Server senden zu können. Sie nimmt den Wert des <input>-Elements namens command auf und sendet ihn mit der send()-Methode an den WS-Server.

Warnung ☒

Die Datei *server.php* verarbeitet mit der onMessage()-Funktion jeden Aufruf und sendet eine Antwort zurück. Sie können diese Funktion an Ihre Bedürfnisse anpassen. Die Funktion, die wir für die Beispiele verwenden, prüft die empfangene Nachricht und vergleicht ihren Wert mit einer Liste von vordefinierten Befehlen. Die Befehle sind hello, name, age, date, time, thanks und bye. Wenn Sie zum Beispiel im Formular den Befehl hello eingeben, antwortet der Server mit der Nachricht *hello human*.

13.3.8 Eine vollständige Anwendung

In Listing 13.22 können Sie leicht erkennen, wie der Kommunikationsprozess mit dieser API funktioniert. Die Verbindung wird vom WebSocket-Konstruktor erstellt, die send()-Methode sendet jede Nachricht, die Sie vom Server verarbeiten lassen möchten, und das message-Event sagt der Anwendung Bescheid, wenn neue Nachrichten von diesem Server ankommen. Wir haben aber die Verbindung noch nicht geschlossen, keine Fehler geprüft und noch nicht einmal erkannt, wann die Verbindung bereit ist. Schauen Sie sich daher jetzt ein Beispiel an, das alle Events dieser API nutzt, um bei jedem Schritt des Prozesses über den Verbindungsstatus Auskunft zu geben.

```
function initiate(){
    databox=document.getElementById('databox');
    var button=document.getElementById('button');
    button.addEventListener('click', send, false);

    socket=new WebSocket("ws://IHRE_IP-ADRESSE:12345/server.php");
    socket.addEventListener('open', opened, false);
    socket.addEventListener('message', received, false);
    socket.addEventListener('close', closed, false);
    socket.addEventListener('error', error, false);
}
function opened(){
    databox.innerHTML='VERBINDUNG OFFEN<br>';
    databox.innerHTML+='Status: '+socket.readyState;
}
function received(e){
    var list=databox.innerHTML;
```

```
   databox.innerHTML='Empfangen: '+e.data+'<br>'+list;
}
function closed(){
   var list=databox.innerHTML;
   databox.innerHTML='VERBINDUNG GESCHLOSSEN<br>'+list;

   var button=document.getElementById('button');
   button.disabled=true;
}
function error(){
   var list=databox.innerHTML;
   databox.innerHTML='ERROR<br>'+list;
}
function send(){
   var command=document.getElementById('command').value;
   if(command=='close'){
      socket.close();
   }else{
      socket.send(command);
   }
}
window.addEventListener('load', initiate, false);
```

Listing 13.23 Den Zustand der Verbindung melden (Datei websocket02.js)

Listing 13.23 wurde gegenüber dem vorigen Beispiel an einigen Stellen verbessert. Es wurden Listener für alle Events des WebSocket-Objekts hinzugefügt und die richtigen Funktionen erstellt, um die Events zu behandeln. Außerdem wird mit der Eigenschaft readyState angezeigt, wenn die Verbindung geöffnet ist; mit der close()-Methode wird die Verbindung geschlossen, wenn das Formular den close-Befehl sendet, und der SENDEN-Button anschließend deaktiviert (button.disabled=true).

Für dieses letzte Beispiel sind außer dem obigen JavaScript-Code das HTML-Dokument und die CSS-Styles aus den Listings 13.20 und 13.21 notwendig (Beispieldateien *websocket02.html*, *websocket.css* und *websocket02.js*). Öffnen Sie die HTML-Datei in ihrem Browser, geben einen Befehl in das Formular ein und klicken Sie auf den SENDEN-Button. Sie müssten nun vom Server zu den eingefügten Befehlen die passenden Antworten bekommen (hello, name, age, date, time, thanks und bye). Senden Sie den Befehl close, um die Verbindung zu schließen.

Kapitel

13

Kapitel 14
Die Web-Workers-API

JavaScript ist mittlerweile das wichtigste Tool, um erfolgreiche Anwendungen für das Web zu erstellen. Wie ich in Kapitel 4, »JavaScript«, erläutert habe, ist es längst nicht mehr nur eine Alternative, um nette (oder lästige) Tricks in Webseiten einzubauen. Diese Programmiersprache hat sich zu einem wesentlichen Bestandteil des Web gemausert und ist eine Technologie, die jeder kennen und implementieren können sollte.

JavaScript ist längst zu einer Allzwecksprache geworden. In dieser Eigenschaft muss es elementare Features bereitstellen, die es von Natur aus nicht hat. Diese Sprache wurde als Skriptsprache ausgelegt, mit der Absicht, immer nur einzelne Scripts auszuführen. Der Umstand, dass JavaScript kein Multithreading bietet (also nicht mehrere Codes zugleich ausführen kann), reduziert seine Effizienz, beschränkt seine Reichweite und macht es unmöglich, Desktop-Anwendungen für das Web zu emulieren.

Web Workers ist eine API, die speziell zu dem Zweck geschaffen wurde, aus JavaScript eine Multithreading-Sprache zu machen. Dank HTML5 sind wir nunmehr in der Lage, zeitraubende Programme im Hintergrund auszuführen, während das

Kapitel

14

Hauptskript auf der Webseite weiterläuft, Benutzereingaben entgegennimmt und das Dokument reaktionsfähig hält.

14.1 Einen Worker erstellen

Die Funktionsweise von Web Workers ist einfach: Der Worker wird in einer separaten JavaScript-Datei erstellt und die Programme kommunizieren miteinander über Nachrichten. Normalerweise enthält die Nachricht, die der Hauptcode an den Worker sendet, die Informationen, die Sie verarbeiten möchten, und die Nachrichten, die der Worker zurücksendet, stellen das Ergebnis dieser Verarbeitung dar. Zum Senden und Empfangen dieser Nachrichten nutzt die API die Techniken, die in den anderen, bereits beschriebenen APIs implementiert sind. Sie sendet und empfängt Nachrichten von einem Programm zum anderen mit Hilfe der bereits bekannten Events und Methoden:

- `Worker(scriptURL)`: Bevor Sie mit dem Worker kommunizieren können, müssen Sie ein Objekt beschaffen, das auf die Datei verweist, in der der Code des Workers gespeichert ist. Diese Methode gibt ein `Worker`-Objekt zurück. Das `scriptURL`-Attribut ist die URL der Datei mit dem Worker-Code, der im Hintergrund ausgeführt wird.

- `postMessage(message)`: Diese Methode ist dieselbe, die bereits in Kapitel 13 für das Web-Messaging-API vorgestellt wurde, nur ist sie hier für das `Worker`-Objekt implementiert. Sie sendet eine Nachricht an den oder von dem Worker-Code. Das `message`-Attribut ist ein String oder ein `JSON`-Objekt, das die zu übermittelnde Nachricht darstellt.

- `message`: Dieses bereits bekannte Event lauscht auf Nachrichten an den Code. Wie die `postMessage()`-Methode kann es auf den Worker oder den Hauptcode angewendet werden. Mit Hilfe seiner `data`-Eigenschaft ruft es die gesendete Nachricht ab.

14.2 Nachrichten senden und empfangen

Um zu sehen, wie Worker und Hauptcode miteinander kommunizieren, erstellen Sie eine einfache Vorlage, die einen Namen als Nachricht an den Worker schickt und seine Antwort ausgibt.

Selbst das simpelste Beispiel für Web Workers erfordert zumindest drei Dateien: Das Hauptdokument, den JavaScript-Hauptcode und die Datei mit dem Worker-Code. Eine CSS-Datei ist optional, legen wir gleich aber auch an. Hier ist das HTML-Dokument:

```
<!DOCTYPE html>
<html lang="de">
<head>
    <title>WebWorkers</title>
    <link rel="stylesheet" href="webworkers.css">
    <script src="webworkers01.js"></script>
</head>
<body>
    <section id="formbox">
        <form name="form">
            <p>Name:<br><input type="text" name="name" id="name"></p>
            <p><input type="button" name="button" id="button"
                    value="Senden">
            </p>
        </form>
    </section>
    <section id="databox"></section>
</body>
</html>
```

Listing 14.1 Eine Vorlage zum Testen von WebWorkers (Datei webworkers01.html)

In die Vorlage integrieren Sie eine CSS-Datei namens *webworkers.css* mit folgenden Regeln:

```
#formbox{
    float: left;
    padding: 20px;
    border: 1px solid #999999;
}
#databox{
    float: left;
    width: 500px;
    margin-left: 20px;
    padding: 20px;
    border: 1px solid #999999;
}
```

Listing 14.2 Styles für die Boxen (Datei webworkers.css)

Kapitel

14

Der JavaScript-Code für das Hauptdokument muss in der Lage sein, die Informationen zu versenden, die Sie vom Worker verarbeiten lassen möchten. Außerdem muss er auf die Antwort lauschen können.

```javascript
function initiate(){
   databox=document.getElementById('databox');
   var button=document.getElementById('button');
   button.addEventListener('click', send, false);

   worker=new Worker('worker01.js');
   worker.addEventListener('message', received, false);
}
function send(){
   var name=document.getElementById('name').value;
   worker.postMessage(name);
}
function received(e){
   databox.innerHTML=e.data;
}
window.addEventListener('load', initiate, false);
```

Listing 14.3 Eine einfache Anwendung der API (Datei webworkers01.js)

Listing 14.3 präsentiert den Code für die Datei Webworkers01.js. Nachdem in der initiate()-Funktion die notwendigen Verweise auf die databox und den button angelegt wurden, wird das Worker-Objekt erzeugt. Der Worker()-Konstruktor nimmt die *worker01.js*-Datei als Code-Datei für den Worker und gibt ein Worker-Objekt mit diesem Verweis zurück. Jede Interaktion mit dem Objekt ist in Wirklichkeit eine Interaktion mit dem Code in dieser spezifischen Datei.

Sobald Sie das Objekt haben, fügen Sie einen Listener für das message-Event hinzu, um auf die Nachrichten des Workers zu lauschen. Trifft eine Nachricht ein, wird die received()-Funktion aufgerufen und der Wert der data-Eigenschaft (d. h. die Nachricht) auf dem Bildschirm angezeigt.

Den anderen Teil der Kommunikation übernimmt die send()-Funktion. Wenn der Benutzer auf SENDEN klickt, wird der Wert der name-Eingabe mit postMessage() als Nachricht an den Worker geschickt.

Da sich nun die Funktionen received() und send() um die Kommunikation kümmern, können Sie Nachrichten an den Worker senden und seine Antworten verarbeiten. Nun ist es an der Zeit, den Worker vorzubereiten:

```
addEventListener('message', received, false);

function received(e){
   var answer='Ihr Name ist '+e.data;
   postMessage(answer);
}
```

Listing 14.4 Der Code für den Worker (Datei worker01.js)

Ebenso wie Listing 14.3 muss auch der Code des Workers mit Hilfe des message-Events permanent auf Nachrichten lauschen, die vom Hauptcode eintreffen. Die erste Codezeile in Listing 14.4 fügt dem Worker einen Listener für dieses Event hinzu. Immer, wenn das Event ausgelöst wird (d. h. eine Nachricht eintrifft), ruft der Listener die received()-Funktion auf. Die Funktion fügt einem vordefinierten String den Wert der data-Eigenschaft hinzu und sendet ihn mit der postMessage()-Methode wieder zurück an den Hauptcode.

Vergleichen Sie die Programme in den Listings 14.3 und 14.4 (der Hauptcode und der Worker). Beachten Sie, wie die Kommunikation funktioniert und wie in beiden Fällen dieselbe Methode und dasselbe Event zum Einsatz kommen. Erstellen Sie die Dateien aus den Listings 14.1, 14.2, 14.3 und 14.4 (Beispieldateien *webworkers01.html*, *webworkers.css*, *webworkers01.js* und *worker01.js*), laden Sie sie auf Ihren Server und öffnen Sie das HTML-Dokument in Ihrem Browser.

Tipp	✕

Sie können mit self oder this auf den Worker verweisen (self.postMessage()) oder einfach die Methoden deklarieren, wie wir es in Listing 14.4 getan haben.

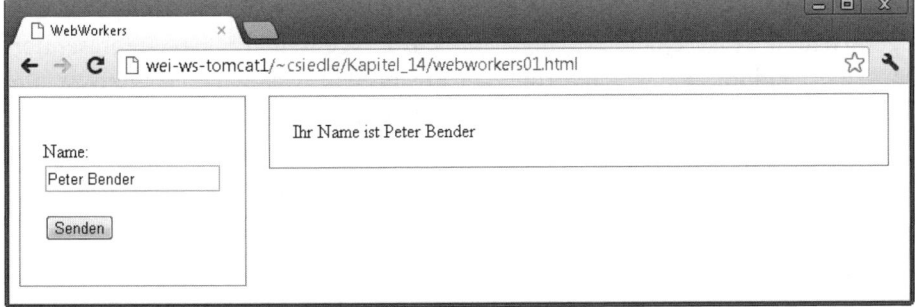

Abbildung 14.1 webworkers01.html

Kapitel

14

379

Dieser Worker ist natürlich extrem simpel. Eigentlich wird gar nichts verarbeitet, sondern nur aus der empfangenen Nachricht ein String angelegt, der sofort als Antwort zurückgesendet wird. Allerdings ist dieses Beispiel nützlich, um zu verstehen, wie die Programme miteinander kommunizieren und welchen Nutzen diese API hat.

Obwohl Worker so einfach sind, gibt es einige wichtige Dinge zu bedenken, bevor Sie damit arbeiten. Nachrichten sind die einzige Möglichkeit, um mit Workern direkt zu kommunizieren. Diese Nachrichten müssen aus Strings oder JSON-Objekten erzeugt werden, weil Worker keine anderen Datentypen empfangen dürfen. Sie dürfen auch nicht auf das Dokument zugreifen oder gar irgendwelche HTML-Elemente manipulieren, und auch JavaScript-Funktionen und Variablen aus dem Hauptcode sind für Worker nicht zugänglich. Worker sind so etwas wie konservierter Code, der nur Informationen verarbeiten kann, die durch Nachrichten empfangen wurden, und das Ergebnis mit demselben Mechanismus zurückschickt.

14.3 Fehler erkennen

Trotz all dieser Beschränkungen sind Worker flexibel und mächtig. Sie können Funktionen, vordefinierte Methoden und sogar komplette APIs enthalten. Weil ein Worker derart komplex werden kann, stellt die Web-Workers-API ein spezielles Event bereit, um Fehler zu erkennen und möglichst viele Informationen über die Situation zurückzugeben.

error wird vom Worker-Objekt im Hauptcode immer dann ausgelöst, wenn im Worker ein Fehler auftritt. Es liefert seine Informationen mit Hilfe von drei Eigenschaften: message, filename und lineno. Die Eigenschaft message repräsentiert die Fehlermeldung. Sie ist ein String, der uns mitteilt, was schiefgelaufen ist. Die Eigenschaft filename zeigt den Namen der Datei mit dem Code an, der den Fehler verursacht. Das ist nützlich, wenn der Worker externe Dateien lädt, wie Sie später noch sehen werden. Die Eigenschaft lineno gibt die Nummer der Zeile zurück, in der der Fehler auftrat.

Schreiben Sie nun ein Programm, das die Fehler anzeigt, die ein Worker meldet:

```
function initiate(){
    databox=document.getElementById('databox');
    var button=document.getElementById('button');
    button.addEventListener('click', send, false);
```

```
worker=new Worker('worker02.js');
worker.addEventListener('error', error, false);
}
function send(){
  var name=document.getElementById('name').value;
  worker.postMessage(name);
}
function error(e){
  databox.innerHTML='ERROR: '+e.message+'<br>';
  databox.innerHTML+='Dateiname: '+e.filename+'<br>';
  databox.innerHTML+='Zeile: '+e.lineno;
}
window.addEventListener('load', initiate, false);
```

Listing 14.5 Anwendung des error-Events (Datei webworkers02.js)

Der letzte Code gleicht dem in Listing 14.3. Er erzeugt einen Worker, benutzt aber nur das error-Event, weil Sie diesmal nur Fehler erkennen und nicht auf Antworten vom Worker lauschen möchten. Das ist natürlich unpraktisch, aber es zeigt, wie die Fehler zurückgegeben werden und welche Art von Informationen in derlei Situationen geliefert werden. Um absichtlich einen Fehler auszulösen, rufen Sie im Worker eine nicht vorhandene Funktion auf:

```
addEventListener('message', received, false);

  function received(e){
    test();
}
```

Listing 14.6 Der Worker funktioniert nicht (Datei worker02.js)

Im Worker müssen Sie das message-Event verwenden, um auf Nachrichten vom Hauptcode zu lauschen, denn das startet den ganzen Prozess. Wenn eine Nachricht eintrifft, wird die received()-Funktion ausgeführt und die nicht vorhandene test()-Funktion aufgerufen, was einen Fehler zur Folge hat.

Sobald der Fehler auftritt, wird im Hauptcode das error-Event ausgelöst und die error()-Funktion aufgerufen, die auf dem Bildschirm die drei Eigenschaften des Events anzeigt. In Listing 14.5 können Sie nachschauen, wie die Funktion diese Informationen entgegennimmt und verarbeitet.

Für dieses Beispiel verwenden Sie wieder das HTML-Dokument und die CSS-Regeln aus den Listings 14.1 und 14.2. Schreiben Sie die Codes aus den Listings 14.5

Kapitel

14

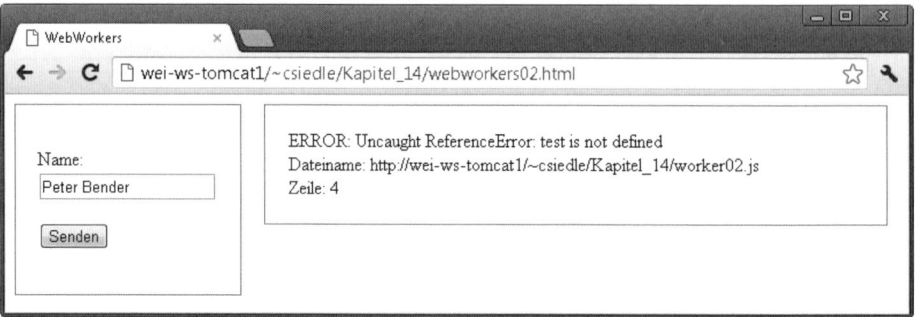

Abbildung 14.2 webworkers02.html

und 14.6 in JavaScript-Dateien oder laden Sie die Beispieldateien *webworkers02.js* und *worker02.js* zusammen mit *webworkers02.html* und *webworkers.css* von der Seite *www.sybex.de/zusatzmaterial* herunter. Öffnen Sie die HTML-Datei in Ihrem Browser und senden Sie einen beliebigen String über das Formular an den Worker. Dann erscheint auf dem Bildschirm der Fehler, den der Worker zurückliefert.

14.4 Worker anhalten

Worker sind spezielle Codestücke, die immer im Hintergrund laufen und auf Informationen warten, um sie zu verarbeiten. Zumeist werden Worker nur unter bestimmten Umständen und für spezielle Zwecke eingesetzt. Normalerweise sind ihre Dienste nicht die ganze Zeit notwendig, und deshalb ist es eine gute Praxis, ihre Verarbeitung anzuhalten, wenn Sie sie nicht mehr benötigen. Zu diesem Zweck bietet die API zwei verschiedene Methoden:

- `terminate()`: Diese Methode hält den Worker vom Hauptcode aus an.
- `close()`: Diese Methode hält den Worker innerhalb des Workers selbst an.

Wird ein Worker angehalten, werden seine Prozesse und eventuelle Tasks in der Event-Schleife abgebrochen. Um beide Methoden zu testen, schreiben Sie eine kleine Anwendung, die genau wie das erste Beispiel funktioniert, aber auch auf zwei spezifische Befehle reagiert: `"close1"` und `"close2"`. Sendet das Formular einen dieser beiden Strings, wird der Worker vom Hauptcode mit `terminate()` oder von sich selbst mit `close()` angehalten.

```
function initiate(){
   databox=document.getElementById('databox');
   var button=document.getElementById('button');
   button.addEventListener('click', send, false);

   worker=new Worker('worker03.js');
   worker.addEventListener('message', received, false);
}
function send(){
   var name=document.getElementById('name').value;
   if(name=='close1'){
      worker.terminate();
      databox.innerHTML='Worker wurde angehalten';
   }else{
      worker.postMessage(name);
   }
}
function received(e){
   databox.innerHTML=e.data;
}
window.addEventListener('load', initiate, false);
```

Listing 14.7 Den Worker vom Hauptcode aus anhalten (Datei webworkers03.js)

Der einzige Unterschied zwischen Listing 14.7 und Listing 14.3 ist der neue Bedingungsausdruck mit if, der prüft, ob der Befehl "close1" gesendet wurde. Wurde anstatt eines Namens dieser Befehl in das Formular eingefügt, wird die terminate()-Methode aufgerufen und auf dem Bildschirm erscheint die Nachricht, dass der Worker angehalten wurde. Handelt es sich bei dem String dagegen nicht um den erwarteten Befehl, so wird er als Nachricht an den Worker übermittelt.

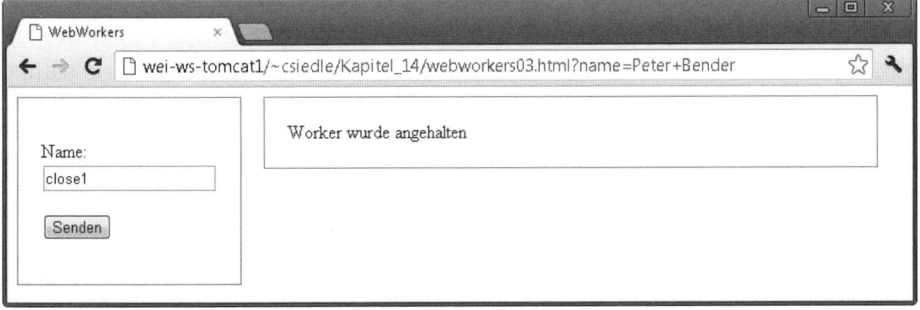

Abbildung 14.3 webworkers03.html

Kapitel

14

383

Der Code für den Worker führt dieselbe Arbeit aus. Wenn die empfangene Nachricht den String `"close2"` enthält, stoppt sich der Worker selbst mit der `close()`-Methode, und wenn nicht, sendet er eine Nachricht zurück:

```
addEventListener('message', received, false);

function received(e){
   if(e.data=='close2'){
      postMessage('Worker wurde angehalten');
      close();
   }else{
      var answer='Ihr Name ist '+e.data;
      postMessage(answer);
   }
}
```

Listing 14.8 Der Worker hält sich selbst an (Datei worker03.js).

Verwenden Sie das HTML-Dokument und die CSS-Regeln aus den Listings 14.1 und 14.2 und schreiben Sie die Codes aus den Listing 14.7 und 14.8 in JavaScript-Dateien (Beispieldateien *webworkers03.html*, *webworkers.css*, *webworkers03.js* und *worker03.js*).Öffnen Sie die Vorlage in Ihrem Browser und senden Sie über das Formular die Befehle `"close1"` oder `"close2"` ab. Danach wird der Worker nicht mehr reagieren.

14.5 Synchrone APIs

Worker mögen Beschränkungen unterliegen, was die Arbeit mit dem Hauptdokument und den Zugriff auf seine Elemente betrifft, aber im Hinblick auf Verarbeitung und Funktionalität liegen die Dinge viel besser. Sie können zum Beispiel Methoden wie `setTimeout()` oder `setInterval()` benutzen, Zusatzinformationen mit `XMLHttpRequest` vom Server laden und einige APIs verwenden, um mächtige Programme zu schreiben. Diese letzte Möglichkeit ist besonders vielversprechend, hat aber einen Haken: Sie müssen eine andere Implementierung der APIs erlernen, die für Worker zur Verfügung stehen.

Als wir die verschiedenen APIs angeschaut haben, habe ich Ihnen jedes Mal die asynchrone Implementierung präsentiert. Die meisten APIs gibt es aber in einer asynchronen und einer synchronen Version. Diese verschiedenen Versionen derselben API führen dieselben Aufgaben aus, tun dies aber je nach der Art ihrer Verarbeitung mit spezifischen Methoden. Asynchrone APIs sind nützlich, wenn die Operationen zeitraubend sind und Ressourcen benötigen, die das Hauptdokument nicht bieten kann. Die asynchronen Operationen werden dann im Hintergrund ausgeführt, während der Hauptcode ununterbrochen weiter verarbeitet wird. Da Worker neue Threads sind, die gleichzeitig mit dem Hauptcode laufen, sind sie bereits asynchron und die asynchronen Operationen erübrigen sich.

> **Warnung** ✕
>
> Mehrere APIs, wie zum Beispiel die File-API und die IndexedDB-API, haben auch synchrone Versionen, von denen die meisten aber zurzeit noch in der Entwicklung oder instabil sind.

14.6 Scripts importieren

Erwähnenswert ist die Möglichkeit, externe JavaScript-Dateien in einen Worker zu laden. Ein Worker kann allen notwendigen Code für jede gewünschte Aufgabe enthalten, aber da für ein einziges Dokument auch mehrere Worker erzeugt werden können, besteht die Gefahr, dass Teile dieses Codes redundant werden. Sie können diese Teile auswählen, in eine einzige Datei speichern und dann diese Datei mit der neuen Methode `importScripts()` in alle Worker laden:

`importScripts(file)` lädt eine externe JavaScript-Datei, um neuen Code in einen Worker einzubinden. Das `file`-Attribut gibt den Pfad zu der Datei an, die eingebunden wird.

Wenn Sie je in anderen Sprachen mit Methoden gearbeitet haben, werden Sie die Ähnlichkeit zwischen `importScripts()` und zum Beispiel der `include()`-Funktion von PHP erkennen. Der Code in der Datei wird in den Worker integriert, als sei er ein Teil seiner eigenen Datei. Um die neue `importScripts()`-Methode einzusetzen, müssen Sie sie nur am Anfang des Workers deklarieren. Der Code für den Worker ist erst fertig, wenn diese Dateien vollständig geladen wurden.

```
importScripts('morecodes.js');

addEventListener('message', received, false);

function received(e){
    test();
}
```

Listing 14.9 Externen JavaScript-Code in den Worker laden

Listing 14.9 ist nicht funktionsfähig; es soll nur zeigen, wie die `importScripts()`-Methode eingesetzt wird. In dieser hypothetischen Situation wird die Datei namens *morecodes.js*, die die `test()`-Funktion enthält, geladen, sobald die Worker-Datei selbst geladen wurde. Danach steht die `test()`-Funktion (und jede andere Funktion in der Datei *morecodes.js*) dem übrigen Code des Workers zur Verfügung.

14.7 Shared Worker

Was Sie bisher gesehen haben, nennt man einen *Dedicated Worker*. Diese Art von Worker reagiert nur auf den Hauptcode, von dem er erstellt wurde. Es gibt noch eine andere Art von Worker, nämlich den *Shared Worker*, der auf mehrere Dokumente desselben Ursprungs reagiert. Da Sie mit mehreren Verbindungen arbeiten, bedeutet das, dass Sie denselben Worker mit mehreren Fenstern, Tabs oder Frames gemeinsam nutzen können und dass Sie somit alles aktuell und synchron halten können, wenn Sie komplexe Anwendungen erstellen.

Die über Ports hergestellten Verbindungen und diese Ports selbst können im Worker gespeichert werden. Um mit Shared Workers und Ports arbeiten zu können, führt diese API neue Eigenschaften, Events und Methoden ein:

- `SharedWorker (scriptURL)`: Dieser Konstruktor ersetzt den früheren `Worker()`-Konstruktor, der für Dedicated Workers verwendet wird. Wie immer gibt das Attribut `scriptURL` den Pfad zu der JavaScript-Datei mit dem Worker-Code an. In einem optionalen zweiten Attribut könnte ein Name für den Worker mitgeliefert werden.

- `port`: Wenn das `SharedWorker`-Objekt erzeugt wird, wird für dieses Dokument ein neuer Port angelegt und der Eigenschaft `port` zugewiesen. Diese Eigenschaft wird später als Verweis auf den Port und zur Kommunikation mit dem Worker eingesetzt.

- `connect`: Dies ist ein Event, das innerhalb des Workers auf neue Verbindungen lauscht. Es wird immer dann ausgelöst, wenn ein Dokument eine Verbindung zum Worker aufbaut. Es ist nützlich, alle Verbindungen im Auge zu haben, die dem Worker zur Verfügung stehen (um auf alle Dokumente, die diesen Worker benutzen, verweisen zu können).

- `start()`: Diese Methode steht für `MessagePort`-Objekte zur Verfügung (eines der Objekte, die bei der Erstellung eines Shared Workers zurückgegeben werden) und sie ist es, die beginnt, die Nachrichten zu versenden, die auf einem Port empfangen wurden. Nachdem ein SharedWorker-Objekt erzeugt wurde, muss diese Methode aufgerufen werden, um die Verbindung zu starten.

Der SharedWorker()-Konstruktor gibt ein SharedWorker-Objekt und ein MessagePort-Objekt mit dem Wert des Ports zurück, über den die Verbindung zum Worker aufgenommen wird. Die Kommunikation mit dem Shared Worker muss über den Port laufen, auf den der Wert der Eigenschaft port verweist.

Um Shared Workers zu testen, benötigen Sie mindestens zwei verschiedene Dokumente aus demselben Ursprung, zwei JavaScript-Programme für jedes Dokument und eine Datei für den Worker.

Das HTML-Dokument für unser Beispiel enthält einen Iframe, um ein zweites Dokument in dasselbe Fenster laden zu können. Das Hauptdokument und das Dokument im Iframe werden sich den Worker teilen.

```
<!DOCTYPE html>
<html lang="de">
<head>
   <title>WebWorkers</title>
   <link rel="stylesheet" href="webworkers.css">
   <script src="webworkers04.js"></script>
</head>
<body>
   <section id="formbox">
      <form name="form">
         <p>Name:<br><input type="text" name="name" id="name"></p>
         <p><input type="button" name="button" id="button"
                 value="Senden">
         </p>
      </form>
   </section>
   <section id="databox">
      <iframe id="iframe" src="iframe04.html" width="500" height="350">
      </iframe>
   </section>
</body>
</html>
```

Listing 14.10 Eine Vorlage zum Testen des Shared Workers (Datei webworkers04.html)

Das Dokument für den Iframe ist ein einfaches HTML-Dokument mit einem <section>-Element für unsere übliche databox und der Datei *iframe04.js*, die den Code zur Verbindung mit dem Worker enthält:

Kapitel

14

387

```
<!DOCTYPE html>
<html lang="de">
<head>
    <title>Iframe-Fenster </title>
    <script src="iframe04.js"></script>
</head>
<body>
    <section id="databox"></section>
</body>
</html>
```

Listing 14.11 Die Vorlage für den Iframe (Datei iframe04.html)

Jedes HTML-Dokument hat seinen eigenen JavaScript-Code, um die Verbindung zum Worker zu starten und seine Antworten zu verarbeiten. Diese Programme müssen das SharedWorker-Objekt erzeugen und den Port, der durch den Wert der Eigenschaft port vorgegeben ist, zum Senden und Empfangen von Nachrichten verwenden. Betrachten Sie zuerst den Code für das Hauptdokument:

```
function initiate(){
    var button=document.getElementById('button');
    button.addEventListener('click', send, false);

    worker=new SharedWorker('worker04.js');
    worker.port.addEventListener('message', received, false);
    worker.port.start();
}
function received(e){
    alert(e.data);
}
function send(){
    var name=document.getElementById('name').value;
    worker.port.postMessage(name);
}
window.addEventListener('load', initiate, false);
```

Listing 14.12 Verbindung vom Hauptdokument aus aufnehmen (webworkers04.js)

Jedes Dokument, das mit einem Shared Worker arbeiten soll, muss das Shared-Worker-Objekt erzeugen und eine Verbindung zum Worker einrichten. In Listing 14.12 wird das Objekt mit der Datei *worker04.js* für den Worker-Code erzeugt. Anschließend werden die Kommunikationsoperationen über den Port ausgeführt, der der port-Eigenschaft entspricht.

Nachdem ein `message`-Event hinzugefügt wurde, um auf Antworten vom Worker zu lauschen, wird die `start()`-Methode aufgerufen, um mit dem Nachrichtenversand zu beginnen. Die Verbindung zu einem Shared Worker wird erst eingerichtet, wenn diese Methode ausgeführt wird (es sei denn, Sie verwenden statt der Methode `addEventListener()` einen Event-Handler wie `onmessage`).

Beachten Sie, dass die `send()`-Funktion wie in den vorigen Beispielen aussieht, mit der Ausnahme, dass die Kommunikation diesmal über den Wert der `port`-Eigenschaft ausgeführt wird. Der Code für den Iframe hat sich nicht allzu sehr geändert:

```
function initiate(){
    worker=new SharedWorker('worker04.js');
    worker.port.addEventListener('message', received, false);
    worker.port.start();
}
function received(e){
    var databox=document.getElementById('databox');
    databox.innerHTML=e.data;
}
window.addEventListener('load', initiate, false);
```

Listing 14.13 Verbindung vom Iframe aus aufnehmen (Datei iframe04.js)

In beiden Programmen wird das `SharedWorker`-Objekt unter Verweis auf dieselbe Datei erzeugt (*worker04.js*) und die Verbindung über die `port`-Property aufgebaut (wenn auch mit verschiedenen Ports). Der einzige erkennbare Unterschied zwischen dem Code für das Hauptdokument und dem für den Iframe ist die Art, wie die Antwort des Workers verarbeitet wird. Im Hauptdokument blendet die Funktion `received()` eine Warnmeldung ein (siehe Listing 14.12), während die Antwort im Iframe als einfacher Text in der `databox` ausgegeben wird (siehe Listing 14.13).

Nun ist es an der Zeit, zu schauen, wie sich der Shared Worker um jede Verbindung kümmert und seine Nachrichten immer an das richtige Dokument zurückschickt. Bedenken Sie, dass es nur einen einzigen Worker für zwei Dokumente gibt (deshalb heißt er ja »Shared«). Daher muss jede Verbindungsanfrage an den Worker unterschieden und für später gespeichert werden. Die Verweise auf die Ports für jedes Dokument speichern Sie in einem Array namens `myports`:

```
myports=new Array();
    addEventListener('connect', connect, false);
    function connect(e){ myports.push(e.ports[0]);
    e.ports[0].onmessage=send;
}
```

Kapitel

14

389

```
function send(e){
    for(f=0; f < myports.length; f++){
        myports[f].postMessage('Ihr Name ist '+e.data);
    }
}
```
Listing 14.14 Der Code für den Shared Worker (Datei worker04.js)

Die Prozedur ist dieselbe wie bei den Dedicated Workers. Diesmal müssen Sie nur auch berücksichtigen, welchem Dokument Sie die Antwort geben, da mehrere gleichzeitig mit dem Worker verbunden sein können. Hierzu liefert das connect-Event das ports-Array mit dem Wert des neu angelegten Ports. (Das Array enthält nur diesen einen Wert an der Indexposition 0.)

Immer wenn der Code eine Verbindung zum Worker anfordert, wird das connect-Event ausgelöst. In Listing 14.14 ruft dieses Event die connect()-Funktion auf. Diese Funktion führt zwei Operationen aus: Zuerst entnimmt sie der port-Eigenschaft den Wert des Ports (Index 0) und speichert ihn im Array myports (das am Anfang des Workers initialisiert wurde). Und dann registriert sie für diesen Port den onmessage-Event-Handler und lässt die send()-Funktion aufrufen, wenn eine Nachricht eintrifft.

Infolgedessen wird immer dann, wenn der Hauptcode (ganz gleich, von welchem Dokument) eine Nachricht an den Worker schickt, die send()-Funktion im Worker ausgeführt. In dieser Funktion rufen Sie aus dem myports-Array mit einer for-Schleife alle für diesen Worker geöffneten Ports ab und senden an jedes verbundene Dokument eine Nachricht. Der Prozess ist derselbe wie bei Dedicated Workers, nur dass diesmal mehrere Dokumente Antwort erhalten, und nicht nur ein einziges.

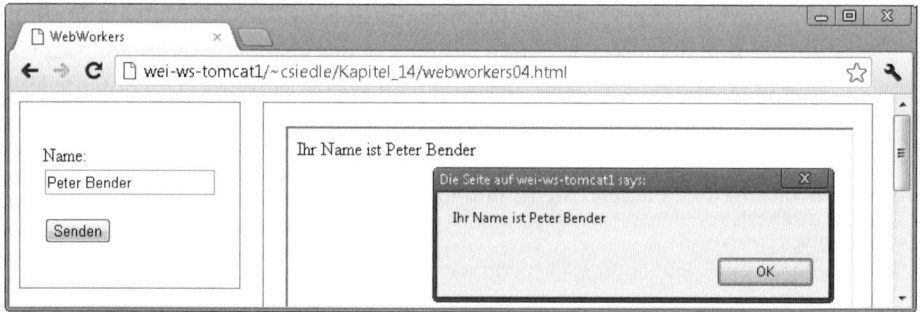

Abbildung 14.4 webworkers04.html

Um dieses Beispiel zu testen, müssen Sie mehrere Dateien anlegen und auf Ihren Server laden. Erstellen Sie eine HTML-Datei mit der Vorlage aus Listing 14.10, die dieselbe CSS-Datei lädt, die schon im gesamten Kapitel verwendet wurde. Legen Sie außerdem JavaScript-Dateien mit dem Code aus den Listings 14.11 und 14.12 an oder laden Sie die Beispieldateien *webworkers04.html*, *webworkers.cs*, *webworkers04.js* und *iframe04.html* herunter. Wenn Sie die Dateien auf den Server geladen haben, öffnen Sie die erste in Ihrem Browser. Über das Formular senden Sie eine Nachricht an den Worker und schauen, wie beide Dokumente (das Hauptdokument und das Dokument im Iframe) die Antwort verarbeiten.

| Warnung | ✕ |

Zum Zeitpunkt der Drucklegung dieses Buchs waren Shared Workers nur in Browsern implementiert, die auf der WebKit-Engine basieren, wie zum Beispiel Google Chrome und Safari.

Kapitel

14

Kapitel 15
Die History-API

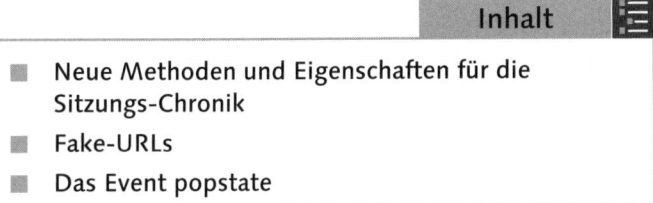

Das, was in HTML5 als *History-API* bezeichnet wird, ist tatsächlich nur eine Verbesserung einer alten API, die zwar nie über eine offizielle Implementierung verfügte, aber jahrelang von den Browsern unterstützt wurde. Diese alte API bestand in einer kleinen Gruppe von Methoden und Eigenschaften, zu denen auch das History-Objekt gehört. Die neue History-API verbessert dieses Objekt und wurde in die offizielle HTML5-Spezifikation als das *History-Interface* aufgenommen. Diese Schnittstelle kombiniert die alten Methoden und Eigenschaften mit einigen neuen, damit Sie die Browser-Chronik nach Ihren Bedürfnissen gestalten können.

15.1 Navigation im Internet

Eine Browser-Chronik ist eine Liste aller Webseiten (URLs), die der Benutzer in einer Sitzung besucht hat. Diese Chronik macht eine Navigation überhaupt erst möglich. Mit den Navigationspfeilen links in der Symbolleiste jedes Browsers können Sie in der Liste vor- und zurückgehen und zuvor betrachtete Dokumente erneut aufrufen. Die Liste besteht aus echten URLs, die von Websites generiert und in jeden Hyperlink in ihren Dokumenten eingebunden wurden. Mit den Naviga-

Kapitel

15

tionspfeilen des Browsers können Sie die zuvor besuchte Webseite zurückholen oder zur letzten zurückkehren.

Obwohl diese Buttons so praktisch sind, ist es manchmal nützlich, auch innerhalb des Dokuments durch die Browser-Chronik navigieren zu können. Folgende Methoden und Eigenschaften standen schon immer zur Verfügung, um die Browser-Navigationspfeile mit JavaScript emulieren zu können:

- `back()`: Diese Methode lässt den Browser in der Sitzungs-Chronik um einen Schritt zurückspringen (und emuliert so den Linkspfeil).

- `forward()`: Diese Methode lässt den Browser in der Sitzungs-Chronik um einen Schritt vorwärtsspringen (und emuliert so den Rechtspfeil).

- `go(steps)`: Diese Methode lässt den Browser in der Sitzungs-Chronik um die angegebene Anzahl Schritte vorwärts- oder zurückspringen. Das `steps`-Attribut kann je nach der Richtung, in die Sie gehen, einen negativen oder positiven Wert haben.

- `length`: Diese Eigenschaft gibt an, wie viele Einträge die Sitzungs-Chronik hat (die Gesamtzahl der URLs auf der Liste).

Diese Methoden und Eigenschaften müssen im `History`-Objekt deklariert werden, etwa mit einem Ausdruck wie `history.back()`. Sie können auch mit dem `Window`-Objekt auf das Fenster verweisen, aber das ist nicht notwendig. Wenn Sie zum Beispiel zur vorherigen Webseite zurückmöchten, können Sie `window.history.back()` oder `window.history.go(-1)` sagen.

> **Warnung** ✕
>
> Ich werde Ihnen keine Beispielprogramme mit diesen Methoden präsentieren, da die meisten Webdesigner und Programmierer diesen Teil der API bereits kennen und nutzen.

15.2 Neue Methoden

Zu der Zeit, als das `XMLHttpRequest`-Objekt zum Standard wurde und Ajax-Anwendungen für das Web ungemein erfolgreich wurden, änderte sich auch die Art, wie man im Internet navigierte und Dokumente aufrief. Heute ist es völlig üblich, kleine Scripts zu schreiben, die Informationen von Servern abholen und im aktuellen Dokument anzeigen, ohne die Seite aktualisieren oder eine neue Seite laden zu müssen.

Die Benutzer interagieren unter derselben URL mit modernen Websites und Anwendungen; auf derselben Seite empfangen sie Informationen, geben Daten ein und erhalten Verarbeitungsergebnisse. Das Web hat längst begonnen, Desktop-Anwendungen zu emulieren.

Doch die Browser behalten die Benutzeraktivität immer noch durch URLs im Blick. Diese URLs sind die Daten in der Navigationsliste; sie sind die Adressen, die anzeigen, wo sich der Benutzer gerade befindet. Da neue Webanwendungen URLs nicht verwenden, um den Standort des Benutzers im Web zu zeigen, stellte sich bald heraus, dass unterwegs wichtige Schritte verloren gingen. Die Benutzer konnten die Daten auf einer Webseite zigmal aktualisieren und in der Chronik keine Spur davon wiederfinden.

Neue Methoden und Eigenschaften wurden in die vorhandene History-API eingebunden, um eine manuelle Modifikation der URL in der Adressleiste sowie der Chronik mit JavaScript-Code zu ermöglichen. Jetzt haben Sie die Möglichkeit, Fake-URLs in die Chronik zu schreiben und die Benutzeraktivität im Auge zu behalten.

- `pushState(state, title, url)`: Diese Methode erzeugt einen neuen Eintrag in der Sitzungs-Chronik. Das `state`-Attribut bestimmt einen Wert für den Status des Eintrags. Es ist nützlich, um den Eintrag später zu identifizieren, und kann als String oder `JSON`-Objekt angegeben werden. Das `title`-Attribut ist der Titel des Eintrags und das `url`-Attribut ist die URL, die Sie für den Eintrag generieren. Dieser Wert ersetzt dann in der Adresszeile die aktuelle URL.

- `replaceState(state, title, url)`: Diese Methode funktioniert genau wie `pushState()`, doch sie generiert keinen neuen Eintrag, sondern ersetzt die Daten des aktuellen.

- `state`: Diese Eigenschaft gibt den Status für den aktuellen Eintrag zurück. Sie hat den Wert null, sofern der Status nicht im `state`-Attribut einer der beiden obigen Methoden deklariert wurde.

15.3 Fake-URLs

Die URLs, die mit Methoden wie `pushState()` generiert werden, sind praktisch Fake-URLs, in dem Sinne, dass die Browser nie die Gültigkeit dieser Adressen oder das Vorhandensein des darin referenzierten Dokuments überprüfen. Sie

Kapitel

15

müssen selbst dafür sorgen, dass diese gefälschten URLs tatsächlich gültig und nützlich sind.

Um einen neuen Eintrag in der Browser-Chronik zu generieren und die URL in der Adresszeile zu ändern, verwenden Sie die pushState()-Methode. An einem Beispiel zeige ich Ihnen, wie das funktioniert:

```
<!DOCTYPE html>
<html lang="de">
<head>
    <title>History-API</title>
    <link rel="stylesheet" href="history.css">
    <script src="history01.js"></script>
</head>
<body>
    <section id="maincontent">
        Dieser Inhalt wird nie aktualisiert<br>
        <span id="url">Seite 2</span>
    </section>
    <aside id="databox"></aside>
</body>
</html>
```

Listing 15.1 Eine einfache Vorlage zum Testen der History-API (Datei history01.html)

In Listing 15.1 sehen Sie den HTML-Code mit den Grundelementen, die zum Test der History-API notwendig sind. Ein <section>-Element namens maincontent besitzt einen permanenten Inhalt, einen Text, den Sie in einen Link verwandeln werden, um die virtuelle zweite Seite der Website zu generieren, und die übliche databox für den alternativen Inhalt. Nun binden Sie die Styles für das Dokument ein:

```
#mainContent{
    float: left;
    padding: 20px;
    border: 1px solid #999999;
}
#databox{
    float: left;
    width: 500px;
    margin-left: 20px;
    padding: 20px;
    border: 1px solid #999999;
}
```

```
#mainContent span{
   color: #0000FF;
   cursor: pointer;
}
```

Listing 15.2 Styles für die Boxen und die <span>-Elemente (Datei history.css)

Diesem Beispiel werden Sie nun mit der pushState()-Methode einen neuen Eintrag hinzufügen und den Inhalt aktualisieren, ohne die Seite zu aktualisieren oder ein weiteres Dokument zu laden.

```
function initiate(){
   databox=document.getElementById('databox');
   url=document.getElementById('url');
   url.addEventListener('click', changepage, false);
}
function changepage(){
   databox.innerHTML='Die URL ist Seite2';
   window.history.pushState(null, null, 'Seite2.html');
}
window.addEventListener('load', initiate, false);
```

Listing 15.3 Eine neue URL und den Inhalt generieren (Datei history01.js)

In der initiate()-Funktion in Listing 15.3 erstellen Sie den richtigen Verweis auf die databox und fügen dem <span>-Element einen Listener für das click-Event hinzu. Immer wenn der Benutzer auf den Text innerhalb von <span> klickt, wird die changepage()-Funktion aufgerufen.

Diese Funktion hat zwei Aufgaben: Sie aktualisiert den Inhalt der Seite mit den neuen Informationen und fügt eine neue URL in die Chronik ein. Nachdem die Funktion ausgeführt wurde, zeigt die databox den Text *Die URL ist Seite2* und die URL des Hauptdokuments wird in der Adresszeile durch die Fake-URL *Seite2.html* ersetzt.

Die Attribute state und title der pushState()-Methode wurden diesmal auf null eingestellt. Das title-Attribut wird in diesem Moment von keinem Browser benutzt und ist daher immer null, aber das state-Attribut werden Sie in den folgenden Beispielen anwenden und nutzen.

Schreiben Sie die Codes aus den Listing 15.1, 15.2 und 15.3 in HTML-, CSS- und JavaScript-Dateien oder laden Sie die Beispieldateien *history01.html*, *history.css* und *history01.js* von der Seite *www.sybex.de/zusatzmaterial* herunter. Laden Sie die Dateien anschließend auf Ihren Server und öffnen Sie die HTML-Datei in Ihrem

Kapitel

15

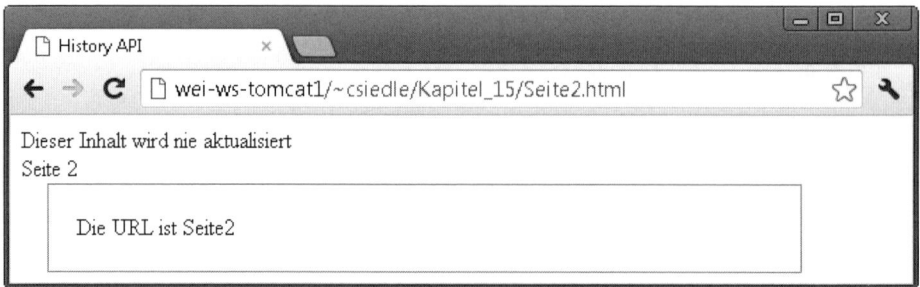

Abbildung 15.1 history02.html

Browser. Nun klicken Sie auf den Text *Seite 2* und schauen sich an, wie die URL in der Adresszeile zu der vom Code generierten URL wechselt.

15.4 Den Überblick behalten

Was wir bisher getan haben, ist lediglich eine Manipulation der Sitzungs-Chronik. Wir haben den Browser glauben gelassen, dass der Benutzer eine URL besucht hat, die zu diesem Zeitpunkt gar nicht existierte. Nach einem Klick auf den Link *Seite 2* erschien die Fake-URL *Seite2.html* in der Adresszeile und in die databox wurde ein neuer Inhalt eingefügt, und all das, ohne etwas zu aktualisieren oder eine neue Seite zu laden. Ein schöner Trick, aber das ist noch nicht alles. Der Browser betrachtet die neue URL noch nicht als richtiges Dokument. Wenn Sie mit den Navigationspfeilen in der Browser-Chronik vor- und zurückspringen, ändert sich zwar die neue URL wieder in die des Hauptdokuments, aber der Inhalt des Dokuments bleibt gleich. Wir müssen erkennen können, wenn Fake-URLs wieder aufgerufen werden, und die richtigen Änderungen am Dokument vornehmen, um den entsprechenden Status widerzuspiegeln.

Weiter oben habe ich bereits die state-Eigenschaft erwähnt. Der Wert dieser Eigenschaft kann eingestellt werden, während eine neue URL generiert wird. Auf diese Weise können Sie später herausfinden, welche Web-Adresse die aktuelle ist. Für den Umgang mit dieser Eigenschaft stellt die API ein neues Event zur Verfügung:

popstate wird unter bestimmten Umständen ausgelöst, wenn eine URL erneut aufgerufen oder das Dokument geladen wird. Es liefert der state-Eigenschaft den Statuswert, der deklariert wurde, als die URL mit pushState() oder replaceState() generiert wurde. Bei echten URLs ist dieser Wert null, es sei denn, Sie ändern ihn, bevor Sie replaceState() aufrufen, wie gleich zu sehen sein wird.

Im folgenden Code verbessern Sie das obige Beispiel, indem Sie das popstate-Event und die replaceState()-Methode implementieren, um zu erkennen, welche URL der Benutzer gerade aufruft.

```
function initiate(){
    databox=document.getElementById('databox');
    url=document.getElementById('url');
    url.addEventListener('click', changepage, false);
    window.addEventListener('popstate', newurl ,false);
    window.history.replaceState(1, null);
}
function changepage(){
    showpage(2);
    window.history.pushState(2, null, 'Seite2.html');
}
function newurl(e){
    showpage(e.state);
}
function showpage(current){
    databox.innerHTML='Die URL ist Seite '+current;
}
window.addEventListener('load', initiate, false);
```

Listing 15.4 Die Position des Benutzers nachhalten (Datei history02.js)

Zwei Dinge müssen Sie in der Anwendung tun, um die volle Kontrolle über die Situation zu erlangen. Erstens müssen Sie für jede verwendete URL, also die echte und die gefälschte, einen Statuswert deklarieren. Und zweitens müssen Sie den Inhalt des Dokuments je nach der aktuellen URL aktualisieren.

Kapitel

15

399

In der `initiate()`-Funktion in Listing 15.4 fügen Sie einen Listener für das `popstate`-Event hinzu. Dieser Listener ruft die `newurl()`-Funktion auf, wenn eine URL erneut aufgerufen wird. Die Funktion aktualisiert einfach den Inhalt der `databox`, die die aktuelle Seite anzeigt. Sie nimmt den Wert der `state`-Eigenschaft entgegen und sendet ihn an die `showpage()`-Funktion, um die Bildschirmdarstellung zu steuern.

Das funktioniert bei allen gefälschten URLs, doch die echten haben standardmäßig keinen `state`-Wert. Indem Sie am Ende der `initiate()`-Funktion `replaceState()` aufrufen, ändern Sie die Daten des aktuellen Eintrags (die echte URL des Haupt-dokuments) und deklarieren für sie den Statuswert 1. Nun können Sie das Haupt-dokument durch Prüfung dieses Werts erkennen, wenn der Benutzer dieses Haupt-dokument erneut aufruft.

Die `changepage()`-Funktion ist immer noch dieselbe, nur dass sie diesmal die `show-page()`-Funktion aufruft, um den Dokumentinhalt zu aktualisieren, und den Wert 2 als Status für die Fake-URL zu deklarieren.

Die Anwendung funktioniert folgendermaßen: Wenn der Benutzer auf den Link *Seite 2* klickt, erscheint auf dem Bildschirm die Meldung *Die URL ist Seite2* und die URL in der Adresszeile ändert sich in *Seite2.html* (natürlich einschließlich des Pfads). So weit, so gut, doch nun wird es interessant. Klickt der Benutzer auf den Linkspfeil in der Browsernavigation, ändert sich die URL in der Adresszeile in die vorherige der Chronik (das heißt die echte URL unseres Dokuments) und das `popstate`-Event wird ausgelöst. Dieses ruft die `newurl()`-Funktion auf, die den Wert der `state`-Eigenschaft liest und an die `showpage()`-Funktion sendet. Nun ist der Statuswert 1 (der Wert, der mit `replaceState()` für diese URL deklariert wurde) und auf dem Bildschirm erscheint die Meldung *Die URL ist Seite1*. Kehrt der Benutzer nun mit dem Rechtspfeil der Browsernavigation zur gefälschten URL zurück, wird der Status-wert zu 2 und auf dem Bildschirm steht wieder *Die URL ist Seite2*.

Wie Sie sehen, ist der Wert der `state`-Eigenschaft ein beliebiger Wert, um zu steuern, welche URL gerade aktuell ist und den Dokumentinhalt daran anzupassen.

Erstellen Sie aus den Listings 15.1 und 15.2 eine HTML- und eine CSS-Datei, schrei-ben Sie Listing 15.4 in eine JavaScript-Datei (Beispieldateien *history02.html*, *history. css* und *history02.js*) und laden Sie die Dateien auf Ihren Server hoch. Öffnen Sie die HTML-Vorlage in Ihrem Browser und klicken Sie auf *Seite 2*. Die URL und der Inhalt der `databox` ändern sich dann je nach der URL. Klicken Sie mehrmals auf die Links- und Rechtspfeile in der Navigationsleiste, um zu sehen, wie sich die URL ändert und der damit verbundene Inhalt auf dem Bildschirm erscheint (es wird immer der Dokumentinhalt gezeigt, der dem aktuellen Status entspricht).

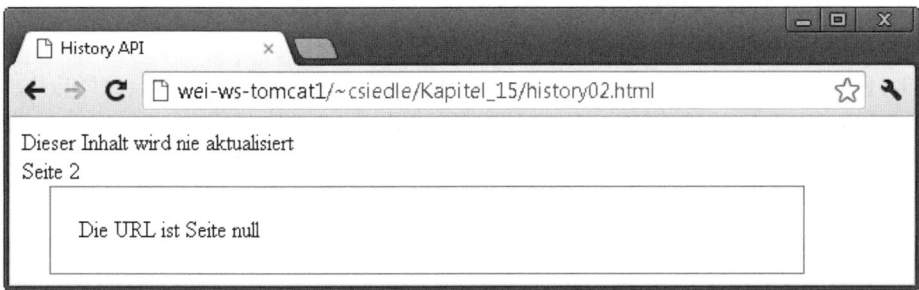

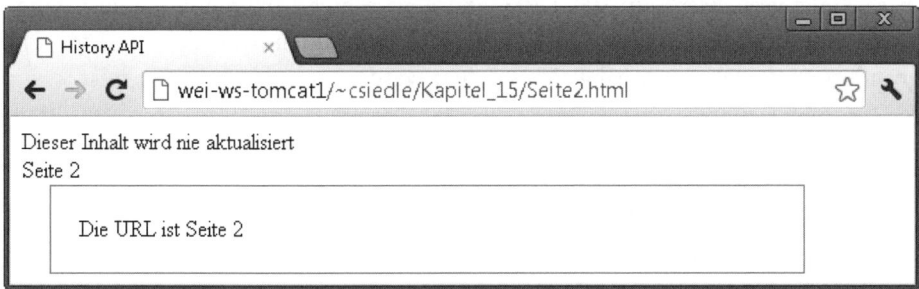

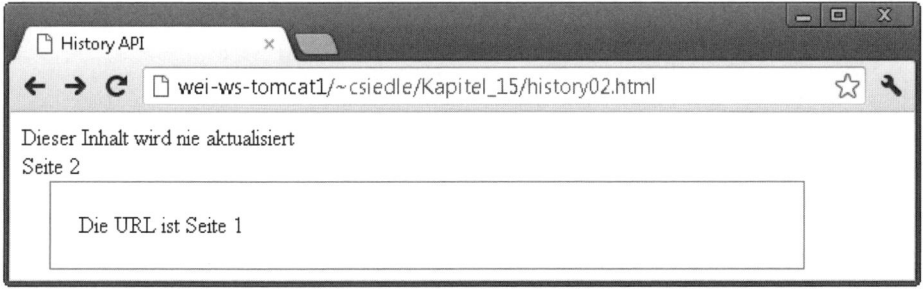

Abbildung 15.2 history02.html

Warning ✕

Die URL *Seite2.html*, die in den vorherigen Beispielen mit der `pushState()`-Methode generiert wurde, wird als gefälscht betrachtet, sollte aber echt sein. Der Zweck dieser API ist es nicht, Fake-URLs zu erzeugen, sondern Programmierern die Alternative zu bieten, die Aktivität der Benutzer in der Browser-Chronik abzubilden, um notfalls immer zu einem vorherigen Zustand zurückkehren zu können (auch dann, wenn der Browser geschlossen wurde). Sie müssen sicherstellen, dass der Code in Ihrem Server diesen Status zurückgibt und für jede angeforderte URL (die richtige und die falsche) den korrekten Inhalt anzeigt.

Kapitel

15

15.5 Ein realistisches Beispiel

Die folgende Anwendung ist praxisnäher. Sie werden die History-API und alle beschriebenen Methoden einsetzen, um vier Bilder aus demselben Dokument zu laden. Jedes Bild ist mit einer gefälschten URL verknüpft, die verwendet werden kann, um später ein spezifisches Bild vom Server zu holen.

Das Hauptdokument wird standardmäßig mit einem Bild geladen. Dieses Bild wird mit dem ersten von vier Links verknüpft, die zum permanenten Inhalt gehören. Alle diese Links verweisen auf Fake-URLs, die kein echtes Dokument, sondern einen Status angeben, einschließlich des Links zum Hauptdokument, der in *Seite1.html* geändert wird. Der Sinn wird gleich sichtbar werden.

```
<!DOCTYPE html>
<html lang="de">
<head>
    <title>History-API</title>
    <link rel="stylesheet" href="history.css">
    <script src="history03.js"></script>
</head>
<body>
    <section id="maincontent">
        Dieser Inhalt wird nie aktualisiert<br>
        <span id="url1">Bild 1</span> -
        <span id="url2">Bild 2</span> -
        <span id="url3">Bild 3</span> -
        <span id="url4">Bild 4</span> -
    </section>
    <aside id="databox">
        <img id="image" src="monster1.gif">
    </aside>
</body>
</html>
```

Listing 15.5 Die Vorlage für eine realistische Anwendung (Datei history03.html)

Der einzige Unterschied zwischen dieser neuen Anwendung und der vorherigen besteht in der Anzahl der Links und neuen URLs, die generiert werden. In Listing 15.4 gab es zwei Statuswerte, nämlich den Status 1 für das Hauptdokument und den Status 2 für die Fake-URL *Seite2.html*, die von der pushState()-Methode generiert worden ist. Hier müssen Sie nun den Prozess automatisieren und insgesamt vier Fake-URLs für die Bilder generieren.

```
function initiate(){
   for(var f=1;f<5;f++){
      url=document.getElementById('url'+f);
      url.addEventListener('click', function(x){
         return function(){ changepage(x);}
      }(f), false);
   }

   window.addEventListener('popstate', newurl ,false);

   window.history.replaceState(1, null, 'Seite1.html');
}
function changepage(page){
   showpage(page);
   window.history.pushState(page, null, 'Seite'+page+'.html');
}
function newurl(e){
   showpage(e.state);
}
function showpage(current){
   if(current!=null){
      image=document.getElementById('Bild');
      image.src='monster' + current + '.gif';
   }
}
window.addEventListener('load', initiate, false);
```

Listing 15.6 Die Chronik manipulieren (Datei history03.js)

Wie Sie sehen, verwenden Sie dieselben Funktionen, doch mit einigen sichtbaren Änderungen. Erstens wurde in der initiate()-Funktion das url-Attribut der replaceState()-Methode auf Seite1.html eingestellt. Wir haben entschieden, unsere Anwendung auf diese Art zu programmieren, indem wir den Status des Hauptdokuments mit 1 und die URL mit *Seite1.html* bezeichnen (unabhängig von der echten URL des Dokuments). Das macht es uns einfach, von einer URL zur anderen zu springen und die URLs dabei immer in demselben Format mit den Werten der state-Eigenschaft zu erstellen. Sie können das in der changepage()-Funktion erkennen. Immer wenn der Benutzer auf einen der Links klickt, wird diese Funktion ausgeführt, die Fake-URL aus dem Wert der page-Variablen konstruiert und der Chronik hinzugefügt. Der Wert, den diese Funktion erhält, wurde zuvor am Anfang der initiate()-Funktion in der for-Schleife eingestellt, und zwar für den *Seite 1*-Link auf 1, für den *Seite 2*-Link auf 2 und so weiter.

Kapitel

15

Immer wenn eine URL besucht wird, wird die showpage()-Funktion ausgeführt, um den Inhalt (das Bild) entsprechend dieser URL zu aktualisieren. Da das popstate-Event manchmal auch ausgelöst wird, wenn die state-Eigenschaft null ist (zum Beispiel nachdem das Hauptdokument zum ersten Mal geladen wurde), schauen Sie zuerst auf den Wert, den die showpage()-Funktion empfängt, bevor Sie etwas anderes unternehmen. Ist der Wert von null verschieden, so bedeutet dies, dass die state-Eigenschaft für diese URL definiert wurde, und das dazugehörige Bild wird auf dem Bildschirm angezeigt.

Die Bilder für dieses Beispiel heißen *monster1.gif, monster2.gif, monster3.gif* und *monster4.gif* in derselben Reihenfolge wie die Werte der state-Eigenschaft. So können Sie mit dieser Eigenschaft auch das zugehörige Bild auswählen. Denken Sie aber immer daran, dass Sie diesen Wert frei wählen können und der Prozess zur Erstellung der gefälschten URLs und des zugehörigen Inhalts nach den Erfordernissen Ihrer Anwendung gestaltet werden sollte.

> **Warnung** ✕
>
> Die for-Schleife, mit der wir in Listing 15.6 jedem <span>-Element im Dokument einen Listener für das click-Event hinzufügen, nutzt eine JavaScript-Technik, um echte Werte an eine Funktion zu übergeben. Um in einer addEventListener()-Methode einen Wert an eine Rückruffunktion zurückgeben zu können, müssen Sie den echten Wert angeben. Wenn Sie stattdessen eine Variable übermitteln, wird in Wirklichkeit nicht der Wert der Variablen, sondern nur ein Verweis gesendet. Daher müssen Sie in diesem Fall zwei anonyme Funktionen einsetzen, um in der for-Schleife den aktuellen Wert der Variablen f zu übermitteln. Die erste Funktion wird ausgeführt, sobald die addEventListener()-Methode aufgerufen wird. Sie empfängt den aktuellen Wert der Variablen f (überprüfen Sie die Klammern am Ende) und setzt ihn in die Variable x ein. Danach gibt die Funktion eine zweite anonyme Funktion mit dem Wert der Variablen x zurück. Diese zweite Funktion wird mit dem richtigen Wert ausgeführt, wenn das Event ausgelöst wird.

Auch sollten Sie bedenken, dass die Benutzer in der Lage sein sollten, zu jeder von der Anwendung generierten URL zurückzukehren und dabei immer den richtigen Inhalt auf dem Bildschirm zu sehen. Sie müssen Ihren Server auf die Verarbeitung dieser URLs vorbereiten, damit jeder Status immer verfügbar und zugänglich ist. Wenn ein Benutzer zum Beispiel ein neues Fenster öffnet und die URL *Seite2.html* eingibt, sollte der Server das Hauptdokument mit dem Bild *monster2.gif* zurückgeben, und nicht nur die Vorlage aus Listing 15.5. Diese API verfolgt das Ziel, dass Benutzer immer zu jedem gewünschten früheren Status zurückkehren können, und das können Sie nur erreichen, indem Sie aus gefälschten URLs gültige machen.

Um das letzte Beispiel auszuprobieren, benötigen Sie das HTML-Dokument aus Listing 15.5 mit der CSS-Datei aus Listing 15.2. Schreiben Sie Listing 15.6 in eine JavaScript-Datei (Beispieldateien *history03.html*, *history.css* und *history03.js*) und laden Sie die Dateien auf Ihren Server hoch. Öffnen Sie die Vorlage im Browser und klicken Sie auf die Links. Navigieren Sie mit den Links- und Rechtspfeilen durch die URLs, die Sie ausgewählt hatten. Die Bilder auf dem Bildschirm sollten sich nun mit der URL in der Adresszeile ändern.

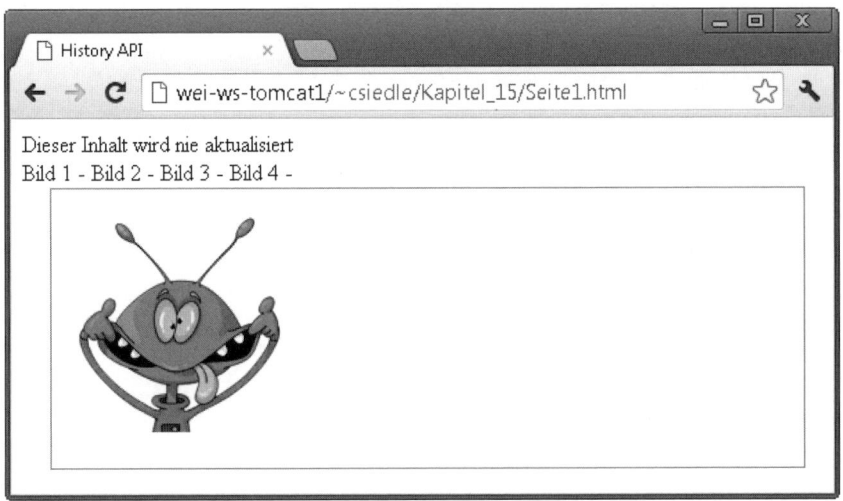

Abbildung 15.3 history03.html

Kapitel 16
Die Offline-API

Die Zeiten der Offline-Arbeit sind Vergangenheit. Da mag es widersprüchlich klingen, ein Kapitel über die Offline-API zu schreiben, aber wenn Sie einmal genauer überlegen, dann werden Sie feststellen, dass Sie fast Ihr ganzes Leben lang offline gearbeitet haben, denn Ihre wichtigsten Tools waren doch immer Desktop-Anwendungen. Und jetzt entpuppt sich plötzlich das Web als neue Arbeitsplattform. Online-Anwendungen werden immer komplexer und HTML5 verschärft noch den Kampf von Online gegen Offline. Datenbanken, Dateizugriff und -speicherung, grafische Programme, Bild- und Videoverarbeitung und Multiprocessing sind essenzielle Funktionen, die jetzt über das Web zugänglich sind. Unsere tägliche Aktivität verlagert sich zunehmend in das Netz und unsere Produktionsumgebung in die Online-Welt. Die Tage der Offline-Arbeit sind vorbei.

Doch während dieser Wandel fortschreitet, werden die Webanwendungen immer komplizierter und erfordern immer größere Dateien und mehr Download-Zeit. Wenn die Webanwendungen die Desktop-Anwendungen irgendwann ersetzt haben, wird es wohl immer noch nicht möglich sein, online zu arbeiten. Die Benutzer können nicht jedes Mal, wenn sie eine Anwendung nutzen, zig Megabytes an Dateien herunterladen, und sie können auch nicht davon ausgehen, immer und überall einen Internetanschluss vorzufinden. Zwar werden die Offline-Anwendungen bald verschwinden, aber unter den gegenwärtigen Bedingungen müssen reine Online-Anwendungen scheitern.

Die Offline-API kommt da zu unserer Rettung. Im Grunde bietet diese API die Alternative an, Anwendungen und Webdateien zur weiteren Arbeit auf dem Computer des Benutzers zu speichern. Ein Zugriff genügt, um alle Dateien herunterzuladen, die zum Betrieb der Anwendung erforderlich sind, und diese mit oder ohne Netzwerkanschluss zu nutzen. Sobald die Dateien heruntergeladen sind, läuft die Anwendung im Browser, kann jedoch dabei diese Dateien wie eine Desktop-Anwendung benutzen, ganz gleich, was mit dem Server oder Internetanschluss passiert.

16.1 Das Cache-Manifest

Eine Webanwendung oder eine raffinierte Website bestehen aus mehreren Dateien, aber nicht alle sind zum Betrieb der Anwendung erforderlich und müssen auf dem Computer des Benutzers gespeichert werden. Die API weist eine so genannte *Manifest-Datei* zu, die die Dateien angibt, die für die Offline-Arbeit benötigt werden. Es handelt sich dabei um eine einfache Textdatei, die eine Liste von URLs enthält, die auf die Speicherorte der erforderlichen Dateien verweisen. Das Manifest kann mit jedem Editor erstellt werden.

16.1.1 Die Manifest-Datei anlegen

Die Datei muss mit der Erweiterung *.appcache* gespeichert und mit der Zeile CACHE MANIFEST gestartet werden, wie im folgenden Beispiel:

```
CACHE MANIFEST cache01.html cache.css cache01.js
```

Die unter dem CACHE MANIFEST aufgeführten Dateien sind alles, was die Anwendung benötigt, um auf dem Computer des Benutzers zu laufen, ohne irgendwelche externen Ressourcen anzufordern. In unserem Beispiel ist die *cache01.html*-Datei das Hauptdokument für die Anwendung, die *cache.css*-Datei enthält die CSS-Styles und die *cache01.js*-Datei speichert den JavaScript-Code.

16.1.2 Kategorien

Ebenso, wie Sie die für die Offline-Arbeit der Anwendung notwendigen Dateien angeben müssen, kann es auch erforderlich sein, bestimmte Dateien anzugeben, die nur online zur Verfügung stehen. Dies könnte für einen Teil der Anwendung geschehen, der nur bei einer Internetverbindung von Nutzen ist, wie zum Beispiel einen Chatroom. Zur Bestimmung der Dateitypen in der Manifest-Datei führt die API drei Kategorien ein:

- CACHE: Diese ist die Standardkategorie. Alle Dateien dieser Kategorie werden zur späteren Arbeit auf dem Computer des Benutzers gespeichert.

- NETWORK: Diese Kategorie ist eine Art Positivliste; die Dateien darin sind nur online verfügbar.

- FALLBACK: Diese Kategorie enthält Dateien, die bei einer Online-Verbindung vielleicht vom Server geholt werden sollten, aber auch durch eine Offline-Version ersetzt werden können. Wenn der Browser eine Verbindung erkennt, versucht er, die Originaldatei zu verwenden; anderenfalls lädt er die Ersatz-datei vom Computer des Benutzers.

Mit der Kategorieneinteilung würde die Manifest-Datei wie folgt aussehen:

```
CACHE MANIFEST
CACHE: cache01.html cache.css cache01.js
NETWORK: chat.html
FALLBACK: newslist.html nonews.html
```

Listing 16.1 Dateien in Kategorien einteilen

In der neuen Manifest-Datei in Listing 16.1 sind die Dateien unter den entspre-chenden Kategorien aufgeführt. Die drei Dateien in der Kategorie CACHE werden heruntergeladen, auf dem Computer des Benutzers gespeichert und bis auf Wei-teres für diese Anwendung eingesetzt (bis Sie die Angaben ändern). Die Datei *chat. html* in der Kategorie NETWORK steht nur zur Verfügung, wenn der Browser online ist und die Datei *newslist.html* in der Kategorie FALLBACK wird online verwendet, aber zu Zeiten, da kein Zugriff besteht, durch die Datei *nonews.html* ersetzt. Wie die Dateien der Kategorie CACHE wird die *nonews.html*-Datei im Cache auf dem Compu-ter des Benutzers gespeichert, damit sie notfalls verfügbar ist.

Die Kategorie FALLBACK ist nicht nur für einzelne Dateien gut, sondern auch für komplette Verzeichnisse. So ersetzt zum Beispiel die Zeile / noconnection.html jede Datei, die nicht im Cache liegt, durch die Datei *noconnection.html*. Dies ist eine gute Möglichkeit, um die Benutzer auf ein Dokument zu verweisen, das ihnen emp-fiehlt, eine Online-Verbindung aufzubauen, um diesen Teil der Anwendung zu verwenden, der für die Offline-Nutzung nicht zur Verfügung steht.

16.1.3 Kommentare

Kommentare können mit dem Symbol # (eines pro Zeile) in die Manifest-Datei geschrieben werden. Da die Dateien in Kategorien eingeteilt sind, scheinen Kommentare unnütz zu sein, aber für Updates sind sie wichtig. Die Manifest-Datei sagt nicht nur aus, welche Dateien zwischengespeichert werden müssen, sondern auch, wann das zu geschehen hat. Wenn die Anwendungsdateien aktualisiert werden, kann der Browser das nur durch die Manifest-Datei erfahren. Wenn nur die vorhandenen Dateien aktualisiert und keine neuen auf die Liste gesetzt werden, sieht die Manifest-Datei aus wie vorher und der Browser kann den Unterschied nicht erkennen und verwendet weiter die alten, bereits gespeicherten Dateien. Um ihn zu zwingen, die Anwendungsdateien erneut herunterzuladen, können Sie mit Kommentaren auf das Update hinweisen. Normalerweise genügt ein einziger Kommentar mit dem Datum der letzten Aktualisierung, wie im folgenden Beispiel:

```
CACHE MANIFEST
CACHE: cache01.html cache.css cache01.js
NETWORK: chat.html
FALLBACK: newslist.html nonews.html
# Datum 2012/08/10
```

Listing 16.2 Ein Kommentar informiert über Updates.

Angenommen, Sie möchten den Funktionen in der Datei *cache01.js* weiteren Code hinzufügen. Die Benutzer, die diese Datei bereits im Cache ihrer Computer und Browser gespeichert haben, würden dann weiter statt der neuen die alte Version verwenden. Eine Datumsänderung am Ende der Manifest-Datei oder neue Kommentare informieren Browser über die Änderung, so dass alle Dateien, einschließlich der verbesserten Version von *cache01.js*, erneut heruntergeladen werden. Nachdem der Cache aktualisiert wurde, führt der Browser die Anwendung mit den neuen Dateien aus.

16.1.4 Die Manifest-Datei verwenden

Wenn Sie alle Dateien ausgewählt haben, die für den Offline-Betrieb der Anwendung notwendig sind, und die vollständige Liste der URLs zu diesen Dateien erstellt haben, dann müssen Sie die Manifest-Datei in Ihre Dokumente einbinden. Die API stellt ein neues Attribut für das <html>-Element bereit, um den Speicherort dieser Datei anzuzeigen:

```
<!DOCTYPE html>
<html lang="de" manifest="cache01.appcache">
<head>
    <title>Offline-API</title>
    <link rel="stylesheet" href="cache.css">
    <script src="cache01.js"></script>
</head>
<body>
    <section id="databox">
        Offline-Anwendung
    </section>
</body>
</html>
```

Listing 16.3 Die Manifest-Datei laden (Datei cache01.html)

Listing 16.3 zeigt ein kleines HTML-Dokument einschließlich des manifest-Attributs für das <html>-Element. Das manifest-Attribut zeigt den Speicherort der Manifest-Datei an, die notwendig ist, um den Cache für die Anwendung zu erzeugen. Wie Sie sehen, hat sich am Rest des Dokuments nichts geändert. Die Dateien für die CSS-Styles und JavaScript-Codes werden wie üblich eingebunden, unabhängig vom Inhalt der Manifest-Datei.

Die Manifest-Datei muss mit der Erweiterung *.appcache* gespeichert werden; der Name ist frei wählbar (in diesem Beispiel *cache01*). Jedes Mal, wenn der Browser das manifest-Attribut in einem Dokument findet, versucht er, zuerst die Manifest-Datei und dann die darin aufgeführten Ressourcen zu laden. Das manifest-Attribut muss in jedes HTML-Dokument eingebunden werden, das für die Applikation im Cache verfügbar sein muss. Der Prozess ist für Benutzer unsichtbar und lässt sich mit Hilfe der API durch Programmierung steuern, wie Sie gleich sehen werden.

Warnung ❌

Der MIME-Typ text/cache-manifest gehört zurzeit noch bei keinem Server zur Standardkonfiguration. Sie müssen ihn Ihrem Server manuell hinzufügen. Wie dieser neue Dateityp eingebunden wird, hängt von der Art des Servers ab. Bei manchen Apache-Versionen genügt es zum Beispiel, der *httpd.conf*-Datei folgende Zeile hinzuzufügen: AddType text/cache-manifest.appcache.

Neben der Erweiterung und internen Struktur der Manifest-Datei gibt es noch eine wichtige Voraussetzung zu beachten. Die Manifest-Datei muss von den Servern mit dem richtigen MIME-Typ bereitgestellt werden. Jede Datei hat einen MIME-Typ, der das Format ihres Inhalts angibt. So ist zum Beispiel text/html der Typ für eine HTML-Datei. Eine Manifest-Datei muss mit dem MIME-Typ text/cache-manifest geliefert werden, sonst gibt der Browser nur einen Fehler zurück.

16.2 Das ApplicationCache-Objekt

Die Manifest-Datei sollte alleine bereits ausreichen, um einen Cache für kleine Websites oder einfache Programme anzulegen, doch komplexe Anwendungen erfordern ein höheres Maß an Kontrolle. Das Manifest gibt zwar an, welche Dateien gespeichert werden müssen, kann aber nicht darüber informieren, wie viele dieser Dateien bereits heruntergeladen wurden, welche Fehler dabei aufgetreten sind, wann ein Update gebrauchsfertig ist und andere wichtige Situationen mehr. In Anbetracht dieser möglichen Szenarien umfasst die API das neue ApplicationCache-Objekt mit Methoden, Eigenschaften und Events, um diesen gesamten Prozess zu managen.

16.2.1 Das error-Event

Das vielleicht wichtigste Event des ApplicationCache-Objekts ist error. Wenn beim Lesen der Dateien auf dem Server ein Fehler auftritt, wird die Anwendung nicht im Cache gespeichert oder der Cache nicht aktualisiert. Es ist ungemein wichtig, über solche Situationen Bescheid zu wissen und den Umständen entsprechend zu handeln.

Mit dem HTML-Dokument aus Listing 16.3 erstellen Sie nun eine kleine Anwendung, um zu sehen, wie das error-Event funktioniert.

```
function initiate(){
    var cache=window.applicationCache;
    cache.addEventListener('error', showerror, false);
}
function showerror(){
    alert('error');
}
window.addEventListener('load', initiate, false);
```

Listing 16.4 Fehler suchen (Datei cache01.js)

Das applicationCache-Attribut für das Fenster (window) in Listing 16.4 gibt das ApplicationCache-Objekt für dieses Dokument zurück. Sie speichern einen Verweis auf dieses Objekt in der cache-Variablen und fügen dem Objekt einen Listener für das error-Event hinzu. Wenn das Event ausgelöst wird, ruft dieser Listener die showerror()-Funktion auf, die eine Fehlermeldung einblendet.

Die CSS-Datei muss Styles für das <section>-Element unseres Dokuments enthalten. Sie können eigene Styles entwickeln oder die folgenden verwenden:

```css
#databox{
    width: 500px;
    height: 300px;
    margin: 10px;
    padding: 10px;
    border: 1px solid #999999;
}
```

Listing 16.5 CSS-Regeln für die databox (Datei cache.css)

Erstellen Sie aus den Listings 16.3 bis 16.5 HTML-, JavaScript- und CSS-Dateien und zusätzlich eine Manifest-Datei (*cache01.html*, *cache01.js*, *cache.css* und *cache01. appcache*). Wie oben beschrieben, binden Sie in die Manifest-Datei die Liste der zu speichernden Dateien unter der Kategorie CACHE ein. In diesem Beispiel gehören dazu die HTML-, die JavaScript- und die CSS-Datei. Laden Sie die Dateien auf Ihren Server hoch und öffnen Sie die HTML-Datei in Ihrem Browser. Wenn Sie die Manifest-Datei löschen oder vergessen, dem Server den entsprechenden MIME-Typ für diese Datei zu verraten, wird das error-Event ausgelöst. Sie können auch den Internetzugang unterbrechen oder mit der Option OFFLINE ARBEITEN des Firefox beobachten, wie die Anwendung aus dem neuen Cache heraus offline funktioniert.

Abbildung 16.1 cache01.html

413

Warnung	✕

Die Implementierung der Offline-API befindet sich in den meisten Browsern zurzeit noch im Experimentierstadium. Ich rate Ihnen, die Beispiele dieses Kapitels mit Firefox und Google Chrome zu testen. Firefox bietet im Dateimenü die Möglichkeit, die Verbindung zu deaktivieren und offline zu arbeiten. Außerdem ist Firefox der einzige Browser, mit dem Sie den Cache löschen können (EXTRAS|WEB-ENTWICKLER|WEB-KONSOLE und den zu löschenden Cache auswählen). Google Chrome dagegen hat fast alle Events implementiert und lässt Sie mit allen Möglichkeiten experimentieren.

16.2.2 Die Eigenschaften online und offline

Für das Navigator-Objekt gibt es eine neue Eigenschaft namens online, die den aktuellen Verbindungsstatus anzeigt. Zu dieser Eigenschaft gehören zwei Events, die ausgelöst werden, wenn ihr Wert sich ändert. Die Eigenschaft und die Events sind nicht Teil des ApplicationCache-Objekts, aber nützlich für diese API.

- online: Dieses Event wird ausgelöst, wenn sich der Wert der onLine-Eigenschaft in true ändert.

- offline: Dieses Event wird ausgelöst, wenn sich der Wert der onLine-Eigenschaft in false ändert.

Hier ist ein Anwendungsbeispiel:

```
function initiate(){
    databox=document.getElementById('databox');

    window.addEventListener('online', function(){ state(1); }, false);
    window.addEventListener('offline', function(){ state(2); }, false);
}
function state(value){
    switch(value){
        case 1:
            databox.innerHTML+='<br>Sie sind ONline';
            break;
        case 2:
            databox.innerHTML+='<br>Sie sind OFFline';
            break;
    }
}
window.addEventListener('load', initiate, false);
```

Listing 16.6 Den Verbindungsstatus prüfen (Datei cache02.js)

In Listing 16.6 benutzen wir anonyme Funktionen, um die Events zu behandeln und an die state()-Funktion einen Wert zu senden, um die entsprechende Nachricht in der databox anzuzeigen. Die Events werden jedes Mal ausgelöst, wenn sich der Wert der onLine-Eigenschaft ändert.

Warnung	✕

Es gibt keine Garantie dafür, dass diese Eigenschaft immer den richtigen Wert hat. Auf einem Desktop-Computer hat das Lauschen auf diese Events möglicherweise keinen Effekt, selbst wenn der Computer vom Internet völlig getrennt ist. Um dieses Beispiel auf einem PC zu testen, sollten Sie den Firefox mit der Option OFFLINE ARBEITEN verwenden.

Schreiben Sie Listing 16.6 in eine JavaScript-Datei und testen sie ihn mit dem bisherigen HTML- und CSS-Code (Beispieldateien *cache02.html*, *cache.css*, *cache02.js* und *cache02.apppcache*). Löschen Sie mit Firefox den Cache für Ihre Website und laden Sie diese Anwendung. Um die Events zu testen, können Sie abermals die

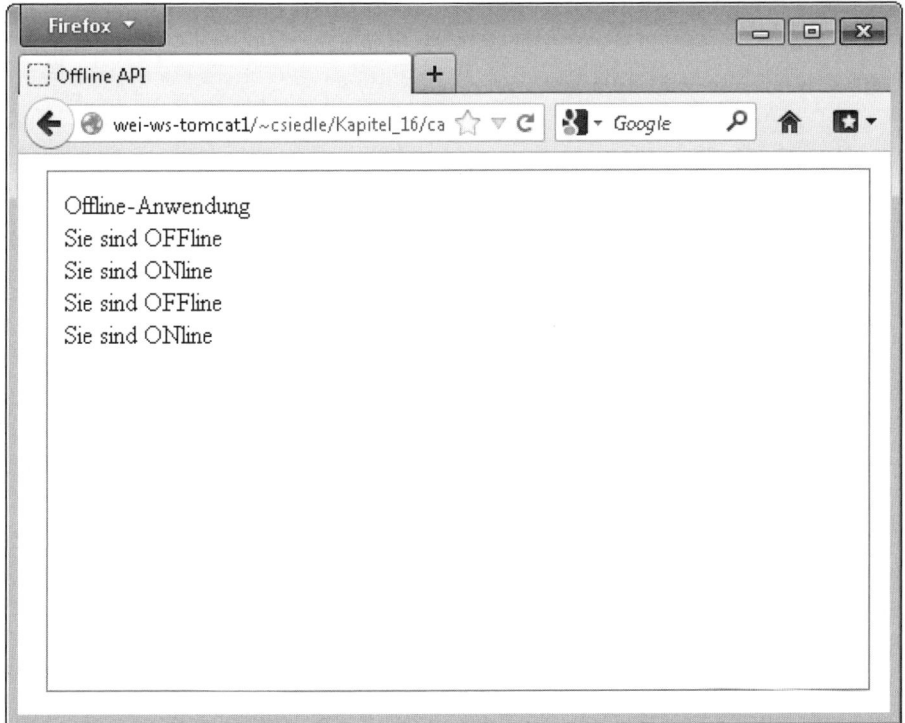

Abbildung 16.2 cache02.html

Option OFFLINE ARBEITEN aus dem Firefox-Dateimenü einschalten. Immer wenn Sie auf diese Option klicken, ändert sich der Status und eine neue Meldung erscheint in der databox.

16.2.3 Der Cache-Prozess

Es kann je nach der Größe des Datei-Downloads einige Sekunden bis hin zu mehreren Minuten dauern, bis ein Cache angelegt oder aktualisiert ist. Der gesamte Prozess durchläuft mehrere Phasen, je nachdem, was der Browser jeweils gerade tut. Bei einem normalen Update versuchen die Browser zum Beispiel, zuerst die Manifest-Datei zu lesen, um nach Updates zu suchen. Existiert ein Update, laden sie sodann alle im Manifest aufgeführten Dateien herunter und geben Bescheid, wenn dieser Vorgang beendet ist. Um anzuzeigen, welcher Schritt dieses Prozesses gerade an der Reihe ist, bietet die API eine status-Eigenschaft an, die folgende Werte annehmen kann:

- UNCACHED (Wert 0): Dieser Wert zeigt an, dass für diese Anwendung noch kein Cache angelegt wurde.
- IDLE (Wert 1): Dieser Wert zeigt an, dass der Cache für die Anwendung der neueste und nicht obsolet ist.
- CHECKING (Wert 2): Dieser Wert zeigt an, dass der Browser nach neuen Updates sucht.
- DOWNLOADING (Wert 3): Dieser Wert zeigt an, dass die Dateien für den Cache gerade heruntergeladen werden.
- UPDATEREADY (Wert 4): Dieser Wert zeigt an, dass der Cache für die Anwendung existiert und nicht obsolet ist, aber auch nicht ganz neu und dass ein Update bereitsteht, um ihn zu ersetzen.
- OBSOLETE (Wert 5): Dieser Wert zeigt an, dass der aktuelle Cache obsolet ist.

Sie können jederzeit den Wert der status-Eigenschaft prüfen, aber es ist besser, den Status des Prozesses und des Cache mit den Events des ApplicationCache-Objekts zu überprüfen. Die folgenden Events werden normalerweise nacheinander ausgelöst und einige davon sind auch mit einem bestimmten Anwendungscache-Status verbunden:

- checking: Dieses Event wird ausgelöst, wenn der Browser nach Updates sucht.
- noupdate: Dieses Event wird ausgelöst, wenn in der Manifest-Datei keine Änderungen gefunden wurden.

- downloading: Dieses Event wird ausgelöst, wenn der Browser ein neues Update findet und anfängt, die Dateien herunterzuladen.

- cached: Dieses Event wird ausgelöst, wenn der Cache bereit ist.

- updateready: Dieses Event wird ausgelöst, wenn der Download-Prozess für ein Update abgeschlossen ist.

- obsolete: Dieses Event wird ausgelöst, wenn die Manifest-Datei nicht mehr zur Verfügung steht und der Cache gelöscht wird.

Das folgende Beispiel wird Ihnen helfen, den Prozess zu verstehen. Hier wird der databox jedes Mal, wenn ein Event ausgelöst wurde, eine Meldung mit dem Wert des Events und der status-Eigenschaft hinzugefügt:

```
function initiate(){
  databox=document.getElementById('databox');

  cache=window.applicationCache;
  cache.addEventListener('checking', function(){ show(1); }, false);
  cache.addEventListener('downloading', function(){ show(2); }, false);
  cache.addEventListener('cached', function(){ show(3); }, false);
  cache.addEventListener('updateready', function(){ show(4); }, false);
  cache.addEventListener('obsolete', function(){ show(5); }, false);
}
function show(value){
  databox.innerHTML+='<br>Status: '+cache.status;
  databox.innerHTML+=' | Event: '+value;
}
window.addEventListener('load', initiate, false);
```

Listing 16.7 Die Verbindung prüfen (Datei cache03.js)

Mit Hilfe von anonymen Funktionen übersenden Sie für jedes Event einen anderen Wert, um es in der show()-Funktion richtig anzuzeigen. Dieser Wert und der Wert der status-Eigenschaft werden jedes Mal, wenn der Browser einen neuen Schritt zum Generieren des Cache unternimmt, auf dem Bildschirm angezeigt.

Testen Sie den JavaScript-Code aus Listing 16.7 mit dem bisherigen HTML- und CSS-Code (Beispieldateien *cache03.html*, *cache.css*, *cache03.js* und *cache03.appcache*). Laden Sie nun die Anwendung auf Ihren Server hoch, um zu sehen, wie die verschiedenen Schritte des Prozesses jedes Mal, wenn das Dokument geladen wird, entsprechend den Statuswerten auf dem Bildschirm angezeigt wird.

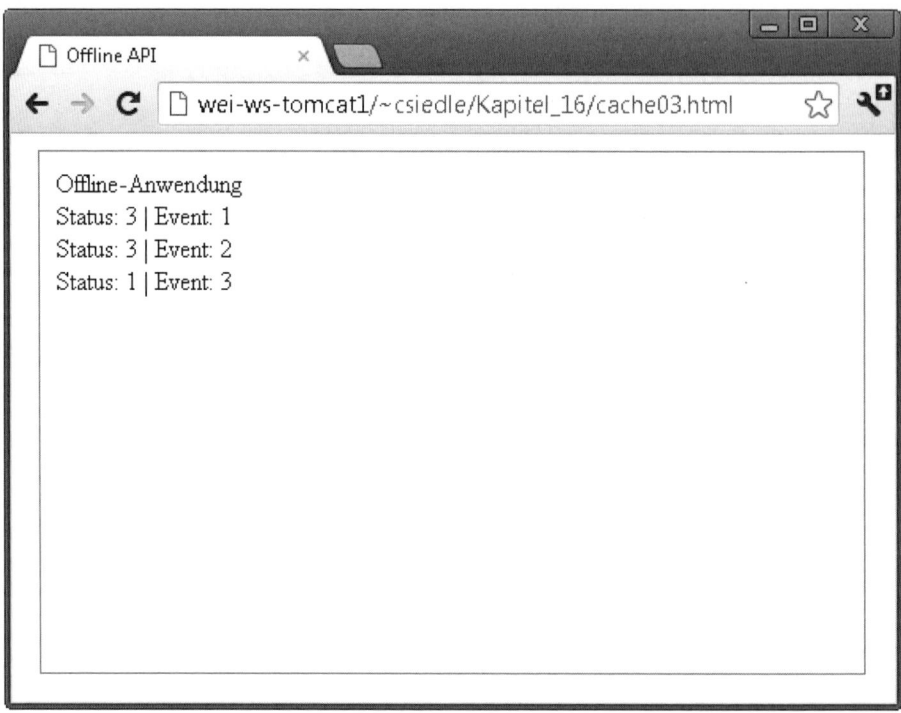

Abbildung 16.3 cache03.html

Warnung ✕

Wenn der Cache bereits angelegt wurde, ist es wichtig, dass Sie ihn vorher löschen und eine neue Version laden. Die Änderung der Manifest-Datei ist nicht das Einzige, was dazu notwendig ist. Die Browser behalten eine Kopie der Datei stundenlang im Gedächtnis, bevor sie auch nur auf den Gedanken kommen, nach Updates zu suchen. Daher wird der Browser noch eine Zeit lang die alte Cache-Version liefern, ganz gleich, wie viele neue Kommentare oder Dateien Sie der Manifest-Datei inzwischen hinzugefügt haben. Um alle Beispiele zu testen, empfehle ich Ihnen, jedes Mal die Namen aller Dateien zu ändern. Wenn Sie zum Beispiel an den Namen eine Zahl anhängen (etwa *cache04.js*), hält der Browser dies für eine neue Anwendung und legt einen neuen Cache an. Das ist natürlich nur für Testzwecke geeignet.

16.2.4 Den Fortschritt anzeigen

Anwendungen, die Bilder, mehrere Codedateien, Datenbankdaten, Videos oder andere große Dateien enthalten, brauchen mitunter lange, bis sie heruntergeladen sind. Um diesen Prozess zu verfolgen, stellt die API das bereits wohlbekannte progress-Event bereit. Es ist dasselbe Event, das Sie bereits in anderen APIs kennen gelernt haben.

Das progress-Event wird nur ausgelöst, während Dateien heruntergeladen werden. Im folgenden Beispiel zeigen Sie mit den Events noupdate, cached und updateready an, wann der Prozess zu Ende ist.

```javascript
function initiate(){
    databox=document.getElementById('databox');
    databox.innerHTML='<progress value="0" max="100">0%</progress>';

    cache=window.applicationCache;
    cache.addEventListener('progress', progress, false);
    cache.addEventListener('cached', show, false);
    cache.addEventListener('updateready', show, false);
    cache.addEventListener('noupdate', show, false);
}
function progress(e){
    if(e.lengthComputable){
        var per=parseInt(e.loaded/e.total*100);
        var progressbar=databox.querySelector("progress");
        progressbar.value=per;
        progressbar.innerHTML=per+'%';
    }
}
function show(){
    databox.innerHTML='Fertig';
}
window.addEventListener('load', initiate, false);
```

Listing 16.8 Der Download-Fortschritt (Datei cache04.js)

Wie immer wird das progress-Event periodisch ausgelöst, um den Status des Prozesses anzuzeigen. In Listing 16.8 wird bei jedem progress-Event die progress()-Funktion aufgerufen und die Informationen auf dem Bildschirm werden mit Hilfe eines <progress>-Elements aktualisiert. (Eine detaillierte Erläuterung der progress()-Funktion finden Sie in Kapitel 13, »Die Communication-API«.)

Warnung ✖

Ich verwende hier innerHTML, um dem Dokument ein neues <progress>-Element hinzuzufügen. Grundsätzlich ist das nicht zu empfehlen, aber für unser Beispiel praktisch und bequem. Normalerweise werden Elemente dem DOM mit den JavaScript-Methoden createElement() und appendChild() hinzugefügt.

Am Ende des Prozesses können sich mehrere Situationen ergeben. Wurde die Anwendung zum ersten Mal in den Cache geladen, wird das cached-Event ausgelöst. Falls der Cache bereits existierte und ein Update verfügbar war, wird stattdessen das updateready-Event ausgelöst, wenn die Dateien schließlich heruntergeladen werden. Und drittens ist es möglich, dass der Cache bereits bestand, aber kein Update zur Verfügung stand. In diesem Fall wird das noupdate-Event ausgelöst. Sie lauschen auf alle drei Events und rufen jeweils die show()-Funktion auf, um die Meldung *Fertig* auf dem Bildschirm auszugeben.

Testen Sie den JavaScript-Code aus Listing 16.8 mit dem bisherigen HTML- und CSS-Code (Beispieldateien *cache04.html*, *cache.css*, *cache04.js* und *cache04.appcache*). Laden Sie die Anwendung auf Ihren Server hoch und rufen Sie dann das Hauptdokument auf.

Um den Fortschrittsbalken in Aktion zu sehen, müssen Sie eine große Datei in die Manifest-Datei einbeziehen. (Zurzeit beschränken die Browser noch die Größe des Cache. Ich empfehle Ihnen, es mit nicht mehr als fünf Megabytes zu versuchen.) Wenn Sie zum Beispiel das in Kapitel 5, »Video und Audio«, eingeführte Video *trailer.ogg* verwenden, sollte die Manifest-Datei wie folgt aussehen:

```
CACHE MANIFEST
cache04.html
cache.css
cache04.js
trailer.ogg
# Datum 2012/10/27
```

Listing 16.9 Manifest-Datei mit Video (Datei cache04.appcache)

16.2.5 Den Cache aktualisieren

Bisher haben Sie gesehen, wie Sie einen Cache für die Anwendung anlegen, den Browser über Updates informieren und den Prozess kontrollieren können, wenn ein Benutzer auf die Anwendung zugreift. Das ist nützlich, bleibt den Benutzern aber nicht verborgen. Der Cache und seine Updates werden geladen, sobald der Benutzer die Anwendung ausführt, was zu lästigen Verzögerungen führen kann. Die API löst dieses Problem mit neuen Methoden, die den Cache aktualisieren, während die Anwendung schon läuft:

■ update(): Diese Methode initiiert eine Aktualisierung des Cache. Sie lässt den Browser zuerst die Manifest-Datei herunterladen und dann mit den restlichen

Dateien fortfahren, falls sich das Manifest geändert hat (das heißt, die Dateien für den Cache modifiziert wurden).

▪ swapCache(): Diese Methode stellt nach einem Update auf den neuesten Cache um. Sie führt weder neue Scripts aus, noch ersetzt sie Ressourcen, sondern sie teilt dem Browser lediglich mit, dass für seine zukünftigen Zugriffe ein neuer Cache bereitsteht.

Um den Cache zu aktualisieren, rufen Sie einfach update() auf. Die Events update-ready und noupdate sind praktisch, um das Ergebnis des Prozesses zu melden. Für das nächste Beispiel verwenden Sie ein neues HTML-Dokument mit zwei Buttons, um das Update anzufordern und den aktuellen Code im Cache zu testen.

```html
<!DOCTYPE html>
<html lang="de" manifest="cache05.appcache">
<head>
    <title>Offline-API</title>
    <link rel="stylesheet" href="cache.css">
    <script src="cache05.js"></script>
</head>
<body>
    <section id="databox">
        Offline Application
    </section>
    <button id="update">Cache-Update</button>
    <button id="test">Test</button>
</body>
</html>
```

Listing 16.10 HTML-Dokument zum Testen der update()-Methode (Datei cache05.html)

Der JavaScript-Code implementiert Techniken, die Ihnen bereits bekannt sind; ich führe nur zwei neue Funktionen für die Buttons ein:

```javascript
function initiate(){
  databox=document.getElementById('databox');
  var update=document.getElementById('update');
  update.addEventListener('click', updatecache, false);
  var test=document.getElementById('test');
  test.addEventListener('click', testcache, false);

  cache=window.applicationCache;
  cache.addEventListener('updateready', function(){ show(1); }, false);
  cache.addEventListener('noupdate', function(){ show(2); }, false);
}
```

```
function updatecache(){
    cache.update();
}
function testcache(){
    databox.innerHTML+='<br>Diese Meldung aendern';
}
function show(value){
    switch(value){
        case 1:
            databox.innerHTML+='<br>Update bereit';
            break;
        case 2:
            databox.innerHTML+='<br>Kein Update vorhanden';
            break;
    }
}
window.addEventListener('load', initiate, false);
```

Listing 16.11 Den Cache aktualisieren und die aktuelle Version nachsehen (Datei cache05.js)

In der initiate()-Funktion wurde beiden Buttons ein Listener für das click-Event hinzugefügt. Ein Klick auf den Update-Button ruft die updatecache()-Funktion auf und führt die update()-Methode aus und ein Klick auf den Test-Button ruft die testcache()-Funktion auf und fügt der databox einen Text hinzu. Den Text können Sie später noch ändern, wenn Sie für eine neue Version des Programms überprüfen möchten, ob das Update funktioniert hat oder nicht.

Erstellen Sie aus den Listings 16.10 und 16.11 neue HTML- und JavaScript-Dateien. Die Dateien für das Manifest und die CSS-Styles sind dieselben wie in den vorigen Beispielen – nur wenn Sie Dateinamen geändert haben, sollten Sie natürlich die Liste in der Manifest-Datei aktualisieren (Beispieldateien *cache05.html*, *cache.css*, *cache05.js* und *cache05.appcache*). Laden Sie alle Dateien auf Ihren Server hoch, öffnen Sie das Hauptdokument in Ihrem Browser und testen Sie die Anwendung.

Sobald das HTML-Dokument geladen wurde, zeigt das Fenster die übliche databox mit zwei Buttons darunter an. Wie bereits erwähnt, ist der Button CACHE-UPDATE mit einem click-Event verknüpft, das die updatecache()-Funktion auf den Plan ruft. Wenn der Button angeklickt wird, wird die update()-Methode in dieser Funktion ausgeführt und der Update-Prozess beginnt. Der Browser lädt die Manifest-Datei herunter und vergleicht sie mit der, die bereits im Cache liegt. Weist die neue Datei Änderungen auf, werden alle darin aufgeführten Dateien erneut heruntergeladen.

Ist der Prozess zu Ende, wird das updateready-Event ausgelöst. Dieses Event ruft die show()-Funktion mit dem Wert 1 auf, der der Meldung *Update bereit* entspricht. Hat sich die Manifest-Datei hingegen nicht geändert, ist kein Update erkennbar und das noupdate-Event wird ausgelöst, das die show()-Funktion mit dem Wert 2 aufruft. In diesem Fall wird die Meldung *Kein Update vorhanden* in der databox angezeigt.

Prüfen Sie, wie der Code funktioniert, indem Sie die Manifest-Datei ändern oder Kommentare hineinschreiben. Jedes Mal, wenn Sie nach einer Änderung auf den Update-Button klicken, erscheint in der databox die Meldung *Update bereit*. Sie können auch mit dem Text in der testcache()-Funktion herumspielen, um zu erkennen, ob ein Update bereits ausgeführt wird.

Warnung ✕

Dieses Mal ist es nicht notwendig, den Cache zu löschen, bevor Sie eine neue Version herunterladen. Die update()-Methode zwingt den Browser, die Manifest-Datei herunterzuladen und, falls ein Update erkannt wird, auch den Rest der Dateien zu laden. Allerdings ist der neue Cache erst dann verfügbar, wenn der Benutzer die Seite aktualisiert.

Abbildung 16.4 cache05.html

Kapitel 17
Kompatibilität und Ausblick

Dies ist ein Buch über HTML5. Es ist als Leitfaden für Entwickler, Designer und Programmierer gedacht, die revolutionäre Websites und Anwendungen erstellen möchten. Für die geniale Seite in uns allen. Für Cracks. Doch wir befinden uns in einem Übergangsstadium, in einer Phase, in der sich alte Technologien mit neuen mischen und die Märkte nicht Schritt halten. Zu derselben Zeit, da Millionen neuer Browser aus dem Web heruntergeladen werden, haben (andere) Millionen von Menschen keine Ahnung, dass es diese Browser überhaupt gibt. Die Welt ist immer noch voll von Computern, die mit Windows 98 und Internet Explorer 6 oder gar noch Schlimmerem laufen.

Webentwicklung war schon immer eine Herausforderung und sie wird nicht unbedingt einfacher werden – insbesondere jetzt im Moment nicht. Trotz der langen, harten Arbeit, die geleistet wurde, um Standards für das Web zu erschaffen und zu implementieren, werden diese Standards noch nicht einmal von den neuen Browsern konsequent unterstützt. Und überall auf der Welt laufen auch immer noch die alten Browser, die gar keine Standards kennen, und machen uns das Leben schwer.

Also ist es an der Zeit, zu überlegen, was wir tun können, um HTML5 zu den Menschen zu bringen, um innovativ und schöpferisch zu sein. Es ist an der Zeit, zu überlegen, wie wir mit den neuen Technologien umgehen können, damit sie für alle Nutzer verfügbar werden.

17.1 Umgang mit veralteten Browsern

Was die Alternativen betrifft, so müssen Sie Position beziehen. Sie können grob sein oder höflich, smart oder harter Arbeiter. Ein grober Entwickler würde sagen: »Das hier ist für neue Browser programmiert. Neue Browser sind kostenlos, also seien Sie nicht faul und laden Sie einen herunter.« Ein höflicher Entwickler würde sagen: »Dieses Programm nutzt die modernsten Technologien. Wenn Sie das volle Potenzial meiner Arbeit ausschöpfen möchten, sollten Sie Ihren Browser aktualisieren. Bis dahin ist hier auch noch eine ältere Version, die Sie nutzen können.« Der smarte Entwickler würde sagen: »Wir machen die modernsten Technologien für jeden zugänglich. Sie müssen gar nichts tun, wir haben Ihnen alle Arbeit abgenommen.« Und der hart arbeitende Entwickler würde sagen: »Dies ist eine Version der Website für Ihren Browser, hier ist eine andere Version mit mehr Funktionen speziell für neue Browser und hier ist eine experimentelle Version unserer supermodernen Anwendung.«

Wenn der Browser des Benutzers für HTML5 noch nicht bereit ist, sind folgende Optionen am praktischsten:

- **Informieren:** Bitten Sie den Benutzer, seinen Browser zu aktualisieren, wenn Funktionen, die Ihre Anwendung benötigt, nicht zur Verfügung stehen.
- **Anpassen:** Wählen Sie für das Dokument verschiedene Styles und Codes, je nach den Funktionen, die der Browser des Benutzers aufbietet.
- **Umleiten:** Leiten Sie die Benutzer auf ein ganz anderes Dokument um, das speziell für ältere Browser entworfen wurde.
- **Emulieren:** Verwenden Sie Bibliotheken, um HTML5-Funktionen für ältere Browser zu erschließen.

17.1.1 Modernizr

Ganz gleich, wofür Sie sich entscheiden: Als Erstes müssen Sie feststellen, ob die HTML5-Funktionen, die Ihre Anwendung benötigt, im Browser des Benutzers zur Verfügung stehen oder nicht. Die Funktionen sind unabhängig und leicht zu identifizieren, aber die Techniken, mit denen sie erkannt werden, sind so verschiedenartig wie die Funktionen selbst. Entwickler müssen verschiedene Browser und Versionen berücksichtigen und sich auf Codes stützen, die nicht selten unzuverlässig sind.

Zur Lösung dieses Problems wurde eine kleine Bibliothek namens *Modernizr* entwickelt. Sie erzeugt ein Modernizr-Objekt, das Eigenschaften für alle Funktionen von HTML5 bereitstellt. Diese Eigenschaften geben den booleschen Wert true zurück, wenn die betreffende Funktion verfügbar ist, und false, wenn nicht.

Es handelt sich um eine Open-Source-Bibliothek, die in JavaScript geschrieben wurde und unter *www.modernizr.com* frei erhältlich ist. Sie müssen nur die JavaScript-Datei herunterladen und im Kopf Ihres Dokuments einbinden, wie im folgenden Beispiel:

```
<!DOCTYPE html>
<html lang="de">
<head>
   <title>Modernizr</title>
   <script src="modernizr.min.js"></script>
   <script src="modernizr.js"></script>
</head>
<body>
   <section id="databox">
      Inhalt
   </section>
</body>
</html>
```

Listing 17.1 Modernizr in Dokumente einbinden

Die Datei namens *modernizr.min.js* ist eine Kopie der von der Modernizr-Website heruntergeladenen Datei für die Modernizr-Bibliothek. Die zweite Datei, die Sie in das HTML-Dokument in Listing 17.1 einbinden, ist eigener JavaScript-Code: Er prüft die Werte der Eigenschaften, die die Bibliothek liefert:

```
function initiate(){
   var databox=document.getElementById('databox');
   if(Modernizr.boxshadow){
      databox.innerHTML='Box Shadow ist vorhanden';
   }else{ databox.innerHTML='Box Shadow ist NICHT vorhanden'; }
}
window.addEventListener('load', initiate, false);
```

Listing 17.2 Erkennen, ob CSS-Styles für Box Shadow bereitstehen

427

Wie Listing 17.2 zeigt, können Sie mit einem einfachen `if`-Bedingungsausdruck und der entsprechenden Eigenschaft des `Modernizr`-Objekts jedes Feature erkennen. Für jedes Feature hat das Objekt eine eigene Eigenschaft.

> **Warnung** ✕
>
> Dies ist nur eine kleine Einführung in diese nützliche Bibliothek. Sie können zum Beispiel mit Modernizr auch ohne JavaScript CSS-Styles aus CSS-Dateien auswählen. Modernizr hat spezielle Klassen, die Sie in Ihre Stylesheets implementieren können, um je nach den verfügbaren Features die passenden CSS-Eigenschaften auszuwählen. Mehr erfahren Sie auf der Website *www.modernizr.com*.

17.1.2 Bibliotheken

Wenn Sie erkannt haben, welche Features zur Verfügung stehen, können Sie entweder mit dem arbeiten, was der Browser des Benutzers bietet, oder Sie raten dem Benutzer zu einem Upgrade. Doch nehmen wir einmal an, Sie sind ein sturer Entwickler oder verrückter Programmierer, der sich nicht um die Browser-Hersteller oder -Versionen oder -Betaversionen oder nicht-implementierte Features oder irgendetwas sonst schert. Und Ihre Kunden denken genauso. Sie wollen nur die allermodernste Technologie benutzen, komme, was da wolle!

Nun, hierbei kommen Ihnen unabhängige Bibliotheken zur Hilfe. Es gibt noch zig weitere Programmierer auf der Welt, die mindestens genauso stur sind wie Sie und Ihre Kunden. Diese entwickeln und verbessern Bibliotheken, um in alten Browsern (insbesondere JavaScript-APIs) HTML5-Features zu emulieren. Dank dieser Arbeit stehen schon heute neue HTML-Elemente, CSS3-Selektoren und -Styles und sogar komplexe APIs wie zum Beispiel Canvas oder Web Storage für jeden Browser zur Verfügung. Eine aktuelle Liste der Bibliotheken finden Sie unter:

www.github.com/Modernizr/Modernizr/wiki/HTML5-Cross-browser-Polyfills

17.1.3 Google Chrome Frame

Google Chrome Frame ist so etwas wie die letzte Zuflucht. Ich persönlich denke, dass es zu Anfang eine gute Idee war, aber heute ist es besser, den Benutzern zu einem Browser-Upgrade zu raten, als sie ein Plugin wie Google Chrome Frame herunterladen zu lassen.

Google Chrome Frame war speziell für alte Versionen des Internet Explorer entwickelt worden. Es sollte die Macht und Möglichkeiten von Google Chrome für Browser erschließen, die auf diese Technologien nicht eingerichtet waren, aber immer noch auf den Computern der Nutzer liefen.

Wie erwähnt, es war eine gute Idee. Man brauchte nur ein HTML-Tag in das Dokument einzufügen und schon erhielt der Benutzer eine Nachricht, die ihm empfahl, Google Chrome Frame zu installieren, bevor er die Website oder Anwendung ausführte. Nach diesem simplen Schritt standen automatisch alle Features von Google Chrome bereit. Allerdings mussten die Benutzer ja ohnehin Software aus dem Web herunterladen. Da könnten sie doch ebenso gut eine neue Browser-Version herunterladen, insbesondere jetzt, da der Internet Explorer seine eigene, HTML5-kompatible Edition kostenlos anbietet. Heute, da so viele Browser HTML5-kompatibel sind, ist es besser, die Benutzer auf diese neue Software zu verweisen, als ihnen obskure und verwirrende Plugins anzudienen.

Mehr Informationen über Google Chrome Frame und seine Verwendung erhalten Sie unter: *code.google.com/chrome/chromeframe/*

17.2　Für mobile Geräte entwickeln

In der neuen Ära der mobilen Geräte und des Cloud-Computing gibt es neben dem Browser noch andere Themen, mit denen Sie sich auseinander setzen müssen. Die ganze Entwicklung hat wohl mit dem iPhone angefangen. Als dieses auf den Markt kam, haben sich auch die Dinge im Web geändert. Auf das iPhone folgten das iPad und alle möglichen Imitationen, um dieses neue Marktsegment zu füllen. Dank des radikalen Wandels in der Welt der Elektronik ist heute der mobile Internetzugriff allgegenwärtig. Plötzlich wurden diese neuen Geräte eine wichtige Plattform für Websites und Webanwendungen und die Unterschiedlichkeit der Betriebssysteme, Bildschirme und Schnittstellen zwangen die Entwickler, ihre Produkte auf jeden Einzelfall zuzuschneiden.

Ganz gleich, welche Technologie Sie verwenden: Heute müssen Sie Ihre Websites und Anwendungen an alle möglichen Plattformen anpassen, um die Konsistenz zu bewahren und Ihre Arbeit für jeden zugänglich zu machen. Zum Glück hat HTML diese Situationen schon immer berücksichtigt und dem `<link>`-Element ein `media`-Attribut gegeben, um nach vordefinierten Parametern externe Ressourcen auswählen zu können:

```
<!DOCTYPE html>
<html lang="de">
<head>
  <title>Hauptdokument</title>
  <link rel="stylesheet" href="webstyles.css"
        media="all and min-width: 769px)">
  <link rel="stylesheet" href="tablet.css"
        media="all and (min-width: 321px) and (max-width: 768px)">
  <link rel="stylesheet" href="phone.css"
        media="all and (min-width: 0px) and (max-width: 320px)">
</head>
<body>
...
</body>
</html>
```

Listing 17.3 Verschiedene CSS-Dateien für verschiedene Geräte

Die Auswahl von CSS-Styles ist ein einfacher Weg, diese Aufgabe zu erledigen. Je nach Gerät und Bildschirmgröße werden die CSS-Dateien geladen und die passenden Styles angewendet. Die HTML-Elemente können skaliert und komplette Dokumente angepasst und je nach den Umständen mit bestimmten Abmessungen gerendert werden.

In Listing 17.3 werden drei verschiedene CSS-Dateien für drei verschiedene Situationen eingebunden. Diese Situationen werden anhand der Werte des media-Attributs jedes <link>-Tags erkannt. An den Eigenschaften min-width und max-width können Sie erkennen, welche CSS-Datei auf dieses Dokument angewendet wird. Diese richtet sich nach der Bildschirmauflösung, in der das Dokument dargestellt wird: Liegt die horizontale Bildschirmgröße zwischen 0 und 320 Pixel, wird die Datei *phone.css* geladen. Für eine Auflösung zwischen 321 und 768 Pixel wird die Datei *tablet.css* eingebunden. Und wenn die Auflösung mehr als 768 Pixel beträgt, wird das Dokument mit der Datei *Webstyles.css* gerendert.

Das Dokument kann dadurch in einem kleinen Smartphone, auf einem Tablet-PC und auf einem vollwertigen Computer aufgerufen werden. Die verwendeten Werte gelten normalerweise für diese Geräte.

Zur Anpassung gehören natürlich nicht nur CSS-Styles. Auch die Bedienoberflächen mobiler Geräte unterscheiden sich etwas von denen eines Desktop-Computers, weil einige Teile fehlen, wie zum Beispiel Tastatur und Maus. Reguläre Events wie zum Beispiel click oder mouseover wurden modifiziert oder in manchen Fällen durch touch-Events ersetzt. Und dann haben mobile Geräte normalerweise noch ein weiteres, wichtiges Feature, das dem Benutzer erlaubt, die Bildschirmorientierung und damit den Platz, den das Dokument belegt, zu ändern. Alle diese Änderungen gegenüber dem guten alten Computer machen es beinahe unmöglich, eine gute Anpassung von Design und Handhabung nur durch ein paar Änderungen von CSS-Regeln zu bewerkstelligen. Sie müssen schon mit JavaScript arbeiten, um Programme anzupassen, Situationen zu erkennen und den Benutzer auf die Version der Website umzuleiten, die für das Gerät, mit dem er auf die Anwendung zugreift, spezifisch ist.

> **Warnung** ✕
>
> Mobile Entwicklung mit HTML5 ist ein eigenständiges Thema, das den Rahmen dieses Buches sprengen würde. Ziehen Sie bei Bedarf bitte zusätzlich ein entsprechendes Lehrbuch zu Rate.

17.3 Fazit

Es wird immer Entwickler geben, die Ihnen sagen: »Wenn Sie Technologien verwenden, die für fünf Prozent der Browser nicht zur Verfügung stehen, verlieren Sie fünf Prozent Ihrer Kunden.« Meine Antwort ist: »Wenn Sie Kunden zufriedenstellen wollen, dann sollten Sie anpassen, umleiten oder emulieren, aber wenn Sie nur für sich arbeiten, genügt es, zu informieren.«

Sie müssen Ihren eigenen Weg zum Erfolg finden. Wenn Sie für andere arbeiten, können Sie nur Erfolg haben, indem Sie eine voll funktionsfähige Lösung anbieten, ein Produkt, auf das die Kunden Ihrer Kunden zugreifen können, egal welche Computer, Browser oder Systeme sie sich aussuchen. Doch wenn Sie für sich selbst arbeiten, können Sie nur Erfolg haben, indem Sie das Beste vom Besten schaffen, Innovation gestalten und schneller als alle anderen sind, ganz gleich, welchen Browser fünf Prozent der Benutzer auf dem Computer installiert haben. Sie müssen für die 20 Prozent arbeiten, die schon den neuesten Firefox besitzen, für die 15 Prozent, die schon mit Google Chrome surfen, für die zehn Prozent, die Safari auf ihren mobilen Geräten betreiben. Millionen von Benutzern sind bereit, Ihre Kunden zu werden. Wenn manche Entwickler Sie fragen, wozu Sie fünf Prozent Ihrer Kunden riskieren, frage ich Sie, warum Sie sich eine solche Erfolgschance entgehen lassen sollten?

Sie werden ohnehin nie hundert Prozent des Marktes erobern. Sie entwickeln Ihre Websites ja vermutlich auch nicht auf Chinesisch oder Portugiesisch, arbeiten also schon jetzt nur für einen kleinen Teil des Markts. Wozu sich also technologisch noch länger beschränken? Entwickeln Sie für den Markt, in dem Sie erfolgreich sein können. Entwickeln Sie für den Teil des Marktes, der stabil wächst und Ihnen erlaubt, Ihre Kreativität und Ideen auszuspielen. Ebenso wenig, wie Sie sich um fremdsprachige Märkte kümmern müssen, müssen Sie sich um den Teil des Marktes scheren, der immer noch alte Technologien benutzt. Sagen Sie diesen Nutzern, was sie verpassen. Profitieren Sie von den modernsten Technologien, seien Sie ein Crack. Entwickeln Sie für die Zukunft. Das ist das beste Erfolgsrezept.

A Kurzreferenz

In dieser Kurzreferenz können Sie die wichtigsten und am häufigsten benötigten HTML5-Elemente nachschlagen. Ich habe sie den Kapiteln folgend thematisch sortiert, damit Sie hoffentlich schnell finden, was Sie benötigen. Bitte beachten Sie, dass diese Referenz nicht vollständig sein kann – schlagen Sie daher bei Bedarf zusätzlich in der offiziellen Spezifikation nach (*http://dev.w3.org/html5/spec-author-view/*).

A.1 HTML5-Dokumente

In der HTML5-Spezifikation ist HTML für die Dokumentstruktur zuständig und bietet für diesen Zweck eine ganze Reihe neuer Elemente. Einige wenige Elemente bleiben dem Styling vorbehalten.

- `<address>`: Dieses Element umschließt Kontaktinformationen für einen `<article>` oder das gesamte Dokument. Es sollte im `<footer>` verwendet werden.

- `<article>`: Dieses Element repräsentiert einen in sich abgeschlossenen Abschnitt relevanter Informationen, zum Beispiel einen Zeitungsartikel oder Blogbeitrag. Das `<article>`-Element kann geschachtelt werden und eine Liste in einer Liste zusammengehöriger Elemente anzeigen, zum Beispiel Leserkommentare zu einem Blogbeitrag.

- `<aside>`: Dieses Element repräsentiert Inhalt, der mit dem Hauptinhalt zusammenhängt, aber nicht dazugehört, zum Beispiel Zitate, Informationskästen, Werbung und so weiter.

- `<cite>`: Dieses Element zeigt den Titel eines Werks an (Buch, Film, Gedicht und so weiter).

- `<figcaption>`: Dieses Element soll eine Bildbeschriftung oder Legende anzeigen, die zusammen mit dem `<figure>`-Element verwendet wird. Ein Beispiel ist die Beschreibung eines Bildes.

- `<figure>`: Dieses Element repräsentiert einen selbstständigen Teil des Inhalts (zum Beispiel Bilder, Diagramme oder Videos), auf den im Hauptinhalt Bezug genommen wird. Dies sind Informationen, die man aus dem Hauptinhalt löschen könnte, ohne seinen Fluss zu beeinträchtigen.

- `<footer>`: Dieses Element repräsentiert Zusatzinformationen zu seinem Elternelement. So liefert zum Beispiel ein Footer am Ende des Bodys (wie eine reguläre Fußzeile einer Seite) Zusatzinformationen über das Dokument. Das Element kann übrigens nicht nur für `<body>`, sondern auch in verschiedenen Abschnitten des Bodys verwendet werden, um Zusatzinformationen über diese Abschnitte zu liefern.

- `<header>`: Dieses Element enthält Angaben zur Einführung und kann auf verschiedene Dokumentabschnitte angewendet werden. Es sollte die Überschriften des Abschnitts enthalten, könnte aber auch Indizes, Suchformulare, Logos und so weiter aufnehmen.

- `<hgroup>`: Dieses Element fasst mehrere h-Elemente zusammen, wenn die Überschrift mehrere Ebenen hat, wie zum Beispiel eine Überschrift mit Titel und Untertitel.

- `<mark>`: Dieses Element hebt einen Text hervor, der in einer bestimmten Situation relevant ist oder aufgrund einer Eingabe des Benutzers angezeigt wird.

- `<nav>`: Dieses Element kennzeichnet einen Abschnitt mit Navigations-Links, wie zum Beispiel Menüs oder Indizes. Nicht alle Links in einer Webseite müssen in einem `<nav>`-Element stehen, sondern nur jene, die zu größeren Navigationsblöcken gehören.

- `<section>`: Dieses Element repräsentiert einen generischen Abschnitt im Dokument. Es fasst normalerweise Inhaltsblöcke (zum Beispiel Spalten) zusammen, wenn der Inhalt thematisch zusammengehört, wie zum Beispiel Buchkapitel oder -seiten, Gruppen von Nachrichtenartikeln, eine Beitragsreihe und so weiter.

- `<small>`: Dieses Element repräsentiert Randkommentare, zum Beispiel Kleingedrucktes wie Haftungsausschlüsse, rechtliche Einschränkungen oder Copyrights.

- `<time>`: Dieses Element soll Datum und Uhrzeit in Formaten anzeigen, die für Mensch und Maschine lesbar sind. Die für Menschen lesbare Zeitangabe steht zwischen den Tags, während die maschinenlesbare als Wert des Attributs `datetime` eingestellt wird. Ein zweites, optionales Attribut namens `pubdate` kann anzeigen, dass der Wert von `datetime` das Erscheinungsdatum ist.

A.2 CSS-Styling und Box-Modelle

In HTML5 liegt die Verantwortung für die Struktur mehr denn je in den Händen von CSS. Die letzte CSS-Version wurde erweitert und verbessert, um die Dokumente besser gliedern und mit ihren Elementen besser umgehen zu können.

Pseudoklassen und Selektoren

In CSS3 kamen neue Mechanismen zum Verweisen auf und Auswählen von HTML-Elementen hinzu.

- Attribut-Selektor: Nun können Sie außer `id` und `class` auch noch andere Attribute verwenden, um Elemente im Dokument zu finden und Styling anzugeben. Mit der Konstruktion `keyword[Attribut=Wert]` verweisen Sie auf ein Element, das ein Attribut mit einem bestimmten Wert hat. Zum Beispiel verweist `p[name="text"]` auf jedes Element `<p>` mit dem Attribut `name` und dem Wert `"text"`. CSS3 bietet auch Techniken, um diesen Verweis unspezifischer zu gestalten. Mit den Symbolkombinationen `^=`, `$=` und `*=` können Sie Elemente finden, die mit dem angegebenen Wert anfangen oder enden oder ihn irgendwo enthalten. Mit `p[name^="text"]` finden Sie zum Beispiel Elemente `<p>`, die das Attribut `name` und einen mit `"text"` beginnenden Wert haben.

- `:first-child`: Diese Pseudoklasse verweist ähnlich wie `:nth-child(1)` auf das erste Kind.

- `:last-child`: Diese Pseudoklasse verweist auf das letzte Kind.

- `:nth-child()`: Diese Pseudoklasse findet ein spezifisches Kind in der Baumstruktur. Mit dem Style `span:nth-child(2)` können Sie zum Beispiel auf ein `<span>`-Element verweisen, das andere `<span>`-Elemente als Geschwister hat und sich an der Position 2 befindet. Diese Zahl ist der Index. Statt einer Zahl können Sie auch die Schlüsselwörter `odd` und `even` verwenden, um auf Elemente mit ungeradem (odd) oder geradem (even) Index zu verweisen, wie zum Beispiel `span:nth-child(odd)`.

- `:only-child`: Diese Pseudoklasse verweist auf ein Element, das das einzige Kind seines Elternelements ist.

Kurzreferenz

A

435

- :not(): Diese Pseudoklasse wird verwendet, um auf alle außer den in Klammern stehenden Elementen zu verweisen.

- >: Dieser Selektor verweist auf das zweite Element, wenn das erste Element sein Elternelement ist. div > p würde beispielsweise jedes <p>-Element ansprechen, das ein Kind eines <div>-Elements ist.

- +: Dieser Selektor verweist auf Elemente, die Geschwister sind. Der Verweis zeigt auf das zweite Element, wenn es unmittelbar auf das erste Element folgt. So verweist span + p zum Beispiel auf die <p>-Elemente, die Geschwister sind und auf ein <span>-Element folgen.

- ~: Dieser Selektor ähnelt dem vorigen, nur dass hier das zweite Element nicht unmittelbar vor dem ersten Element stehen muss.

Flexibles Boxmodell

Das flexible Boxmodell wurde geschaffen, um das zurzeit noch gebräuchliche traditionelle Boxmodell abzulösen. CSS3 hat mehrere Eigenschaften, um dieses neue Modell auf die Struktur von Dokumenten anzuwenden:

- box-align: Diese Eigenschaft legt fest, wie der verfügbare Platz auf der Achse verteilt wird, die senkrecht zur Ausrichtungsachse der Box steht. Ihr Standardwert ist stretch. Bei horizontaler Ausrichtung bedeutet dies, dass die Boxen vertikal gestreckt werden, bis sie allen verfügbaren Platz von oben nach unten belegen. Aufgrund dieser Eigenschaft wachsen die Spalten in einem typischen Webdesign automatisch entsprechend der Größe der restlichen Spalten derselben Zeile. Andere mögliche Werte sind start, end, center und baseline. Sie bieten mit der vertikalen Ausrichtung eine weitere, sehr gute Fähigkeit.

- box-direction: Mit dem Wert reverse kehrt diese Eigenschaft den normalen Dokumentfluss (von links nach rechts beziehungsweise von oben nach unten) um. Ihr Standardwert ist normal. Je nach Einstellung dieser Eigenschaft lässt die Box ihren Inhalt nach rechts oder links überlaufen, wenn die Kinder mehr Platz belegen, als zur Verfügung steht.

- box-flex: Diese Eigenschaft macht eine Box flexibel. Die Größe der Box wird nach dem Platz berechnet, der in der Eltern-Box zur Verfügung steht, und der Größe und den Eigenschaften der restlichen Kinder. Die Eigenschaft box-flex wirkt sich nur auf die Größe der Ausrichtungsachse aus. Der Wert dieser Eigenschaft ist eine Gleitkommazahl und repräsentiert den nach folgender Formel verfügbaren Platz: Platz * box-flex des Kindes / Summe der box-flex-

Werte aller Kinder. Ist der Wert 0, ist die Box unflexibel; beträgt er mindestens 1, ist sie flexibel.

- `box-ordinal-group`: Diese Eigenschaft wählt die genaue Position aller ihrer Kinder aus. Sie muss dem Kind mit einem ganzzahligen Wert zugewiesen werden, der eine Position in einer Gruppe repräsentiert. Sie kann auch mit `box-direction` verwendet werden, um die Positionen umzukehren.

- `box-orient`: Diese Eigenschaft hat die beiden Werte `horizontal` und `vertical`, die sich auf die Ausrichtung der Boxen innerhalb einer Eltern-Box beziehen.

- `box-pack`: Diese Eigenschaft hilft dem Browser, zu entscheiden, wie der in der Eltern-Box übrige Freiraum verteilt wird, wenn die Kinder unflexibel sind oder eine maximale Breite haben. Der Standardwert `start` bedeutet, dass die Boxen von links nach rechts angeordnet werden, sofern dies nicht durch `box-direction` umgekehrt wird. Andere mögliche Werte sind `end`, `center` und `justify`. Mit `justify` wird der Platz gleichmäßig aufgeteilt und zwischen die Kinder gesetzt.

- `display`: Diese Eigenschaft war bereits implementiert, bekam aber nun zwei weitere Werte, nämlich `box` und `inline-box`. Diese verwandeln ein Element in eine Box, die andere Boxen enthalten und gliedern kann.

A.3 Eigenschaften von CSS3

CSS3 bietet neue Eigenschaften zur Erstellung der visuellen und dynamischen Effekte, die heutzutage ein wichtiger Bestandteil des Web sind.

- `@font-face`: Mit dieser Regel können Sie jeden gewünschten Font laden und verwenden. Zuerst müssen Sie den Font erstellen, wobei Sie einen Namen mit der Eigenschaft `font-family` und die Datei mit `src` angeben (zum Beispiel `@font-face{ font-family: Myfont; src: url('fontfile.ttf') }`). Danach können Sie den Font (in diesem Beispiel `Myfont`) jedem beliebigen Element im Dokument zuweisen.

- `border-image`: Diese Eigenschaft erstellt aus einem benutzerdefinierten Bild einen Rand. Zuvor muss ein Rand mit der Eigenschaft `border` oder `border-with` eingestellt worden sein. Die Eigenschaft nimmt mindestens drei Parameter auf: die URL des Bildes, die Größe der Stücke, die zur Erstellung des Rands aus diesem Bild entnommen werden, und ein Schlüsselwort, das angibt, wie diese

Kurzreferenz

A

437

Stücke platziert werden sollen (zum Beispiel `border-image: url("file.png") 15 stretch;`).

- `border-radius`: Diese Eigenschaft generiert runde Ecken für Box-Elemente. Sie hat zwei verschiedene Parameter, die jeder Ecke der Box ihre Form geben. Der erste Parameter legt die horizontale und der zweite die vertikale Krümmung fest, was die Möglichkeit eröffnet, eine Ellipse zu erschaffen. Wird nur ein Wert angegeben, sind die Ecken gleich geformt (zum Beispiel `border-radius: 20px`). Sie können auch im Uhrzeigersinn, von links oben bis links unten, für jede Ecke einen anderen Wert angeben. Werden beide Krümmungsparameter angegeben, müssen die Werte durch einen Schrägstrich getrennt werden (zum Beispiel `border-radius: 15px / 20px`).

- `box-shadow`: Diese Eigenschaft erstellt Schatten für Box-Elemente. Sie kann fünf Parameter aufnehmen: die Farbe, den horizontalen Offset, den vertikalen Offset, den Weichzeichnereffekt und das Schlüsselwort `inset`, das den Schatten innerhalb des Elements generiert. Die Offsets können negativ sein, und die Werte für Weichzeichner und `inset` sind optional (zum Beispiel `box-shadow: #000000 5px 5px 10px inset`).

- `hsla()`: Diese Funktion ist eine verbesserte Variante der früheren `hsl()`-Funktion. Sie nimmt vier Werte auf: den Farbton (ein Wert zwischen 0 und 360), die Sättigung (ein Prozentsatz), die Helligkeit (ein Prozentsatz) und die Opazität (ein Wert zwischen 0 und 1).

- `linear-gradient(start position, from color, to color)`: Diese Funktion kann der Eigenschaft `background` oder `background-image` zugewiesen werden, um einen linearen Farbverlauf zu erstellen. Die Attribute geben den Anfangspunkt und die für den Farbverlauf verwendeten Farben an. Der erste Wert kann in Pixeln, als Prozentsatz oder mit den Schlüsselwörtern `top`, `bottom`, `left` und `right` angegeben werden. Die Anfangsposition kann durch einen Winkel ersetzt werden, um dem Farbverlauf eine spezifische Richtung zu geben (zum Beispiel `linear-gradient(top, #FFFFFF 50%, #006699 90%);`).

- `outline`: Diese Eigenschaft wurde durch Hinzufügen der weiteren Eigenschaft `outline-offset` verbessert. Werden beide Eigenschaften kombiniert, entsteht ein zweiter Rand in einigem Abstand vom ersten (zum Beispiel `outline: 1px solid #000000; outline-offset: 10px;`).

- `radial-gradient(start position, shape, from color, to color)`: Diese Funktion kann auf die Eigenschaft `background` oder `background-image` angewendet werden, um einen radialen Farbverlauf zu erzeugen. Die Startposition ist der Ursprung und kann in Pixeln, als Prozentsatz oder als Kombination der

Schlüsselwörter center, top, bottom, left und right angegeben werden. Für die Form stehen die beiden Werte circle und ellipse zur Verfügung und die Farb-Stopps geben die Farbe und die Startposition der Transitionen an (zum Beispiel radial-gradient(center, circle, #FFFFFF 0%, #006699 200%);).

■ rgba(): Diese Funktion ist eine verbesserte Variante der früheren rgb()-Funktion. Sie nimmt vier Werte auf: den Rotwert (0–255), den Grünwert (0–255), den Blauwert (0–255) und die Opazität (ein Wert zwischen 0 und 1).

■ text-shadow: Diese Eigenschaft ähnelt box-shadow, ist aber spezifisch für Text. Sie nimmt vier Parameter auf: die Farbe, den horizontalen Offset, den vertikalen Offset und den Weichzeichnereffekt (zum Beispiel text-shadow: #000000 5px 5px 10px).

■ transform: Diese Eigenschaft modifiziert die Form eines Elements. Sie verwendet vier Grundfunktionen: scale, rotate, skew und translate. Die Funktion scale nimmt nur einen einzigen Wert an: Ein negativer Wert kehrt das Element um, ein Wert zwischen 0 und 1 verkleinert das Element und ein Wert größer als 1 vergrößert das Element (zum Beispiel transform: scale(1.5);). Die Funktion rotate verwendet einen einzelnen, in Grad angegebenen Wert, um das Bild zu drehen (zum Beispiel transform: rotate(20deg);). Die Funktion skew hat zwei Werte, ebenfalls Grad-Angaben, für die horizontale und vertikale Transformation (zum Beispiel transform: skew(20deg, 20deg);). Die Funktion translate bewegt das Objekt um die in ihren beiden Parametern angegebene Anzahl Pixel (zum Beispiel transform: translate(20px);).

■ transition: Diese Eigenschaft kann auf andere Eigenschaften angewendet werden, um eine Transition zwischen zwei Zuständen eines Elements zu bewirken. Sie nimmt bis zu vier Parameter an: die betroffene Eigenschaft, die Zeit, die sie von Anfang bis Ende benötigt, ein Schlüsselwort, das die Art der Transition angibt (ease, linear, ease-in, ease-out, ease-in-out) und die Verzögerung bis zum Beginn der Transition (zum Beispiel transition: color 2s linear 1s;).

A.4   JavaScript

In HTML5 wurde JavaScript durch neue Features und pfiffigere native Methoden verbessert.

Kurzreferenz

A

439

Elemente

- `<script>`: Dieses Element verwendet JavaScript nun als Standard-Skriptsprache. Das `type`-Attribut ist nicht mehr notwendig.

Selektoren

Für jede Webanwendung ist es sehr wichtig, die Elemente eines Dokuments dynamisch mit JavaScript-Code auswählen zu können. Zu diesem Zweck wurden neue Methoden aufgenommen:

- `getElementsByClassName`: Mit diesem Selektor finden Sie Elemente im Dokument anhand des Wertes ihres `class`-Attributs. Die Methode tritt zu den bereits vorhandenen Methoden `getElementsByTagName` und `getElementById` hinzu.

- `querySelector(selectors)`: Diese Methode spricht Elemente im Dokument mit Hilfe von CSS-Selektoren an. Die Selektoren werden in runde Klammern gesetzt und die Methode kann mit anderen kombiniert werden, um einen noch spezifischeren Verweis zu erstellen. Sie gibt das erste gefundene Element zurück.

- `querySelectorAll(selectors)`: Diese Methode ähnelt `querySelector()`, gibt aber alle Elemente zurück, die mit den angegebenen Selektoren übereinstimmen.

Events

Weil Events in Webanwendungen so wichtig sind, wurden die Methoden, die für die führenden Browser bereits verwendet wurden, standardisiert.

- `addEventListener(type, listener, useCapture)`: Diese Methode wird verwendet, um einen Event-Listener hinzuzufügen. Sie nimmt drei Werte entgegen, nämlich den Namen des Events, die Funktion, mit der es behandelt wird, und einen booleschen Wert, der die Reihenfolge der Ausführung festlegt, falls mehrere Events gleichzeitig ausgelöst werden. Normalerweise ist das dritte Attribut `false`.

- `removeEventListener(type, listener, useCapture)`: Diese Methode wird verwendet, um Event-Listener zu entfernen und damit den Event-Handler zu deaktivieren. Sie nimmt dieselben Parameter wie `addEventListener()` entgegen.

A.5 Video und Audio

Video und Audio sind ein essenzieller Bestandteil des Web. HTML5 enthält alle notwendigen Elemente, um diese Medien in Webanwendungen nutzen zu können.

Elemente

HTML5 hat zwei neue HTML-Elemente für die Multimedia-Verarbeitung und eine eigene API für den Zugriff auf die Medienbibliothek.

- `<audio>`: Mit diesem Element können Sie eine Audiodatei in ein HTML-Dokument einfügen.

- `<video>`: Mit diesem Element können Sie eine Videodatei in ein HTML-Dokument einfügen.

Attribute

Die Spezifikation enthält auch Attribute für die Elemente `<video>` und `<audio>`:

- `autoplay`: Wenn dieses Attribut vorhanden ist, lässt es den Browser die Mediendatei so bald wie möglich abspielen.

- `controls`: Wenn dieses Attribut vorhanden ist, werden die Medien-Steuerelemente standardmäßig aktiviert. Jeder Browser hat seine eigenen Features, wie zum Beispiel Buttons für ABSPIELEN und PAUSE oder einen Fortschrittsbalken.

- `loop`: Dieses Attribut lässt den Browser die Mediendatei immer wieder spielen.

- `preload`: Dieses Attribut gibt dem Browser einen Hinweis, was er tun soll. Es kann die drei Werte `none`, `metadata` oder `auto` annehmen. Das Wert `none` sagt dem Browser, dass er die Datei erst herunterladen soll, wenn der Benutzer ihn dazu auffordert. Das Attribut `metadata` lässt den Browser Basisinformationen über die Medien abfragen. Das Attribut `auto` lässt den Browser die Datei so bald wie möglich herunterladen.

- `src`: Dieses Attribut deklariert die URL der Mediendatei, die eingebettet wird. Sie können das `<source>`-Element innerhalb des Medien-Elements verwenden, um mehrere Quellen anzugeben, damit der Browser sich aussuchen kann, welches Format er abspielt.

Video-Attribute

Einige Attribute sind für das `<video>`-Element spezifisch:

- `height`: Legt die Höhe der Videoanzeige in Pixel fest.

- `poster`: Dieses Attribut liefert die URL eines Bildes, das so lange angezeigt wird, bis der Nutzer das Video abspielt.

- `width`: Legt die Breite der Videoanzeige in Pixel fest.

Events

Die gebräuchlichsten Events für diese API sind:

- `canplay`: Dieses Event wird ausgelöst, wenn die gesamte Mediendatei abgespielt werden kann, und zwar im Gegensatz zum nächsten Event auch dann, wenn nur einige wenige Frames zur Verfügung stehen.

- `canplaythrough`: Dieses Event wird ausgelöst, wenn die gesamte Mediendatei ohne Unterbrechung abgespielt werden kann.

- `ended`: Dieses Event wird ausgelöst, wenn die Mediendatei am Ende angelangt ist.

- `error`: Dieses Event wird ausgelöst, wenn ein Fehler auftritt. Das Event wird an das `<source>`-Element (sofern vorhanden) übergeben, das auf die Medienquelle verweist, die den Fehler verursachte.

- `pause`: Dieses Event wird ausgelöst, wenn die Wiedergabe angehalten wird.

- `play`: Dieses Event wird ausgelöst, wenn das Abspielen der Medien beginnt.

- `progress`: Dieses Event wird in regelmäßigen Abständen ausgelöst, um den Download-Fortschritt anzuzeigen.

Methoden

Die gebräuchlichsten Methoden dieser API sind:

- `canPlayType(type)`: Diese Methode zeigt an, ob ein Dateiformat vom Browser unterstützt wird oder nicht. Wenn der Browser die Datei nicht abspielen kann, gibt sie einen leeren String zurück, und wenn ja, dann gibt sie den String `"maybe"` oder `"probably"` zurück, je nachdem, wie sicher sie sich ist.

- `load()`: Diese Methode lädt die Mediendatei für dynamische Anwendungen.

- `pause()`: Diese Methode hält die Wiedergabe an.

- ▪ `play()`: Diese Methode spielt die Mediendatei ab oder nimmt die Wiedergabe wieder auf.

Eigenschaften

Die gebräuchlichsten Eigenschaften für diese API sind:

- ▪ `buffered`: Diese Eigenschaft gibt an, wie weit die Datei bereits in den Pufferspeicher geladen wurde. Sie gibt ein Array mit Daten über jeden heruntergeladenen Teil der Mediendatei zurück. Wenn der Benutzer an eine Stelle der Mediendatei springt, die noch nicht geladen wurde, beginnt der Browser, die Daten ab diesem Punkt zu laden. Zum Zugriff auf die Elemente des Arrays dienen die Attribute `end()` und `start()`. Der Code `buffered.end(0)` gibt zum Beispiel an, wie viele Sekunden des ersten Teils der Mediendatei im Puffer sind.

- ▪ `currentTime`: Diese Eigenschaft kann einen Wert zurückgeben und empfangen, der über die aktuelle Abspielposition der Mediendatei informiert oder eine neue Stelle einstellt, an der die Wiedergabe beginnen soll.

- ▪ `duration`: Gibt die Spieldauer der Mediendatei in Sekunden zurück.

- ▪ `ended`: Gibt `true` zurück, wenn die Mediendatei am Ende angelangt ist.

- ▪ `error`: Gibt den Wert `error` zurück, wenn ein Fehler aufgetreten ist.

- ▪ `paused`: Gibt `true` zurück, wenn die Medienwiedergabe angehalten wurde oder noch nicht angefangen hat.

Kurzreferenz

A

A.6 Formulare und die Forms-API

Formulare sind das wichtigste Kommunikationsmittel zwischen Benutzern und Webanwendungen. HTML5 verfügt über neue `<input>`-Elemente, eine komplette API, um Formulare zu validieren und zu verarbeiten, und Attribute, die diese Schnittstelle noch besser machen.

Typen

Einige der neucn Eingabetypen von HTML5 stellen implizit auch Validierungsbedingungen dar; andere sagen einfach nur aus, welchen Zweck das betreffende Feld hat, damit die Browser das Formular besser wiedergeben können.

- `color`: Dieser Eingabetyp validiert den Eintrag als einen String, der eine einzige Farbe darstellt.

- `date`: Dieser Eingabetyp validiert den Eintrag als Datum im Format Jahr-Monat-Tag.

- `datetime`: Dieser Eingabetyp validiert den Eintrag als vollständiges Datum mit Uhrzeit, einschließlich einer Zeitzone.

- `datetime-local`: Dieser Eingabetyp validiert den Eintrag als vollständiges Datum mit Uhrzeit, aber ohne Zeitzone.

- `email`: Dieser Eingabetyp validiert den Eintrag als E-Mail-Adresse.

- `month`: Dieser Eingabetyp validiert den Eintrag als Datum im Format Jahr-Monat.

- `number`: Dieser Eingabetyp validiert den Eintrag als Zahl. Er kann mit anderen Attributen (zum Beispiel `min`, `max` und `step`) kombiniert werden, um die zulässigen Zahlen einzuschränken.

- `range`: Dieser Eingabetyp generiert einen Schieberegler für die Eingabe einer Zahl. Die Eingabe wird durch die Attribute `min`, `max` und `step` beschränkt. Das Attribut `value` stellt den Anfangswert für das Element ein.

- `search`: Dieser Eingabetyp informiert den Browser über den Zweck des Felds, damit er das Formular besser anzeigen kann.

- `tel`: Dieser Eingabetyp informiert den Browser über den Zweck des Felds (eine Telefonnummer), damit er das Formular besser anzeigen kann.

- `time`: Dieser Eingabetyp validiert den Eintrag als Uhrzeit im Format Stunde:Minuten:Sekunden. Er kann auch andere Syntaxen annehmen, wie zum Beispiel Stunde:Minuten.

- `url`: Dieser Eingabetyp validiert den Eintrag als Web-Adresse.

- `week`: Dieser Eingabetyp validiert den Eintrag als Datum im Format Jahr-Woche, wobei der zweite Wert durch den Buchstaben `W` und die Zahl der Woche dargestellt wird.

Attribute

HTML5 hat auch neue Attribute, die als neue Formularmerkmale oder zur Gültigkeitsüberprüfung im Rahmen der Validierung da sind.

- `autocomplete`: Dieses Attribut gibt an, ob die Eingabewerte für die Zukunft gespeichert werden. Es kann die Werte `on` oder `off` annehmen.

- ▣ autofocus: Dieses ist ein boolesches Attribut, das das Element in den Fokus nimmt, wenn die Seite geladen wird.

- ▣ form: Dieses Attribut verbindet das Element mit einem Formular. Sein Wert muss das id-Attribut des Formulars sein.

- ▣ formnovalidate: Dieses Attribut ist für einzelne Formularelemente da. Es ist ein boolesches Attribut, das festlegt, ob das Element validiert wird oder nicht.

- ▣ list: Dieses Attribut verbindet das Element mit einem <datalist>-Element, um eine Liste von möglichen Werten für das Feld anzuzeigen. Als Wert muss das id-Attribut des <datalist>-Elements geliefert werden.

- ▣ multiple: Dieses Attribut ist ein Boolean, der mehrere Einträge in demselben Feld erlaubt, zum Beispiel mehrere, durch Komma getrennte E-Mail-Adressen.

- ▣ novalidate: Dieses Attribut ist nur für <form>-Elemente verfügbar. Es ist ein boolesches Attribut, das festlegt, ob das Formular validiert wird oder nicht.

- ▣ pattern: Dieses Attribut gibt einen regulären Ausdruck an, dem der Eintrag entsprechen muss, um gültig zu sein.

- ▣ placeholder: Dieses Attribut gibt dem Benutzer, der Daten einträgt, einen Tipp. Sein Wert kann ein einzelnes Wort oder ein kurzer Text sein und wird im Eingabefeld so lange angezeigt, bis dieses den Fokus bekommt.

- ▣ required: Dieses Attribut besagt, dass das Element obligatorisch ist. Es ist ein boolesches Attribut und lässt nicht zu, dass das Formular übermittelt wird, bevor das betreffende Feld ausgefüllt wurde.

Elemente

HTML5 bietet auch neue Elemente auf, um Formulare zu verbessern und ihre Fähigkeiten zu erweitern.

- ▣ <datalist>: Dieses Element ermöglicht es, eine Liste von vordefinierten Optionen bereitzustellen, die in einem <input>-Element als alternative Werte angezeigt werden. Die Liste wird mit dem <option>-Element konstruiert und jede Option mit den Attributen value und label deklariert. Die Liste ist über das list-Attribut mit einem <input>-Element verbunden.

- ▣ <meter>: Dieses Element stellt ein Messdatum dar, wie zum Beispiel die Ausnutzung der Leitungskapazität.

- ▣ <output>: Dieses Element ist eine Ausgabe einer dynamischen Anwendung.

Kurzreferenz

A

445

■ `<progress>`: Dieses Element besagt, dass eine Aufgabe (zum Beispiel ein Download) abgeschlossen ist.

Methoden

Die neue, spezifische Forms-API von HTML5 enthält neue Methoden, Events und Eigenschaften. Zu den Methoden gehören:

■ `checkValidity()`: Diese Methode erzwingt eine Script-gesteuerte Validierung. Sie aktiviert den Validierungsprozess der Browser, ohne das Formular zu übermitteln. Diese Methode gibt `true` zurück, wenn das Element gültig ist.

■ `setCustomValidity(message)`: Mit dieser Methode können Sie einen Fehler deklarieren und eine Fehlermeldung für einen benutzerdefinierten Validierungsprozess angeben. Um den Fehler aufzuheben, müssen Sie die Methode mit einem leeren String als Attribut aufrufen.

Events

Diese API definiert folgende Events:

■ `formchange`: Dieses Event wird ausgelöst, wenn im Formular eine Änderung auftritt.

■ `forminput`: Dieses Event wird ausgelöst, wenn ein Formular eine Benutzereingabe empfängt.

■ `invalid`: Dieses Event wird ausgelöst, wenn während des Validierungsprozesses ein ungültiges Element auftaucht.

Statusprüfungen

Die Forms-API bietet mehrere Statusprüfungen für einen benutzerdefinierten Validierungsprozess.

■ `customError`: Dieser Status ist `true`, wenn ein benutzerdefinierter Fehler für das Element eingestellt wurde.

■ `patternMismatch`: Dieser Status ist `true`, wenn der Wert nicht mit dem regulären Ausdruck im `pattern`-Attribut übereinstimmt.

■ `rangeOverflow`: Dieser Status ist `true`, wenn der Eintrag größer als der Wert des `max`-Attributs ist.

- rangeUnderflow: Dieser Status ist true, wenn der Eintrag kleiner als der Wert des min-Attributs ist.

- stepMismatch: Dieser Status ist true, wenn der Wert des step-Attributs nicht zu den Werten der Attribute min, max und value passt.

- tooLong: Dieser Status ist true, wenn der Eintrag länger als im maxlength-Attribut vorgegeben ist.

- typeMismatch: Dieser Status ist true, wenn der Eintrag nicht dem erwarteten Wert entspricht, wie zum Beispiel im Falle einer E-Mail-Adresse oder URL.

- valid: Dies ist ein allgemeiner Gültigkeitsstatus. Er gibt true zurück, wenn keine der anderen Statusmeldungen true ist, was bedeutet, dass das Element gültig ist.

- valueMissing: Dieser Status ist true, wenn das Element das Attribut required hat und das Feld leer ist.

A.7 Die Canvas-API

Die Canvas-API ist womöglich die komplexeste und umfangreichste der gesamten HTML5-Spezifikation. Sie stellt mehrere Methoden und Eigenschaften zur Verfügung, um auf dem <canvas>-Element grafische Anwendungen zu erstellen.

Methoden

Die folgenden Methoden sind spezifisch für die Canvas-API:

- addColorStop(position, color): Diese Methode wird verwendet, um die Farben für Farbverläufe zu deklarieren. Das Attribut position ist ein Wert zwischen 0.0 und 1.0, der festlegt, wo die Farbe anfängt, zu verlaufen.

- arc(x, y, radius, startAngle, endAngle, direction): Diese Methode fügt dem Pfad einen Bogen hinzu. Der Mittelpunkt des Bogens wird durch x und y definiert, seine Winkel in Bogenmaß angegeben und seine Richtung ist ein boolescher Wert, der »im Uhrzeigersinn« oder »entgegen dem Uhrzeigersinn« bedeuten kann. Um Grad in Bogenmaß umzurechnen, verwenden Sie die Formel Math.PI/180*degrees.

- beginPath(): Diese Methode wird benötigt, um einen neuen Pfad zu beginnen.

Kurzreferenz

A

447

- `bezierCurveTo(cp1x, cp1y, cp2x, cp2y, x, y)`: Diese Methode fügt dem Pfad eine kubische Bézier-Kurve hinzu, die an der aktuellen Stiftposition beginnt und bei x,y endet. Die Attribute `cp1x`, `cp1y`, `cp2x` und `cp2y` geben die Positionen zweier Kontrollpunkte an, die die Kurve formen.

- `clearRect(x, y, width, height)`: Diese Methode löscht auf dem Canvas einen durch die Attributwerte definierten, rechteckigen Bereich.

- `clip()`: Diese Methode wird verwendet, um einen neuen, durch den Pfad definierten Clipping-Bereich zu schaffen. Alles, was nach der Deklaration dieser Methode an den Canvas gesendet wird, wird nur dann gezeichnet, wenn es in den Bereich der Form fällt.

- `closePath()`: Diese Methode kann am Ende eines Pfads verwendet werden, um diesen zu schließen. Sie generiert eine gerade Linie von der letzten Stiftposition zu dem Punkt, an dem der Pfad begann. Diese Methode erübrigt sich, wenn der Pfad offen bleiben soll oder mit `fill()` auf den Canvas gezeichnet wird.

- `createImageData(width, height)`: Diese Methode erzeugt ein neues Bild im Datenformat. Alle Pixel sind anfänglich transparent schwarz. Anstelle von `width` und `height` kann die Methode auch Bilddaten als Attribut nehmen. In diesem Fall wird die Größe des neuen Bildes durch die übergebenen Daten festgelegt.

- `createLinearGradient(x1, y1, x2, y2)`: Diese Methode erzeugt einen linearen Farbverlauf, der der Form mit der Eigenschaft `fillStyle` als Farbe zugewiesen wird. Ihre Attribute geben nur die Anfangs- und Endpositionen (in Bezug auf den Canvas) an. Zur Deklaration der Farben, die am Farbverlauf beteiligt sind, muss diese Methode zusammen mit `addColorStop()` verwendet werden.

- `createPattern(image, type)`: Diese Methode erzeugt aus einem Bild ein Muster, das später mit der Eigenschaft `fillStyle` einer Form als Farbe zugewiesen werden kann. Die möglichen Werte des `type`-Attributs sind `repeat`, `repeat-x`, `repeat-y` und `no-repeat`.

- `createRadialGradient(x1, y1, r1, x2, y2, r2)`: Diese Methode erzeugt einen radialen Farbverlauf, der einer Form mit der Eigenschaft `fillStyle` als Farbe zugewiesen wird. Der Farbverlauf wird aus zwei Kreisen konstruiert. Die Attribute geben nur die Position und den Radius der Kreise (in Bezug zum Canvas) an. Zur Deklaration der Farben, die am Farbverlauf beteiligt sind, muss diese Methode zusammen mit `addColorStop()` verwendet werden.

- `drawImage()`: Diese Methode zeichnet ein Bild auf den Canvas und hat drei mögliche Syntaxen: Mit der Syntax `drawImage(image,x,y)` zeichnet sie das Bild an der Position x,y, mit der Syntax `drawImage(image,x,y,width,height)` zeichnet sie es an der Position x,y in der neuen Größe width,height und mit der Syntax drawImage(image, x1, y1, width1, height1, x2, y2, width2, height2) nimmt sie den durch x1,y1,width1,height1 definierten Teil des Originalbilds und zeichnet ihn an der Position x2,y2 und in der neuen Größe width2,height2 auf den Canvas.

- fill(): Diese Methode wird verwendet, um den Pfad als gefüllte Form zu zeichnen.

- fillRect(x, y, width, height): Diese Methode zeichnet direkt auf den Canvas an der Position x,y ein ausgefülltes Rechteck der Größe width,height.

- fillText(text, x, y, max): Diese Methode zeichnet einen Text mit gefüllten Buchstaben direkt auf den Canvas. Das Attribut max ist optional und deklariert die maximale Größe des Texts.

- getContext(context): Diese Methode erzeugt den Kontext für den Canvas, in dem gezeichnet wird. Sie kann die Werte 2d und 3d für zwei- und dreidimensionale Grafik annehmen.

- getImageData(x, y, width, height): Diese Methode holt sich einen Teil des Canvas und speichert ihn als Objekt, auf dessen Werte über die Eigenschaften width, height und data zugegriffen werden kann. Die ersten beiden Eigenschaften geben die Größe des aufgenommenen Teils des Bildes zurück und data liefert die Informationen in Form eines Arrays, dessen Werte die Farben der Pixel darstellen. Auf diese Werte besteht Zugriff mit der Formel (width*4*y) +(x*4).

- lineTo(x, y): Diese Methode fügt dem Pfad von der aktuellen Stiftposition bis zu dem durch die Attribute x und y vorgegebenen Punkt eine gerade Linie hinzu.

- measureText(text): Diese Methode berechnet die Größe des Bereichs, den der Text auf dem Canvas unter Verwendung der aktuellen Styles einnimmt. Die Eigenschaft width wird verwendet, um den Wert abzufragen.

- moveTo(x, y): Diese Methode versetzt den virtuellen Stift an eine neue Position. Die nächste Methode setzt den Pfad von diesem Punkt aus fort.

- putImageData(imagedata, x, y): Diese Methode zeichnet das durch die Informationen von imagedata dargestellte Bild auf den Canvas.

- quadraticCurveTo(cpx, cpy, x, y): Diese Methode fügt dem Pfad eine quadratische Bézier-Kurve hinzu, die an der aktuellen Stiftposition beginnt und bei x,y endet. Die Attribute cpx und cpy geben die Position des Kontrollpunkts an, der die Kurve formt.

Kurzreferenz

A

- `rect(x, y, width, height)`: Diese Methode fügt dem Pfad an der Position x,y ein Rechteck der Größe `width,height` hinzu.

- `restore()`: Diese Methode stellt den zuletzt gespeicherten Zustand wieder her, einschließlich der Transformationsmatrix, Styling-Eigenschaften und Clipping-Maske.

- `rotate(angle)`: Diese Methode wird verwendet, um den Canvas um den Ursprung zu drehen. Der Winkel (`angle`) muss in Bogenmaß angegeben werden. Um Grad in Bogenmaß umzurechnen, verwenden Sie die Formel `Math.PI/180*degrees`.

- `save()`: Diese Methode speichert den Zustand des Canvas, einschließlich der Transformationsmatrix, Styling-Eigenschaften und Clipping-Maske.

- `scale(x, y)`: Diese Methode ändert die Größe des Canvas. Ihre Standardwerte sind (1.0,1.0). Die Werte können auch negativ sein.

- `setTransform(m1, m2, m3, m4, dx, dy)`: Diese Methode modifiziert die Transformationsmatrix des Canvas. Sie setzt die vorherigen Werte zurück und berechnet neue.

- `stroke()`: Diese Methode wird verwendet, um den Pfad als Formenumriss zu zeichnen.

- `strokeRect(x, y, width, height)`: Diese Methode zeichnet direkt auf den Canvas an der Position x,y den Umriss eines Rechtecks der Größe `width,height`.

- `strokeText(text, x, y, max)`: Diese Methode zeichnet den Umriss eines Texts direkt auf den Canvas. Das Attribut `max` ist optional und deklariert die maximale Größe des Texts.

- `transform(m1, m2, m3, m4, dx, dy)`: Diese Methode modifiziert die Transformationsmatrix des Canvas. Die neue Matrix wird über der vorherigen berechnet.

- `translate(x, y)`: Diese Methode versetzt den Ursprung des Canvas an den Punkt x,y. Die Anfangsposition des Ursprungs (0,0) ist die obere, linke Ecke des Bereichs, den das `<canvas>`-Element generiert.

Eigenschaften

Die nachfolgend aufgeführten Eigenschaften sind spezifisch für die Canvas-API:

- `fillStyle`: Diese Eigenschaft deklariert die Farbe für das Innere von gefüllten Formen. Sie kann jeden CSS-Wert annehmen, auch Funktionen wie zum Beispiel `rgb()` und `rgba()`. Mit ihr kann man den Formen auch Farbverläufe und

Muster zuweisen. (Diese Styles werden zuerst einer Variablen zugewiesen, die dann dieser Eigenschaft als Farbe übergeben wird.)

- `font`: Diese Eigenschaft ähnelt der Eigenschaft `font` von CSS und nimmt dieselben Werte auf, um die Text-Styles zu deklarieren.

- `globalAlpha`: Diese Eigenschaft wird verwendet, um die Transparenz für jede Form einzustellen. Sie nimmt Werte zwischen 0.0 (ganz undurchsichtig) bis 1.0 (ganz transparent) an.

- `globalCompositeOperation`: Diese Eigenschaft legt in Anbetracht der vorhandenen Formen fest, wie die neuen Formen auf dem Canvas gezeichnet werden. Sie kann folgende Werte annehmen: `source-over`, `source-in`, `source-out`, `source-atop`, `lighter`, `xor`, `destination-over`, `destination-in`, `destination-out`, `destination-atop`, `darker` und `copy`. Der Standardwert, `source-over`, bedeutet, dass die neuen Formen die alten überlagern.

- `lineCap`: Diese Eigenschaft legt die Form von Linienenden fest und hat drei mögliche Werte: `butt` (normales Ende), `round` (halbkreisförmige Begrenzung) und `square` (quadratische Begrenzung).

- `lineJoin`: Diese Eigenschaft legt die Form einer Verbindung zwischen zwei Linien fest. Sie kann drei Werte annehmen: `round` (runde Ecke), `bevel` (glatt abgeschnittene Ecke) und `miter` (spitze Ecke).

- `lineWidth`: Diese Eigenschaft stellt die Dicke der Linie ein. Standardmäßig ist ihr Wert 1.0.

- `miterLimit`: Diese Eigenschaft nimmt eine Zahl entgegen, die festlegt, wie lang die Linien ausgedehnt werden, wenn die Eigenschaft `lineJoin` den Wert `miter` hat.

- `shadowBlur`: Diese Eigenschaft nimmt eine Zahl entgegen, um einen Unschärfe-Effekt für einen Schatten zu erzeugen.

- `shadowColor`: Diese Eigenschaft stellt die Farbe für einen Schatten ein und nimmt CSS-Werte an.

- `shadowOffsetX`: Diese Eigenschaft gibt an, um wie viele Einheiten der Schatten in horizontaler Richtung vom Objekt entfernt liegt.

- `shadowOffsetY`: Diese Eigenschaft gibt an, um wie viele Einheiten der Schatten in vertikaler Richtung vom Objekt entfernt liegt.

- `strokeStyle`: Diese Eigenschaft deklariert die Farbe für die Linien der Formen. Sie kann jeden CSS-Wert annehmen, auch Funktionen wie zum Beispiel `rgb()` und `rgba()`.

Kurzreferenz

A

451

■ textAlign: Diese Eigenschaft legt fest, wie der Text ausgerichtet wird. Mögliche Werte sind start, end, left, right und center.

■ textBaseline: Diese Eigenschaft legt die vertikale Ausrichtung für den Text fest. Mögliche Werte sind top, hanging, middle, alphabetic, ideographic und bottom.

A.8   Die Drag&Drop-API

Die Drag&Drop-API führt spezifische Events, Methoden und Eigenschaften ein, mit denen Sie Anwendungen erstellen können, in denen das Ziehen und Ablegen von Elementen möglich ist.

Events

Es gibt sieben neue Events für diese API:

■ drag: Dieses Event wird von der Quelle ausgelöst, während die Drag-Operation im Gange ist.

■ dragend: Dieses Event wird von der Quelle ausgelöst, wenn eine Drag-Operation zu Ende ist, sei es, weil sie erfolgreich war, oder weil sie abgebrochen wurde.

■ dragenter: Dieses Event wird vom Ziel ausgelöst, wenn die Maus den Bereich des Elements betritt. Das Event muss immer mit der Methode preventDefault() unterbunden werden.

■ dragleave: Dieses Event wird vom Ziel ausgelöst, wenn die Maus den Bereich dieses Elements verlässt.

■ dragover: Dieses Event wird vom Ziel ausgelöst, wenn sich die Maus darüber befindet. Es muss immer mit der Methode preventDefault() unterbunden werden.

■ dragstart: Dieses Event wird von der Quelle ausgelöst, wenn eine Drag-Operation startet.

■ drop: Dieses Event wird vom Ziel ausgelöst, wenn die Quelle darauf abgelegt wird. Es muss immer mit der Methode preventDefault() unterbunden werden.

Methoden

Im Folgenden werden die wichtigsten neuen Methoden dieser API aufgelistet:

- `clearData(type)`: Diese Methode entfernt die Daten vom angegebenen Typ.

- `getData(type)`: Diese Methode gibt die Daten des angegebenen Typs zurück. Sie wird aufgerufen, wenn ein `drop`-Event eintritt.

- `setData(type, data)`: Mit dieser Methode werden die Daten zum Versenden vorbereitet, wenn ein `dragstart`-Event ausgelöst wird. Das `type`-Attribut kann ein normaler Datentyp sein (zum Beispiel `text/plain` oder `text/html`) oder auch ein benutzerdefinierter Typ.

- `setDragImage(element, x, y)`: Diese Methode ersetzt die vom Browser generierte Standard-Miniaturdarstellung durch ein benutzerdefiniertes Bild und stellt seine Position in Bezug auf den Mauszeiger ein.

Eigenschaften

Das `dataTransfer`-Objekt, das die mit einer Drag&Drop-Operation übertragenen Daten speichert, verfügt auch über einige nützliche Eigenschaften:

- `dropEffect`: Diese Eigenschaft gibt den Typ der aktuellen Operation zurück. Sie kann auch verwendet werden, um die ausgewählte Operation zu ändern. Ihre möglichen Werte sind `none`, `copy`, `link` und `move`.

- `effectAllowed`: Diese Eigenschaft gibt die Typen der zulässigen Operationen zurück. Mögliche Werte sind `none`, `copy`, `copyLink`, `copyMove`, `link`, `linkMove`, `move`, `all` und `uninitialized`.

- `files`: Diese Eigenschaft gibt ein Array mit Informationen über die Dateien zurück, die gezogen wurden.

- `types`: Diese Eigenschaft gibt ein Array mit allen im `dragstart`-Event eingestellten Typen zurück.

A.9 Die Geolocation-API

In modernen Web-Anwendungen ist es wichtiger geworden, den Standort des Benutzers zu ermitteln. Bedingt durch den Siegeszug der mobilen Geräte können Sie heute Anwendungen programmieren, die diese Informationen nutzen.

453

Methoden

Die Geolocation-API hat drei Methoden, um Standortinformationen von Geräten zu bekommen:

- `clearWatch(id)`: Diese Methode bricht den Prozess ab, den die Methode `watchPosition()` gestartet hat. Das Attribut `id` ist die von `watchPosition()` bei ihrem Aufruf zurückgegebene Kennung.

- `getCurrentPosition(location, error, configuration)`: Diese Methode gibt immer dann die Standortinformationen zurück, wenn sie aufgerufen wird. Das erste Attribut ist eine Rückruffunktion, die die Informationen empfängt, das zweite Attribut ist eine weitere Rückruffunktion, die Fehler verarbeitet, und das dritte Attribut ist ein Objekt, das Werte für die Konfiguration liefert (siehe `Configuration`-Objekt weiter unten).

- `watchPosition(location, error, configuration)`: Diese Methode gibt automatisch bei jedem Standortwechsel aktualisierte Standortinformationen zurück. Das erste Attribut ist eine Rückruffunktion, die die Informationen empfängt, das zweite Attribut ist eine weitere Rückruffunktion, die Fehler verarbeitet, und das dritte Attribut ist ein Objekt, das Werte für die Konfiguration liefert (siehe `Configuration`-Objekt weiter unten).

Objekte

Die Methoden `getCurrentPosition()` und `watchPosition()` erzeugen zwei Objekte, um die vom Geoinformationssystem abgefragten Informationen und den Status der Operation zu melden. Zur Konfiguration benötigen sie das dritte Objekt.

- `Position`-Objekt: Dieses Objekt wird erzeugt, um die Informationen über den erkannten Standort zu speichern. Es hat die beiden Attribute `coords` und `timestamp`.
  - `coords`: Dies ist ein Attribut des `Position`-Objekts. Es hat mehrere interne Attribute, um die Standortinformationen zu liefern: `latitude`, `longitude`, `altitude` (in Metern), `accuracy` (in Metern), `altitudeAccuracy` (in Metern), `heading` (in Grad) und `speed` (in Metern pro Sekunde).
  - `timestamp`: Dies ist ein Attribut des `Position`-Objekts. Es meldet, zu welcher Zeit der Standort ermittelt wurde.

- `PositionError`-Objekt: Dieses Objekt wird erzeugt, wenn ein Fehler auftritt. Es hat zwei allgemeine Attribute für den Fehlerwert und die Fehlermeldung und drei spezifische Werte für eine Erkennung einzelner Fehler.

- message: Dies ist ein Attribut des `PositionError`-Objekts. Es gibt eine Meldung zurück, die den entdeckten Fehler beschreibt.

- error: Dies ist ein Attribut des `PositionError`-Objekts. Es speichert den Wert des entdeckten Fehlers und seine möglichen Werte werden im Folgenden als einzelne Fehlertypen aufgelistet:

- PERMISSION_DENIED: Wert 1 im `error`-Attribut. Diese Konstante ist `true`, wenn der Benutzer der Geolocation-API den Zugriff auf seinen Standort verweigert.

- POSITION_UNAVAILABLE: Wert 2 im `error`-Attribut. Diese Konstante ist `true`, wenn der Standort des Geräts nicht ermittelt werden konnte.

- TIMEOUT: Wert 3 im `error`-Attribut. Diese Konstante ist `true`, wenn der Standort des Geräts nicht in der laut Konfiguration zur Verfügung stehenden Zeit ermittelt werden konnte.

- Configuration-Objekt: Dieses Objekt liefert Konfigurationswerte für die Methoden `getCurrentPosition()` und `watchPosition()`.

  - enableHighAccuracy: Dies ist eines der möglichen Attribute für das `Configuration`-Objekt. Ist es `true`, lässt es den Browser den Standort so genau wie möglich bestimmen.

  - maximumAge: Dies ist eines der möglichen Attribute für das `Configuration`-Objekt. Es zeigt an, wie lange der zuletzt gespeicherte Standort gültig bleibt.

  - timeout: Dies ist eines der möglichen Attribute für das `Configuration`-Objekt. Es zeigt an, wie lange die Operation maximal dauern darf.

Kurzreferenz

A

A.10 Die Web-Storage-API

Mit Hilfe der Storage-API können Anwendungen jetzt auch eine lokale Speicherung anbieten. Die Informationen werden in Form von Schlüsselwort/Wert-Paaren für einen schnelleren Zugriff oder Offline-Zugriff auf dem Computer des Benutzers gespeichert.

Speichermechanismen

Zwei verschiedene Mechanismen stehen für die Datenspeicherung zur Verfügung:

- `localStorage`: Dieser Mechanismus speichert dauerhaft Daten, die dann von allen Fenstern, in denen dieselbe Anwendung läuft, geteilt werden und auch weiterhin zur Verfügung stehen, bis der Benutzer beschließt, dass sie nicht mehr notwendig sind.

- `sessionStorage`: Dieser Mechanismus hält die gespeicherten Informationen nur für ein einzelnes Fenster bereit, und nur so lange, bis das Fenster geschlossen wird.

Methoden

Diese API umfasst eine gemeinsame Schnittstelle mit eigenen Methoden, Eigenschaften und Events:

- `clear()`: Diese Methode löscht alle Elemente aus dem für die Anwendung reservierten Speicherplatz.

- `getItem(key)`: Diese Methode fragt den Inhalt des Elements ab, das durch das im Attribut `key` angegebene Schlüsselwort identifiziert wird. Dieses Schlüsselwort muss denselben Wert haben wie beim Anlegen des Elements mit der Methode `setItem()`.

- `key(index)`: Diese Methode gibt das Schlüsselwort des Elements zurück, das an der durch das Attribut `index` angegebenen Position im Speicher gefunden wurde.

- `removeItem(key)`: Diese Methode löscht das Element mit dem im Attribut `key` angegebenen Schlüsselwort. Dieses Schlüsselwort muss denselben Wert haben wie beim Anlegen des Elements mit der Methode `setItem()`.

- `setItem(key, value)`: Diese Methode erzeugt ein neues Element, das in dem für die Anwendung reservierten Speicherbereich gespeichert wird. Es besteht aus einem Schlüsselwort/Wert-Paar, das aus den Attributen `key` und `value` gebildet wird.

Eigenschaften

- `length`: Diese Eigenschaft gibt an, wie viele Elemente in dem für die Anwendung reservierten Speicherplatz verfügbar sind.

Events

■ `storage`: Dieses Event wird bei jeder Änderung in dem für die Anwendung reservierten Speicherplatz ausgelöst.

A.11 Die IndexedDB-API

Die IndexedDB-API hat eine Infrastruktur der unteren Ebene. Sie ist ebenso wie andere APIs in Schnittstellen gegliedert. Es gibt zum Beispiel eine bestimmte Schnittstelle für die Gliederung der Datenbank, eine andere für die Erzeugung und Bearbeitung von Objektspeicher und so weiter. Jede Schnittstelle enthält ihre eigenen Methoden und Eigenschaften – im Folgenden finden Sie die wichtigsten davon.

Umgebungsschnittstelle (IDBEnvironment und IDBFactory)

Die Umgebungsschnittstelle `IDBEnvironment` enthält das Attribut `IDBFactory`. Gemeinsam liefern diese Schnittstellen alle für den Betrieb von Datenbanken notwendigen Elemente:

■ `indexedDB`: Dieses Attribut bietet einen Mechanismus für den Zugriff auf das indizierte Datenbanksystem.

■ `deleteDatabase(name)`: Diese Methode löscht die Datenbank mit dem im Attribut angegebenen Namen.

■ `open(name)`: Diese Methode öffnet eine Datenbank mit dem im Attribut angegebenen Namen. Ist diese Datenbank noch nicht vorhanden, wird sie unter dem angegebenen Namen neu erzeugt.

Datenbankschnittstelle (IDBDatabase)

Diese Schnittstelle verarbeitet das Objekt, das nach dem Öffnen oder Anlegen der Datenbank zurückgegeben wird. Dazu verfügt es über mehrere Methoden und Eigenschaften:

Eigenschaften

■ `name`: Diese Eigenschaft gibt den Namen der geöffneten Datenbank zurück.

■ `objectStoreNames`: Diese Eigenschaft gibt eine Liste der Namen der Objektspeicher in der geöffneten Datenbank zurück.

Kurzreferenz

A

■ `version`: Diese Eigenschaft gibt die aktuelle Version der geöffneten Datenbank zurück.

Methoden

■ `createObjectStore(name, keyPath, autoIncrement)`: Diese Methode erzeugt einen neuen Objektspeicher für die geöffnete Datenbank. Das Attribut `name` enthält den Namen des Objektspeichers, `keyPath` ist ein gemeinsamer Index für die in diesem Objektspeicher gespeicherten Objekte und `autoIncrement` ist ein boolescher Wert, der einen Schlüsselgenerator aktivieren kann.

■ `deleteObjectStore(name)`: Diese Methode löscht den Objektspeicher mit dem in ihrem Attribut angegebenen Namen.

■ `setVersion(value)`: Diese Methode stellt eine neue Version für die geöffnete Datenbank ein. Das Attribut `value` kann jeder gewünschte String sein.

■ `transaction(stores, type, timeout)`: Diese Methode initiiert eine Transaktion, die speziell auf einen oder mehrere im `stores`-Attribut angegebene Objektspeicher wirken kann und für verschiedene Zugriffsmodi entsprechend dem `type`-Attribut ausgelegt werden kann. Sie kann auch einen `timeout`-Wert in Millisekunden aufnehmen, der angibt, wie lange die Operation dauern darf. Wie eine Transaktion konfiguriert wird, erfahren Sie im Abschnitt über das Transaction-Interface in dieser Kurzreferenz.

Objektspeicher-Schnittstelle (IDBObjectStore)

Diese Schnittstelle enthält alle Methoden und Eigenschaften, die notwendig sind, um Objekte in einem Objektspeicher zu manipulieren.

Eigenschaften

■ `IndexNames`: Diese Eigenschaft liefert eine Liste der Namen der Indizes, die für den aktuellen Objektspeicher angelegt wurden.

■ `keyPath`: Diese Eigenschaft liefert (sofern vorhanden) den `keyPath` des aktuellen Objektspeichers.

■ `name`: Diese Eigenschaft liefert den Namen des aktuellen Objektspeichers.

Methoden

■ `add(object)`: Diese Methode fügt dem ausgewählten Objektspeicher ein Objekt mit den im Attribut mitgelieferten Daten hinzu. Existiert bereits ein Objekt mit demselben Index, wird ein Fehler gemeldet. Diese Methode kann ein Schlüsselwort/Wert-Paar oder ein Objekt, das mehrere Schlüsselwort/Wert-Paare enthält, als Attribut aufnehmen.

- `createIndex(name, property, unique)`: Diese Methode erzeugt ein neues Objekt für den ausgewählten Objektspeicher. Das `name`-Attribut gibt den Namen des Index an, das `property`-Attribut deklariert die Eigenschaft der Objekte, die mit diesem Index verknüpft werden, und das `unique`-Attribut sagt aus, ob Objekte mit demselben Indexwert erlaubt sein sollen oder nicht.

- `delete(key)`: Diese Methode löscht das Objekt mit dem Index `key`.

- `deleteIndex(name)`: Diese Methode löscht den Index mit dem im Attribut angegebenen Namen.

- `get(key)`: Diese Methode gibt das Objekt mit dem Index `key` zurück.

- `index(name)`: Diese Methode öffnet den Index mit dem im Attribut angegebenen Namen.

- `openCursor(range, direction)`: Diese Methode erzeugt einen Cursor über dem Objekt des ausgewählten Objektspeichers. Das `range`-Attribut nimmt ein `range`-Objekt entgegen, das festlegt, welche Objekte ausgewählt werden. Das `direction`-Attribut legt die Reihenfolge dieser Objekte fest. Wenn Sie mehr über die Konfiguration und Manipulation eines Cursors wissen möchten, schlagen Sie in dieser Kurzreferenz das Cursor-Interface nach. Genaueres über den Aufbau eines Wertebereichs erfahren Sie in dieser Kurzreferenz im Abschnitt über das Range-Interface.

- `put(object)`: Diese Methode fügt dem ausgewählten Objektspeicher ein Objekt mit den im Attribut mitgelieferten Daten hinzu. Existiert bereits ein Objekt mit demselben Index, wird es mit den neuen Daten überschrieben. Diese Methode kann ein Schlüsselwort/Wert-Paar oder ein Objekt, das mehrere Schlüsselwort/Wert-Paare enthält, als Attribut aufnehmen.

Cursor-Schnittstelle (IDBCursor)

Diese Schnittstelle enthält Konfigurationswerte, mit denen die Reihenfolge der aus dem Objektspeicher ausgewählten Objekte angegeben wird. Diese Werte müssen als zweites Attribut der Methode `openCursor()` angegeben werden, etwa wie in `openCursor(null, IDBCursor.PRFV)`.

459

■ NEXT: Diese Konstante legt für die Objekte, auf die der Cursor verweist, eine aufsteigende Reihenfolge fest (der Standardwert).

■ NEXT_NO_DUPLICATE: Diese Konstante legt für die Objekte, auf die der Cursor verweist, eine aufsteigende Reihenfolge fest und ignoriert Duplikate.

■ PREV: Diese Konstante legt für die Objekte, auf die der Cursor verweist, eine absteigende Reihenfolge fest.

■ PREV_NO_DUPLICATE: Diese Konstante legt für die Objekte, auf die der Cursor verweist, eine absteigende Reihenfolge fest und ignoriert Duplikate.

Die Schnittstelle enthält auch mehrere Methoden und Eigenschaften, um mit den Objekten, auf die der Cursor verweist, zu arbeiten.

Methoden

■ continue(key): Diese Methode bewegt den Cursor-Zeiger auf das nächste Objekt der Liste oder, falls ein key-Attribut angegeben wurde, auf das damit bezeichnete Objekt.

■ delete(): Diese Methode löscht das Objekt, auf das der Cursor gerade zeigt.

Eigenschaften

■ key: Diese Eigenschaft gibt den Indexwert des Objekts zurück, auf das der Cursor gerade zeigt.

■ update(value): Diese Methode aktualisiert das Objekt, auf das der Cursor gerade zeigt, mit dem als Attribut angegebenen Wert.

■ direction: Diese Eigenschaft gibt die Reihenfolge der vom Cursor gelesenen Objekte zurück (auf- oder absteigend).

■ value: Diese Eigenschaft gibt den Wert einer Eigenschaft des Objekts zurück, auf das der Cursor gerade zeigt.

Transaktionsschnittstelle (IDBTransaction)

Diese Schnittstelle definiert Konfigurationswerte, die angeben, welche Art von Transaktion ausgeführt wird. Die Werte müssen als zweites Attribut der transaction()-Methode angegeben werden, etwa wie in transaction(stores, IDBTransaction.READ_WRITE).

■ READ_ONLY: Diese Konstante konfiguriert die Transaktion als schreibgeschützt (der Standardwert).

- `READ_WRITE`: Diese Konstante konfiguriert die Transaktion als Read/Write-Transaktion.

- `VERSION_CHANGE`: Dieser Transaktionstyp wird nur zum Aktualisieren der Versionsnummer verwendet.

Intervallschnittstelle (IDBKeyRangeConstructors)

Diese Schnittstelle enthält mehrere Methoden, um ein Intervall anzulegen, das mit Cursors zusammen benutzt wird:

- `bound(lower, upper, lowerOpen, upperOpen)`: Diese Methode gibt ein Intervall mit dem Startpunkt `lower` und dem Endpunkt `upper` zurück. Die anderen beiden Attribute geben an, ob diese Werte zur Liste der Objekte gehören oder nicht.

- `lowerBound(value, open)`: Diese Methode gibt ein Intervall zurück, das bei `value` beginnt und am Ende der Objektliste endet. Das `open`-Attribut legt fest, ob das Objekt am Punkt `value` einbezogen oder ausgeschlossen wird.

- `only(value)`: Diese Methode gibt ein Intervall zurück, bei dem sowohl der Start- als auch der Endpunkt auf den Wert `value` eingestellt sind.

- `upperBound(value, open)`: Diese Methode gibt ein Intervall zurück, das am Anfang der Objektliste beginnt und bei `value` endet. Das `open`-Attribut legt fest, ob das Objekt am Punkt `value` einbezogen oder ausgeschlossen wird.

Fehlerschnittstelle (IDBDatabaseException)

Diese Schnittstelle gibt Aufschluss über die Fehler, die von Datenbankoperationen zurückgegeben werden können.

- `code`: Diese Eigenschaft ist die Fehlernummer.

- `message`: Diese Eigenschaft ist die Fehlermeldung.

Der Rückgabewert kann auch mit der folgenden Tabelle verglichen werden, um den Fehler genauer zu bestimmen:

Kurzreferenz

A

461

Wert	Fehler
0	UNKNOWN_ERR
1	NON_TRANSIENT_ERR
2	NOT_FOUND_ERR
3	CONSTRAINT_ERR
4	DATA_ERR
5	NOT_ALLOWED_ERR
6	TRANSACTION_INACTIVE_ERR
7	ABORT_ERR
11	READ_ONLY_ERR
21	RECOVERABLE_ERR
31	TRANSIENT_ERR
32	TIMEOUT_ERR
33	DEADLOCK_ERR

Tabelle A.1 Fehlerwerte Fehlerschnittstelle der IndexedDB-API

A.12 File-API

Wie in der IndexedDB-API sind auch die Funktionen der File-API und ihre Erweiterungen in Schnittstellen gegliedert. Jede Schnittstelle bietet Methoden, Eigenschaften und Events, die mit den übrigen zusammenarbeiten und verschiedene Möglichkeiten bieten, um Dateien zu erzeugen, zu lesen und zu verarbeiten.

Blob-Interface (File-API)

Diese Schnittstelle hat Eigenschaften und Methoden für den Umgang mit BLOBs. Sie wird von der File-API geerbt.

■ size: Diese Eigenschaft gibt die Größe des BLOBs oder der Datei in Bytes an.

■ type: Diese Eigenschaft gibt den Medientyp des BLOBs oder der Datei an.

- slice(start, length, type): Diese Methode gibt den Teil des BLOBs oder der Datei zurück, der durch die in Bytes angegebenen Werte der Attribute start und length spezifiziert wird.

File-Interface (File-API)

Diese Schnittstelle ist eine Erweiterung des Blob-Interface zur Verarbeitung von Dateien.

- name: Diese Eigenschaft gibt den Namen der Datei an.

FileReader-Interface (File-API)

Diese Schnittstelle verfügt über spezifische Methoden, Eigenschaften und Events, um Dateien und Blobs in den Arbeitsspeicher einzulesen.

Methoden

- abort(): Diese Methode bricht den Leseprozess ab.
- readAsArrayBuffer(file): Diese Methode gibt den Inhalt einer Datei oder eines BLOBs als ArrayBuffer zurück.
- readAsBinaryString(file): Diese Methode gibt den Inhalt einer Datei oder eines BLOBs als Binärstring zurück.
- readAsDataURL(file): Diese Methode gibt den Inhalt einer Datei oder eines BLOBs als data:url zurück.
- readAsText(file): Diese Methode interpretiert den Inhalt einer Datei oder eines BLOBs und gibt ihn als Text zurück.

Eigenschaft

- result: Diese Eigenschaft stellt die Rückgabedaten der Lesemethoden dar.

Events

- abort: Dieses Event wird ausgelöst, wenn der Lesevorgang abgebrochen wird.
- error: Dieses Event wird im Falle eines Fehlers ausgelöst.
- load: Dieses Event wird ausgelöst, wenn der Lesevorgang abgeschlossen ist.
- loadend: Dieses Event wird ausgelöst, wenn die Anforderung mit oder ohne Erfolg abgearbeitet ist.

Kurzreferenz

A

- `loadstart`: Dieses Event wird ausgelöst, wenn der Lesevorgang beginnt.

- `progress`: Dieses Event wird periodisch ausgelöst, um den Status des Lesevorgangs zu melden.

LocalFileSystem-Interface (File-API: Directories & System)

Diese Schnittstelle initiiert ein Dateisystem für die Anwendung.

- `requestFileSystem(type, size, success function, error function)`: Diese Methode fordert die Initialisierung eines Dateisystems an, das entsprechend der Attributwerte konfiguriert wird. Das `type`-Attribut kann die beiden Werte TEMPORARY oder PERSISTENT annehmen. Die Größe muss in Bytes angegeben werden.

FileSystem-Interface (File-API: Directories & System)

Diese Schnittstelle liefert Informationen über das Dateisystem.

- `name`: Diese Eigenschaft stellt den Namen des Dateisystems dar.

- `root`: Diese Eigenschaft verweist auf das Stammverzeichnis des Dateisystems.

Entry-Interface (File-API: Directories & System)

Diese Schnittstelle bietet Methoden und Eigenschaften, um Einträge (Dateien und Verzeichnisse) im Dateisystem zu verarbeiten.

Eigenschaften

- `isDirectory`: Diese Eigenschaft ist ein boolescher Wert, der anzeigt, ob der Eintrag ein Verzeichnis ist oder nicht.

- `isFile`: Diese Eigenschaft ist ein boolescher Wert, der anzeigt, ob der Eintrag eine Datei ist oder nicht.

- `filesystem`: Diese Eigenschaft enthält einen Verweis auf das Dateisystem.

- `fullPath`: Diese Eigenschaft stellt den vollständigen Pfad von der Wurzel des Dateisystems bis zum Eintrag dar.

- `name`: Diese Eigenschaft stellt den Namen des Eintrags dar.

Methoden

■ copyTo(parent, new name, success function, error function): Diese Methode kopiert einen Eintrag. Das parent-Attribut repräsentiert das Verzeichnis, in das der Eintrag kopiert wird. Das new name-Attribut ändert, falls vorhanden, den Namen der Kopie.

■ getParent(success function, error function): Diese Methode gibt den übergeordneten DirectoryEntry des ausgewählten Eintrags zurück.

■ moveTo(parent, new name, success function, error function): Diese Methode verschiebt einen Eintrag an einen anderen Ort. Das parent-Attribut repräsentiert das Verzeichnis, in das der Eintrag verschoben wird. Das new name-Attribut ändert, falls vorhanden, den Namen des Eintrags am neuen Speicherort.

■ remove(success function, error function): Diese Methode löscht eine Datei oder ein leeres Verzeichnis.

DirectoryEntry-Interface (File-API: Directories & System)

Diese Schnittstelle stellt Methoden zur Verfügung, um Dateien und Verzeichnisse anzulegen und zu lesen.

■ createReader(): Diese Methode erzeugt ein DirectoryReader-Objekt, um Einträge zu lesen.

■ getDirectory(path, options, success function, error function): Diese Methode erzeugt oder liest das durch das path-Attribut angegebene Verzeichnis. Das options-Attribut wird mit den beiden Flags create und exclusive eingestellt. create gibt an, ob das Verzeichnis erzeugt wird oder nicht. Wird exclusive auf true eingestellt, zwingt es die Methode, einen Fehler zu melden, wenn das Verzeichnis bereits existiert.

■ getFile(path, options, success function, error function): Diese Methode erzeugt oder liest die durch das path-Attribut angegebene Datei. Das options-Attribut wird mit den beiden Flags create und exclusive eingestellt. create gibt an, ob die Datei erzeugt wird oder nicht. Wird exclusive auf true eingestellt, zwingt es die Methode, einen Fehler zu melden, wenn die Datei bereits existiert.

■ removeRecursively(success function, error function): Diese Methode löscht ein Verzeichnis mit all seinem Inhalt.

Kurzreferenz

A

465

DirectoryReader-Interface (File-API: Directories & System)

Diese Schnittstelle bietet die Alternative, eine Liste von Einträgen aus einem bestimmten Verzeichnis zu lesen.

- `readEntries(success function, error function)`: Diese Methode liest einen Block Einträge aus dem ausgewählten Verzeichnis. Sie gibt null zurück, wenn keine Einträge mehr gefunden werden.

FileEntry-Interface (File-API: Directories & System)

Diese Schnittstelle hat Methoden, um aus einer bestimmten Datei ein `File`-Objekt zu machen, und sie verfügt über ein `FileWriter`-Objekt, um der Datei Inhalt hinzuzufügen.

- `createWriter(success function, error function)`: Diese Methode erzeugt ein `FileWriter`-Objekt, um Inhalt in eine Datei zu schreiben.

- `file(success function, error function)`: Diese Methode gibt ein `File`-Objekt zurück, das die ausgewählte Datei darstellt.

BlobBuilder-Interface (File-API: Writer)

Diese Schnittstelle stellt Methoden für den Umgang mit BLOB-Objekten bereit.

- `append(data)`: Diese Methode fügt an ein BLOB-Objekt Daten an. Die Schnittstelle kennt drei `append()`-Methoden, die diese Daten als Text, als BLOB oder als Array-Buffer anhängen.

- `getBlob(type)`: Diese Methode gibt den Inhalt eines BLOB-Objekts als BLOB zurück.

FileWriter-Interface (File-API: Writer)

Das `FileWriter`-Interface ist eine Erweiterung des `FileSaver`-Interface. Letzteres wird hier zwar nicht beschrieben, aber die im Folgenden aufgeführten Events sind ein Teil dieser Schnittstelle.

Eigenschaften

- length: Diese Eigenschaft stellt die Länge der Datei in Bytes dar.
- position: Diese Eigenschaft stellt die aktuelle Position dar, an der der nächste Schreibvorgang stattfindet.

Methoden

- seek(offset): Diese Methode stellt eine neue Position für den nächsten Schreibvorgang ein.
- truncate(size): Diese Methode ändert die Länge der Datei in den Wert des size-Attributs (in Bytes).
- write(blob): Diese Methode schreibt Inhalt in eine Datei.

Events

- abort: Dieses Event wird ausgelöst, wenn der Schreibvorgang abgebrochen wird.
- error: Dieses Event wird ausgelöst, wenn ein Fehler auftritt.
- progress: Dieses Event wird periodisch ausgelöst, um den Status des Schreibvorgangs zu melden.
- write: Dieses Event wird ausgelöst, wenn der Schreibvorgang abgeschlossen ist.
- writeend: Dieses Event wird ausgelöst, wenn die Abfrage mit oder ohne Erfolg abgearbeitet worden ist.
- writestart: Dieses Event wird ausgelöst, wenn der Schreibvorgang beginnt.

FileError-Interface (File-API und Erweiterungen)

Mehrere Methoden dieser API geben über eine Rückruffunktion einen Wert zurück, wenn der Prozess scheitert. Diesen Wert können Sie mit der folgenden Liste abgleichen, um den Fehler zu finden:

Wert	Fehler
1	NOT_FOUND_ERR
2	SECURITY_ERR
3	ABORT_ERR
4	NOT_READABLE_ERR
5	ENCODING_ERR
6	NO_MODIFICATION_ALLOWED_ERR
7	INVALID_STATE_ERR
8	SYNTAX_ERR
9	INVALID_MODIFICATION_ERR
10	QUOTA_EXCEEDED_ERR
11	TYPE_MISMATCH_ERR
12	PATH_EXISTS_ERR

Tabelle A.1   Fehlerwerte für FileError-Interface der File-API

A.13   Communication-API

HTML5 enthält drei verschiedene APIs für die Kommunikation. XMLHttpRequest Level 2 ist eine Verbesserung der alten XMLHttpRequest-API für Ajax-Anwendungen. Die Web-Messaging-API ermöglicht eine Kommunikation zwischen Fenstern, Tabs, Frames und sogar anderen APIs. Und die WebSocket-API bietet neue Alternativen für eine schnelle und effektive Client/Server-Verbindung.

XMLHttpRequest Level 2

Diese API hat einen Konstruktor für XMLHttpRequest-Objekte und einige Methoden, Eigenschaften und Events, um mit der Verbindung zu arbeiten.

Methoden

- abort(): Diese Methode bricht die Anfrage ab.

- open(method, url, async): Diese Methode öffnet die Verbindung zwischen der Anwendung und dem Server. Das method-Attribut legt fest, welche HTTP-Methode zum Versand der Informationen eingesetzt wird (zum Beispiel GET,

POST). Das url-Attribut deklariert den Pfad für das Script, das die Informationen empfängt, und das async-Attribut ist ein boolescher Wert, der mit false eine synchrone und mit true eine asynchrone Verbindung einrichtet.

■ send(data): Diese Methode sendet den Wert des data-Attributs an den Server. Dieses Attribut kann ein Array-Buffer, ein Blob, ein Dokument, ein String oder ein FormData sein.

Konstruktor

■ XMLHttpRequest(): Dieser Konstruktor gibt das XMLHttpRequest-Objekt zurück, das Sie benötigen, um eine Serververbindung aufzubauen und zu behandeln.

Eigenschaften

■ readyState: Diese Eigenschaft gibt einen Wert zurück, der den Verbindungsstatus darstellt: 0 bedeutet, dass das Objekt erzeugt worden ist, 1 bedeutet, dass die Verbindung geöffnet wurde, 2 bedeutet, dass der Antwort-Header empfangen wurde, 3 bedeutet, dass die Antwort empfangen wurde, und 4 bedeutet, dass die Datenübertragung abgeschlossen ist.

■ response: Diese Eigenschaft gibt die Antwort auf die Anfrage in dem von der responseType-Eigenschaft angegebenen Format zurück.

■ responseText: Diese Eigenschaft gibt die Antwort auf die Anfrage als Text zurück.

■ responseType: Diese Eigenschaft gibt den Antworttyp zurück. Sie kann eingestellt werden, um den Typ der Antwort zu ändern. Mögliche Werte sind arrayBuffer, blob, document und text.

■ responseXML: Diese Eigenschaft gibt die Antwort auf die Anfrage wie ein XML-Dokument zurück.

■ timeout: Diese Eigenschaft legt fest, wie viele Millisekunden die Verarbeitung der Anfrage maximal dauern darf.

Events

■ abort: Dieses Event wird ausgelöst, wenn die Anfrage abgebrochen wird.

■ error: Dieses Event wird ausgelöst, wenn ein Fehler auftritt.

■ load: Dieses Event wird ausgelöst, wenn die Anfrage mit Erfolg abgeschlossen wurde.

Kurzreferenz

A

▓ `loadend`: Dieses Event wird ausgelöst, wenn die Anfrage mit oder ohne Erfolg abgeschlossen ist.

▓ `loadstart`: Dieses Event wird ausgelöst, wenn die Anfrage beginnt.

▓ `progress`: Dieses Event wird periodisch ausgelöst, während eine Anfrage verarbeitet wird.

▓ `timeout`: Dieses Event wird ausgelöst, wenn die Verarbeitung der Anfrage länger dauert, als in der `timeout`-Eigenschaft festgelegt.

Sonstiges

Ein Spezialattribut wurde geschaffen, um ein `XMLHttpRequestUpload`-Objekt anstatt eines normalen `XMLHttpRequest`-Objekts zu erzeugen, damit Daten hochgeladen werden können.

▓ `upload`: Dieses Attribut gibt ein `XMLHttpRequestUpload`-Objekt zurück. Es hat dieselben Methoden, Eigenschaften und Events wie ein `XMLHttpRequest`-Objekt, kann aber zusätzlich auch Upload-Prozesse steuern.

Die API enthält auch eine Schnittstelle zur Erstellung von `FormData`-Objekten, die HTML-Formulare repräsentieren.

▓ `FormData()`: Dieser Konstruktor gibt ein `FormData`-Objekt zurück, das ein HTML-Formular repräsentiert.

▓ `append(name, value)`: Diese Methode schreibt Daten in das `FormData`-Objekt. Jedes an das Objekt angefügte Datenelement repräsentiert ein Formularfeld, dessen Name und Wert in den Attributen angegeben werden. Als `value`-Attribut kann ein String oder ein Blob übergeben werden.

Diese API verwendet ein übliches `ProgressEvent`-Interface (mit dem auch andere APIs den Fortschritt einer Operation kontrollieren), das folgende Eigenschaften bereitstellt:

▓ `lengthComputable`: Diese Eigenschaft gibt einen booleschen Wert zurück, um festzustellen, ob die Werte der übrigen Eigenschaften gültig sind.

▓ `loaded`: Diese Eigenschaft gibt an, wie viele Bytes bereits herunter- oder hochgeladen worden sind.

▓ `total`: Diese Eigenschaft gibt in Bytes die Gesamtgröße der Daten an, die hoch- oder heruntergeladen werden.

Web-Messaging-API

Diese API besteht nur aus einer einzigen Schnittstelle mit Methoden, Eigenschaften und Events, die Anwendungen in verschiedenen Fenstern, Tabs, Frames oder gar anderen APIs eine Kommunikation ermöglichen.

- postMessage(message, target): Diese Methode sendet eine Nachricht an ein bestimmtes contentWindow und das im target-Attribut als Ziel angegebene Dokument. Das message-Attribut ist die Nachricht, die übermittelt wird.

- message: Dieses Event wird ausgelöst, wenn eine Nachricht empfangen wird.

- data: Diese Eigenschaft des message-Events gibt den Inhalt der empfangenen Nachricht zurück.

- origin: Diese Eigenschaft des message-Events gibt den Ursprung des Dokuments zurück, das die Nachricht gesendet hat.

- source: Diese Eigenschaft des message-Events gibt einen Verweis auf das content-Window zurück, von dem die Nachricht gesendet wurde.

WebSocket-API

Diese API enthält einen Konstruktor, der ein WebSocket-Objekt zurückgibt und die Verbindung startet. Außerdem stellt er einige Methoden, Eigenschaften und Events bereit, um die Kommunikation zwischen Client und Server zu steuern.

- WebSocket(url): Dieser Konstruktor gibt ein WebSocket-Objekt zurück und startet die Verbindung mit dem Server. Das url-Attribut deklariert den Pfad zu dem Script, das auf dem WS-Server läuft, und dem Kommunikations-Port. Ein Array mit Subprotokollen kann als zweites Attribut mitgeliefert werden.

Methoden

- close(): Diese Methode schließt die Verbindung mit dem WS-Server.

- send(data): Diese Methode sendet eine Nachricht an den WS-Server. Das data-Attribut muss ein String mit den zu übermittelnden Informationen sein.

Eigenschaften

- bufferedAmount: Diese Eigenschaft gibt an, wie viele Daten insgesamt darauf warten, auf den Server gespielt zu werden.

- protocol: Diese Eigenschaft gibt das für die Verbindung genutzte Subprotokoll zurück, falls vorhanden.

- readyState: Diese Eigenschaft gibt einen Wert zurück, der den Verbindungs-status darstellt. 0 bedeutet, dass das Objekt erzeugt worden ist, 1 bedeutet, dass die Verbindung geöffnet wurde, 2 bedeutet, dass der Antwort-Header empfangen wurde, 3 bedeutet, dass die Antwort empfangen wurde, und 4 bedeutet, dass die Datenübertragung abgeschlossen ist.

- url: Diese Eigenschaft zeigt die URL an, die die Anwendung für die Verbindung zum Server benutzt.

Events

- close: Dieses Event wird ausgelöst, wenn die Verbindung geschlossen wird.

- error: Dieses Event wird ausgelöst, wenn ein Fehler auftritt.

- message: Dieses Event wird ausgelöst, wenn der Server eine Nachricht an die Anwendung sendet.

- open: Dieses Event wird ausgelöst, wenn die Verbindung geöffnet wird.

A.14 Web-Workers-API

Die Web-Workers-API verleiht JavaScript Multithreading-Fähigkeiten. Mit ihr können Sie Programme im Hintergrund ausführen, ohne die normale Funktion des Codes im Hauptdokument zu unterbrechen.

Workers

Es gibt zwei verschiedene Arten von Workers: Dedicated Workers und Shared Workers. Die folgenden Methoden und Events sind beiden gemeinsam:

Methoden

- close(): Diese Methode hält den Worker vom Worker-Code aus an.

- importScripts(file) : Diese Methode lädt eine externe JavaScript-Datei, um neuen Code in einen Worker einzubinden. Das file-Attribut gibt den Pfad der einzubindenden Datei an.

- postMessage(message): Diese Methode sendet eine Nachricht an den Worker, den Hauptcode oder den entsprechenden Port. Das message-Attribut ist der String oder das JSON-Objekt, der beziehungsweise das versendet wird.

- terminate(): Diese Methode hält den Worker vom Hauptcode aus an.

Events

- error: Dieses Event wird ausgelöst, wenn im Worker ein Fehler auftritt. Im Hauptcode dient es dazu, nach Fehlern im Worker Ausschau zu halten. Es gibt seine Informationen mit Hilfe von drei Eigenschaften zurück: message, filename und lineno. Die Eigenschaft message ist die Fehlermeldung, filename zeigt den Namen der Datei mit dem Code an, der den Fehler verursachte, und lineno gibt die Nummer der Zeile zurück, in der der Fehler auftrat.

- message: Dieses Event wird ausgelöst, wenn eine Nachricht an den Code gesendet wird. Es kann im Worker eingesetzt werden, um auf Nachrichten vom Hauptcode zu lauschen, oder auch umgekehrt.

Dedicated Workers

Dedicated Workers haben ihren eigenen Konstruktor:

- Worker (scriptURL): Dieser Konstruktor gibt ein Worker-Objekt zurück. Das Attribut scriptURL ist der Pfad der Datei, die den Worker enthält.

Shared Workers

Aufgrund der besonderen Natur von Shared Workers muss die API einige Methoden, Events und Eigenschaften speziell für diese Art von Worker bereitstellen:

- SharedWorker(scriptURL): Dieser Konstruktor gibt ein SharedWorker-Objekt zurück. Das Attribut scriptURL ist der Pfad der Datei, die den Shared Worker enthält. Mit einem optionalen zweiten Attribut kann ein Name für den Worker mitgeliefert werden.

- port: Diese Eigenschaft gibt den Port für die Verbindung zum Shared Worker zurück.

- connect: Dieses Event wird im Shared Worker ausgelöst, wenn ein Dokument eine neue Verbindung anfordert.

- start(): Diese Methode beginnt, Nachrichten zu versenden. Sie dient dazu, die Verbindung mit dem Shared Worker zu starten.

Kurzreferenz

A

A.15 History-API

Mit der History-API können Sie die Sitzungs-Chronik im Browser manipulieren, um die Aktivitäten des Benutzers abzubilden. Diese API ist in die offizielle Spezifikation als History-Interface integriert. Diese Schnittstelle kombiniert alte und neue Methoden und Eigenschaften.

Eigenschaften

- ▓ length: Diese Eigenschaft gibt die Gesamtzahl der Chronik-Einträge zurück.
- ▓ state: Diese Eigenschaft gibt den Status für die aktuelle URL zurück.

Methoden

- ▓ go(step): Diese Methode lässt den Browser in der Chronik je nach dem Wert des step-Attributs vor- oder zurückgehen. Je nach Navigationsrichtung kann der Wert negativ oder positiv sein.
- ▓ back(): Diese Methode lädt die vorherige URL in der Chronik.
- ▓ forward(): Diese Methode lädt die nächste URL in der Chronik.
- ▓ pushState(state, title, url): Diese Methode fügt neue Daten in die Chronik ein. Das state-Attribut ist der Statuswert des neuen Eintrags. Das title-Attribut ist der Titel des Eintrags und das url-Attribut ist die URL, die Sie für den Eintrag in der Chronik generieren.
- ▓ replaceState(state, title, url): Diese Methode modifiziert den aktuellen Eintrag. Das state-Attribut ist der Statuswert des neuen Eintrags. Das title-Attribut ist der Titel des Eintrags und das url-Attribut ist die URL, die Sie für den Eintrag in der Chronik generieren.

Event

- ▓ popstate: Dieses Event wird unter bestimmten Umständen ausgelöst, um den aktuellen Status zu melden.

A.16 Offline-API

Die Offline-API bietet eine Reihe von Techniken rund um eine Spezialdatei namens *Manifest* und verfügt über mehrere Methoden, Events und Eigenschaften, um auf dem Computer des Benutzers einen Cache zum Ausführen von Anwendungen anzulegen. Die API soll vor allem dauerhaften Zugriff auf Anwendungen geben und die Möglichkeit eröffnen, auch ohne Internetverbindung weiter zu arbeiten.

Die Manifest-Datei

Die Manifest-Datei ist eine Textdatei mit der Erweiterung *.appcache*, in der alle für den Cache notwendigen Dateien aufgeführt sind. Sie muss mit der Zeile CACHE MANIFEST beginnen und ihr Inhalt kann nach folgenden Kategorien geordnet werden:

- CACHE: In dieser Kategorie stehen die Dateien, die in den Cache gehören.
- NETWORK: Diese Kategorie enthält Dateien, auf die nur online Zugriff besteht.
- FALLBACK: Diese Kategorie bietet eine Offline-Alternative für Online-Dateien, die momentan nicht verfügbar sind.

Eigenschaften

Das Navigator-Objekt enthält eine neue Eigenschaft zur Überprüfung des Verbindungsstatus:

- onLine: Diese Eigenschaft gibt einen booleschen Wert zurück, um den Status der Verbindung anzuzeigen. Ist der Browser online, ist sie true; ist er offline, ist sie false.

Die API bietet darüber hinaus die status-Eigenschaft, um den Status des Anwendungs-Cache zu überprüfen. Diese Eigenschaft ist Teil des ApplicationCache-Objekts und kann folgende Werte annehmen:

- UNCACHED (Wert 0): Dieser Wert zeigt an, dass für diese Anwendung noch kein Cache angelegt wurde.
- IDLE (Wert 1): Dieser Wert zeigt an, dass der Cache für die Anwendung der neueste und nicht obsolet ist.
- CHECKING (Wert 2): Dieser Wert zeigt an, dass der Browser nach neuen Updates sucht.
- DOWNLOADING (Wert 3): Dieser Wert zeigt an, dass die Dateien für den Cache gerade heruntergeladen werden.

■ UPDATEREADY (Wert 4): Dieser Wert zeigt an, dass der Cache für die Anwendung existiert und nicht obsolet ist, aber auch nicht der neueste und dass ein Update bereitsteht, um ihn zu ersetzen.

■ OBSOLETE (Wert 5): Dieser Wert zeigt an, dass der aktuelle Cache obsolet ist.

Events

Zwei window-Events überprüfen den Status der Verbindung:

■ offline: Dieses Event wird ausgelöst, wenn der Wert der onLine-Eigenschaft auf false umschaltet.

■ online: Dieses Event wird ausgelöst, wenn der Wert der onLine-Eigenschaft auf true umschaltet.

Mit mehreren Events des ApplicationCache-Objekts informiert die API über den Zustand des Cache:

■ cached: Dieses Event wird ausgelöst, wenn der Cache bereit ist.

■ checking: Dieses Event wird ausgelöst, wenn der Browser nach Updates sucht.

■ downloading: Dieses Event wird ausgelöst, wenn der Browser ein neues Update gefunden hat und anfängt, die Dateien herunterzuladen.

■ error: Dieses Event wird ausgelöst, wenn während der Erstellung oder Aktualisierung des Cache ein Fehler auftritt.

■ noupdate: Dieses Event wird ausgelöst, wenn kein Update gefunden wurde.

■ obsolete: Dieses Event wird ausgelöst, wenn die Manifest-Datei nicht mehr zur Verfügung steht und der Cache gelöscht wird.

■ progress: Dieses Event wird periodisch ausgelöst, während die Dateien in den Cache heruntergeladen werden.

■ updateready: Dieses Event wird ausgelöst, wenn der Download-Prozess für ein Update abgeschlossen ist.

Methoden

Die API stellt zwei Methoden bereit, um einen Cache zu aktualisieren.

■ swapCache(): Diese Methode stellt nach einem Update auf den neuesten Cache um. Weder führt sie neue Scripts aus, noch ersetzt sie Ressourcen; sie teilt dem Browser lediglich mit, dass ein neuer Cache verfügbar ist.

■ update(): Diese Methode startet das Update eines Cache. Sie teilt dem Browser mit, dass er die Manifest-Datei herunterladen soll und, falls ein Update erkannt wird, auch die restlichen Dateien.

Stichwortverzeichnis